KB184435

소설로 읽는 **한국환경생태사**1: 산업화 이전편

서연비람은 조선 시대 왕궁 내, 강론의 자리였던 서연(書筵)에서 강관(講官)이 왕세자에게 가르치던 경전의 요지를 수집하여 기록한 책(비람備覽)을 말합니다. 서연비람 출판사는 민주주의 국가의 주인인 시민들 역시 지속 가능한 과거와 현재, 미래의 이치를 깨우치고 체현해야 한다는 믿음으로 엄착한 도서를 발간합니다.

소설로 읽는 한국문화사 제4집

소설로 읽는 **한국환경생태사1**: 산업화 이전편

초판 1쇄 2024년 12월 31일

지은이 김찬기 · 이진 · 엄광용 · 정수남 · 김현주 · 유시현 · 하아무 · 김주성 · 김민주
편집주간 김종성
편집장 이상기
펴낸이 윤진성
펴낸곳 서연비람
등록 2016년 6월 29일 제2016-000147호
주소 서울시 강남구 연주로30길 57, 제E동 제10층 제1011호
전자주소 birambooks@daum.net

ⓒ 김찬기 · 이진 · 엄광용 외, 2024, Printed in Korea.

ISBN 979-11-89171-81-0 04910
ISBN 979-11-89171-80-3 (세트)

값 16,500원

소설로 읽는 한국문화사 제4집

소설로 읽는

한국환경생태사 1

산업화 이전편

소설로 읽는 한국문화사 편찬위원회 편

서연비람

차례

머리말

　'소설로 읽는 한국문화사' 제4집 출간을 준비하는 동안 ㈔한국작가회의 집행부에 변동이 있어서, 편자가 ㈔한국작가회의 소설분과 위원회에서 소설로 읽는 한국문화사 편찬위원회로 바뀌게 되었다. 계약된 필자 가운데 집필을 중도에 포기한 작가와 집필 기간에 집필을 하지 못한 작가들로 인하여 출간이 늦어져 이제야 출간하게 되었다. 그나마 다행인 것은 편찬 주체와 일부 필자가 바뀌긴 했지만, '소설로 읽는 한국문화사' 출간의 연속성을 위해 소설로 읽는 한국문화사 편찬위원회 편집주간은 김종성 소설가가, 간사는 유시연 소설가가 계속해서 맡아 수고하기로 했다. '소설로 읽는 한국문화사' 제4집의 필자 18명 모두 ㈔한국작가회의 소설분과회원들이 집필에 참여하여 『소설로 읽는 한국환경생태사1:산업화 이전편』과 『소설로 읽는 한국환경생태사2: 산업화 이후편』을 출간하게 되었다.

　그동안 단행본이면서 테마가 있는 문예지의 성격을 아울러 갖춘 출판물로 무크(mook)지 성격을 띠면서 출간되어 온 '소설로 읽는 한국문화사'는 제1집, 제2집, 제3집을 세상에 내보내는 동안 제1집 『소설로 읽는 한국 여성사1: 고대·중세편』은 신작 중편소설 1편과 신작 단편소설 7편을, 제1집 『소설로 읽는 한국 여성사2: 근세·현대편』은 신작 중편소설 2편과 신작 단편소설 7편을, 제2집 『소설로 읽는 한국음악사1: 고대·중세편』은 신작 중편소설 1편과 신작 단편소설 7편을, 제2집 『소설로 읽는 한국음악사2: 근세·현대편』은 신작 중편소설 1편과 신작 단편소설 8편을, 제3집 『소설로 읽는 한국문학사1: 고전문학편』은 신작 중편소설 2편과 신작단편소설 7편을, 제3집 『소설로 읽는 한국문학사2: 현대문학편』은 신작 중편소설 3편과 신작 단편소설 6편을, 각각 실었다. 이어서 출간하는 제4집 『소설로 읽는 한국환경생태사1: 산업화 이전편』은 신작 중편소설 3편, 신작 단편소설 6편을, 제4집 『소설로 읽는 한국환경생태사2: 산업화 이후편』은 신작 중편소설 2편, 신작 단편소설 7편을 실었다.

제4집 『소설로 읽는 한국환경생태사1: 산업화 이전편』에서 김찬기의 신작 중편소설 「핏빛 바다」는 신라시대 해양 오염 사건을, 이진의 신작 단편소설 「매 나간다」는 고려시대 매사냥을, 엄광용의 신작 단편소설 「땅의 아픔, 하늘의 슬픔」은 소나무 벌채로 인한 환경파괴를, 정수남의 신작 단편소설 「산촌별곡」은 화전 개간으로 인한 숲의 황폐화 문제를, 김현주의 신작 단편소설 「어둠의 연대기」는 구한말 개항으로 인해 발생한 전염병을, 유시연의 신작 중편소설 「정선 금광」은 일제 강점기의 금광 개발로 인한 환경파괴 문제를, 하아무의 신작 중편소설 「범 나려온다」는 조선 호랑이 절멸사를, 김주성의 신작 단편소설 「곽씨분의 추억」은 1920~1930년대 사회문제가 되었던 화장품 '납 중독사건'을, 김민주의 신작 단편소설 「나는 히바쿠샤」는 한국인 피폭자 문제를, 각각 다루고 있다.

어렵게 모은 원고를 아름다운 책으로 만들어 준 ㈜서연비람 윤진성 대표와 이상기 편집장을 비롯한 편집진의 노고에 감사드린다. 끝으로 내외 환경이 나날이 어려워져 가는 이때 혼신의 힘을 다해 작품활동을 하는 ㈔한국작가회의 회원들과 출간의 기쁨을 함께하고자 한다.

2024년 9월 22일
소설로 읽는 한국문화사 편찬위원회 편집주간
김종성

1. 핏빛 바다: 신라 시대 해양 오염 – 김찬기

1

이찬(伊湌) 김개원(金蓋原)은 월지(月池)를 지척에 두고 잠시 말을 멈추게 했다. 이제 막 진시(辰時)를 넘어가는 중인데도 벌써 온몸이 땀으로 젖어 들기 시작했다. 김개원은 수레에서 내려 관모를 벗고 허리띠를 어지간히 늦추 매고는 길 가장자리와 곧바로 인접한 산 발치 아래의 그늘을 찾아 들었다. 관모는 땀에 젖어 축축해져 있었고, 목덜미와 어깻죽지를 타고 흘러내리는 땀으로 인해 관복도 이미 후줄근히 젖어 있었다. 김개원은 문득 월지(月池)의 호안공사(護岸工事)를 끝내고 선대왕과 더불어 감격에 젖어 월지의 잔잔한 못물을 하염없이 바라봤던 기억을 떠올렸다. 선대왕은 정교하게 파놓은 도수로(導水路)와 배수로의 시설도 그렇거니와 월지 안에 세워진 세 섬과 그 섬을 감싸안으며 잔잔하게 살랑거리는 연못의 잔물결을 바라다보며 "이 연못은 단순히 인공의 못이 아니니라. 신선이 사는 바다이니라."라며 눈을 지그시 감았다. 월지의 못에서는 돌로 쌓아 올린 세 섬 위로 어느새 온갖 진금이수(珍禽異獸)가 둥지를 트느라 쉴 새 없이 날아들었고, 오리들은 앞을 다투어 연못을 헤엄치며 노닐고 있었다.

"오늘 호안공사로 이제 월지는 완전한 모습을 갖췄소이다. 이는 왕실의 큰 경사이기도 하거니와 마땅히 모든 백성과도 더불어 기뻐할 일이오. 오늘의 경복을 기화로 과인은 선왕께서 만들어 주신 아름다운 법도에 따라 기필코 태평성대의 기틀을 더욱 견고히 하여 성안에는 단 한 채의 초가집조차 없고, 인가의 처마와 담이 이웃집과 서로 연하며, 성안은 밤낮으로 노랫소리와 피리 부는 소리로 가득 차게 할 것이오. 내 오늘 이처럼 경사스러운 날에 두 양신(良臣)을 월지로 친히 부른 뜻이 여기에 있소이다."

선대왕은 결연한 낯빛으로 한껏 상기되어 있었다.

"소신 또한 살아서나, 아니 백골의 혼백이 되더라도 이찬(伊湌)과 뜻을 모아 이 나라와 폐하를 수호하겠나이다."

각간(角干) 김경선(金景先)이 감읍한 듯 머리를 조아리며 선대왕의 말을 받았다. 김개원은 그날 이후로 김경선과 마치 도원결의라도 한 의형제처럼 지냈었다. 그러나 선대왕 앞에서 맺은 그날의 깊은 맹약은 영원하지 않았다. 선대왕의 승하 후에 어린 왕이 대업을 잇자, 김경선의 마음이 갈대처럼 흔들리기 시작했다. 선대왕에 이어 지금의 어린 왕 앞에서 보인 어진 신하 김경선의 육력(戮力)의 맹약은 어느새 온데간데없이 사라지고 오직 불온한 마음만을 드러낼 뿐이었다. 김경선은 그 영특과 총명을 스스로 이기지 못하고 끝내 난역(亂逆)의 뜻을 품고 있는 것이었다. 김개원은 왕은(王恩)을 저버리고 종당에는 상하를 모두 속이는 김경선의 그 얇은 덕에 치를 떨며 오늘로 그의 죄영(罪盈)을 낱낱이 발로하여 수백 년 사직을 송두리째 뒤엎으려는 난당의 무리를 처단하리라 거듭 @앙다짐을@ 했다.

김개원은 다시 관모를 쓰고 관복의 매무새를 단정하게 고쳐 입고 월지의 서쪽 기슭을 따라 수레를 몰았다. 얼마 가지 않아서 월지를 안고 있는 임해전(臨海殿)의 우미한 자태가 드러났다. 월지의 못 주변은 말할 것도 없거니와 월지를 안고 있는 임해전을 마치 포위라도 하듯이 온갖 화초들이 어우러져 장관을 이루고 있었다. 특히나 오글쪼글하게 주름이 잡힌 진한 분홍색 꽃이 현란하게 만개하여 월지와 임해전을 에워싸고 있는 모습은 흡사 장안(長安)의 자미궁(紫微宮)으로 착각이 들 정도로 화려하기 그지없었다. 재작년 이맘때도 김개원과 김경선은 월지의 달빛 아래에서 술잔을 띄워 놓고 어린 대왕을 도와 선대의 왕업을 만세토록 이어갈 대업을 함께할 것을 서로 맹약하였다. 그러나 두 사람 간의 결의는 채 열두 달이 안 돼 그만 가랑잎처럼 가벼이 날리고 있었다. 김경선은 작년 봄부터 왕실을 어지럽히는 포악한 언사를 서슴없이 내뱉고 다녔고, 하절의 더위는 김경선의 참람한 언사만큼 별나게 뜨거웠다. 마치 뺨이라도 때리는 듯한 성하의 무더위가 한풀 꺾이는 듯하는가 싶더니, 하늘이 심상찮았다. 황룡사와 월성 사이에 큰 별이 떨어지더니 그예 초가을에 이르자 왕경에 큰물이

졌다. 알천과 남천 주변의 전답 대부분이 큰물에 쓸리어 폐답이 되었다. 특히 알천 아래 전답 일부분은 아주 폐답이 된 채로 일 년이 지난 지금까지 그대로 방치되어 있었다. 다행스럽게 재작년부터 황룡사 어름부터 왕궁으로 이어지는 경내 곳곳에 배수로를 파놓아서 큰물이 왕궁에 이르지는 않았다. 그러나 불길한 징조는 해를 넘겨서도 그대로 이어지고 있었다. 올 2월에는 흰 기운이 하늘에 뻗쳐 한동안 가시질 않았고, 별빛의 까끄라기가 사방으로 뻗치는 요성(妖星)이 동쪽에 나타났다. 그예 신료들이 술렁이기 시작하였고, 한여름에 이르자 불온한 무리의 준동도 절정으로 치닫고 있었다.

김개원이 정사당(政事堂)에 들어섰을 때는 회의가 시작되기도 전인데도 불구하고 이미 정청의 회의장 안은 숨이 막힐 듯한 팽팽한 긴장감이 감돌았다. 게다가 회의장은 한여름의 후텁지근한 더위가 온몸의 살갗을 찌르듯 파고들었다. 그러다 보니 빙고전(氷庫典)에서 나온 소사(所司) 둘이 회의에 참석한 군신들에게 얼음이 든 물 사발을 전달하느라 이리 뛰고 저리 뛰며 분주하게 움직이고 있었다. 김개원은 소사로부터 받은 얼음물 한 사발을 단숨에 들이켰다. 얼음의 매끄러운 감촉과 냉수가 주는 청량감이 가슴속뿐만 아니라 무더위로 찐득찐득해진 살갗까지 개운하게 씻어주는 듯했다. 그러나 얼음물 한 사발로 무더위를 달랠 수는 없을 터였다. 어느 틈에 벌써 정사당의 후터분한 기운이 다시 전신을 휩싸고 돌았다. 더더군다나 정사당 회의의 기선을 잡으려는 김경선의 역겨운 꼴을 눈을 뜨고 보자니 마치 창자 속까지 후벼 파이는 듯한 기분이 들 정도였다.

"시조께서 창업하신 이래로 수백 년이 지나도록 이런 변고가 해를 넘겨 이어지는 일은 없었나이다. 심이 우려되나니 어떤 방책이라도 있어야 하지 않겠습니까?"

몸피가 버들가지처럼 얄캉얄캉하고 턱선이 날렵한 김경선이 암울한 표정을 지으며 정사당에 모인 신료들을 둘러봤다. 김개원은 관복의 왼쪽 소매를 치건으며 혀를 지그시 깨물었다. 그러고는 김경선의 시선을 외면하며 정사당 천장 한편에 난 미세한 틈을 예리한 칼끝처럼 날카롭게 파고드는 한여름의 빛살 쪽으로 시선을 돌렸다. 질식이라도 할 것 정사당의 더위보다도 김경선의 흉중에 도사리고 있는 그 불인(不仁)한 마음이 이미 땀으로 뒤범벅이 된 온 몸뚱이에 마치 젖은 낙엽처럼 달라붙는 것 같아서 더 견딜 수가 없었다. 물론 김개원은 어린 왕과의 약속을 지킨다는 것은 그 깊이를 알 수 없는 어둠이 깊게 서린 숲속을 걷는 것처럼 두려운 일이라는 것을 처음부터 익히 알고는 있었다. 그렇지만 이토록 온 마음까지 다 찢겨야 하는 것인지는 미처 몰랐다. 왕실을 향한 패역무도함이 궁극에 달한 김경선을 지켜보는 일이란 마음이 온통 갈기갈기 찢어발기는 것처럼 가혹한 마음의 형벌이었다.

"신하 된 도리를 다하지 못해 금자에 들어 이런 해괴한 일이 자주 빈발하는가 보나이다. 폐하를 보좌하는 중시(中侍)의 부덕이 하늘에 닿아서 그러한 것 같으니 예서 보탤 말이 더 있겠나이까."

대아찬(大阿飡) 박시철(朴時哲)이 고개를 떨구며 응대한 말이었지만, 그의 입가엔 까닭 모를 엷은 미소가 느긋이 돌았다. 김개원은 시선을 박시철에게로 돌리며 다시 한번 혀를 찼다. 김경선과 박시철 간의 힐문답 속에 서려 있는 음험한 계략이 여지없이 간파되었기 때문이었다. 김경선의 힐문은 결코 박시철에게로 향한 것이 아니었다. 김경선과 맞서 있는 신료들 모두를 향해 던지는 협박이기도 했다. 사실 김경선이야말로 역법을 다루는 관리들이나 당나라에서 역법과 천문을 배우고 돌아온 고승 도증(道證)의 무리와도 잘 어울려 정사당 회의에 참석한 신료들 그 누구보다도 천문에 밝은 터였다. 그런 김경선이 알천의 범람도 그러거니와 패성(孛星)의 출현과 같이 흔히 일어나는 자연 현상을 누군가의 부덕의 소치로 몰아가고 있는 중이었다. 한때는 어린 나이로 왕업을 잇게 된 왕을 애처로이 여겨 태후와 함께 진력을 다해 국사를 돌보던 김경선이 이제는 패역의 무리를 모아 왕실을 참람히 범하려는 불온한 마음을 나라의 중대사를 결정하는 정사당 회의에서 스스럼없이 드러내고 있는 것이었다.

"지금 대아찬만을 힐난하고자 함이 아니잖소. 왕실을 보좌할 대소 신료들이 모두 밝지 못하고 하나같이 넋을 놓고 있으니 하늘인들 그대로만 있겠습니까."

김경선이 박시철의 말이 끝나기 무섭게 기다렸다는 듯이 말을 이었다. 김개원은 이제 더 이상 지켜만 보고 있을 수는 없는 터였다.

"각간께서 말씀하시는 뜻을 도무지 모르겠나이다. 대소 신료들의 문제라면 오늘 정사당에 이리 모여 중대하게 결정할 그 무엇이 있겠나이까. 각 부의 수장에게 명하여 맡은바 직분을 다하게 하면 될 터인데도 이리도 일을 크게 만든 연유를 모르겠나이다."

김개원은 깨물고 있었던 혀를 풀며 뚫어질 듯이 김경선을 노려보며 다그쳐 물었다. 김개원은 빤한 수작을 부리려는 김경선의 속내를 진작부터 꿰뚫어 알아차리고 있었다. 사실 김경선의 속을 훤히 다 알아차리게 된 지금부터는 그리 절망할 필요는 없는 것이었다. 이제 치밀어 오르는 분노를 계획에 따라 마른 수수깡을 매만지듯이 조심스럽게 관리만 하면 되는 터였다.

"어찌하여 이찬은 요성이 나타나는 요괴스러운 일을 그리 가벼이 보시나이까! 이는 하늘이 사람에게 알리는 불길한 징조가 틀림없는 것이외다."

김경선은 짐짓 놀라는 표정을 지으며 김개원의 말을 되받았다.

"그렇다면 각간께서는 정녕 근자에 일어나는 변고와 괴변을 사람의 부덕, 이를테면 왕실의 부덕의 소치에서 기인한 것으로 보신다는 말씀이시나이까?"

김개원은 불쑥 치솟아 오르는 울화를 애써 가라앉히려고 거푸 깊은숨을 내쉬며 말을 이었다. 김경선이야말로 한때 입이 닳도록 하늘의 순리와 역리를 두려워하라며 역신의 조짐이 있는 패역의 무리를 샅샅이 색출하여 엄히 문초한 위인이 아니었던가. 하나 이제는 김경선 일당이 겨냥하는 지점이 분명하게 왕실인 마당에 더 궁싯거릴 이유도 딱히 없었다.

"오호! 어찌 그리 무엄한 말을 입 밖으로 쉬이 낸단 말이오!"

김경선이 앵돌아진 표정으로 얼음물 사발을 찾는 시늉을 하며 말을 받았다.

"각간의 말씀을 당최 알아듣지 못해서 드리는 말씀이외다. 자고로 선대의 왕실에서는 가뭄이 들고 큰물이 나면 왕은 옥체를 돌보지 않고 하늘에 제를 올려 나라의 흉조를 다스려 왔거늘, 오늘의 왕실이 그리하지 못하매 정녕 하늘의 노여움이라도 사 이런 변고가 일어났다는 말씀이나이까?"

김개원은 이제는 김경선 쪽으로는 눈길도 주지 않고 천문을 맡은 대나마(大奈麻) 김춘성에게 시선을 돌리며 말을 이었다. 김춘성이 곧바로 말문을 틀 자세를 취하며 넌지시 눈짓을 보냈다. 김춘성은 원래 풍채도 깨끗하고 마음도 단정한 위인이었다. 김개원은 천문을 헤아리는 김춘성의 신이한 술법도 술법이려니와 그의 담백한 마음을 더 좋아했다. 김개원은 그를 볼 때마다 자신이 손에 쥔 것이 무엇인지를 늘 생각하곤 했다. 한 움큼의 그 무엇이 자신의 손에 쥐어져 있길래 이리도 마음이 어지러운지를 김춘성을 대면하고 나면 단박에 드러나는 경우가 허다했다. 김춘성은 그렇게 사람의 마음을 그만큼 열어젖혀 놓는 힘을 갖고 있는 인물이었다. 김춘성을 만난 것은 왕실이나 김개원에게 더없는 행운이었다.

"왕께서 태자 시절부터 그리 이찬을 따르며 이 몸과 함께 셋이서 올바른 정사를 도모하고자 하였거늘, 어찌 오늘 이찬께서는 내게 이토록 무도한 말을 함부로 내뱉는단 말이오. 이야말로 어진 임금과 함께 셋이 결의한 금석맹약을 스스로 무너뜨리는 참람한 짓이 아니고 그 무엇이겠소."

김경선은 김개원에게 주었던 싸늘한 시선을 거두며 김개원의 말을 받아쳤다. 그리고는 곧바로 김춘성에게로 시선을 돌렸다. 이에 김춘성이 김경선의 말에 직수긋한 자세를 보이며 입을 막 열 찰나였다. 갑작스럽게 김경선이 앙칼진 목소리로 당조짐을 하듯 다시 더 말을 보탰다.

"공은 니리의 친문을 믿은 관리가 아니겠소. 오늘 이처럼 극심한 성하의 무더위에도 불구하고 이 정사당 회의에 참석한 대소 신료들께 한 터럭도 숨길 생각 말고 오늘날 일어나고 있는 불길한 변고의 실상을 똑바로 아뢰길 바라오."

김경선 역시 한 치도 물러서지 않을 본새였다.

사실 김개원과 김경선은 선대부터 어느 근신 못지 못지않게 왕실을 보필하여 온 훈신의 후손들이었다. 김개원은 선친께서 각간 김경선 가문과의 깊은 인연을 강조하며 김경선과 서로 힘을 모아 왕실을 극진하게 돌볼 것을 생전에 누차에 걸쳐 신신당부하던 말씀을 하시라도 잊은 적이 없었다. 두 가문의 선대는 사슴을 잡아 그 피를 머금고 제물은 반으로 갈라 나누어 각자 선산 길지에 묻고 왕실에 충성하는 맹세문을 함께 작성하여 재실에 간직하였으니 그 맹세문은 지금도 가문의 제실에 오롯이 보존되어 있는 터였다. 엊그제 아침나절에도 김개원은 맹세문을 간직하고 있는 제실 영충당(迎忠堂)에 올라 깊은 시름을 삭이었다. 두 가문의 선대부터 금과옥조처럼 지켜온 약조가 하루아침에 결딴날 상황과 맞닥뜨려 있는 것이었다. 바야흐로 각간 김경선은 패역의 무리를 이끌며 세세손손을 통하여도 감히 어길 수 없는 두 가문의 금석맹약을 헌신짝 버리듯 내팽개치려는 터였다.

"부왕의 선대 임금께서는 지금 바다의 용이 되어 나라를 수호하고 있습니다. 게다가 태대각간께서 다시 인간 세계에 내려와 나라를 엄호하시니 두 성인의 보살핌이 이러할진대 어찌 망령되이 잡신들이 범접하여 나라를 어지럽힐 수가 있겠나이까. 그러나 근래의 변고는 가벼이 여길 징조만은 아닌 것으로 사료되는 점도 없지 않아 있나이다."

김춘성은 조금도 흐트러짐이 없는 자세로 한 발 더 앞으로 나서며 잔뜩 얼굴을 일그러뜨리고 있는 김경선을 조심스레 건너다보며 입을 뗴었다. 김춘성은 아랫사람에게는 고훌의 태도가, 윗사람에게는 단정한 행신 범절이 몸에 배어 있는 사람이었다. 김춘성은 말을 마치자마자 조심조심 뒷걸음질하여 제자리로 돌아갔다. 김개원은 김춘성의 마지막 말을 놓치지 않고 정사당에 모인 신료들 누구보다도 먼저 되받아 물었다.

"가벼이 여길 징조가 아니라면 그것이 무엇이오?"

김개원은 김춘성의 말이 담고 있는 속뜻을 훤히 알면서도 짐짓 모른 척하고 재차 물었다.

"점술로는 머지않아 동쪽 바다의 물이 솟구쳐 올라 그 소리가 왕경에까지 이르고 병고내(兵庫內)의 고각(鼓角)이 절로 울겠나이다. 그리고 이 두 달 앞서서 왕경을 놀라게 할 요사스러운 변고가 일어날 징조가 엿보입니다."

김춘성의 말이 채 끝나기도 전에 정사당 회의에 참석한 신료들 사이에서 웅성거리는 소리가 나기 시작했다. 물론 김개원은 김춘성의 말에 조금도 놀라지는 않았다. 김춘성의 말끝에서 뭐라고 형언할 수 없는 기이한 불안 같은 것이 얼핏 묻어나기는 했지만, 김개원의 예상을 벗어나 머릿속을 통 두드릴 만큼의 언사는 아니었기 때문이었다. 무엇보다도 김춘성과는 사전에 오늘의 정사당 회의를 대비하여 미리 작정해 놓은 계획이 있었다.

"당신은 천문을 맡은 관원으로서 그 요사스러운 변고의 실상을 훤히 알면서도 어찌 그리 능을 치고 모호한 언사만 요리조리 늘어놓는단 말이오. 조금도 숨기지 말고 사실대로 이실직고하시오! 이 어찌 정사당에 모인 대소 신료들을 이리도 능멸하려는 것이오!"

김경선이 분을 삭이지 못하는 듯 연방 맨손바닥을 비비대고 입술을 씰룩거렸다. 김춘성은 요사스러운 변고가 뭐냐고 자꾸 자신을 잦추러 대는 김경선의 분노를 더 이상 견딜 수가 없었는지 김경선에게 몇 번이고 굽신거리며 다시 말을 이었다.

"제 어찌 공에게 숨기는 것이 있겠나이까. 다만 그 요사스러운 변고는 알천이나 남천, 아니면 동쪽의 바다 인근에서도 능히 일어날 수 있을 것으로 사료되는 바는 분명하나이다."

김춘성이 음전하게 그러니 제법 단호한 어조로 잘라 말했다.

"물과 관련된 변고라면 파진찬(波珍湌)도 어떤 기미를 알 수 있는 것 아니오?"

김춘성의 말이 끝나기 무섭게 김경선이 김춘성으로부터 시선을 거두어 파진찬 박유청(朴奘淸)에게로 향했다. 김경선이 끓어오르는 화를 삭이지 못해 거친 숨을 내쉬며 잔뜩 얼굴을 찌푸리고는 있었지만, 얼핏 봐도 괜스레 꾸며낸 처신임을 김개원이 놓칠 리는 없었다. 김개원은 박유청의 잘 정제된 자색 관복 속에 음험한 기운이 서려 있음을 늘 꺼림칙하게 느끼곤 했다. 박유청은 왕실이 쇠미할 심상찮은 기미가 조금이라도 보일 터라면 언제든지 김경선의 무리와 결탁하여 왕실을 여지없이 흔들고야 말 위인이었다. 결국 박유청은 김개원의 예상대로 바로 그 기미의 순간을 영악하게 알아채고 곧바로 김경선과 더불어 패역의 뱃머리에 올라 부리나케 노를 젓고 있는 것이었다.

"파진찬은 치수와 관련된 일을 보는 중책을 맡은 신하가 아니오! 왕실의 안위를 생각한다면 어찌 실상을 있는 그대로 말하지 못하고 숨기리오. 기탄없이 말해 보시오!"

김경선은 더욱더 목청을 돋우고 있었다. 김경선이 박유청을 달구치자 김경선을 따르는 무리의 기세가 한층 등등해졌다.

"파진찬은 속히 실상을 하나도 빼놓지 말고 토설하시오!"

이제는 정사당 회의 말석에 앉아 있던 신료들까지 무람없이 나서는 형국이었다.

그때였다.

"파진찬 박유천은 아뢰나이다. 만일 한 치의 거짓이라도 드러날 때는 제 목에 스스로 칼을 들이겠나이다!"

전에 없이 격한 박유청의 목소리였다. 이어 박유천은 잔뜩 결기를 품은 눈초리로 좌중을 한번 휘둘러보고는 곧바로 허리를 굽혀 머리를 조아리고 난 후 말을 이었다.

"파진찬은 올해로 물을 다스리는 일을 맡아온 지 삼십 년이 지나옵니다. 선대 왕의 부왕 때부터 지금에 이르기까지 허다한 물난리의 변고를 보았나이다. 그때마다 수백 년 왕업을 새로이 정초해야 하는 큰 변고가 있었나이다. 머지않아 나라의 물 변고가 일어난다면 다른 것이 더 있겠나이까?"

"다른 것이 뭐란 말인고?"

김경선이 한껏 부풀어 올라 재차 다그쳐 물었다.

"지금 대나마의 말처럼 부왕의 선대 왕께서 동쪽 바다의 용이 되어 삼한을 수호하고 있나이다. 선대 왕의 성덕이 이러하신데, 그 요사스러운 변고라면 무엇이겠나이까? 신하가 된 자에게는 충의보다 더 귀한 것이 없고, 자식이 된 자의 도리로는 효행보다 더한 것이 없사옵나이다. 오늘에 이르러 나라의 강상의 윤리가 어그러짐을 증참할 만한 일이 일어날 기미가 엿보이나이다."

"오호! 강상의 윤리가 어그러질 일이라니!"

김경선의 살찬 목소리가 다시 정사당을 파고들었다.

박유청은 말을 더 잇지 않고 입가에 엷은 미소만 띨 뿐이었다. 그러자 정사당 회의에 참석한 거개의 신료들은 서로 물끄러미 바라만 볼 뿐, 김경선과 박유청 사이에서 발설이 된 말의 저의를 도무지 헤아릴 수 없다는 표정으로 입조차 떼지 못하고 있었다. 그렇게 숨소리 하나조차 낱낱이 폐부에 깊숙이 각인이 되는 것처럼 선명한 정적에 휩싸인 지 얼마가 흘렀을까. 돌연 낮게 가라앉아 있는 정사당의 정적을 가르는 김개원의 단말마 같은 외침이 비수처럼 날카롭게 허공을 가르고 있었다.

"그렇소이까! 물 변고로 인하여 왕업을 어지럽힐 모반의 무리라도 일어날 변고의 징조가 보이신다는 말씀이시지요?"

김개원은 자못 회심의 미소를 지었다. 김개원은 김경선의 무리가 외려 스스로 덫에 걸리기 시작한 것으로 판단하고 있었다. 김경선의 무리는 선대 왕 때부터 지금의 폐하에 걸쳐 누리는 은덕을 저버리고 어린 폐하를 성심으로 옹위하고 있는 김개원과 같은 충신파를 제거할 계책을 작년부터 도모하고 있었다. 그 계책이란 다른 것이 아니었다. 그러니까 충신파에게 모반의 올가미를 씌워 모조리 제거하고 끝내 어린 임금까지 폐위시키고 새 왕을 맞이하겠다는 모반이 바로 그것이었다. 김경선의 무리는 그렇게 덫을 찾던 중 바로 알천의 변고 기미를 덫으로 하여 충신파들을 일망타진하려는 계책을 세우고는 작년 초가을부터 일어난 물난리나 천문의 괴이한 변고를 구실로 삼아 정사당 회의를 소집한 것이었다. 그러고는 천문을 맡고 있는 김춘성과 바다 일을 보는 박유청까지 불러 놓고는 앞으로 벌어질 더 불길한 변고를 낱낱이 토설하라는 압박을 하는 수작을 부리고 있는 중이었다.

김개원은 의자에 앉은 대로 몸을 곧추세우고 손깍지를 낀 두 손을 단정히 무릎 위에 얹고는 눈을 지그시 감았다. 김개원은 잠시 깊은숨을 내쉬었다.

그러고는 올봄의 일을 다시 떠올렸다.

작년 초가을의 큰물 후유증이 여전히 다 가시지는 않았지만, 왕경의 봄은 다시 환한 꽃 천지로 물들기 시작하고 있었다. 분황사와 황룡사 어름은 말할 것도 없거니와 알천과 남천 주변의 푸른 버들개지와 붉게 물든 두견화가 일품으로 만발하고 있었다. 김개원은 오전 일과가 끝나면 김춘성과 더불어 낭산 남쪽 신유림(神遊林)에라도 들러 잠시 성스러운 춘흥을 이겨 나 보자는 심산이었다. 게다가 신유림의 봄은 그 신령스러움처럼 유난스레 뻐꾸기 울음소리가 깊었다. 문득 그 깊은 울음소리를 벗하며 김춘성과 함께 무르익어 가는 신유림(神遊林) 봄기운을 만끽하고 싶었다.

"그곳은 왕실의 상서로운 기운이 서린 신성한 숲이 아니옵니까! 저와 같은 사람이 범접하여 공과 더불어 춘흥을 나눌 수 있겠나이까?"

며칠 전 김춘성은 김개원의 청을 부담스러워하며 정중하게 거절하였다.

"그 무슨 불경한 말씀이오. 잠들어 계신 선대의 왕께서 노하실 말씀이오. 조금도 괘념치 말고 나와 함께 차 한 잔을 마시는 성스러운 춘흥의 공무를 떠안기 바라오."

김개원이 손사래를 치며 김춘성의 말을 받았다. 김개원은 골품과 관등을 떠나 김춘성을 볼 때마다 튼실한 볏짚 가리를 보는 것 같은 듬직스러움을 느끼곤 했다. 김춘성은 천문을 보고 길흉을 내다보는 복술에도 밝았지만, 의학과 역법에도 두루 해박했다.

"대나마께서는 파진찬 박유청과도 교분이 있지요?"

낭산의 신령스러운 봄꽃 향기에 흠뻑 취하기라도 한 듯 잠시 넋을 놓고 있던 김개원이 갑작스레 내뱉은 말이었다. 함께 신유림(神遊林)의 숲길을 걷던 김춘성이 의외라는 표정을 지었다.

"그렇습니다. 제 선친께서 파진찬과 한때 함께 일한 인연이 있었는데, 그 이후로 그것이 계기가 되어 지금까지 그 인연이 제게로도 쭉 이어진 것입니다."

김춘성은 김개원이 묻는 말에 감추거나 드러내지 않는 일이 없이 파진찬과의 관계를 그대로 털어놓았다.

"한데 어인 일로……."

김춘성이 의아하다는 듯이 김개원을 쳐다보았다.

"파진찬 박유청이 요사이 각간 김경선의 무리와 자주 어울리는 것 같은데 그 곡절을 도무지 알 수가 없어서 그러하다오."

김개원은 김춘성에게는 왕실 내에서 비밀스럽게 지켜보고 있는 김경선 일당의 음험한 준동을 굳이 숨기고 싶지 않았다. 작년 알천의 큰물로 왕경이 소란하기 시작한 즈음부터 김경선의 무리는 부쩍 회합이 잦았다. 아직 연소한 폐하를 돌보아 왕위와 정사를 굳건하게 다져놓아야 하는 왕후와 신료들의 걱정은 사실 이만저만이 아니었다. 그러던 차에 김경선의 무리는 겨울이 지나 올봄에 이르자 이제는 본색을 노골적으로 드러냈다. 특히 괴이쩍은 것은 김경선의 무리 중의 몇몇이 박유청을 대동하여 수시로 알천 주변을 어슬렁거리곤 한다는 것이었다.

"공께서 파진찬에 대하여 더 알고 싶은 것이 있나이까? 제가 알고 있는 것들이 있다면 소상히 아뢰겠나이다."

김춘성이 숲길을 벗어나 숲속 한편의 휴게 공터 쪽으로 발길을 돌리며 한 말이었다.

"파진찬이라면 바다와 물을 다스리는 소임을 맡은 관리가 아니겠소. 그런 자가 지금 왕실을 흔들려는 자들과 은밀하게 어울리며 왕경을 동서로 가르는 하천을 어슬렁거린다는 것 자체가 괴이쩍은 일 아니겠소."

김개원은 숲속에 난 휴게 공터를 둥그렇게 에워싸고 있는 돌의자에 앉았다. 김개원의 말을 잠자코 듣기만 하며 따르던 김춘성이 뭔가 짚이는 것이라도 있는 듯 갑자기 눈망울을 반짝였다.

"아아, 그렇습니다. 공께서 파진찬과 관련하여 '물' 말씀을 하시니 결국은 문제의 본질은 물과 관련한 것이 아닌가 하옵나이다."

김춘성이 단칼에 말허리를 끊듯 단정적으로 말했다.

"오호! 이제 저 불온한 적신의 무리가 파진찬과 더불어 알천 냇가의 냇물을 그리 살피려 하는지 얼마간은 알 것도 같소이다. 물이라! 그렇다면 '물'과 관련한 저들의 음험한 계략은 무엇이겠소."

"저 역시 작년부터 지금까지 여전히 풀리지 않는 문제입니다. 물의 문제를 갖고 그분들이 어떤 계략을 도모하는 것이 사실이라면……."

김춘성은 끝내 말을 더 잇지 못했다. 김개원 역시 '물'과 관련하여서는 도무지 가늠이 가지 않아 머리도 띵하고 흉중이 흡사 돌덩어리에 짓눌리는 듯이 무지근했다. 김개원은 앉아 있던 돌의자에서 엉거주춤 일어서 김춘성 옆자리 쪽으로 건너 앉았다. 그러고는 김개원과 마찬가지로 왕실을 와열시키려는 김경선의 무리가 꾀하고 있는 음험한 계략의 실체를 제대로 간파하지 못하여 괴로워하는 김춘성을 달래려 그의 왼쪽 어깨를 토닥였다. 김춘성은 발을 가지런히 모으고 앉아 있던 돌의자 아래쪽으로 고개를 떨군 채 그저 망연자실하여 넋을 놓고 있는 사람처럼 보이기도 했다. 김개원은 김춘성의 어깨 위에 얹은 손을 한참 동안 그대로 놔둔 채로 늙은 짐승들처럼 음험한 몸짓을 하며 앞으로 다가올 김경선의 무리가 도모할 패역의 진상을 도시 알 수 없어 마음의 저 밑바닥이 빈 우물처럼 불안하게 메말라가는 듯했다.

2

김개원이 김춘성과의 올봄 신유림(神遊林) 회동의 기억에서 깨어나 다시 한여름 정사당 회의장으로 다시 돌아온 것은 전적으로 김경선의 단말마 같은 외침 때문이었다.

"모반의 기미라니!"

김경선은 마치 사리에 깜깜한 뒤틈바리마냥 우악스러운 목소리로 김개원의 말을 받았다.

"각간께서 너무 과민해지신 것 같소이다. 하기야 누대에 걸쳐 왕실을 지켜 오신 권문의 후예로서 이런 패역한 소리를 듣고도 어찌 분개치 않겠소이까 마는, 이미 입 밖으로 흘러나온 말이니 오늘 그 진상이나마 샅샅이 밝혀야 하지 않겠소이까."

김개원은 자못 평온한 표정으로 김경선의 말을 담담하게 듣고 있었다.

"말 속에 뜻이 있고 뼈가 있다고 하였다지만 내 이찬의 말뜻을 모르겠소이다. 이찬께서 이 사람에 대한 신뢰가 그리 크지 않다는 사실은 내 잘 알고 있소이다. 하나 지금 우리들 모두 차마 입에 담기도 흉측스러운 모반의 기미를 운운하고 있지 않소."

김경선이 박유청과 김춘성 쪽으로 시선을 돌리며 말을 이었다. 그러자 두 사람은 누구랄 것도 없이 동시에 화들짝 놀라는 표정을 지었다.

"공께서 그리 느끼셨다면 공의 존전에 황공무지하오이다. 내 공에 대한 색안경을 끼고 그리 무례하게 굴 의도는 조금도 없었사오니 이 사람의 말을 두루 혜량하여 주옵소서. 좋소이다. 이 사람 이찬은 요사이 공과는 늘 다른 편에 서 있었지만, 공과 더불어 왕실을 보전하기 위하여 한결같이 진충갈력하여 온 지가 어언 삼십 년이 지났소이다. 그러하오니 우리 두 사람이 함께 뜻을 모아 우리들이 지금 운운하는 모반의 기미란 도대체 무엇인지 오늘은 반드시 밝혀 패역의 무리를 발본색원해 보나이다."

김개원 역시 박유청과 김춘성 쪽으로 시선을 돌렸다. 박유청의 어깨가 잠시 움칠해 보였다.

"그리 말씀하시니 이 사람도 이찬의 충언을 기꺼이 가납하리다. 자, 그럼 파진찬께서 먼저 그 변고니 모반의 기미니 하는 소문의 진상을 한 점도 거짓 없이 정사당 회의에 참석하신 신료들께 기탄없이 말씀하여 주시오."

김경선의 음색도 어느새 낮고 부드럽게 가라앉아 있었다. 자못 득의만만한 표정까지 함께 지으며 내뱉은 말이었다.

"파진찬 박유청은 아뢰나이다. 파진찬의 먼 선대 역시 왕실과 혼인을 맺은 세족의 후예로서 어떤 식으로든 왕실과 연인한 자이온데 어찌 감히 위언을 지어 왕실을 어지럽히는 불충과 배역의 길에 나서겠나이까. 파진찬이 보고 안 사실만을 아뢰겠나이다."

박유청의 결기에 찬 목소리는 흡사 돌올한 느낌을 다 들게 할 정도였다.

"파진찬은 작년의 알천 큰물에 이어 올 2월에 나타난 요성(妖星)의 변고를 몹시 두렵게 여기며 지켜봤나이다. 이는 머지않아 큰 변고가 일 것을 알리는 틀림없는 조짐으로 여겨졌기 때문이옵니다. 그런데 파진찬의 불길한 예감대로……."

박유청 갑자기 말을 멈추고는 더 있지를 못하고 있었다. 그러자 신료들이 다시 술렁거리기 시작하였다.

"어찌 말씀을 더 잇지 못한단 말이오."

역시 김경선이 다그치듯 한 말이었다.

"……알천 냇가의 물빛이 예사롭지 않나이다."

"뭐라! 알천의 물빛이 예사롭지 않다니!"

다시 김경선이 박유천의 말을 받았다.

"……붉은 기운이 내비치나이다."

박유청은 허탈한 표정을 짓고는 이어 멍하니 허공만을 응시하고 있었다.

김개원은 그 순간 머릿속이 화톳불이 일 듯이 달포 전의 일이 떠올랐다. 김개원은 한여름 초입부터 남천 일대 민가에서 발생하기 시작한 가축 폐사 건을 처리할 방안을 정리하여 폐하께 올릴 요량으로 아침부터 집사부 관원들을 달구치는 중이었다. 막 점심을 마치고 곧장 집사부 관원들을 다시 독려하여 마지막 아퀴를 지으려 할 때였다. 뜻밖에 김춘성으로부터 저녁에 뵙고 싶다는 전갈이 왔다. 김개원은 올봄 신유림(神遊林) 회동에서 물과 관련한 변고의 소이연을 도시 알 도리가 없다며 답답해한 김춘성을 다시 떠올렸다. 김개원은 올봄의 일도 일이거니와 가축 폐사 건과 관련한 의견도 구할 겸해서 황성 아래쪽 장터거리 주막에서 저녁에 보자는 회신을 보냈다.

김개원이 주막에 도착했을 때는 주막 뒤편 산봉우리 너머로 초여름의 맑은 햇덩이가 뉘엿뉘엿 넘어가는 중이었다. 김춘성은 이미 일행과 함께 장터거리 주막에 와 있었고, 김춘성은 고개를 떨군 채 무엇인가에 골똘히 빠져 있는 모양이었다. 김춘성과 함께 술상을 에우고 자리를 잡고 앉아 있던 일행 셋은 김개원을 보자 자리에서 일어나 몸을 옹송그리며 술자리에서 물러났다.

"같은 일행인가 본데, 자리를 함께하는 것이 뭐 어떻다고 그리하오."

김개원이 김춘성의 맞은편 자리에 앉으며 건넨 말이었다.

"아니올시다. 저이들이 함께 들은 말은 아닌 듯하여 이찬께서 오시는 대로 예를 차리고 자리를 뜨라는 당부를 미리 해놨나이다."

김춘성이 공손하게 말을 받았다. 언제 봐도 덕으로써 스스로를 신칙하여 군자에 이른 풍모가 얼핏 엿보이는 자였다. 술잔이 서너 순배 돌고 취흥이 돋기 시작할 때쯤 해서 김춘성이 자신의 전갈을 보낸 속내를 보이는 말을 꺼냈다.

"이찬께서는 혹시 작년 초가을의 큰물이 지기 전 알천 일대에 거주하는 주민들 사이에서 잠깐 돌던 돌림병을 기억하시나이까."

김춘성이 자못 엄숙한 어조로 말을 건네 왔다.

"으음, 기억이 나오. 알천 주변에 거주하던 백성들 사이에서 돈 그 피부병을 말씀하시는 것 아니오?"

"그러하나이다."

"그런데, 갑작스럽게 그걸 왜 다시 떠올리는 것이오? 아아 그리고 보니 그때가 공과 월상루에서 처음으로 대면한 때였지요."

김개원은 작년 여름 알천 일대에서 잠깐 돌다 그친 돌림병을 이제 와서 새삼스럽게 끄집어낸 영문을 당최 몰라 좀 뜨악하기까지 했다. 그리고 보면, 작년 여름은 유난스럽게 무더위가 기승을 부렸고, 근래 보기 드물게 심한 가뭄까지 겹쳐 있었다. 왕성 가까이에서 사는 백성들은 폭염도 폭염이려니와 특히 식수난에 시달리고 있었다. 그런데 이와 반대로 알천 주변에 사는 백성들은 식수난에 시달리지는 않은 듯했다. 그들은 가뭄이 길어지자 천변 빨래터에서 먼 위쪽의 물을 떠다 식수로 쓰기도 했다. 이상스러운 것은 특히 알천 천변 빨래터 하류에서 물장구를 치던 아이들의 몸에 발진이 올라 진물이 흐르기 시작하였고, 천변 상류에서 식수를 기르다 쓰는 집 식구들이 집단으로 심한 설사와 복통을 일으키기 시작한 것이었다.

사태가 자못 심각해질 성싶어 김개원은 폐하를 모시고 좌우 근신과 더불어 알천을 순시한 적이 있었다. 김개원은 순시를 가기 전에 천문과 의학을 맡은 관리를 각각 물색하여 두 사람으로부터 의혹이 풀리지 않는 부분들에 대하여 자문을 구하기로 마음을 먹었다. 아무래도 빨래터 아래쪽에서 물장구를 치며 놀았던 아이들이나 위쪽에서 식수 취수를 한 집들의 식솔들이 병고가 난 것이 괴이하였기 때문이었다. 작년 이런 연유로 인해 집사부의 추천으로 알게 된 이가 바로 천문 실무를 주관하던 김춘성과 의학 실무자인 대나마 박주원이었다. 박주원은 폐하께서 왕위에 오르고 의학을 교육하는 기관을 설치한 그 즉시 실무 책임자로 낙점한 자로 돌림병에 대한 의견을 묻기 위해 초치한 인물이었고, 김춘성은 하늘에서 유독 많이 일어난 온갖 변고의 소이연에 대한 의견을 구하기 위해 부른 자였다.

그런데 알천 재해 지역 순시 전 사전 자문회의를 이틀 앞두고 갑작스럽게 박주원이 신병을 이유로 불참을 표명해 왔다. 사실 김개원은 집사부에서 의학 자문 실무자로 박주원을 추천할 때부터 께름한 구석이 없지는 않았다. 박주원은 어떤 식으로든 김경선의 무리와 한통속이 분명한 박유청과도 얽혀 있다는 풍문이 돌았기 때문이었다. 게다가 영악하기 이를 데 없다고 소문이 난 박주원이 알천 일대의 돌림병과 관련한 정보를 김개원에게 전해줄 리도 만무했을 터였다. 그리하여 김개원은 김춘성과 더불어 둘이서만 자문회의를 갖게 된 것이었다. 김개원은 어차피 박주원이 빠지는 바람에 단출하게 된 자문회의니만큼 장소 자체를 아예 알천 동쪽 편의 누각인 월상루에서 차담 형식의 자문회의를 갖기로 했다. 마침 성하가 절정이어서 무더위도 피하고 직접 알천 현장과 맞닥뜨린 자문회의를 갖게 되면 자문의 효율도 높아질 것이라는 생각에 미친 이유도 있었다. 김개원은 가볍게 첫인사를 건넸다. 사실은 김개원은 골품의 위품에 구애받지 않고 사교를 넓게 맺는 터여서 위품이 낮은 자들도 쉽게 다가갈 수 있는 여지를 넓게 만들어 놓곤 했다. 김춘성은 얼굴과 풍채가 깨끗하고 눈매는 별나다 싶게 날카로워 보였다.

결국 김개원과 김춘성 간의 월상루 첫 차담 자문회의에서는 별다른 소득은 없었다. 두 사람은 월상루에서 백산차 두 잔씩을 마시고 내려와 직접 알천 냇가를 소요하듯 걸었다. 김춘성은 가끔 냇가의 흐르는 물을 물끄러미 바라보기도 하고, 냇물에 손을 적시고는 곧바로 물기가 가시지 않은 손을 들어 따가운 햇볕에 반사시켜 골똘하게 톺아보기도 하였다.

"물빛이 좀 예사롭지 않나이다."

김춘성은 지나가는 말처럼 혼자 중얼거렸고, 김개원도 김춘성의 그 말을 바람이 스쳐 지나가는 듯 그대로 흘려버렸었다. 그러고는 두 달 남짓 후 김개원은 폐하와 더불어 집사부의 관원들을 대동하고 알천 일대를 순시했었다. 그러나 이 또한 별반 소득이 없었다. 그도 그럴 것이 어린아이들의 피부 발진은 금세 사라졌다는 것이고, 알천 상류 쪽의 인가에서 집중적으로 돌았다고 알려진 복통 설사도 달포 남짓하다가 수그러졌다는 것이었다.

"실은 작년에 공과 그렇게 처음 만난 이후로도 저는 종종 알천 일대를 다시 찾곤 했나이다."

김춘성의 목소리가 낮게 가라앉아 있어서인지 별안간 울어댄 소쩍새 울음이 유별나게 김개원의 귀청을 깊이 파고들었다. 그래서일까. 잠시 작년 성하에 있었던 알천 돌림병 소동의 기억이 다시 환하게 되살아났고, 퍼뜩 정신이 들며 취기가 가시는 듯했다.

"아아. 그러고 보니 공께서 알천 물빛에 대한 이야기를 하시었지요. 그때 전 그저 흘려만 들었던 것 같은데, 공께서는 지금도 그 문제를 마음에 두시고 있었던가 보군요?"

"그렇습니다. 기억하실지 모르겠습니다만, 제가 그때 알천의 물빛이 예사롭지 않다고 말씀드렸나이다."

"오호, 미안하구려! 내 그냥 흘려들었나 보오."

김개원은 겸연쩍게 웃으며 김춘성의 말을 받았다.

"사실, 십여 년 전부터 한여름 문턱에 접어들면 알천 냇가의 물빛에 붉은 기운이 내비치기 시작하였나이다. 하지만 그 소이를 올봄에 이르기까지도 도무지 알 수 없었는데, 이즈음에 이르러서는 그 붉은 물빛의 정체가 어지간히 잡히는 듯도 하나이다."

춘성의 신중하기 그지없는 성정으로 봐서는 매우 이례적으로 완신하는 듯한 말투로 자신의 소견을 드러내고 있는 터였다.

"오호! 내 공과 교분을 나눈 지는 얼마간에 불과하기는 하지만, 내 공께서 그리 확신하여 십분준신하는 투로 말씀하시는 것을 본 것은 처음인 듯하오. 몹시 궁금하구려. 어찌 된 일인지 소상히 듣고자 하오."

김개원은 잔뜩 인 궁금증을 못 이기고 마른침까지 꼴깍 삼키는 중이었다.

"이찬께서도 기억하시겠지만 작년 돌림병 소동은 그렇게 끝났지만, 올해는 어찌 될지 모르겠다는 생각을 품고 알천 냇가의 물빛을 예의 지켜보던 중, 한여름 문턱에 이르자 그예 알천 물빛에 붉은 기운이 다시 내비치기 시작하였나이다."

"그렇다면 작년과 같은 소동이 또 벌어질 것이 아니오."

김개원은 갑자기 머릿속이 휑뎅그렁하게 비어 가는 느낌이 들었다.

"그러할 수도 있겠나이다."

김춘성은 제법 아연한 표정을 짓고 있는 김개원을 보고서도 무슨 연유인지 태연자약한 어투로 계속 말을 이어갔다.

"작년 한여름을 떠올려 보시면 대략 이해될 수 있으실 줄 아옵니다만, 알천 하류 쪽에서 물장구를 치고 놀던 아이들은 예외 없이 피부 발진이 났다가 들어갔고, 가뭄이 한참 들어 상류 쪽에서 취수를 해서 식수로 쓴 민가의 사람들에게서는 또 예외 없이 설사 복통에 시달린 것을 기억하실 줄 아옵니다. 특히 피부에 발진이 오른 아이들은 며칠 안으로 다 사라졌지만, 알천 물을 취수해서 식수로 쓴 가옥의 부민들은 달포 내내 복통과 설사로 시달렸었나이다. 그렇다면 돌림병 소동의 근원은 응당 알천 냇가의 물에서 비롯된 것이 아니겠나이까."

김개원은 "아아!"하는 탄성이 절로 일었다. 이제 좀 김춘성이 하는 말의 줄거리가 잡혀가기 시작하는 듯했다. 작년 알천 일대 돌림병 소동은 어떤 식으로든 물이 일으킨 변고인 셈이었고, 그렇다면 이제 관건은 알천 냇가의 물이 왜 소동의 씨앗이 되었는가를 해명하는 것으로 귀일된 셈이었다.

"물은 원래 붉은 기색이 없는 물질인 줄 아옵니다. 한기가 들면 딱딱한 물성으로 바뀌고, 불기가 들면 끓어서 흩어지게 되옵나이다. 물은 이렇게 그 물성이 바뀔 때도 결코 붉은 성질을 드러내는 법은 없었나이다. 물의 물성이 이러한데, 물이 그 본래의 물성과 다른 성질을 드러내고 있다는 사실 곧 붉은 기운을 내비친다는 것은 반드시 어떤 다른 소이연이 있을 터입니다. 게다가 붉은 기운을 띤 물과 접촉한 사람들이 해를 입었나이다."

"그렇다면 작년 알천 돌림병 소동의 그 소이라는 것이 왕실의 부덕과도 관련이 있는가?"

"저는 결단코 관련이 없다고 생각하나이다. 하늘이 내린 재해가 결코 아니란 뜻이옵나이다."

김개원의 말이 끝나기 무섭게 흘러나온 김춘성의 대답이었다. 조금의 미적거림도 없이 당차게 내뱉은 말이었다. 김개원은 일순간 적이 놀라기까지 했다.

"그렇다면 단순한 인재(人災)로 일어난 것이란 말이오."

"그러하나이다."

이번에도 춘성은 조금도 지체하지 않고 단박에 자신의 소견을 드러냈다.

"그런데 문제는 각관과 그를 따르는 무리는 그것이 천재(天災)이든 인재

(人災)이든 간에 어떻게든 그 소이를 어린 폐하의 부덕 때문에 일어난 것으로 몰고 갈 것이란 데 있소이다. 저들이 꾸미는 음험한 계모는 이제 왕실 내에서도 공공연한 비밀이 되었소이다. 그런데도 저들의 준동을 엄단할 방책이 없단 말이오."

김개원은 큰 돌덩어리가 가슴을 짓누르는 것처럼 답답했다.

"인재(人災)이옵나이다. 그러기에 인력으로 막을 해결 방책은 반드시 찾아낼 수 있을 것이옵나이다."

김춘성이 확신에 찬 어조로 말을 받았다.

"그렇소이다. 문제는 바로 그 해결 방책인데, 작년 알천에서 돌았던 염병의 발생 소이를 알아야 해결 방책도 나오지 않겠소."

"물론입니다. 좀 전에 저와 함께 있었던 관원들이 오늘 그 해답을 가져왔나이다."

"뭐라고요? 해답을 가져왔다니요."

김개원은 갑작스럽게 횡재수가 뻗친 것 같아 자못 달뜨는 기분까지 일었다.

"이찬께서도 잘 아시는 바와 같이 작년 알천 지역에 돌았던 염병은 큰물이 지기 전과 후로 큰 차이가 있었었나이다. 당연히 큰물 이후로는 염병이 더 이상 진행이 되지 않았나이다. 그렇다면 이것이 무엇이겠나이까. 큰물이 냇가를 휩쓸고 지나가면서 냇물의 성질을 바꿔놨다는 것이 아니겠나이까. 말하자면 그전에 붉은 기운이 내비치던 알천 냇가의 물이 흙탕물이 뒤섞인 큰물로 인하여 다시 원래의 물성을 회복하였다는 것 아니겠나이까."

김춘성은 이제는 확신에 차서 단정을 짓는 투로 말을 이었다.

"흙탕물이라 하였소."

"그러하나이다. 실은 올해에도 초여름부터 알천 냇가, 그것도 유속이 좀 느리고 흐르던 물이 냇둑 안쪽으로 파고들어 물이 정체된 쪽에서는 어김없이 붉은 기운이 내비칠 조짐이 있었나이다. 그때마다 저는 아까 함께 있었던 관원들을 시켜 붉은 기운이 내비치는 지역에 황토를 뿌려놓고 그 결과를 지켜보고 그 결과를 보고하란 부탁을 해두었었나이다. 오늘이 바로 저들이 그 결과를 보고한 날이었나이다."

김춘성은 잠시 말을 멈추고 호흡을 가다듬었다.

"그 결과가 어찌 되었단 말이오."

김개원은 조바심을 이기지 못하고 좀 다그치기라도 하듯 김춘성의 말을 되받았다.

"황토가 뿌려진 곳에서는 거짓말처럼 붉은 기운이 사라졌나이다. …… 아마도 파진찬도 그 사실을 알고 있었지 않았나 싶사옵나이다."

"무엇이라!"

김춘성의 그 음전하고 단호한 어조가 놀라울 정도로 엄숙하기까지 하여 김개원은 자신이 흡사 철퇴라도 맞는 기분이었다. 김춘성의 그 엄숙한 어투 자체가 내포하고 있는 단정적 결론 곧 작년의 알천 염병은 하늘이 내린 변고가 아니라 사람이 만든 변고이거니 얼마든지 사람이, 그것도 김개원 자신과 맞서 있는 김경선의 무리도 응당 알고 있었을 것이라고 김춘성의 딱 잘라 말한 판단 그 자체도 놀라울 뿐이었다. 이제 왕성에 여름내 가득, 아니 그 이후로도 줄을 지어 먹이를 나르는 여름 개미들처럼 모반의 먹이들을 쉼 없이 물어 나르는 난당의 꼬리가 잡히기 시작하는 듯했다.

3

김개원이 한 달 전에 있었던 김춘성과의 회상에서 다시 깨 퍼뜩 정신을 차린 것은 바로 김경선의 절절한 외침이 쟁쟁하게 김개원의 귓전을 파고 들었기 때문이었다.

"황성을 가로질러 흐르는 알천 냇물에 붉은 기운이 내비치다니! 이런 괴이쩍은 변고가 어디 있단 말인가……. 게다가 신령하신 선대왕께서 동쪽 바다의 용이 되어 이 나라 사직을 지키고 계시는데…… 머지않아 그 동쪽 바다까지 핏빛으로 변한단 말이오!"

음험한 기색이 한껏 묻어 있는 김경선의 목소리가 정사당 회의장을 쩌렁쩌렁 울리고 있었고, 머지않아 신령스러운 동쪽 바다까지 핏빛으로 변할 것이라는 파진찬의 말에 정사당 회의에 참석한 대소 신료들은 다시 다시 걷잡을 수 없는 불안 속으로 휩싸여 들며 몹시 초조한 기색을 여과 없이 드러내고 있었다.

"그러하오! 머지않아 신령한 동쪽 바다까지 핏빛으로 변한다면 그것이야말로 인간이 감당할 수 없는 변고가 아니겠소. 그렇다면 각간의 말씀대로 사직이라도 무너뜨릴 그 무시무시한 변고의 실체는 낱낱이 밝혀야 하지 않겠나이까."

김경선은 경멸에 찬 눈초리로 돌연 자신의 말을 받은 김개원의 목소리에 잠깐 상체를 움찔댔다. 그러나 김경선은 이내 몸자세를 고치고는 언제 화를 냈냐는 듯이 낮고 부드러운 음색으로 말을 이었다.

"어허, 내 그러니 오늘 삼십 년 넘게 이 나라의 치수를 담당한 파진찬을 모시고 오지 않았소이까. 파진찬은 어이 말을 더 이어보시오."

김경선이 그동안 어정쩡하게 윗몸을 수그린 채 서 있던 박유청에게로 시선을 돌렸다. 그러자 박유청이 기다렸다는 듯이 몸을 곧추세우며 김경선의 말을 받았다.

"아뢰옵기 황송하오니 물빛의 변고는 실로 우려스러운 일이 아닐 수 없사옵나이다. 일찍이 선대 선덕(善德) 폐하께서도 동쪽 바다의 물빛이 붉게 변하며 물고기가 떼죽음을 당하지 이를 몹시 두려워하여 하늘에 치성을 드려 사직을 보존하고자 하였사옵나이다."

박유청은 감히 김개원을 정면으로 맞바라보지는 않았지만, 박유청의 말은 단연코 김개원을 겨냥하고 나선 반격의 언사였다.

"그러하오. 그럼 선대 선덕 폐하께서는 그런 변고를 어찌 다스렸기에 노한 하늘을 달래고 장차 사직을 어지럽히려는 불온한 무리의 준동을 모조리 삼제해낼 수 있었던가 말이오. 이 사람은 도무지 알 길이 없으니, 오늘 파진찬께서 사직과 왕실을 위하여 귀한 연꽃 같은 지혜를 한번 주소서!"

김개원은 시간이 흐를수록 이제 김경선의 무리에 대한 노여움보다는 스스로 놓은 덫에 걸린 저들에 대한 처사를 한치의 소홀함도 없이 엄단할 방책이나 머릿속에서 궁글리고 있었다.

"허허! 이찬께서 그리 말씀하시니 파진찬께서도 가감 없이 당신이 생각하신 바를 말씀해 보시오."

김경선은 완연히 사풍스러운 말투로 김개원의 말을 받았다.

"인간이 조화를 부려 막을 수 있는 것이라면 그것을 어찌 사직을 위태롭게 할 변고라 말할 수 있겠나이까. 그런데 인간이 아무리 조화를 부려도 막을 수 없는…… 감히 제가 아는 바로는 어느 성군이 나서도 하늘이 부린 변고는 막을 수가 없는 변고도 있는 것 같나이다. 그것이야말로 왕의 부덕을 하늘이 벌한 것 아니겠나이까."

김개원은 지그시 깨물고 있던 아랫입술을 튕겨 내며 혀 밑으로 고여 있던 침을 거칠게 뱉어냈다. 모든 것이 보름날 활활 타오르는 관솔불처럼 명확해졌고, 박유청이 이어서 할 말도 가히 짐작할 수 있었기 때문이었다.

"그렇다면 내 파진찬께 한 가지 여쭤볼 말이 있소이다."

"말씀하소서."

박유청 역시 당당한 어투로 김개원을 응대하고 있었다.

"내 파진찬의 말을 거꾸로 해보겠소. 만일 붉은 기운이 내비치는 알천 냇가의 물빛이나 머지않아 핏빛으로 변할 것이라는 동쪽 바다의 변고를 인간의 조화로 본래의 물성으로 회복시켜 낸다면, 그것은 분명히 하늘이 부린 변고는 아니겠지요?"

"그러하나이다."

"그럼 또 묻겠소이다. 작년에 이어 올해에도 붉은 기운이 내비칠 징조가 보인다니 이를 어찌 처리할 것인가에 대한 고민은 없었소이까."

"없었나이다."

"그렇다면 파진찬은 알천 냇가의 물 변고나 곧 핏빛으로 변할 동쪽 바다의 변고를 인간이 어찌할 도리가 없는 하늘의 변고로 보고 있다는 것이로소이다."

"그러……."

박유청이 뜻밖에 머뭇거렸다. 마치 갈피 없는 상념을 이기지 못하고 내내 궁싯대며 온 한밤을 지새운 사람처럼 적이 흐리멍덩해져 있는 듯도 했다.

그때였다.

"당연한 것 아니겠소이까. 그러니 우리가 이 더운 날 정사당에 모여 대책 회의를 하는 것이오."

김경선이 갑작스럽게 끼어들며 한 말이었다.

"그렇다면 이찬과 파진찬 두 분 다 알천의 변고나 머지않아 도래할 동쪽 바다의 변고를 하늘이 부린 변고이니 인력으로는 막을 수 없는 것으로 생각하시는 게로군요. 그럼 두 분의 결론은 내려진 것 같소이다."

김개원이 김경선과 박유청을 번갈아 바라다보며 던진 말이었다.

"그럼 마지막으로 다시 한번 묻겠나이다. 알천 냇가의 물빛에 붉은 기운이 내비치는 것이나 머지않아 동쪽 바다가 핏빛으로 변하는 변고를 인력으로 얼마든지 바꿔놓을 수 있음을 알고도 이는 하늘의 변고이니 인력으로는 어찌할 수 없는 일이라고 허탄한 말을 하고 다니는 무리가 있다면, 저들이야말로 왕실을 어지럽히려는 패역의 무리가 아니겠나이까."

김개원은 이제 김경선과 박유청을 바라다보지도 않고 뒷짐을 진 채로 정사당의 천정만 응시하고 있었다. 그 순간 김경선의 양쪽 눈언저리가 동시에 일그러지기 시작했다.

"그렇지 않겠소이까."

김경선이 한 차례 깊은숨을 내시고는 말끝을 흐리며 받은 말이었고, 김경선 옆에 서 있던 박유청은 고개를 떨구는 것인지 끄덕이는 것인지 모를 듯한 자세를 취한 채 골똘히 생각에 잠겨 있는 듯했다.

"잘 확인했소이다. 그럼 이 사람의 의혹을 풀기 위한 마지막 의견을 대나마에게도 구해보려 하오. 대나마의 생각은 어떠하오."

김개원이 그동안 줄곧 함구만 하고 있던 김춘성 쪽으로 시선을 돌리며 한 말이었다. 그러자 김춘성이 대거리를 하고 있는 세 사람 쪽으로 한 발 더 다가서며 입을 떼었다.

"소인은 천문을 맡아보는 대나마에 지나지 않나이다. 다만 선대가 대대로 치수(治水)를 맡아온 터이어서 선친에게서 조금 들은 견문은 있사옵나이다. 하여 이찬께서 하문하시오니 외람되이 제 소견을 말씀드리겠나이다."

김춘성의 말투는 단호했다.

"소인도 파진찬의 의견에 동의하는 바입니다. 파진찬은 오랫동안 치수를 맡아오시며 닦으신 물에 대한 식견은 나라 안 그 누구도 따를 바가 없는 줄로 아옵나이다. 파진찬의 말씀처럼 하늘이 부린 변고는 누구도 막아낼 수 없는 것임을 선친으로부터 항용 들어온바입니다."

이번에도 김춘성의 대답은 엄전하고 단호했다.

"그렇다면 머지않아 일어날 것이라는 동쪽 바다의 변고는 그때 가서 살피면 될 터이고 파진찬의 말씀처럼 올해 알천 냇물이 붉게 물든 변고는 하늘이 조화를 부린 변고란 말이오."

김개원이 김춘성의 말을 자르며 다시 물었다.

"그렇지는 않나이다. 작년도 그렇고 올해 알천 냇가에서 일어난 물빛의 변화는 하늘이 내린 변고는 아닌 것으로 사료되는 바이나이다."

춘성의 말이 채 다 떨어지기도 전에 정사당 회의에 참석한 신료들이 다시 바람에 일렁이는 갈대밭의 갈대들처럼 흔들리고 술렁이기 시작했다. 김춘성의 말이 마치 먹장구름을 헤치고 나온 햇살처럼 환하게 회의장의 팽팽한 긴장과 낮게 가라앉은 분위기를 일거에 걷어낼 만큼의 선명한 충격이었기 때문이었다. 김경선이 불같이 노한 표정으로 자신의 목덜미를 움켜잡은 채 날카로운 비명 같은 목소리를 내뱉었다.

"무엄하오! 어찌 근거도 없는 허탄한 소리로 감히 무람없이 이 신성한 정사당 회의를 어지럽히는고! 내 오늘 대나마의 그 불경함을, 아니, 그 대역의 죄를 반드시 문초하여 추상같이 다스릴 것이로다."

김경선은 바야흐로 감정의 빗장이 풀린 사람처럼 치미는 화를 어쩔 줄을 몰라 하며 속내를 고스란히 풀어내고 있었다.

"각간께서는 잠시 마음을 다스리시길 바라나이다. 이 자리는 여러 신료들이 보는 가운데 사실을 밝혀 폐하와 왕실의 위엄을 지키는 자리이나이다. 지금 알천 냇가에서 조짐을 보인 괴이쩍은 현상이 정말로 하늘이 부린 변고인지, 아니면 인력으로 해결할 수 있는 단순한 재앙인지만 잘 헤아리면 될 일 아니오. 무에 그리 마음을 무겁게 받아들인단 말이오. 지금 공이나 파진찬은 하늘의 변고이니 인력으로는 해결할 수 없다고 말했잖소. 그 말이 사실이라면 폐하께서도 선대의 선덕왕처럼 손수 치성을 드리고, 폐하 스스로 부덕함을 하늘에 고해 그 노여움을 풀면 될 것 아니오. 이리해야 하늘이 조화를 부린 변고가 아님에도 이를 사실인 양 거짓으로 꾸며 왕실을 어지럽히려는 불온한 무리를 색출할 수도 있는 것이 아니겠소. 자, 대나마께서는 지금 알천 냇가의 물빛에 붉은 기운이 내비치는 괴이쩍은 일이 왜 하늘이 조화를 부린 변고가 아닌 것임을 한번 소상히 말해보시오."

김개원은 김경선으로부터 시선을 거두어 김춘성 쪽으로 다시 시선을 돌렸다.

"알겠나이다. 소인은 천문을 잘 살펴 앞으로 일어날 변고의 가능성을 보고 이를 곧바로 왕실에 알려야 하나이다. 이런 까닭으로 소인은 늘 천문만이 아닌 바다와 강, 그리고 작은 내에 흐르는 물의 변화에도 주목을 해야 하나이다. 그러던 차에 작년 알천 돌림병 때부터 오늘에 이르기까지 알천 냇가의 물이 흘러 형산강에 이르고 또 형산강에서 합류해 동쪽 바다로 흘러 나가는 물의 변화를 제 나름대로 관심을 가지고 주의 깊게 살폈나이다."

"그러하오! 그렇다면 대나마가 말한 바처럼 지금 당장 우리가 목도하고 있는 알천 냇가 물빛의 변화가 하늘이 조화를 부린 변고가 아니라면, 사람이 그 해결 방책을 만들어 낼 수 있고 또 그 방책으로 말미암아 알천 냇가의 물빛이 본래의 물성을 되찾을 수 있을 터인데, 그렇다면 그 방책 또한 구체적으로 말할 수 있겠소."

그동안 별다른 말 없이 가만히 앉아만 있던 박유청이 갑작스럽게 끼어들며 한 말이었다. 그러자 김춘성이 곧바로 박유청의 말을 받았다.

"알겠나이다. 파진찬께서는 저보다 더 깊이 있게 잘 아실 것으로 사료되는 바입니다만, 제 소견을 말씀드려 보라 하시니 어쭙잖은 소견이지만 말씀드려 보겠나이다. 대나마의 소견으로는 황토가 그 구체적 방책의 하나로 사료되는 바입니다."

"황토라니요? 그 무슨 허탄한 말씀이오!"

박유청이 야릇한 웃음기를 거두지 못한 채로 김춘성을 빤히 올려다보며 한 말이었다.

"제 소견으로는 지금 왕성을 둘러싼 주변 산들, 특히 숯을 만들려고 무분별하게 벌목을 하여 이미 벌거숭이가 된 산에는 고은 황토가 드러나 있나이다. 그 황토를 퍼와 지금 붉은 기운이 내비치는 알천 냇가에 골고루 뿌려주기만 하면 닷새 어름이면 원래의 물성을 회복할 수 있을 것으로 사료되는 바이옵니다. 일개 천문을 보는 대나마도 아는 사실이옵나이다. 이

나라에서 물의 물성을 제일 해박하게 아시는 파진찬께서 모르실 일은 없지 않을까 하나이다."

김춘성의 말대로 박유청이야말로 오랫동안 조정에서 쌓은 관록도 관록이거니와 치수의 책임자로서 보인 그간의 능력 또한 녹록하지 않은 자였다. 그런 박유청이 알천 냇물의 물성 변화에 그리 무지할 리는 만무할 것이라는 김춘성의 단정적 언사, 곧 그 비수처럼 날카롭게 파고든 김춘성의 말이 김경선을 격노케 했다.

"뭐라! 지금 대나마의 무도함이 도를 넘어도 한참 넘었소이다. 지금 저자가 파진찬을, 아니 이 사람을 왕실이나 어지럽히려는 불온한 무리로 몰아가려 하지 않소! 이찬은 저리 무도하게 구는 대나마의 입을 당장 틀어막으시오"

김경선은 노기가 하늘을 찌를 듯 북받쳐 오르는지 김춘성을 노려보며 내뱉은 말이었다.

"각간! 이 자리는 머지않아 일어날 것이라는 동쪽 바다의 변고는 물론이거니와 지금 알천 냇가에서 일어나고 있는 변고의 소이연을 낱낱이 가려내 사직을 보전할 뜻으로 마련한 엄중한 자리이외다. 내 어찌 불편부당한 태도를 내팽개치고 한쪽으로 치우치겠나이까. 도저히 받아들이기 어려운 것이니, 공이나 파진찬도 하실 말씀이 있으면 기탄없이 말씀해 보시옵나이다."

김개원이 김경선의 말을 자르며 김춘성 쪽으로 시선을 돌리며 다시 말을 이었다.

"대나마는 좀 전에 알천 냇물의 물성 변화를 막을 방책으로 알천 냇가에 황토를 뿌리는 것을 제안하였고, 이러한 사실을 파진찬도 익히 알고 있을 것이라 말하지 않았소. 이것은 매우 중대한 말이로소이다. 만일 파진찬이 이러한 사실을 알고도 알천 냇물의 물성 변화를 하늘이 조화를 부린 변고로 몰고 간 것이라면 이는 왕실을 지켜야 하는 이 사람으로서는 도저히 묵과할 수 없는 일이올시다. 이리 중차대한 말을 한 근거를 말해보시오."

김개원의 표정과 어조가 전에 없이 단호했다.

"대소 신료들이여! 지금 이찬과 대나마의 허탄한 망동을 이리 지켜만 보고 있나이까!"

김경선은 이제 실성한 사람처럼 길길이 날뛰며 소리를 질러대는 형국이었다. 그러나 정사당 회의에 참석은 신료들은 그저 어안이 벙벙하다는 표정만 지을 뿐 그 누구도 김경선의 말에 동조하여 선뜻 나서는 자들은 없었다.

"알겠나이다. 이찬께 하나 요청드릴 일이 있나이다."

김춘성은 여전히 단호하고 담담한 표정으로 세 사람의 언쟁을 듣고만 있다가 김개원의 물음에 응대하고 있었다.

"무엇이오."

"이와 관련하여 달포 전에 파진찬으로부터 알천의 냇물에 대해 들은 바가 있다는 알천 주민의 이야기를 들어볼 수 있는 기회를 얻을 수 있나이까."

둔중한 맷돌이 돌아가는 것처럼 매사를 느리고 신중하게 다루는 김춘성이 오늘은 마치 가벼이 돌아가는 물레방아처럼 별나게 가벼운 행보를 하고 있었다.

"물론이오."

김개원이 무를 자르듯 춘성의 말을 단칼에 받았다. 이에 곧바로 김춘성이 늙수그레한 남자들 셋의 이름을 각각 호명하였다. 정사당 회의에 들어오기 전에 김춘성이 미리 일러준 사람들인 모양이었다.

"이 사람은 왕실의 안위를 지켜야 하는 중책을 맡고 있는 사람이오. 이 사람이 묻는 말에 단 하나의 거짓 대답이라도 있다면 그것은 왕실과 사직을 어지럽힌 대역죄가 될 터이니 명심하고 보고 들은 대로만 말씀하기를 바라오."

김개원의 말은 도끼날처럼 서슬이 퍼렇게 얹혀 있었다.

"우선 묻겠소이다. 저 사람이 파진찬 박유청이란 사람인데 그 전에 알고 있었소이까."

김개원은 넋을 놓고 있는 듯한 멍한 표정으로 망연자실하여 목을 뒤로 비스듬히 젖힌 채로 정사당 천정만을 쳐다보고 있는 박유청을 가리켰다.

"달포 전까지는 몰랐사옵니다."

김춘성이 초치하여 온 세 사람이 누구랄 것도 없이 거의 동시에 입을 모으며 박유청 쪽으로 시선을 돌렸다.

"알겠소. 그럼 저자로부터 무슨 말을 언제 들었소이까."

김개원은 어느새 박유청에 대한 존칭조차 생략한 채로 말을 이어가고 있었다.

"한 달포 전이었사옵니다. 우리 셋은 손자 녀석들을 목강이나 시킬 요량으로 알천 냇가로 데리고 갔사옵니다. 그런데 자색 관복을 입은 관리 한 분이 냇가에 쭈그리고 앉아서 냇물을 골똘하게 바라다보고 있었습니다. 지금 보니 파진찬이라 하신 저분이 바로 그때 뵈었던 저분이옵니다."

이마에 굵게 일자 주름이 잡힌 남자가 다른 두 남자에게 그렇지 않냐는 투의 눈빛을 한 번 보내고는 이내 다시 말을 이었다.

"제 손자 녀석이 먼저 후딱 옷을 벗고 냇물에 발을 막 담그려는 때였사옵니다. 바로 저 나리께서 제 손자 녀석을 제지하시며 냇물이 오염되었으니 '황토를 뿌리고 나서 한 대여섯 날을 더 기다리고 나면 냇물이 깨끗해질 터이니 그때 하거라'라는 말을 했었나이다. 하도 엄한 표정을 지으며 하신 말씀이어서 우리 셋은 손자 녀석들을 데리고 그대로 냇둑을 올라왔던 기억이 있사옵니다. 그것이 전부입니다."

남자가 말을 마치고 나서 자신의 옆으로 나란히 서서 연신 몸을 굽신거리고 있는 두 남자 쪽으로 몸을 틀며 말을 더 이어보라는 눈짓을 보내는 터였다.

"미랑이 할아버지의 말이 하나도 틀림이 없사옵나이다."

미랑이 할아버지란 자의 바로 옆에 선 남자가 말을 받았다.

"허투루 거짓을 발설한 것이 앞으로 드러날 경우 엄벌을 면치 못할 것이오. 저 두 사람의 말이 하나도 거짓이 없는 것이오?"

김개원이 나머지 한 남자 쪽으로 시선을 돌리며 물은 말이었다.

"터럭만큼도 거짓도 없사옵니다."

김개원의 물음에 조금도 지체하지 않고 나머지 한 남자가 말을 받았다.

"아아…… 저자들이 지금 어느 안전이라고 망령되이……."

세 남자의 말이 끝나자 김경선은 더 말을 잇지 못하고 그 자리에서 털썩 주저앉았다. 박유청은 이미 전신이 풀려 맥없이 주저앉아 양다리를 아무렇게나 바닥에 놓은 상태였다.

"내 파진찬에게 다시 마지막으로 확인차 묻겠소."

김개원이 다시 박유청 쪽으로 눈으로 돌려 말을 이었다.

"저 세 사람이 하는 말을 보면 파진찬은 대나마의 말처럼 알천 냇가의 냇물에 붉은 기운이 내비치더라도 황토를 뿌리면 원래의 물성을 회복하리라는 것을 이미 알고 있었소이다. 그렇지 않소."

그러나 박유청은 물론 김경선 역시 누군가로부터 흠씬 얻어맞아 거의 정신을 잃은 사람 모양으로 넋을 놓고 있었다.

갑자기 김개원이 정사당 회의장 한가운데로 나섰다. 그러고는 여전히 어안이 벙벙하다는 투로 서로 바라만 보고 말문을 트지 못하고 있는 신료들을 쭉 한번 둘러보고는 시선을 중시(中侍) 박시철에게로 향하고는 결연한 어조로 말했다.

"중시(中侍)께서는 폐하의 신망을 얻어 집사부의 중책을 맡고 있나이다. 마땅히 신명을 받쳐 절엄하신 폐하와 왕실의 방파제 역할을 해야 하거늘 지금까지 이리도 뒷짐만 진 채 수수방관만 일삼아 왔으니 이게 당최 말이 된단 말이오. 오늘 정사당 회의에서 공명정대한 처분이 있을 것이리니 한 치의 오차도 없이 회의의 결과대로 처분하시오."

김개원은 다시 시선을 중시(中侍)로부터 거둬들이며 조금도 거리낌이 없이 당당하고 우렁찬 목소리로 정사당 회의에 참석한 신료를 향해 입을 떼었다.

"그 공명정대한 처분이 무엇인지 알아야 하잖소. 각간과 파진찬은 저 지경이……."

그동안 묵덕 보살처럼 함구무언인 채로 정사당 회의만 주재하던 상재상(上宰相) 의복(宜福)이 이미 완연히 넋을 놓고 있는 김경선과 박유청을 한번 핼끔 흘겨보며 입을 뗀 말이었다.

"그렇소이다. 오늘 정사당 회의에 참석하신 여러 신료도 이제 그간의 사정을 아시게 되었을 것으로 사료되는 바입니다만, 거듭 왕실의 처분을 말씀드리겠나이다. 무엇보다도 작년부터 오늘에 이르기까지 여름철 이맘때면 일어나는 알천 냇가의 냇물에서 벌어지는 괴이쩍은 사건은 결국 하늘이 조화를 부려 발생한 변고인지 아닌지를 따져 보면 될 일이외다. 지금 대나마 김춘성의 말에 따르면 알천 냇가의 냇물에 황토만 뿌리면 냇물이 바로 본래의 물성을 되찾고 제자리로 돌아올 수 있고, 대나마나 알천 일대 주민의 증언으로 보아 파진찬도 이러한 사실을 낱낱이 알고 있다고 하잖나이까. 이로 보건대 이제 알천 냇가에 황토를 뿌리고는 냇물의 변화만 지켜보면 될 일이외다. 그럼 오늘 정사당 회의의 집정자(執政者)이신 상재상(上宰相)께서, 그리고 참석하신 신료들께서도 제 의견에 이의가 없다면 제 처분과 그에 따른 후속 조치를 만장일치로 결의한 것으로 결정해도 되겠나이까."

김개원의 얼굴엔 여전히 결연한 빛이 고스란히 묻어나 있었다.

"좋소이다. 그러면 그 후속 조치가 그것뿐이란 말이오."

다시 상재상(上宰相) 의복(宜福)이 김개원의 말을 받았다.

"대나마의 말에 따라 황토를 알천 냇가에 뿌려 보고 그 냇물의 변화를 세심히 확인할 것이며, 만일 대나마의 말이 맞는다면 그 즉시 작년과 지금의 소동을 꾸민 패역의 무리와 그 배후를 반드시 밝혀 누구도 예외 없이 국법에 따라 엄단하겠나이다."

김개원의 말엔 서릿발 같은 냉정함이 서려 있었다. 이제 저 불온한 무리가 도모한 모반의 꼬리를 완전히 잡았다는 듯한 자신감이 깊게 묻어나는 어투였다.

"그렇다면 냇물을 붉게 만드는 소이도 알아야 무슨 대처라도 하지 않겠소."

상재상(上宰相) 의복(宜福)이 이제는 김춘성 쪽으로 시선을 돌리며 말을 이었다.

"대나마 김춘성은 감히 아뢰옵나이다. 알천 냇물에 붉은 기운이 내비치게 한 소이는 알천 주변으로 백성들이 모여들면서 자연스럽게 생긴 생활 하수가 그대로 알천으로 흘러 들어간 탓이옵나이다. 따라서 알천으로 쏟아져 흘러 들어가는 생활 하수를 처리할 수 있는 하수 시설을 따로 만들어 관리함이 합당한 줄 아옵나이다. 그렇지 않으면 생활 하수는 점증하는 백성들에 따라 더욱 많아져 결국에는 형산강을 따라 동쪽 바다에 이르게 될 것이옵나이다. 그렇다면 동쪽 바다의 물빛도 머지않아 알천 냇물처럼 붉은 기운을 띨 수도 있겠나이다."

김춘성의 말을 듣고 보니 모든 것이 사리에 맞는 것이었다. 사실 부왕의 선대 왕께서 삼한 통일의 대업을 완성한 후로부터 해마다 왕경으로 백성이 모여들고 고구려와 백제의 유민까지 점증하니 왕성의 지경은 날로 넓혀져만 갔다. 특히 왕경 안에 거주하는 백성들의 가옥은 화려하기가 그지없었고, 해마다 숯을 써서 기름진 음식을 차려 끼니마다 완미하는 백성들도 허다했다. 그렇게 왕경의 백성이 늘어나게 되자 그에 따라 생활 하수도 넘쳐나 온갖 생활 하수가 알천이나 남천으로 쏟아져 나와 형산강으로 합류하여 모조리 동쪽 바다로 빠져나가고 있었다. 게다가 숯을 써서 음식을 마련하는 풍습이 널리 퍼지면서 숯의 사용량이 급격하게 늘어나자 왕경을 둘러싸고 있는 산림에서 숯의 재료가 되는 나무들이 무분별하게 벌목이 되면서 산림은 갈수록 황폐해져 갔다. 결국 큰비라도 쏟아질 터이면 시뻘겋게 벌거숭이산이 되다시피 하여 담수 기능을 거의 잃어버린 왕경 주변의 산에서 토사와 함께 큰물을 쏟아내게 되어 알천과 남천은 범람을 아니 할 수밖에 없는 환경이 되었던 것이었다. 이렇게 선대 왕 이래로 이렇게 수십 년의 세월이 지나면서 수백 년 왕업은 단단하게 자리를 잡아가고 있었지만, 그 단단함과 부유함이 불러온 환경의 변화를 구실로 삼아 왕위를 찬탈하려는 불온한 패역의 무리도 날로 준동하여 왕실은 항용 불안하였다.

사실 김경선과 박유청의 무리는 끊임없이 선대 부왕의 부왕 때부터 왕실을 흔들어왔다. 물론 김경선과 같은 귀족들은 늘 자신들의 이익을 도모할 방책을 마련하여 놓는 방식으로 왕실을 견제하여 온 터였다. 그들은 온갖 인사 술수를 부려 자기 무리 중 하나를 수석 재상이나 차석의 자리에 앉혀 놓고 국사를 은밀하게 농단하여 왔다. 김경선의 무리는 왕실이 내리는 후한 은혜를 도무지 모르는 사람들로 종당에는 필연 모반의 길로 나아갈 것이 틀림없었고, 결국 오늘에야 그 불온의 뿌리가 완연하게 그 실체를 드러나게 된 터였다.

결국 김춘성의 말대로 알천은 물론이거니와 얼마 안 있어 동쪽 바다의 물빛까지 핏빛으로 변했고, 이에 왕실은 지극히 놀라 하였으나 대나마 김춘성의 말에 따라 알천 냇물과 동쪽 바다에 황토를 뿌리자 알천과 동쪽 바다의 물은 닷새가 지나자 서서히 그 본래의 물성을 회복하기 시작했다. 폐하와 귀족, 그리고 왕경의 모든 백성들이 모두 대나마 김춘성의 능력을 신이하게 여겨 폐하께서 그를 친히 궁궐로 불러 성대히 잔치를 베풀고 치하하였다.

4

　김개원은 잔치가 끝나 갈 무렵 궁궐을 나와 왕성 장터거리를 김춘성과 함께 허적허적 걸었다. 멀리 낭산 남쪽 신유림(神遊林)에서 소쩍새 우는 울음소리가 들려왔다.

　"하늘을 더럽히고 인간을 더럽힌 자들이옵나이다."

　김춘성의 얼굴엔 어느새 주연의 흥기는 씻은 듯이 사라지고 돌덩어리 같이 굳은 표정이 역력했다. 달빛을 받은 김춘성의 옆얼굴엔 얼핏얼핏 도도한 주흥의 흥취가 묻어나 있었지만, 걷는 자세는 흐트러짐 하나 없이 여전히 꼿꼿했다. 한발 앞서 걷던 김개원이 잠시 발걸음을 멈추고는 김춘성을 향하여 빙긋이 웃었다. 같은 생각을 했기 때문이었다.

　"별이 지는 것도 큰물이 지는 것도 다 하늘의 뜻이옵나이다. 다만 그 뜻을 왜곡하여 사람을 해치는 일을 하면 그것이야말로 하늘이 노여워하는 것이 온 데, 하물며 인력으로도 능히 막을 수 있는 일을 하늘의 변고로 둔갑시켜 왕실과 사직을 어지럽히는 것을 어찌 용납하겠나이까. 하늘의 뜻대로 처분하심이 옳은 줄 아옵나이다."

　이어 김춘성은 심호흡을 한 번 길게 한 후 천천히 다시 말을 다시 이었다.

　"이찬께서도 선대의 문무대왕께서 서울에 성곽을 쌓으려던 토목 공사를 의상 법사의 청을 듣고 그만두신 까닭을 잘 알고 계신 줄 아옵나이다."

　김춘성이 갑작스럽게 의상 법사의 일화를 끄집어냈다. 도무지 속내를 알 수 없는 말이었다.

　"폐하와 같은 왕가의 피를 받은 몸으로 그것을 잊고 지내겠소. 왕이 밝은 정사를 펼치면 비록 풀 언덕에 금만 그어 성으로 삼더라도 백성들이 감히 넘지 않으며, 만약 왕의 정사가 밝지 못하면 비록 만리장성이 있더라도 재해를 없앨 수는 없다 하지 않았소."

　폐하가 태자 시절에 선대 부왕께서는 항용 의상 법사의 그 말씀을 신하인 김개원에게도 함께 들려주었다. 김개원은 어린 나이로 태자가 왕위를 잇게 되자 선대 부왕의 유지를 받들어 왕후와 더불어 폐하의 정치와 교화를 보좌함에 하루를 허투루 보낸 적이 없었다.

"그렇습니다. 의상 대사께서는 백성들에게 괴로움을 가중시키는 토목의 역사를 중단하는 것이 바로 밝은 정치임을 충언으로 고하신 것이옵니다. 그러나 오늘은 대사의 충언을 거꾸로 받들어야 할 때인 줄 아옵나이다. 지금은 해야 할 치수와 토목 공사를 하지 않으면 왕경을 가로질러 흐르는 알천과 남천 그리고 형산강의 물과 동쪽 바다의 물은 날로 오염이 되고, 또 큰물이 질 때마다 왕경은 재해로 몸살을 앓게 될 것이옵니다. ……. 의상 대사의 고언을 거꾸로 받아들여야 왕실의 반석이 더 단단하게 다져질 것이옵니다."

김춘성은 작년 알천에서 김개원을 만난 이후 처음으로 고개를 꼿꼿이 세우고 김개원을 바라보았다. 그러고는 갑자기 김개원을 앞서 걷기 시작하였다. 멀리서 들려오는 신유림(神遊林)의 소쩍새 소리는 한층 더 깊게 왕성을 파고들었다. 앞서 걷는 김춘성의 뒷모습을 보자 김개원은 스르르 다리의 힘이 풀려 왔다.

기분 좋은 이완이었다.

2. 매 나간다: 고려시대 매사냥 - 이진

1

융아는 건너 산마루를 뚫어져라 쳐다보았다. 말 등에 올라탄 아버지의 모습은 귀주 땅을 누비는 최고의 수할치답게 위풍당당했다. 그의 왼쪽 팔뚝에는 은수리가 올라앉아 있다. 머리 씌우개가 벗겨진 녀석의 눈빛은 그야말로 활활 타고 있는 불꽃이었다.

"절대로 놓치지 말라. 한순간의 방심이 사냥을 망치는 거니끼니."

아버지는 수십 번 당부했다. 배꾼 노릇을 하겠다고 졸라대는 융아를 마지못해 데리고 나오면서도 영 믿기지 않는 모양이었다. 사실 매사냥에서 배꾼이야 있으면 좋지만 없어도 그만인 역할이었다. 꿩을 몰아대는 일이야 털이꾼의 몫이고 그중 눈 밝고 발 빠른 자가 얼마든지 배꾼 노릇을 겸할 수 있었다. 매가 어느 방향으로 날아갔는지, 어느 지점에서 수직 강하를 했는지, 사냥감을 채어 들어간 곳이 어딘지, 정확히 보고 그 위치를 가리켜 주기만 하면 되니까 말이다.

저 아래 들판은 사뭇 시끄러웠다. 투덕, 투덕! 여러 개의 작대기가 풀숲을 두들겨 댔다. 워, 워! 꿩을 몰아대는 털이꾼들의 함성이 드높았다. 어느 순간 후드득, 꿩 한 마리가 튀어 올랐다. 디워, 디워! 털이꾼들의 함성이 바로 바뀌었다. 꿩이 드디어 뛰쳐나왔음을 산마루에 있는 수할치에게 알리는 소리였다. 아버지의 팔뚝에서 한줄기 광채가 푸르르 날았다. 아버지의 목소리가 동시에 울려 퍼졌다.

"매 나간다!!"

투박하고 걸걸하고 용맹한 목소리였다. 융아는 푸른 하늘을 가르며 나는 은수리의 날갯짓을 따라 미친 듯이 내달렸다. 녀석의 가슴털이 한낮의 햇빛을 튕겨 내며 은빛으로 반짝였다. 눈부셨다.

"저기예요, 저기!"

융아는 털이꾼들을 향해 서쪽 산등성이를 가리켰다. 모두들 융아가

가리키는 쪽으로 뛰었다. 오르막이라 속도가 나지 않았다. 두두두, 말발굽 소리가 융아를 스쳐 지나갔다. 누구보다 정확한 눈을 가진 아버지였다.

"뛰라, 더 빨리!!"

숨 가쁜 명령어가 귓전을 때렸다. 쉬잉! 쇳소리를 내며 은수리가 수직 강하를 시작했다. 짙푸른 풀숲에서 갈색 깃털이 흔들렸다. 까투리(암컷 꿩)인가 보았다. 최후의 순간을 어떻게든 피하고자 까투리는 서너 뼘 거리에 있는 나뭇등걸 사이로 뜀박질했다. 두 날개를 가슴께에다 뻣뻣이 붙인 은수리가 일직선으로 내리꽂혔다.

심장이 펄떡거렸다. 최고의 순간을 놓칠 순 없다. 최대한 가까이에서 그 광경을 보고 싶다. 터질 듯한 욕망으로 하여 융아의 온 신경 줄이 팽팽히 당겨졌다. 융아는 네 발로 뛰었다. 그것은 가파른 오르막에서 최고의 속도를 내는 융아만의 방식이었다. 어쩌면 아버지보다 먼저 도착할 수도 있다. 급경사를 올라채기 어려운 말은 상당한 거리를 에둘러 달려와야 할 것이므로.

푸득, 푸드득! 매의 날카로운 공격을 피하려는 까투리의 날갯짓은 처연했다. 썩은 나무둥치는 까투리에게 결코 요새가 되어주지 못했다. 돌무더기 사이로, 낮은 관목들 사이로 찢긴 날개를 휘저으며 어떻게든 숨어들려고 애를 썼다. 그러나 은수리의 공격은 집요했고 한숨 돌릴 여유 따위 주지 않았다.

잔뜩 궁지에 몰린 까투리가 죽기 살기로 대항하기 시작했다. 부리를 사납게 내밀어선 달려드는 은수리의 가슴털을 쪼려 들었다. 하지만 역부족이었다. 마침내 벌렁 뒤집혀 배를 내놓게 되자 까투리는 은수리의 앞가슴을 겨냥해 발톱을 세웠다. 아무리 사나운 매라도 사력을 다한 꿩의 발톱에 긁히면 내장이 쏟아질 수도 있다. 물론 노련한 매는 그런 정도 발악에 말려들지 않는다. 아버지의 은수리 또한 노련한 송골매였다.

녀석은 크나큰 날개를 펼쳐 가뿐히 날아오르더니 할딱거리는 까투리의 머리통을 낚아챘다. 그러고는 두어 번의 공중돌기로 사냥감의 넋을 빼놓았다. 사납게 오그린 발톱은 기진맥진한 까투리의 숨통을 죄었다. 아직도 날개를 퍼덕이며 혹여라도 도망갈 길이 있을까 틈을 엿보던 꿩의 눈알이 순식간에 녀석의 부리에 찍혔다. 후우, 융아는 자기도 모르게 큰 숨을 내뱉었다. 은수리의 두 다리 사이를 연결하는 가죽끈에서 딸랑딸랑 방울 소리가 났다.

"젤로 맘 써야 하는 때가 지금이라! 아직은 사냥이 끝난 게 아니니끼니."

융아는 놀랍고 흥분된 낯빛으로 돌아보았다. 아버지였다. 매와 꿩의 일전에 온통 마음을 빼앗겨 아무런 기척도 느끼지 못했다. 은수리 역시 마찬가지였다. 아버지가 슬그머니 곁으로 다가갔으나 꿩의 목에서 털을 뽑는 데 넋이 빠져 아무것도 눈치채지 못했다.

"기달리라. 저놈이 양껏 털을 뽑을 때까정은!"

아버지는 은수리의 다리 끈을 쥐어 잡고서 털 뽑기에 열중인 녀석을 슬쩍 무릎 위에다 올려놓았다. 그런 다음 꿩의 몸통을 재빨리 뒤집어 주었다. 혹시라도 때를 놓치면 꿩의 분홍빛 목살에 부리를 박아 핏줄을 끊어버릴 수도 있다. 피 냄새를 맡은 매는 더욱 흥분하여 꿩의 살갗을 온통 발겨버릴 수 있으므로 잠시라도 마음을 놓아선 안 된다. 꿩의 외양을 온전히 보존해야 그 가치가 높았다.

"갑작시리 뺏으믄 성미 급한 놈은 제 화를 못 이겨 죽는 수가 있다. 잘보라. 요로케 살살, 꿩 대가리를 돌려줌서 때를 봐얀다."

꿩의 몸통이 뒤집히니 깃털 무성한 등줄기였다. 빽빽이 박힌 깃털에 놀란 듯 녀석이 눈을 치켜떴다. 목덜미가 훤히 드러나도록 털을 뽑았건만 왜 변한 게 없냐고 따지는 듯한 눈빛이었다. 아버지가 망태에서 삐득삐득 마른 닭고기 한 조각을 꺼냈다.

"요놈이 털 뽑니라 엔간치 기세를 갈앉혔다 싶을 적에 요거를 물려줘야 쓴다. 먹을 탐이 씬 놈이라 헐레벌떡 물고 늘어질 거라. 그 차시에 꿩을 무르팍 아래다가 실쩍 숨기믄 된다."

두런두런 사람들 소리가 들려왔다. 사냥의 성공을 확인하러 달려온 털이꾼들이었다.

2

융아는 어두컴컴한 새벽빛을 밟으며 냇가로 갔다. 겨울은 아직 멀었다지만 시월의 새벽 냇물은 차가웠다. 하지만 융아는 머뭇거리지 않고 첨벙 물속으로 들어갔다. 하늘의 상제님께 좋은 매를 받게 해 달라 청하려면 새벽 첫물에 목욕재계부터 해야 했다.

서릿발 같은 쨍한 한기가 등줄기를 쭉 훑어내렸다. 융아는 두 손으로 온몸을 문질러 행여 끼어 있을지 모르는 온갖 먼지와 더러움을 씻어냈다. 그런 다음 어머니가 새로 지어준 하얀 바지저고리를 입고 노란 명주 수건으로 머리와 귀를 싸맸다. 이미 행장을 꾸린 아버지가 말 위에 올라앉은 채로 융아를 기다려 주었다.

산마루에 다 오르도록 아버지는 한마디도 하지 않았다. 저 멀리 드높은 이구산은 황금빛 화광을 두르고서 홀로 장엄하였다. 어느 순간 휘황한 빛살 사이로 붉은 햇덩어리가 모습을 드러냈다. 아버지가 털썩 두 무릎을 꿇고 이마가 땅바닥에 닿도록 큰절을 올렸다.

"햇매로 받게 해주십사!"

아버지가 하는 양을 따라 융아 역시 떠오르는 태양을 향해 납작 엎드려 절을 올렸다. 햇매로 받게 해주십사, 아버지와 똑같이 주문도 외었다. 매를 받기 위한 절차는 정갈하고도 엄숙했다. 사냥용 매는 하늘이 허락해야만 얻을 수 있는 영물이었으므로 조상들은 매를 '잡는다'고 하지 않고 '받는다'고 말해 왔다.

아버지는 말 등에 실린 뒤피를 내렸다. 물푸레나무 가지를 쪼개고 다듬어 어머니가 정성스럽게 엮어 만든 매받이 틀이었다. 넓적한 바구니 모양으로 둥글게 엮은 뒤피는 지름이 거의 융아의 키와 맞먹을 만큼 큼지막했다. 하늘의 왕자를 모셔 들이려면 그만큼의 규모와 격식이 필요할 거였다.

융아는 뒤피의 한쪽 끝을 나무둥치에다 잡아맸다. 그 사이 아버지는 반대편 끝에다 돌을 매달았다. 그런 다음 돌이 땅에서부터 서너 뼘 들려 있게끔 손잡이 끈을 당겨 건너편 나뭇가지에다 걸어 맸다. 뒤피의 한끝이 돌을 매단 채로 반쯤 열린 상태가 되었다. 매가 열린 틈새로 들며 뒤피를 건드리면 매달린 돌이 땅바닥으로 떨어지며 뒤피는 그대로 매의 감옥이 될 터였다.

뒤피 설치가 끝나자 아버지는 미끼로 가져온 폐계의 발목에도 끈을 맸다. 더 이상 알을 낳지 못하는 늙은 암탉은 자신의 운명을 감지한 듯 부들부들 떨며 꼬꼬댁거렸다. 뒤피 안에서 맴돌 수 있을 정도의 길이만 남겨두고 끈의 나머지는 뒤피를 처음 잡아맨 나무둥치에다 묶었다. 모든 준비가 끝났다. 이제 멀찍이 떨어져서 매가 들기를 기다리기만 하면 된다.

융아는 아버지가 미리 만들어 놓은 매막으로 들어가 숨었다. 사람 그림자가 얼씬거리는 걸 눈치채면 매가 들지 않을 거였다. 구덩이를 파고 그 위에다 나뭇가지를 얼기설기 엮어 덮은 매막은 안온했다. 융아는 뒤피가 잘 보이는 쪽을 향해 납작 엎드렸다. 얼마나 기다려야 할지 알 순 없다. 언제든 매가 나타나긴 할 것이다. 먹잇감 스스로가 제 두려움을 못 이겨 시끄럽게 울어댐으로써 자신의 위치를 사방팔방에다 광고하는 중이므로. 융아는 매가 드는 순간을 놓치지 않으려고 시선을 집중했다. 기다림은 그리 오래 가지 않았다.

쉬이이익!

이구산 쪽으로부터 장한 그림자 하나가 바람을 가르며 날아내렸다. 융아는 꿀꺽 침을 삼켰다. 휘리릭, 거대한 날개가 뒤피의 가장자리를 때렸다. 철그럭, 뒤피가 땅바닥으로 주저앉으며 매를 가두었다. 하지만 매는 눈앞의 먹잇감에 온통 넋이 빠져 자신이 갇혔다는 사실을 알아채지 못했다. 늙은 암탉의 울음소리가 자지러졌다. 매를 피하려고 이리저리 푸득거리며 뒤피 안을 맴돌았다. 매는 먹잇감의 명줄을 단숨에 끊어 놓으려고 날카로운 발톱을 쳐들었다. 두어 번의 시도 끝에 녀석은 마침내 닭의 머리통을 짓누르는 데 성공했다. 제 스스로 사냥을 시작한 지 얼마 되지 않은 햇매임이 분명했다.

보자기를 펼쳐 쥔 아버지가 옆걸음으로 다가갔다. 어렵사리 잡은 사냥감의 털을 뽑느라 넋이 빠진 녀석은 아버지의 기척을 눈치채지 못했다. 보자기에 미리 뚫어놓은 두 개의 구멍 속으로 아버지는 녀석의 두 다리를 잡아 뺐다. 그런 다음 아래에서 위로 보자기를 올려 날개를 감싸 묶었다.

"지대로 보내주셨구나야, 잘 길들여 보라!"

아버지가 솜털 보송보송한 매를 융아에게 건네주었다. 아버지의 은수리와는 달리 털빛이 파르스름했다. 보랏빛이 산란하는 듯도 했다. 신비롭고 아름다웠다. 융아는 절로 입이 벌어졌다. 다 자라면 털이 짙은 푸른 빛을 띠게 된다는 해동청(海東靑)이었다. 그중에서도 아직 털갈이 한 번 하지 않은 햇매, 그러니까 해동청 보라매였다. 고려의 수할치라면 누구나 한 번쯤 자신의 매로 받고 싶어 하는 매 중의 매였다.

"얘 이름은 장군이예요."

융아가 큰소리로 눌러 박듯 말했다. 자신의 매가 생기면 꼭 붙여주리라 다짐한 이름이었다. 융아는 귀주 사람인 걸 자랑스럽게 여겼다. 250여 년 전 거란으로부터 고려를 지켜낸 강감찬 장군의 귀주 전투 이야기라면 자다가도 벌떡 일어나는 융아였다. 현재는 몽골족이 세운 원나라에 패해 부마국으로 전락해 버렸지만, 옛 시절 강성했던 고려국의 위용은 언제나 융아의 가슴을 뛰게 했다.

"매가 나라 지킬 일 있간? 이름 한번 거창하구나야."

아버지가 어이없다는 듯 웃었다. 하지만 융아로선 원대한 포부가 있었다.

새로 즉위한 임금(충렬왕)이 뛰어난 수할치들을 모아 응방도감이라는 관청을 세운다는 소문이 파다했다. 태자 시절 원나라에 볼모로 잡혀 있으면서 몽골의 매사냥에 푹 빠진 그는 고려 왕성에서도 매사냥을 즐기고자 한다는 거였다. 매사냥을 관장하는 관청이 생긴다는 건 평범한 수할치들에게도 벼슬길이 열린다는 말이었다. 만약 응방도감에 들어간다면 임금의 호위병이 될 수도, 원나라에 사신으로 파견될 수도 있을 것이다. 그러다 보면 오랑캐에게 고려의 치욕을 갚아줄 기회를 잡게 될 수도 있다.

융아에게 먼 미래의 일이야 사실 막연했다. 하지만 당장의 목표는 선명했다. 뛰어난 수할치가 되어 응방도감의 관리로 들어가는 것. 그러니 자신의 매에게 자기 포부에 어울리는 이름을 붙여주는 건 당연했다.

새로 받은 매를 길들이는 일은 조상들이 물려준 방식을 배우는 과정이기도 했다. 융아는 사슴 가죽으로 만든 끈의 양 끝을 장군의 두 다리에다 묶었다. 훈련용으로 쓰는 젓갈 끈이었다. 날거나 뛸 때 불편하지 않도록 길이도 넉넉하게 주었다. 예전에 은수리를 받았을 때 아버지가 하는 양을 지켜보았으니 그리 어렵지 않았다.

"어허! 끈 가운디다 구멍부터 뚫으라니끼니."

아버지의 역정에 융아는 무춤했다. 잘하고 있다는 생각에 우쭐했건만 순서를 헷갈렸던가 보다.

"모로 가도 서울만 가믄 되지비요. 구멍 뚫고 묶으나 묶으고 나서 구멍 뚫으나 그게 그거 아니래요?"

누나였다. 융아는 위기의 순간에 나타난 누나가 무척 고마웠다. 누나 말이라면 까마귀 털이 하얗다고 해도 믿는 아버지였다. 누나는 송곳을 들고 와 젓갈끈의 한가운데다 구멍을 뚫었다. 그런 다음 긴 노끈을 가져다 뚫린 구멍에다 꿰었다. 갑작스런 상황에 흥분한 매가 날개를 퍼득이며 도망치려 애를 썼다. 융아는 녀석의 두 다리를 더욱 힘주어 쥐었다.

그러는 사이 아버지는 장대 두 개를 오륙십 보(대략 30m)가량 간격을 두고 세웠다. 장대가 단단히 세워지자 누나는 긴 노끈의 양쪽 끝부분을 각각 장대에다 묶었다. 물론 매의 젓갈 끈이 꿰진 상태로였다. 조금 전까지 자유롭게 하늘을 날던 보라매는 그 순간 줄타기 광대가 되어 긴 줄 위에서 위태롭게 서성거렸다. 하지만 녀석에겐 두 다리보다 훨씬 믿음직한 날개가 있었다.

"쥬쥬!"

아버지가 장대 한쪽에서 산 닭을 손에 쥐고서 흔들었다. 장군이 퍼드득 날아올랐다. 두 다리를 연결하는 젓갈 끈이 장대 사이를 잇는 긴 노끈에 꿰어 있는 터라 딱 그 길이 만큼밖엔 날아오를 수 없었으나 닭을 낚아채는 데는 충분했다.

"줄밥 채는 솜씨가 제법이구나야."

녀석은 첫 사냥 연습에서 노련한 수할치에게 칭찬을 들었다. 융아로서도 뿌듯했다. 줄 위에서 행해진 첫 사냥 연습에 녀석 역시 만족한 듯했다. 양껏 날아오르지도 또 사냥감과의 숨 가쁜 추격전도 없어 아쉬울 법하건만, 제 발톱으로 그러쥔 사냥감 대신 주어진 삐쩍 마른 닭발 하나에 감지덕지하는 듯했다. 어쨌건 녀석은 줄 위에서 사냥 연습을 통해 얻은 줄밥을 맛있게 먹어 치웠다.

"잘 봤디? 요로케 길들이는 거지비. 해보라."

융아는 하루에도 서너 번씩 장군에게 줄밥 낚아채기 훈련을 시켰다. 사냥감 마련을 위해 쥐덫을 놓고 새총으로 비둘기를 잡았다. 살아있는 닭을 매번 사냥 연습용으로 쓸 수는 없었다. 쥐 사냥이 토끼나 여우 사냥으로, 비둘기 사냥이 꿩사냥으로 발전하는 건 매 주인의 노력과 정성에 달려 있었다.

융아는 잠자리에 들 때도 긴장을 풀지 않았다. 야생의 매를 온전히 자신의 매로 거듭나게 하려면 무엇보다 녀석과의 교감이 중요하고, 그러려면 아무리 짧아도 이레 동안은 일거수일투족을 녀석과 함께해야 했다. 모두 잠에 빠져드는 밤이라고 해서 예외일 순 없었다.

"한사코 성가시게 해서 못 자게 하라."

융아는 아버지가 가르쳐준 대로 장군을 자신의 배 위에다 올려놓았다. 매가 깊이 잠들지 못하도록, 융아가 잠결에 뒤척일 때마다 잠에서 깨어나도록 하기 위해서다. 제때 잠을 자지 못한 매는 훨씬 예민해지고 성정이 강퍅해져 사냥에 더욱 열을 내게 되는 까닭이다.

융아는 통홰도 만들었다. 사냥 연습이 없는 시간에 매가 머물 수 있도록 하는 일종의 집이었다. 묵직한 나무둥치를 구해다 받침대로 삼고 그 위에다 두 자(약 60cm) 정도 길이로 기둥을 세웠다. 그런 다음 막대기 하날 가져다 한 자(약 30cm)쯤 되게 잘라서는 기둥 위로 가로질러 박았다. 은수리의 집을 본떠 만든 장군의 집이었다.

"짜슥, 제법이래이!"

누나가 엄지척을 해주었다. 융아는 으쓱해졌다. 기껏 세 살 위 누나였지만 생각하고 말하는 게 어른스러워 왠지 선생님처럼 느껴지는 누나였다. 그러니 누나의 칭찬은 어떤 누구의 칭찬보다 융아를 들뜨게 했다. 누나가 등 뒤에 숨기고 온 뭔가를 내밀었다.

"선물! 낭중에 여우 털목도리라도 얻을까 싶어 미리 뇌물 쓰는 거래이!"

검은색 비단 천으로 만든 머리 씌우개였다. 매의 눈을 가려줄 목적으로 머리에다 모자처럼 덮어씌우는 거였다. 사람 사는 세상의 시끄러운 소리에 놀라 날뛰다 깃털을 다치거나 부러뜨릴 수 있어서 쉬는 시간엔 눈을 가려주어야 하기 때문이다. 부리 위쪽의 콧구멍이 덮이지 않도록 아랫단을 산 모양으로 세운 박음선이 정교했다. 비단의 감촉이 더할 나위 없이 보드라웠다.

머리 씌우개를 둘러씌우자 장군이 갑갑한 듯 고개를 홰홰 돌려댔다. 그걸 벗겨내기라도 할 것처럼 갈퀴 같은 발톱으로 제 머리통을 긁으려 들었다. 귀여웠다.

3

드디어 장군의 첫 사냥 날이 되었다. 녀석이 융아와 함께 지낸 지도 달포 가까이 지나갔다. 보송하던 보랏빛 가슴털은 어느새 푸릇해지고 사냥감을 낚아채는 솜씨 또한 동네의 웬만한 수진이(집에서 오래 산 매) 못지않게 발전했다.

전날 밤엔 온 식구가 장군과 함께 잠자리에 들었다. 번갈아 가며 녀석의 가슴털을 쓰다듬어 줄 필요가 있어서다. 초저녁엔 융아가, 그다음엔 누나가, 한밤중엔 아버지가, 그리고 새벽엔 어머니가 장군의 잠을 방해하는 책임자 역할을 맡았다. 하지만 누구든 잠에서 깨나면 자기 책임에 상관없이 장군의 가슴털을 건드려 놀라게 해야 했다. 제대로 잠을 자지 못한 매는 예민하고 날카로워져 맹렬한 사냥꾼이 될 수 있었다.

융아는 거의 날을 새다시피 했다. 자신의 책임 시간이 끝났음에도 도무지 잠이 오지 않았다. 장군은 융아의 첫 매였다. 따라서 녀석의 첫 사냥은 자신의 첫 사냥이기도 했다. 머릿속으로 온갖 장면이 수없이 피어올랐다 사라졌다.

장군이 꿩을 세 마리나 잡는가 하면 토끼를 쫓다 놓치기도 하고, 쓸모없는 다람쥐 사냥에 열을 내거나 날아가는 멧비둘기를 낚아채기도 했다.

장군이 잡은 흰여우 털로 누나에게 순백의 목도리를 선물하는 장면도, 굵은 팔뚝에다 장군을 올린 채 말을 타고 산야를 내달리는 수할치 융아의 늠름한 모습도 어른거렸다.

"야야, 요것 좀 보라!"

아버지가 융아를 깨웠다. 자기도 모르게 깜빡 졸았나 보았다. 문살을 뚫고 방안 깊숙이 스며든 부윰한 새벽빛에 융아는 눈을 비비며 일어났다.

"누렇게 변한 거 보이지비? 뱃속에 찐 기름기가 바싹 다 빠졌다는 말이라."

신기했다. 장군이 뱉어낸 목화씨는 아버지가 엊저녁에 먹인 것과 색깔이 달랐다. 분명 붉은 기가 살포시 도는 까만색 씨앗을 먹였는데 어찌 이리도 노랗게 변할 수가 있나 싶었다. 사냥 전날의 매에게 배 속을 비워내게끔 하는 건 여러 지역에서 여러 가지 방법으로 행해온 일이었다. 피칠한 솜을 먹여 억지로 구토를 유발하는데 그걸 세 번씩 반복하는 경우도 있고, 물에 담가 기름기를 뺀 수탉의 살코기를 닭 깃털에다 싸 먹여서는 다음 날 아침 노란 기름이 낀 고얄(깃털 뭉치)로 뱉게 하는 특이한 방법도 있었다. 매가 더욱 사납고 난폭한 공격자가 되게끔 오랜 세월 각 지역의 여건과 생활방식에 맞춰 고안된 방법들이었다.

"요놈 사냥은 잘하겠구나야."

어머니도 한마디 거들었다. 융아는 문득 장군이 불쌍해 보였다. 배에서 기름기가 다 빠졌다는 건 녀석이 몹시 허기져 있다는 것과 똑같은 말이다. 잠도 제대로 못 자고 밥도 제대로 못 먹은 데다 뱃속에 남은 찌꺼기마저 깨끗이 비워 냈으니 얼마나 배가 고플까 싶었다. 배고픈 매가 사냥을 더 잘 한다고들 하지만 애써 사냥을 해봐야 정작 녀석에게 돌아가는 건 삐쩍 마른고기 한 점이 고작일 것이다. 융아는 허리에 찬 작은 망태에다 말린 비둘기 고기를 몇 개 더 챙겨 넣었다. 사냥이 끝나면 아버지보단 조금 더 후하게 포상해 줄 생각이었다.

"잘 들으라. 요놈이 뭐를 잡았는지가 중요한 거 아니고, 고거를 니 손에다 쥐는 거이 진짜배기라! 배불르믄 뒤도 안 돌아보고 날라가 분다 그 말이라."

마치 융아의 속마음을 읽기라도 한 듯 아버지가 다시 한번 다짐을 주었다. 사냥 중의 매를 배부르게 하는 건 어떤 수할치라도 극히 꺼리는 일이었다. 매가 사냥감의 눈알을 쪼고 골을 빼 먹으면 다음 사냥에서 게으름을 피우거나 멀리 날아가 버릴 수 있기 때문이다.

"시치미도 그대로 달려 있나 보라. 수할치가 해야 할 기본 중의 기본이니끼니."

시치미는 얇은 쇠뿔 조각으로 만든 일종의 이름표로서, 혹여 매가 달아나거나 놓칠 경우를 대비하여 꽁지깃에다 매다는 거였다. 융아는 지난밤 내내 수도 없이 쓸어본 시치미를 다시 한번 확인해 보았다. 장군의 주인인 융아의 이름, 그리고 귀주성 검은돌골 어디라는 주소가 선명했다. 만약의 경우 매를 잃게 되더라도 녀석을 발견한 이가 시치미를 보고서 융아네로 연락을 해올 것이다. 못된 사람이 시치미를 떼고서 슬쩍 가로채는 경우도 더러 있다지만 융아가 사는 귀주성에선 그런 일이 거의 없었다.

융아는 다시 한번 소리 내 읽어보았다. 몇 번을 읽어도 질리지 않았다. 새삼 마음 뿌듯했다. 융아는 동네 아이 중 제일 먼저 자신의 매를 가진 수할치가 된 것이다.

팔뚝 위에다 장군을 앉힌 채로 융아는 아버지가 탄 말에 올랐다. 차려입은 하얀 바지저고리와 목에다 묶은 노란 명주 수건을 수십 개의 눈동자가 부러운 빛으로 바라보았다. 왠지 낯바닥이 화끈거리고 귓불이 뜨거웠다. 수할치로서의 첫 매사냥을 아버지의 등 뒤에서 시작해야 하다니…!

조랑말 한 마리를 자신의 말로 삼아 첫 사냥부터 당당하게 나서고 싶었건만 아버지는 허락하지 않았다. 말을 모느라 집중력이 흐려지면 안 된다는 게 이유였다. 말타기야 걸음마보다 빨리 시작한 융아였지만 감히 아버지를 거스를 순 없었다.

저 멀리 눈 덮인 이구산이 아침 햇살을 받아 반짝거렸다. 아버지는 산자락이 끝나가는 구릉진 언덕 위로 말을 몰았다. 융아네를 뒤따라온 털이꾼들이 작대기를 들고서 꿩이 있을 만한 데를 찾아 여기저기 쑤셔대느라 시끌벅적했다. 여러 개의 작대기가 투덕거리며 풀숲을 두들기는 소리가 요란했다.

"머리 씌우개부터 벗기라. 때가 언젠지는 요놈이 니보다 먼첨 알아챌 거라. 기양 놔 주기만 함 된다. 이제부턴 니가 장군이고 장군이 니라."

알 듯 모를 듯한 아버지의 말씀이 융아의 귓전에서 부서졌다. 사냥감을 몰아대는 털이꾼들의 워워 소리가 한껏 드높았다. 꼴딱, 융아는 입안에 고인 침을 삼켰다. 괜시리 하나, 둘, 셋, 숫자를 세었다.

어느 순간 저 아래 풀숲에서 후르르, 뭔가가 바람처럼 솟구쳤다. 눈 아래 펼쳐진 너른 초원을 예리하게 훑어보던 장군의 두 발이 융아의 팔뚝 위에서 움찔거렸다. 디워, 디워! 외침이 바뀌는 바로 그 찰나, 장군이 긴 날개를 퍼덕이며 날아올랐다.

"매 나간다!!"

융아는 있는 힘껏 소릴 질렀다. 처음인데도 마치 오래전부터 그래왔듯 자연스럽게 터져나온 외침이었다. 우다다다, 장군이 날아간 방향을 쫓아 털이꾼들이 내달리기 시작했다. 아버지의 말도 정신없이 달렸다. 융아는 아버지의 등 뒤에서 고개를 쏙 내밀고선 장군이 어디로 날아가는지 어느 지점에서 수직 강하를 하는지 예리하게 살폈다.

짤그랑짤그랑, 키 작은 관목들 사이에서 방울 소리가 났다. 장군의 두 다리 사이에 매달아 놓은 방울이 녀석의 움직임에 따라 흔들리는 소리였다. 사냥꾼과 사냥감의 숨 막히는 일전(一戰)을 기대하며 융아는 숲으로 뛰어들었다. 죽을힘을 다해 요리조리 피해 다니는 까투리와 마른 나뭇가지 사이를 헤치며 목표물을 쫓는 매가 한눈에 들어왔다.

그런데 기대했던 광경과는 뭔가 달랐다. 쫓기는 꿩에 비해 쫓는 매가 훨씬 조급해 보였다. 찢기고 꺾인 날개를 끌며 정신없이 내빼는 와중에도 까투리는 나름 다음 수를 계획하며 나아가는 듯이 보였다. 반면 장군은 도망치는 꿩의 뒤꽁무니만 쫓느라 회심의 일격 따위 생각하지 못하는 듯했다. 교활한 사냥감을 추격하는 어설픈 사냥꾼 같다고나 할까? 아버지의 은수리 같았으면 깐죽대는 숨바꼭질 따위 무시하고 훅 날아올라 꿩의 머리통을 움켜쥐거나 날갯죽지를 부러뜨려 놓았을 것이다. 등줄기에 발톱을 박아 혼을 쏙 빼놓은 다음 날카로운 부리로 눈알을 쪼려 들었을지도 모른다.

"두고 보라. 저래 봬도 해동청 보라매다."

아버지가 용아의 어깨를 토닥여 주었다. 바로 그 순간이었다. 건너 숲으로 날아가려 퍼덕이는 꿩의 모가지를 장군의 갈고리발톱이 잡아챘다. 끼루룩 끼룩, 까투리의 처연한 울부짖음이 허공중에 흩뿌려졌다. 온몸을 뒤틀며 저항하는 까투리를 장군이 땅바닥에다 패대기쳤다. 까투리가 온몸을 푸르르 떨며 나동그라졌다. 정신을 잃은 꿩의 가슴께를 한쪽 발로 내리누르고선 장군이 털을 뽑기 시작했다. 아버지가 외쳤다.

"뭐하누? 저거 핏줄 터지기 전에 언능!!"

장군의 하는 양을 지켜보느라 넋 놓고 있던 용아가 벌떡 일어났다. 망태 속에서 닭발 하나를 꺼내 들고 장군의 곁으로 살금살금 다가갔다. 까투리의 분홍빛 속살이 막 드러나려는 참이었다. 용아는 서둘러 닭발을 내밀었다. 하지만 녀석은 용아가 내미는 닭발 따위 쳐다보지도 않았다. 그 순간 꿩의 모가지에서 한두 방울 붉은 피가 흘렀다. 아버지가 재빨리 꿩의 몸통을 뒤집으며 녀석의 부리에다 고기 조각을 밀어 넣었다.

"내 말해주지 않았간? 꿩 대가리를 살살 돌려줘서 때를 봐안다고. 니 같음사 갓 잡은 신선한 고길 두고 삐뚝 말른 뼈다귀에 욕심을 낼 거간?"

융아는 고개를 푹 숙였다. 창피하고 부끄러웠다. 매사냥을 따라다니면
서 아버지가 하는 양을 수없이 보아왔건만 결정적인 순간에 실수라니…?
융아를 나무라는 사이에도 아버지의 손은 쉬지 않았다. 닭발을 질겅거리
느라 정신이 팔린 장군의 두 다리를 잡아 자신의 무릎 위에다 올린 다음
꿩을 슬쩍 빼돌려 무릎 아래다가 숨겼다.

훅훅 거친 숨을 내쉬며 털이꾼들이 몰려들었다. 융아의 첫 매사냥이 성
공했음을 확인한 이들이 와와, 함성을 지르며 손뼉을 쳤다. 어찌나 얼굴이
홧홧거리는지 융아는 어디로든 숨어들고만 싶었다. 하지만 아버지는 달랐
다. 조금 전 융아에게 보인 엄한 표정과는 달리 자랑스러움이 넘치는 낯빛
이었다.

"다들 도와주신 덕택 아니갔음? 몇 마리 더 잡아서리 동네잔치를 벌립
시다래. 조상님들께도 우리 융아가 헌헌장부 되었음을 고해야니끼니."

털이꾼을 자청했던 동네 아저씨들이 융아를 들어 올려 헹가래를 쳐주
었다.

한나, 둘 휘이!

먼 하늘이 이마를 때리며 쑥 내려앉았다. 아찔했다. 융아는 그 아찔한
순간에 두 번 다시 저지르지 않을 실수를 뼈에 새겼다. 다음번엔 아버지의
도움 없이도 혼자 잘 해낼 수 있으리라. 눈발이 날리기 시작했다. 첫눈이
었다.

4

정수 할배네 매 점배기가 사냥 도중에 사라졌다. 꿩을 낚아채 뒷산 능
선 너머 솔숲으로 들어가는 걸 다들 보았고 딸랑거리는 방울 소리도 들었
건만 근처 어디서도 녀석을 찾지 못하였다. 한 무더기 꿩 털만 어지럽게

널려있는 걸로 보아 수할치인 정수 할배가 도착하기 전 이미 배불리 먹어 치우고서 제멋대로 날아가 버린 모양이었다.

"아이갸, 뭔 푸닥거리라도 해야 되지 않간? 귀신이 씌지 않구서야 어째 거기루 날라들기만 함사 없어지낟 말이네?"

뒷산 솔숲에서의 매 실종이라 봐야 기껏 두 번째에 불과하건만 사람들은 그동안 수없이 그런 일이 일어났던 것처럼 호들갑을 떨었다. 더구나 처음 실종되었던 매는 하루도 지나지 않아 근처 산비탈에서 찾았더랬다. 아버지가 그런 호들갑에 쐐기를 박았다.

"매를 놓치는 거야 병가지상사(兵家之常事) 아니갔슴? 정수 할배가 쫓아갔시니 우린 우리 일을 하자우요."

털이꾼이며 배꾼 노릇으로 매사냥에 참여했던 동네 사람들이 맞장구를 쳤다.

"맞디. 어여 흩어져 살펴보자우. 글타보믄 어드메서든 소식이 올 기니끼니."

어른들은 두엇씩 무리를 지어 마을 경계선 주변으로 탐사를 나섰다. 아이들은 인근 동네를 돌며 기별을 넣었다. 융아 역시 발이 부르트도록 뛰어다녔다. 두 다리 사이 가죽끈에 방울이 매져 있고 꽁지깃에 시치미가 달려있으니 언제라도 사람들 눈에 띌 게 분명했지만, 그러니만큼 최대한 여러 마을에다 알려놓아야 했다. 많은 사람이 알고 있어야 우연히 녀석을 받게된 이가 시치미를 떼고선 자기 매라고 우기지 못할 것이었다.

사흘이 지나도록 점배기에 대한 소식은 어디서도 들려오지 않았다. 새벽같이 집을 나서 해 질 녘에야 터덜터덜 돌아오는 정수 할배의 텅 빈 손이 몹시 안타까웠다. 전장에 끌려가 숨진 정수 아배를 대신하여 젖먹이 정수와 정수 어매까지 책임지게 된 할배의 얼굴엔 골주름이 더욱 깊어졌다.

아버지를 비롯한 매사냥꾼들은 자기 사냥에 바빠 더는 점배기를 찾는데 관심을 기울일 수 없었다. 사실 매사냥을 할 수 있는 시기는 겨울 석

달이 최적기여서 그때 바짝 사냥을 해두어야 했다. 식구들 먹고사는 일도 그렇지만 나라에서 바치라는 세금과 진상품에 충당하기 위해서도 겨울 한 철은 동네 장정들 대부분이 매사냥에 심혈을 기울였다. 물론 새로이 수할 치가 된 융아도 마찬가지였다.

점배기가 사라진 지 나흘째 되던 날 아침, 융아는 문득 그 솔숲을 사냥지로 삼고 싶어졌다. 머리 씌우개를 둘러쓴 장군을 팔뚝에 앉히고, 아버지에게서 마침내 얻어낸 조랑말 위에 올랐다. 재수 없는 장소엔 얼씬도 말라는 어머니의 충고에도 불구하고 융아는 털이꾼 노릇에 신을 내는 동네 친구들을 몰고 뒷산 솔밭으로 향했다.

"아야! 저기 저거!!"

작대기를 들고 있던 친구 하나가 헐레벌떡 달려와 외쳤다. 능선 위로 축 늘어진 솔가지 위에 뭔가가 웅크리고 있는 듯했다. 멀리서도 흰 점박이 무늬가 제법 선명해 보였다.

"점배기 아닌가배?"

모두 고갤 끄덕였다. 한 친구가 속살거렸다.

"맞구나야. 배고픈 매는 한 번 사냥에 성공한 디로 다시 찾아든다드만. 융아, 니도 알고 있었간?"

그런 말을 들은 적이야 있지만, 그걸 알고 사냥터를 정한 건 아니었다. 어쨌거나 점배기를 찾은 건 놀랍고도 기쁜 일이었다. 친구 두엇이 정수네로 잽싸게 달려갔다. 멧비둘기 한 마리를 손에 쥔 정수 할배가 순식간에 나타났다.

워워! 아이들이 마치 꿩을 몰아대기라도 하듯 소릴 질렀다. 할배가 발에 긴 줄을 매단 멧비둘기를 솔숲 쪽으로 날렸다. 줄의 한쪽 끝은 할배의 손에 쥔 채로였다. 점배기가 과연 반응을 보일지 모두 손에 땀을 쥐며 바라보았다. 만약 배가 불러 먹잇감에 관심이 없거나, 여러 날 싸돌아다니느라 지쳐 잠든 상태라면 사냥감이 눈앞에서 활개를 치며 돌아다닌들 꿈쩍

하지 않을 거였다. 그러면 밤이 될 때까지 기다려야 할지도 모른다. 횃불을 가져다 눈앞에다 들이대고는 놀라 꼼짝 못 할 때 말총 올가미로 목을 옭아매야 할 수도 있다. 하지만 다행히도 녀석은 날아오른 멧비둘기에 강렬히 반응했다.

쉬이익!

점배기는 순식간에 멧비둘기를 낚아챘다. 물론 발이 묶인 멧비둘기를 챘으므로 멀리 날아갈 순 없었다. 녀석은 많은 이들이 지켜보는 들판 한가운데서 비둘기의 모가지 털을 벗겨내기 시작했다. 허겁지겁 서두는 꼬락서니로 보아 그동안 제대로 사냥을 못 해 상당히 허기진 모양이었다.

정수 할배가 슬금슬금 다가가 점배기의 두 다릴 자신의 무릎 위에다 올렸다. 그러고는 비둘기 몸통을 슬쩍 뒤집으면서 마른 닭대가리를 부리에다 넣어 주었다. 실속 없는 닭대가리에 입맛을 다시는 동안 비둘기가 순식간에 할배의 무르팍 아래로 사라진 걸 점배기는 눈치채지 못했다.

"참말로 고맙구나야. 욜로 다시 나타날 거를 어째 알았다니? 사냥 끝나믄 다들 우리 집으로 오라. 비둘기탕으로 대접해 줄끼니."

우와! 모두 신이 났다. 작대기로 풀숲을 두드려대는 털이꾼들의 함성이 우렁찼다.

운 좋은 날이었다. 털이꾼 친구들에게 사례를 하고도 꿩 두 마리와 토끼 한 마리가 온전히 용아 몫으로 남았다. 아이들은 한껏 의기양양해져 노랫가락을 흥얼거리며 산자락을 내려왔다. 정수네 솥단지에서 펄펄 끓고 있을 비둘기탕 생각을 하니 노래엔 더욱 흥이 실렸다.

그런데 저 멀리 마을 어귀쯤에서 이상한 행렬이 동네로 들어서는 게 보였다. 의관을 갖춘 한 무리의 관리들이었다. 아이들은 누가 시키지도 않았는데 덤불숲으로 숨어들었다. 관리들과 맞닥뜨려 좋을 일이 없다는 걸 아이들은 이미 체득하고 있었다.

"뭐시래?"

"나리들이 떼 지어 납신 걸 보니끼니 뭐시냐, 고 고 공출 아니간?"

누군가가 어른들 말투를 흉내 내어 답했다.

"설마? 요런 산동네에 뭐 묵을 기 있갔네?"

순간 아이들의 눈길이 오늘 사냥에서의 노획물에게로 집중되었다. 남아돌아서 빼앗기는 게 아니었다. 가진 게 있든 없든 내놓으라면 그냥 내놓아야 했다. 없으면 목숨을 바쳐서라도 구해다 바쳐야 했다. 원나라의 부마국이 된 이후론 원의 황제에게 바칠 물량까지 늘어나 백성들의 삶은 더욱 팍팍해졌다.

"숨겨야들 않간?"

새벽부터 나서서 한나절 내내 산야를 누비며 애쓴 보람을 관리들의 한입 거리로 내줄 수는 없는 일이었다. 아이들은 누가 먼저랄 것도 없이 손에 쥔 작대기로 덤불을 헤치며 땅을 파기 시작했다. 구덩이를 파서 그 안에다 넣고 마른풀로 덮어두면 감쪽같지 않을까, 모두의 생각이 순식간에 일치한 모양이었다. 하지만 작대기 따위로 언 땅이 파헤쳐질 리 없었다. 삽이 있다고 한들 쉽지 않을 일이었다.

"가만! 저기 좀 보라."

융아가 동네 쪽을 가리키며 낮은 소리로 외쳤다. 동네 사람들과 관리들이 뒤엉켜 뭔가 심상찮은 일이 벌어지고 있었다. 온 동네 개들이 나서서 컹컹 짖어대고 닭들이 시끄럽게 꼬꼬댁거렸다.

아이들은 화들짝 놀랐다. 관리들이 마을의 젊은 여자들을 끌어내고 있었다. 끌려 나오지 않으려 혹은 소리치고 혹은 애걸하는 여자들을 붙잡아 두 손을 뒤로 묶어선 당산나무 아래다 일렬로 세우는 중이었다. 원나라에 공녀로 보낼 대상자들을 색출하는 중인 게 분명했다.

소문으로야 들었지만 그런 일이 실제로 벌어지리라고는 아무도 생각하지 못했다. 한 집안의 귀한 딸이자 누이이고, 혹 과부라 할지라도 누군가의 소중한 어머니거나 며느리일 여성들을 혼인 못 한 원나라 병사들의 색싯감으로, 높은 네들의 시녀나 첩으로 보낸다는 게 말이 되는가? 아무리 전쟁에 패했기로 여자가 물건도 아니거늘 무슨 특산품 바치듯 바친단 말인가?

"세상천지 요런 인심은 없디! 즈이 애비 끌어가 화살받이로 삼았음 되얐지 이젠 에미까지 끌어가네? 젖먹이 어린 것이 뭔 죄네?"

쩌렁쩌렁 울리는 목소리의 주인은 비둘기탕을 끓여주리라며 기분 좋게 내려간 정수 할배였다. 그리고 보니 잡혀 있는 여자들 사이에 정수 어매도 있었다. 이제 막 걸음마를 시작한 정수가 제 어미의 품으로 파고들며 으앵으앵 울어댔다.

"노인네, 좋은 말로 할 때 비키시오. 우린 과부처녀추고별감 관리들로서 공무를 수행하고 있는 중이오. 감히 나라님 명령을 거역하고 공무 수행에 훼방을 놓았다간 뼈도 못 추릴 거외다."

"암만 그래도 애 어멈은 아니잖네?"

정수 할배가 두 손을 싹싹 빌며 애걸했다. 하지만 관리들의 낯빛은 차갑기만 했다. 참으로 기가 막힌 광경이었다. 문득 몇몇 아이들이 소릴 질렀다.

"엥이? 저거 우리 누부 아님?"

그 순간 용아도 알아차렸다. 누나가 거기에 잡혀 있음을. 동네의 여러 누나들과 함께 두 손을 뒤로 묶인 채 오돌오돌 떨고 있음을. 어머니가 한 관리의 바짓가랑이를 붙잡으며 하소연하는 모습도 보였다. 어머니만이 아니었다. 온 동네 아지매들이 땅바닥에 엎드려 이마를 짓찧으며, 눈물 콧물로 땅바닥을 적시며 울부짖었다.

"우리 아는 시집갈 날 잡아났디요. 낼 모레라요. 제발 덕분 놔주십사!"

"우리 딸은 날 때부텀 천식기가 있었내라요. 차운 바람 맞고는 못 살지비요!"

"차라리 날 데려갑서. 내 이래 봬도 치레하구 나서믄 봐 줄 만하디요. 저 어린 거, 뭐 볼 거이 있다고 만리 타관 머나먼 디로 끌어갑서? 흐으으!! 나으리, 제발!"

아지매들이 구구절절 사연을 늘어놓으며 관리들을 붙잡았지만 돌아오는 건 발길질뿐이었다. 지극히 차갑고 건조한 명령어가 사로잡힌 여자들을 몰아쳤다.

"출발! 너희는 임금님의 명을 받들어 원나라 황제의 땅으로 간다."

관리들이 울고불며 매달리는 아지매들을 땅바닥으로 패대기치며 길을 열었다. 가지 않으려 기를 쓰는 누이들의 등짝 위로 회초리가 날았다. 아이들이 뛰쳐 일어났다. 작대기를 높이 치켜들고서 와아, 함성을 지르며 내달렸다. 임금의 명령이고 뭐고 간에 누나들을 구하고야 말리라는 기백으로 충천하여.

용아는 반대 방향으로 말을 몰았다. 아이들 몇이 달라붙어 봐야 그들에겐 성가신 파리 떼에 불과할 거였다. 한시라도 빨리 아버지를 비롯한 동네 어른들에게 알려야 한다. 힘깨나 쓰는 남정네들이 매사냥에 나가 있는 틈을 타 들이닥친 걸 보면 극심한 저항을 피해 젊은 여자들을 빼돌리려는 비열한 술책임이 분명했다.

5

체격 좋은 예닐곱 명의 장정들이 말을 타고 몰려들자 관리들의 눈이 휘둥그레졌다.

"뭐 하는 작자들이냐?"

"부탁이니 우릴 원나라로 가는 응사단에 넣어주기요."

어른들은 다짜고짜 부탁의 말부터 내질렀다. 용아는 굳이 응방을 찾은 동네 어른들이 답답하기만 하였다. 누나들을 끌어간 관청은 과부 처녀 어쩌고 하는 길고도 어려운 이름이었다. 끌려간 누이들을 되찾겠다며 사방 팔방 들쑤시고 다닌 끝에 공녀들과는 아무 상관도 없는 응방이라니, 이 무슨 엉뚱한 헛발질이란 말인가? 더구나 매를 훈련시킬 때 필요하다며 백성들의 집에서 기르는 닭이나 토끼, 강아지들을 아무 때나 징발해 가는 못된 관리들한테 제 발로 찾아들다니 말이다.

"밑도 끝도 없이 그게 무슨 소린고? 공물로 바칠 쓸만한 매를 구하려고 이리저리 쫓아다닐 땐 나 몰라라 숨어있던 것들이 무슨 꿍꿍이속으로?"

관리는 의심쩍은 눈빛으로 그들을 훑었다. 매의 포획과 훈련이 주 업무인 지역 응방이라 그런지 규모는 그리 커 보이지 않았다. 하기야 종3품 사(使)에서부터 낮은 직급인 녹사, 권무에 이르기까지 명령체계가 잡혀 그 위세가 드높다고 알려진 왕도(王都) 개경의 응방도감과 비교할 수는 없을 터였다.

"그리 꼬아볼 건 또 뭡네까? 원나라 황제께 진상할 매를 바치겠다고 먼 길 달려왔건마는."

누군가가 설핏 불평조로 따져 들자 얼른 아버지가 나섰다.

"맞소. 고려 백성 된 도리를 다하려는 충심이라요. 대신 머나먼 길에 매를 지대로 살려 데불고 갈 응사로 우릴 써 주시우다."

거기로 찾아든 목적이 무엇인지 결코 잊지 않은 차분함이었다. 융아는 아버지를 비롯한 어른들의 속뜻이 뭔지 문득 짐작해 냈다.

매사냥을 나갔던 어른들을 찾아 융아가 마을로 돌아왔을 땐 동네 전체가 그야말로 황폐한 전쟁터 같았다. 작대기를 휘두르며 고샅길로 쫓아갔던 아이들은 피투성이가 되어 나뒹굴고, 아지매들은 사냥에서 돌아온 식구조차 알아보지 못할 정도로 넋이 나가 있었다. 어른들은 매사냥으로 획득한 꿩이며 멧비둘기며 산토끼들을 던져놓고 그대로 말을 몰았다. 끌려간 딸들을 어떻게든 찾아오리라는 결기로 가득 차 당장 전투라도 치를 태세였다.

융아도 지체 없이 어른들의 뒤를 따랐다. 하지만 어디서도 그 종적을 찾을 수 없었다. 말을 태우거나, 마차로 이동시키는 것도 아니련만 그리도 빨리 사라지다니, 참으로 귀신이 곡할 노릇이었다.

너무 마음이 급해 길거리에서 만난 이들이 가리키는 쪽으로 허겁지겁 내달리다 보니 생긴 일이라는 걸 반나절 가까이 지나서야 그들은 깨달았다. 가짜 정보를 흘리는 이들을 군데군데 배치함으로써 관리들이 나름의 자구책을 세워두었단 사실을. 그도 그럴 것이 어린 딸이나 청상의 며느리를 눈 뻔히 뜬 채로 관리들에게 그냥 내 줄 사람은 없었다. 임금님의 명령이니 끌어가겠다는 관리들과 절대로 내줄 수 없다는 가족들 사이에서 물리적 충돌이 빚어지는 건 어쩌면 당연한 일이었다. 그러다 보면 관리들도 얻어맞거나 심각한 부상을 당하는 경우가 더러 생겨났다.

참으로 분한 일이었다. 검은돌골 인근 지리(地理)라면 눈감고도 훤하건만 왜 그런 실수를 저질렀는지 모른다. 젊은 여자들을 사람들 눈에 띄지 않게 최대한 빨리 빼내려면 물길을 이용하는 게 가장 쉬우리란 걸 왜 예상하지 못했을까? 폭은 그리 넓지 않다 해도 차내(다하, 茶河)는 깊게 흐르는 강이었다. 조각배든 뗏목이든 미리 준비만 해두었다면 육로로 뒤좇아 올 자들이야 얼마든지 따돌릴 수 있을 거였다. 그러나 뒤늦은 깨달음으로는 상황을 뒤집을 수 없었다. 귀하기 짝이 없는 자신의 매를 내놓겠다는 결심은 그들이 희망을 걸어볼 수 있는 마지막 패가 그뿐이라는 걸 깨달았기 때문이다.

공물을 바치러 원나라로 가는 사신들의 행렬에 끼어든다면 공녀로 끌려가는 전국 각지의 고려 여자들과 접촉할 확률이 높을 거였다. 누나를 비롯한 마을 처녀들을 만날 수도, 혹 못 만나더라도 그 행방을 추적하기가 훨씬 쉬워질 거였다. 머나먼 개경에 있다는 담당 관청까지 찾아가 항의해 봐야 돌아오는 건 욕설과 매질일 거라고 입 달린 사람들은 누구나 그렇게 말했다. 감옥에 갇히거나 목숨을 잃을 수도 있다고들 했다. 분하고 억울한 마음을 꾹꾹 내리누르고 타협책을 찾을 수밖에 없는 어른들의 고심이 융아에게도 고스란히 전달되었다.

"매는 가지고들 왔나? 먼저 물건부터 보고!"

"먼첨 약속부터 해주기요. 쓸만하다 싶거든 우릴 응사단에 끼어준다고."

"흐음, 좋다. 다만 선발된 매의 임자에 한해서만 기회가 주어질 것이니 가고 싶은 자는 뛰어난 매로 가져오라."

모두들 자신 있게 평안도 응방을 나섰다. 뛰어난 매라면 자기 매 이상 없다고 생각하는 수할치들이었다.

원나라 황제에게 바칠 공물로 선발된 매는 장군뿐이었다. 자신의 매가 최고라며 서로 나서서 우겨댔지만 해동청이 아니라거나 나이가 들었다거나 하는 이유로 거절되었다. 아버지의 은수리 역시 보라매가 아니라는 이유로 탈락했다.

"보라매 시절 안 지나온 매가 여기 어디 있갔습요? 사냥 기술 뛰어나믄 된 거 아니래요?"

아버지가 따져 물었으나 관리는 고개를 저었다. 원 황제 쿠빌라이 칸이 원하는 건 고려의 해동청 보라매뿐이라는 거였다. 사람에게는 순하고 사냥감에게는 맹렬하여 길들이는 재미와 사냥하는 재미 모두를 안겨주는 보라매의 매력에 푹 빠져, 나이 든 노련한 매에게는 별 관심이 없다는 거였다. 노련한 매야 이미 자기네 나라에도 차고 넘치게 있으므로.

"하지만 걱정 말라. 너희의 충심은 우리 임금님께로 전해질 터이니! 너희 매는 곧장 개경의 응방도감으로 보낼 것이다."

참으로 어처구니없는 통보였다. 끌려간 딸들의 행방을 찾는 게 목적이었던 이들로선 자신의 매를 수행해 갈 시자(侍者)로 발탁되기는커녕 매만 빼앗기게 된 꼴이었다. 무작정 내놓으라 해도 거절 못 할 판국에 스스로 진상품이라며 가지고 들어왔으니 따질 수도, 물릴 수도 없는 일이었다. 차마 돌아서지 못해 미적거리던 아버지가 마침내 한 소리 내놓고야 말았다.

"나리, 하지만도 우리 은수리는 인제 곧 놔주어야 할 때가 되어서리…."

길들인 매를 대개는 3년, 아무리 늦어도 5년이 되기 전에 놓아주는 건 조상 대대로 내려온 관습이었다. 인간의 이익을 위해 자신의 삶을 박탈당한 매에게 야생의 삶을 원래대로 되돌려 주는 건 모든 수할치들이 자연에게 바치는 사죄와 감사의 인사였다. 은수리가 아버지와 함께 이구산 능선을 타 넘으며 사냥에 나선 게 벌써 3년을 지나가고 있었다.

"호오! 거참 희한한 논리로구나. 곧 놓아주어야 할 매를 원나라 황제에게 진상하리라며 가져왔다 그 말이냐?"

"에구, 그런 뜻이 아니재요. 우리 임금님이람사 고려 백성의 풍속을 아실 터, 사냥길에 몇 번 데려가도 못 하고 놔 줄 거를 받아 노믄 성가시지 않갔슴요?"

아버지의 변명은 아무래도 억지스러웠다. 융아는 어느 하늘에서 벼락이 떨어질지 몰라 두려운 마음으로 관리들의 낯빛을 살폈다.

"너 따위 놈이 그걸 왜 걱정한단 말이냐? 임금님의 매사냥에 동원되는 매가 수천수만이다. 왕실의 매를 관리하는 사람들이 너만 못 할 것 같으냐?"

관리의 비아냥거림 소리에 아무도 더 이상 토를 달지 못했다. 마음속에서 끓어 넘치는 분함과 억울함을 들키지 않으려고 고개를 수그린 채 다들 입술만 깨물었다. 다른 관리가 융아를 부르더니 일렀다.

"넌 낼모레 묘시(새벽 5시~7시)까지 홍화진 남문으로 가라. 전국 각지에서 선발된 매들이 모여 함께 갈 것인즉 시간에 댈라믄 지금 당장 출발해야 할 것이야. 가는 동안 너의 호구지책은 물론 매 먹이도 네 책임이니 충분히 준비하라."

생계 수단이 되는 백성의 매를 빼앗고 매를 수발해 갈 사람의 공력을 빼앗으면서도 하등 미안한 빛이 없는 뻔뻔한 명령이었다. 원나라 대도(大都)까지는 한 달이 걸릴지 두 달이 걸릴지 모를 기나긴 여정이었다.

"걱정 마시라요. 잘 해보갔습네다."

융아는 두 마음을 담아 큰 소리로 외쳤다. 아버지를 비롯한 동네 어른들에게는 자신이 응사단에 끼어들게 된 이유를 잊지 않았다는 뜻으로, 그리고 관리에게는 명령 이행에 차질이 없으리란 뜻으로.

융아는 언젠가 응방도감의 관리가 될 것을 꿈꾸었던 자신이 문득 부끄러워졌다. 수할치로서의 자부심도 매에 대한 깊은 이해도 없는 자들이 그것도 벼슬자리라며 으스대는 꼬락서니가 아니꼽기 그지없었다.

흙빛으로 변한 아버지의 얼굴에선 금방이라도 눈물방울이 뚝뚝 떨어져 내릴 것만 같았다. 다른 아저씨들도 마찬가지였다. 끌려간 딸들의 행방을 알아낼 방법이 더는 없는 것인지, 어린 융아가 그 모든 책임을 완수해 낼 수 있을 것인지, 두려움과 걱정과 슬픔이 뒤섞인 착잡한 표정들이었다.

어머니는 융아를 붙들고 서럽게 울었다. 아버지를 원망하는 소리가 울 너머 고샅길로 퍼져 나갔다. 딸 하나 빼앗겼으면 그만이지 설레발치고 나서서 아들조차 넙죽 갖다 바치느냐, 어린 것 혼자서 만리 타관 머나먼 길을 어찌 가게 둔단 말이냐, 이제 난 누굴 믿고 사느냐…, 등등.

그러면서도 어머니는 먼 길 떠나는 융아를 위해 주먹밥을 만들고 옷가지를 챙겼다. 아버지는 말발굽을 손보고 장군에게 소용될 물건들을 옮겨 실었다. 은수리가 앉아 있곤 하던 통홰는 텅 비어 있었다. 하루 사이에 아버지가 폭삭 늙어버린 것 같았다. 융아는 아버질 위로해 주고 싶었으나 할 말이 떠오르지 않았다.

"절대로 너 혼자 보내진 않을 거라."

외려 융아를 안심시킨 건 아버지였다. 어떻게든 누나를 찾고야 말리라는 아버지의 다짐인지도 몰랐다.

융아는 갈림길에서 아버지와 헤어진 이후 장군을 어깨에다 올려 앉힌 채로 말을 몰았다. 녀석은 조롱(鳥籠)에서 졸고 있을 때보다 팔뚝이나 어깨에 올라타고 있을 때가 더 길동무다웠다. 머리 씌우개로 눈을 가린 장군은 자신이 어디로, 왜 가는지 결코 알 수 없을 거였다.

홍화진 남문이 저 멀리 우뚝하였다. 그 문 안으로 들어가면 과연 누날 만날 수 있을까? 어디로 갔는지 소식이라도 들을 수 있을까? 원나라로 가는 상인들 틈에 끼어 먼발치로나마 융아와 동행할 거라던 아버지는 염난수 포구에 다다랐을까?

융아는 고개를 쳐들어 하늘을 올려다보았다. 눈 시리게 파란 하늘을 가로지르며 한겨울 북풍이 울어댔다. 장군의 깃털이 푸르르 바람결에 휘날렸다.

3. 땅의 아픔, 하늘의 슬픔:
소나무 남벌로 인한 환경파괴 – 엄광용

1

밤새 서쪽으로 줄달음질치던 달도 인왕산을 넘어간 지 오랜 즈음, 어둠이 짙게 깔린 경복궁 빈터엔 무거운 침묵이 흐르고 있었다. 북악산 자락을 타고 내려온 바람이 폐허가 된 궁궐 마당을 한차례 휩쓸고 지나간 뒤, 낙엽과 쓰레기가 나뒹구는 땅을 조심스럽게 밟으며 낮은 자세로 재게 발을 놀리는 사내가 있었다.

경복궁 중건을 위해 마당 한 귀퉁이에 마련한 목재 창고 부근이었다. 오른발 왼발 바짓가랑이가 엇갈릴 때마다 검불 따위가 쓸리는가 싶더니, 사내는 마치 고양이 발걸음처럼 조심스럽게 창고 주위를 한 바퀴 돌았다. 그의 손에 들린 자루에서 무슨 가루가 뿌려지고 있었다. 잠시 후 목재 창고 어느 한쪽에서 불길이 치솟았다. 그 순간, 불빛 그림자 속에 한 사내가 빠른 몸놀림으로 궁궐 담을 타고 넘었는데, 그것을 본 사람은 아무도 없었다.

목재 창고를 지키기 위해 그 옆에 지은 임시 막사에서 잠을 자던 인부들은 갑자기 불똥이 튀어 타닥거리는 소리, 코끝으로 스며드는 유황 냄새와 매캐한 연기로 인해 눈을 번쩍 떴다. 막사 문을 열자 바로 옆 목재 창고에서 화광이 하늘을 찔렀다. 창고 둘레에 유황 가루를 뿌리고 불을 지른 것이 틀림없었다.

"불이다, 불이야!"

잠을 자다 막사에서 뛰쳐나온 인부들은 누가 먼저랄 것도 없이 불타오르는 목재 창고를 보고 소리쳤다.

경복궁 중건 사업을 시작한 이후 벌써 여러 차례 목재 더미가 불에 탔다. 누가 불을 지른 것인지 모르지만, 이는 분명 경복궁 중건에 반대하는 세력들의 농간일 가능성이 컸다.

또다시 목재 창고에 불이 났다는 보고를 받고 나서, 흥선대원군 이하응은 버릇처럼 곰방대에 담배부터 꾹꾹 눌러 재었다. 담배 빨부리로 연기를 들이마시는 볼우물이 그날따라 유달리 움푹 파여 심사가 편치 않음을 드러냈다. 이제는 분노를 지나쳐 수심이 깊어졌다는 증거였다.

"불, 불이다. 궁궐에 불이 났다. 과연 어느 놈이 그런 짓을 벌인 것일까? 감히 왕권에 도전하다니."

대원군은 입맛이 썼지만 앰한 담배 빨부리만 뻑뻑 빨아댔다. 그러면서 장고를 거듭하였다.

2

1863년 12월 말 철종이 급서하고 나서, 바로 다음 해 1월 초에 이하응의 차남 명복(고종)이 12세의 나이로 임금이 되었다. 이하응은 임금의 아버지로 흥선대원군이라 불렸다. 임금이 어렸으므로 왕실의 큰 어른인 조대비가 수렴청정을 하였는데, 대비는 대원군에게 정사 일체를 맡겼다.

대원군은 집정하면서 추락한 왕권을 강화하고 풍양 조씨와 안동 김씨의 세도정치를 타파하기 위해 무소불위의 권력을 휘둘렀다. 순조의 장인 김조순의 아들이자 순원왕후(순조비)의 남동생 김좌근은, 민감하게 정세 변화를 읽고 조용히 영의정 자리에서 물러났다. 그리고 그의 양아들로 종일품 의정부 좌찬성이었던 김병기는 고종의 즉위를 반대하는 바람에 미운 털이 박혀 광주부 유수로 좌천되었다.

그러나 안동 김씨 일문지만 철종 장인 김수근의 아들인 김병학과 김병국 형제는 대원군 집정 후에 용케 불이익을 면하였다. 고종 즉위에 은밀히 공헌한 덕분에 벼슬을 유지할 수 있었다. 대원군이 이들 형제를 끌어안은 것은, 왕권 강화를 위해 세도가 중에서도 우군이 절대적으로 필요했기 때문이었다.

대원군은 김병학에게 이조판서, 김병국에게 병조판서의 자리를 주어 크게 대우해 주는 척하면서 사실상 그들을 앞세워 고종 초기부터 경복궁 중건과 사원철폐를 강력하게 밀어붙였다. 당시 조선의 정궁(正宮)인 경복궁은 임진왜란 때 전소된 후 재건하지 못하고 있었으므로, 새로운 임금은 동궁(東宮)인 창덕궁에서 초라한 즉위식을 가질 수밖에 없었다.

우선 왕권 강화의 상징적 의미로 경복궁을 중건하여 임금을 정궁으로 모셔야 한다는 것이 대원군의 굳은 결심이었다. 그는 또한 신권의 득세로 왕권을 추락시킨 세도정치의 온상이 사원이라고 판단, 전국의 유명 사원들을 과감하게 철폐하였다.

대원군은 고종 즉위 1년 후인 1865년부터 경복궁 중건 사업을 시작하였다. 궁궐을 짓는 데는 많은 재정과 인력이 필요하였다. 헌종 때 경복궁 수리를 계획했다가 포기한 것도 재정 부담이 너무 컸기 때문이었다.

그러나 대원군은 경복궁 재건을 위해 도성의 사대문을 통과할 때 통행세를 받아 궁궐 건설 자금을 확보하기로 했다. 또한 일반 백성들에게 가구 단위로 길쌈으로 만든 포(옷감)를 걷는 호포제(戶布制)를 실시하고, 종친(宗親)들에게서 기부금 형태로 원납전(願納錢)을 받아 건축비로 대용한다는 계획을 세웠다. 공사에 필요한 인력은 전국 청장년들을 동원하는 부역으로 대신하기로 하였다.

순조에서 철종까지 외척 세력들은 어언 60년에 걸친 세도정치를 통하여 임금을 허수아비로 만들어버렸다. 이렇게 급격히 추락한 왕권을 회복하기 위해 대원군이 경복궁 중건을 강력하게 추진하자, 대신들은 물론 백성들 사이에서도 불평불만이 터져 나왔다.

이때 세도가들을 대표하는 대신들은 벼슬에서 밀려나고서도 백성들의 불만을 핑계로 삼아 경복궁 중건을 극렬히 반대하고 나섰다. 그러나 이는 권력에서 밀려난 그들이 백성들을 위한다기보다 은근히 자신들의 신권을 회복하기 위한 교묘한 전략이라고 할 수 있었다. 세도정치에 신물이 난 대원군이 대신들의 그러한 탄원을 받아들일 리 없었다. 그럴수록 그는 더욱 강력하게 경복궁 중건 계획을 밀어붙였다.

경복궁 중건을 위해 뗏목으로 엮어 실어 온 목재들은 일단 궁궐 빈터의 목재 하치장에 적재해두었다. 나무는 일정 기간 말려야만 목재로 쓸 수 있었기 때문이었다. 그런데 사업을 시작한 그해 3월에 목재 더미에 불이 나더니, 1년 사이에 벌써 몇 차례나 거듭되어 화재가 발생했다. 경복궁 중건을 반대하는 일부 세력들의 방화가 분명했다.

이러한 방화를 대원군은 왕권에 대한 신권의 도전이라고 판단하였다. 경복궁 중건의 목적이 왕권 강화에 있었으므로, 기존 세도정치를 하던 세력들이 앙심을 품고 저지른 짓이라고 생각했다. 세도정치의 싹을 자르려고 사원철폐까지 단행한 것에 대한 분풀이가 방화의 형태로 나타났다고 보았다.

일이란 아무리 좋은 계획도 강하게 밀어붙일 경우, 어느 쪽에선가 불만이 터져 나올 수밖에 없었다. 그러한 불만을 제거하려면 그 세력의 중심에 있는 인물을 설득할 필요가 있었다. 이때 대원군은 광주부 유수로 좌천했던 김병기를 다시 불러올려 벼슬자리를 주었다.

고종 초 병조판서로 있던 김병국은 판중추부사 겸 영건도감제조가 되어 경복궁 중건 책임을 맡았다. 김병기는 바로 그 자리를 이어받아 병조판서가 된 것이었다. 경복궁 중건 방화 사건이 더 이상 일어나지 않도록 하려는 궁여지책에서 나온 조치였다. 대원군이 생각할 때 경복궁 방화의 배후가 아무래도 벼슬에서 배제된 김병기의 세력일 것만 같았던 것이다.

그런데 또다시 1866년 3월에 마감용 목재에 기름칠하는 창고가 불에 타서, 800여 칸에 쌓아둔 목재가 모두 소실되었다. 화재 손실의 규모로 볼 때 그 전보다 너무 컸다. 그동안 남벌하듯 마구잡이로 베어온 금강송이 거의 다 타버렸던 것이었다. 1년여 동안 헛고생만 한 셈이었다. 고생도 고생이지만, 국유림의 쓸만한 금강송을 거의 다 베어버렸으니, 다시 목재를 마련하는 일만 해도 큰 걱정이 아닐 수 없었다.

화재로 목재가 불탈 때마다 대원군은 공사 책임을 맡긴 대장군 이경하를 닦달했었다. 그러나 번번이 방화한 범인조차 잡지 못했다. 이번에는 대단히 큰 화재였으므로 좌시하고 넘어갈 일이 아니었다.

3

"불이라. 이를 대체 어찌하면 좋단 말인가?"

대원군은 반나마 피운 담배를 재떨이에 소리가 나게 털었다. 그 소리를 듣고 수족처럼 부리는 심복들인 일명 '천하장안(千河張安)'이 득달같이 달려왔다. 천희연·하정일·장순규·안필주 4명의 성씨를 따서 세간에서는 그들을 그렇게 불렀다.

"대감, 부르셨사옵니까?"

방문이 열리며 심복 중 하나가 얼굴을 들이밀었다.

"녀석들! 귀도 밝다. 그래, 불렀다."

대원군은 그때 문득 기발한 생각을 머릿속으로 굴리고 있었다. 상상 속에서 경복궁의 너울거리는 불그림자를 떠올리다가 그 연상작용으로 그려진 것이 바로 김병기의 얼굴이었다.

'그래, 김병기! 오래전 여주에서 대형 화재가 발생했을 때 바로 그자가 사재를 희사해 복구작업을 했다지?'

대원군은 상상의 불꽃 속에 어리는 김병기의 얼굴을 떠올리다가 문득 실소를 머금었다. 화재(火災)와 재화(財貨)가 서로 앞뒤를 바꾸면 한가지 발음으로 되는데, 그의 머릿속에서는 그것이 한자의 뜻이 다르나 같은 의미로 이해되는 것이었다. 두 단어가 전혀 다른 의미인데도 동의어로 생각되는 것은 좀 억지스럽긴 하지만 기묘한 조화라고 아니할 수 없었다. 그의 기발한 생각이란 그렇게 가끔 엉뚱스러운 데가 있었다.

"분부하실 말씀이라도?"

"그래, 병판 대감 댁으로 가자."

대원군은 서둘러 나들이 차비를 준비케 한 후, 곧 천하장안을 앞세운 채 사린교에 높이 올라앉았다.

사린교 앞뒤에서 호위하는 천하장안의 거들먹거리는 걸음새는 한양에 사는 백성들 누구나 그것이 대원군의 행차임을 알 수 있게 하였다. 그들은 시중 잡배들처럼 내놓고 왈짜 패거리 같은 행악을 저질렀으므로, 똥이 무서워서라기보다 더러워서 피하듯 알아서 길을 비켜 골목으로 모습을 감추었다.

그러니 대원군이 탄 사린교가 지나가는 길은 훤히 뚫려 인적조차 드물 정도로 한가하였다. 운현궁을 떠난 지 얼마 안 돼 어느 큰 저택의 솟을대문 앞에 사린교가 멈추었다.

"이리 오너라! 대원위 합하 행차시다."

천하장안 중 누군가가 그렇게 소리쳤다. 대원군은 흔히 '대원위 대감'이나, 더 높게 우대하여 '대원위 합하'로 불렸다.

'오너라' 소리에 곧 대문이 삐걱 열리며 행랑아범이 사린교의 길을 터주었다. '대원이 합하'라는 외침을 듣고 행랑의 하인들은 갑자기 빠졌다. 한 녀석은 사린교를 사랑채로 안내하는 역할을 맡았고, 다른 한 녀석은 부리나케 달려가 김병기에게 먼저 대원군의 행차를 알려야 했기 때문이었다.

사린교는 하인의 안내를 받으며 거침없이 그 집 사랑채로 들어섰다. 앞에 선 교군꾼이 마당에서 뜨락에 사린교의 앞 멜대를 댔으므로, 대원군은 곧바로 마루 앞으로 나설 수 있었다. 그것은 아무에게나 허락된 것이 아니었다. 대원군의 지위가 그만큼 높아졌음을 의미했다.

불과 몇 년 전까지만 해도 상상조차 할 수 없었던 대우였다. 대원군이 되기 전 파락호 시절, 이하응은 실세인 김병기의 저택을 드나들면서 그런 대우는커녕 거의 동냥치 취급을 받았던 적이 있었다. 사도세자의 증손인 이하응은 명색이 왕실과 가까운 친척이지만, 당시 세도가 김좌근의 양자로 예조·이조참판·대사헌 등의 관직을 두루 거치며 떵떵거리던 김병기에게 난을 쳐주고 그저 동냥하듯 푼 돈을 얻어쓰곤 하던 신세였다.

그러던 이하응이 대원군이 되고 나서부터는 그 대우가 완전히 달라졌다. 그를 태운 사린교가 사랑방 뜨락에 들어설 때, 이미 하인의 보고를 받은 김병기가 사랑채 마루에 나와 영접까지 하는 것이었다.

"갑자기 대원이 대감께서 어인 행차이시오?"

김병기는 아직 세도가로서의 기질이 살아 있었다. 그래서 도포 자락 안으로 숨긴 배를 애써 내밀면서 대원군이 마루로 오르기를 기다리고 있었다.

나이로 볼 때 김병기는 대원군보다 세 살 위였다. 철종 시대 같으면 마당 아래서 올려다보는 이하응의 눈과 마주쳐도 마루 위에서 그저 수염만 쓰다듬으며 거드름을 피울 터인데, 지금의 김병기 신세는 그렇지를 못했다.

"어서 들어 가십시다."

대원군은 마루로 올라서서 사랑방으로 향했다.

두 사람은 곧 사랑방에 마련된 다탁을 마주하고 앉았다.

"아직 오찬을 하기엔 이른 시각인데, 무슨 긴급한 일이라도?"

김병기는 대원군을 슬쩍 떠보았다. 세도정치로 대물림한 양부 김좌근에게서 자연스럽게 배워 몸에 밴 일이지만, 그는 눈치 하나만큼은 정말 빨랐다.

"병판, 지금으로부터 꼭 10년 전으로 기억되는데 전에 여주읍에서 큰 화재가 난 적이 있었지 않소이까? 그때 대감께서 그 지역 백성들을 위해 재화를 기부해 구휼했다고 들었습니다만……."

대원군은 '화재'와 '재화'라는 말을 할 때 애써 목소리에 힘을 주었다.

그러자 김병기는 속으로 움찔하였다. 갑자기 무슨 의도로 그와 같은 것을 묻는지 얼핏 짐작이 갔기 때문이었다. 순간적으로 경복궁 중건과 관계가 있으리라 예감했지만, 그것을 왜 자신에게 와서 묻는 것인지 그 꿍꿍이를 알기 위해 머릿속이 바쁘게 돌아갔다.

"여주는 우리 집안 선대의 세장지(世葬地)가 있는 곳, 그 후손으로서 그냥 있을 수야 없지 않습니까? 하여 임금께 주청을 올렸더니 내탕금의 은자(銀子)와 단목(丹木)을 하사하셨지요."

김병기는 담담한 표정으로 말하면서. 마음속으로는 대원군의 속내를 읽기 위해 열심히 주판알을 굴렸다. 눈치 구단이지만, 도대체 몇 마디 대화를 주고받는 것으로는 대원군의 속내를 읽어내기가 어려웠던 것이었다. 그런 점에서 두 사람 다 어깃장 놓는 심보로 잔머리를 굴리는 데는 일가견을 갖고 있었다.

"허어, 임금께서 내탕금을?"

대원군은 다 아는 사실이면서도 짐짓 처음 듣는 소리처럼 눈동자를 크게 키웠다.

1856년(철종 7년) 4월 경기도 여주읍에서 발생한 화재는 누군가의 실수로 처음 가옥이 불에 탔는데, 때마침 강한 바람이 몰아쳐 옆집과 앞뒷집으로 옮겨붙으면서 사방으로 번져 관민이 합동해 진화 작업에 나섰으나 불길을 좀처럼 잡을 수가 없었다. 전소된 것이 1천여 호, 화재로 피해당한 백성이 5천여 명에 이르렀다.

"하옥(荷屋) 대감도 경기도 이천에 고택이 있는 것으로 아는데, 여주읍이면 그 인근이 아니오? 그때 하옥 대감도 피해 백성들의 구휼에 힘을 썼겠구려. 임금의 내탕금만으로 가당키나 한 일이었겠습니까?"

'하옥'은 김병기의 양부 김좌근의 호였는데, 대원군이 은근히 부자를 모두 싸잡아 걸고넘어지려고 했다.

"물론 우리 부자가 함께 구휼을 해서 5천여 이재민을 돕기는 했지요."

당시 김병기가 양곡 1천 석을 구휼미로 내놓은 것은 사실이었다.

"그러고도 남을 일이었겠지요. 크게 마음을 쓰셨습니다, 그려."

"대원이 대감께서 지금 나를 놀리시려는 것 아닙니까?"

김병기는 도무지 대원군이 무슨 의도를 가지고 자꾸만 어깨를 짚으려고 하는 것인지 몰라, 더 이상 참지 못하고 정색을 하며 따져 물었다.

"놀리다니요? 실은 오늘 새벽 경복궁 중건 현장의 목재 창고에 불이 나서 거의 다 타버리고 말았습니다. 이번에 반드시 책임자를 극형에 처하도록 할 생각입니다. 대감께선 여주읍 화재로 1천여 가옥을 재건한 경험이 있으시니, 이 기회에 중임을 맡아주시오. 지금이야 병란보다 시급한 것이 경복궁 중건이니 대감에게 병조보다 공조가 제격일 것 같소이다."

대원군의 그 말은 이미 결정적인 것이라고 할 수 있었다.

"허허, 공조를 말이오?"

"구관이 명관이라고. 선대 임금 때 공조판서를 지낸 경험이 있질 않소이까?"

대원군은 병조판서인 김병기에게 공조판서를 맡아달라고 하는 것이었다.

경복궁 중건의 책임은 명목상 판중추부사 겸 영건도감제조인 김병국에게 있었으나, 실질적인 일은 대원군의 형인 흥인군과 서원철폐에 앞장서서 악역을 담당했던 대장군 이경하가 맡고 있었다.

대원군은 바로 그 두 사람에게 방화범을 잡지 못한 죄를 물어 극형에 처한 뒤, 김병기에게 중책을 맡기겠다며 상대의 의향을 은근슬쩍 떠보고 있는 것이었다.

"그건 아니 될 말이지요. 흥인군은 대원이 대감 바로 위의 형 아닙니까? 그런 형을 극형에 처하고 나서, 어찌 내가 그 막중한 책임을 맡는단

말이오? 방화범이 누군지도 모르면서 무조건 책임자를 주벌하겠다는 것
도 그렇고."

김병기의 말처럼 대원군은 4형제 중 막내로, 바로 위의 셋째 형이 흥인
군 이최응이었다. 그러므로 김병기로서는 공조판서를 맡는 것이 내심 떨
떠름할 수밖에 없었다.

"허허, 헛! 그렇다면 두 책임자에게 벌을 주지 않겠다고 약속하면 공조
를 맡아주시겠소?"

"그대로 책임자를 놔둔다면 그리하지요."

결국 김병기도 뒤로 한 발 물러설 수밖에 없었다.

"이건 본보기로라도 각성시켜야 하니, 혼쭐내는 척하면 대감께서 역성
을 들어주시구려."

대원군도 실은 친형을 벌주어서 좋을 일이 없었다. 그래도 목재를 몰래
빼돌려 사익을 취한다는 소문이 들려, 내친김에 누구도 더 이상 그러한
짓을 하지 못하게 만들 필요가 있었다.

"대원이 대감께서 야단을 치시면 조정 대신들로 하여금 간언하여 무슨
수를 쓰더라도 화재로 잃은 목재를 원상 복구토록 하는 책임을 지우도록
하지요."

김병기도 대원군의 뜻을 바로 알아들었다.

그러나 대원군은 다른 속셈을 갖고 있었다. 방화범의 배후가 김병기 세
력과 관련이 있지 않을까 내심 추단하고 있었으므로, 공조판서를 맡기고
나서 은근히 그 뒤를 캐볼 요량이었다. 확실한 꼬투리를 손아귀 안에 틀어
쥐어야만 그의 세력들을 마음먹은 대로 잡도리할 수 있다고 생각했기 때
문이었다.

4

조정에서는 경복궁 중건 관련 화재를 두고 갑론을박이 벌어졌다. 이때 대원군은 책임자인 흥인군과 이경하를 극형에 처해야 한다고 강력하게 주장하였고, 공조판서가 된 김병기를 비롯한 대신들은 적극적으로 간언하여 죄를 면케 해주었다.

그런데 정작 흥인군과 이경하는 스스로 나서서 죄를 달게 받겠다고 했다. 앞으로 국유림에서 더 이상 목재가 나올 곳이 없다는 것이 그 이유였다. 궁전 기둥감으로 거목이 필요하였으므로 이미 왕릉의 아름드리 금강송까지 베어다 적재해 놓았으나 모두 불타버리고 말았으니, 실로 그럴 법도 한 일이었다.

"지금까지 벌목한 것은 국유림에서 가져온 것이니, 이제부터는 산 주인의 허락 여부를 상관하지 말고 사유림에서도 벌목하도록 하시오. 여기 삼정승과 대신들이 있지만, 누구의 선영이든 가리지 말고 목재가 될 만한 금강송이 있으면 남벌해도 죄를 묻지 않을 것이오."

대원군은 문무 대신들이 있는 자리에서 이같이 선언했다.

이때부터 법적제재를 받지 않고 마구 소나무의 남벌이 횡행하였다. 경복궁 중건이 목적이지만, 사사롭게는 개개인의 사용 목적으로도 소나무 벌채가 이루어졌다. 궁궐 건축에 쓰이는 목재는 주로 함경도·강원도·경상도 등지에서 벌목했는데, 부역으로 청장년의 인력 동원만 해도 기천을 헤아릴 정도였다. 따라서 누가 소나무를 베더라도 궁궐에 쓰일 목재라고 하면 그런 줄로 알고 넘어가는 추세였다.

아무튼 대원군의 예견은 맞아떨어진 셈이었다. 방화범이 누구인지, 그 뒤에서 사주하는 세력의 정체를 딱 집어 말할 수는 없었다. 그러나 김병기가 공조참판이 되고 나서부터 방화로 경복궁 중건을 방해하는 일은 더 이상 일어나지 않았다. 공조에서는 토목공사를 비롯하여 산림과 농업 관리,

교통 업무 등등을 관장하였다. 따라서 경복궁 중건과 그에 관한 산림 벌목은 직접적으로 공조판서인 김병기에게 그 책무가 주어질 수밖에 없었다.

"그럼 그렇지."

대원군은 자신의 예감이 어느 정도 맞아떨어졌다며, 내심 김병기에게 공조를 맡긴 것을 참 잘한 일이라고 생각했다.

함경도와 경상도는 한양까지 거리가 멀었기 때문에 주로 경복궁 중건에 쓰일 목재들은 강원도에서 자라나는 금강송을 벌목해 뗏목으로 엮어 큰 하천과 강의 물길을 통해 운송하였다. 따라서 주요 운송로는 강원도의 정선과 영월 등지에서 큰 하천을 거쳐 동강으로, 거기서 다시 남한강과 한강으로 이어지는 물길이었다.

대원군은 강원도 일대의 금강송 벌목장이며, 뗏목을 탄 사공들이 중간에 휴식을 취하는 나루 등지에 심복들인 천하장안을 파견하여 목재를 빼돌려 이득을 취하는 자들이 있는지 예의 주시해보라고 명령했다. 일종의 산림 감찰단 역할이었다.

천하장안이 주로 눈여겨본 곳은 여주목 인근의 나루터였다. 남한강 줄기 곳곳에 있는 나루터에는, 뗏목을 탄 사공들이 묶어가는 주막과 그들이 즐겨 먹고 마시는 선술집들이 즐비하였다. 주로 뗏목의 운행은 정선 아우라지에서 조양강과 동강을 거쳐 한양까지 천 리나 되는 머나먼 물길이었다. 경복궁 중건을 위해 팔도에서 부역꾼들이 모여들어 소나무를 벌채하고, 뗏목을 엮어 강으로 띄우는데 험한 골짜기를 거쳐 강으로 나가는 물길이 험하여 정선 아우라지를 떠나 영월까지 보통 2~3일이 걸릴 정도였다. 동강과 남한강이 만나는 삼합리가 여주목에 있었는데, 영월에서 여주까지는 열흘 남짓 잡아야 했다. 주로 뗏목꾼들은 남한강으로 나오면서 자연 하룻밤 묵어가게 되어 있었다.

동강의 물줄기는 굴곡이 심하고 물살이 세어서 뗏목을 타는 데 위험 요소가 많았지만, 일단 남한강으로 접어들면 강폭이 넓은 데다 유유히 흘러

가기 때문에 사공들도 긴장을 풀 수 있었다. 여주목의 조포나루와 이포나루가 뗏목꾼들이 쉬어가는 대표적인 쉼터가 된 것도, 이곳에서 하룻밤 쉬면 곧바로 한양의 광나루나 마포나루까지 하루 이틀이면 갈 수 있는 노정이었기 때문이었다.

대원군이 뗏목꾼들의 감찰을 시도한 것은, 전국에서 들어오는 소문을 듣고 나서였다. 고관대작들이 관직에서 물러나 낙향하면 향리에 대저택부터 짓는데, 경복궁 중건을 핑계로 그에 필요한 목재를 구한다며 은근슬쩍 빼돌린다는 것이었다. 특히 경기도 일대는 공신전을 가진 고관대작들이 많았는데, 그들은 천석꾼·만석꾼 소리를 들을 정도의 대부호였다.

한양과 가까운 지역의 백성들은 상당수가 고관대작의 공신전을 대여받아 농사를 짓는 소작인들었다. 공신전은 대물림이 되었고, 그들은 대대로 한양에서 벼슬을 하다 관직에서 물러나면 귀향하여 떡 벌어지게 99간짜리 저택을 지어 호사를 누리곤 했다. 임금이 사는 궁궐이 아닌 양반들의 집은 99간 이상을 지을 수 없게 되어 있는데, 그러한 대저택은 그 규모로 볼 때 목재의 수요가 어마어마하게 들어가는 공사였다.

사실상 경복궁 중건을 위해서는 목재만 필요한 게 아니었다. 궁궐 마당과 구들에 까는 석재는 물론이거니와 건축에 필요한 기와며 벽돌, 단청에 필요한 천연물감 등 모두가 건축비에 포함되었다.

대원군은 경복궁 중건 사업 초기에 건축비에 대해 그다지 크게 신경 쓰지 않았다. 사대문을 통과할 때 문세를 걷고, 호포제의 실시와 원납전의 기부금으로 건축비가 충당되라 생각했다. 그러나 사업 시작 1년 사이에 몇 차례의 방화로 인해 목재들이 불타버리자, 당장 다시 건축비를 확보하지 않으면 안 되는 상황까지 왔다.

위정자들이 고집을 꺾지 않으면 어떤 사업을 막론하고 무리수를 두게 돼 있었다. 특히 파락호 시절 세도정치에 신물을 느낀 대원군으로선 왕권 강화를 위한 경복궁 중건 계획을 중도에 포기할 수 없었다.

당시 공조를 김병기에게 넘기고 좌찬성이 된 김병학은 경복궁 중건 자금을 확보하기 위해 골몰하였다. 그는 경복궁 중건의 책임까지 맡고 있었으므로, 대원군과 머리를 짜며 궁리를 거듭한 끝에 다음과 같은 의견을 제시하였다.

"100대 1의 가치가 있는 고액 화폐를 발행하여, 시중의 자금을 끌어모을 필요가 있습니다. 조정에서 쓰는 물품 거래와 조세를 고액 화폐로만 쓸 수 있도록 하면 백성들도 기존의 상평통보 100문을 내고 고액 화폐로 바꾸지 않으면 안 될 것입니다."

김병학의 말이 그럴듯해, 대원군은 즉석에서 그렇게 하자고 결정하였다.

"호조에 일러 빨리 시행토록 하시오."

대원군의 마음은 급했다. 이것저것 따져볼 겨를이 없었다. 무소불위의 권력을 한 손아귀에 틀어쥐고 있었으므로, 그의 말 한마디면 다 통하였다.

1866년 11월부터 금위영에서 발행한 고액 화폐는 기존에 유통되던 상평통보 100개의 가치가 있는 화폐라는 뜻의 '호대당백(戶大當百)'이라는 글자가 새겨져 있었다. 그것을 줄여서 흔히 '당백전(當百錢)'이라고 불렀다.

당백전은 모양과 중량이 당시 일반적으로 사용하던 상평통보의 다섯 배가량밖에 되지 않았으나, 100배의 명목 가치로 통용시켜 경복궁 중건 재원을 확보하는 데 쓰였다. 그러나 이 고액 화폐는 여러 가지 문제를 안고 있었다. 당백전은 100문의 명목 가치가 있다고 했으나, 실제로 백성들이 쓰기에는 너무 큰 단위였다. 그런 데다 액면가 100문의 당백전이 시장에서 유통되는 실제 가치는 5~6문에 지나지 않았다.

그래도 백성들이 울며 겨자 먹기로 당백전을 사용할 수밖에 없었다. 조정에서 세금을 거둘 때 당백전이 아니면 받아들이지 않았다. 또한 조정에서 쓰는 물품을 구입할 때도 당백전을 사용했기 때문에 상인들은 큰 손해를 보면서도 거래를 해야만 하였다. 당시 조정에서 쓰는 물건들은 그 수요가 많았으므로 대상단을 이끄는 상인들은 당백전 사용을 반대할 수가 없었다. 조정이라는 큰 거래 대상을 잃게 되면 상단의 기반이 무너지게 되기 때문이었다.

이렇게 되다 보니 화폐 가치는 급락하고 물가가 천정부지로 치솟아, 가뜩이나 곤궁한 백성들의 생활은 날이 갈수록 피폐해졌다. 실제로 1866년 12월경 쌀 한 석당 700문이던 것이, 1867년에는 4,000문 이상으로 급등하였다.

급기야는 상평통보를 가진 사람들은 당백전으로 바꾸기를 꺼리게 되었다. 큰 손해를 보면서 바꿀 사람이 없었던 것이다. 따라서 당백전만 유통되다 보니 화폐 가치가 크게 떨어졌다. 실제로 상평통보를 녹여 당백전으로 위조하는 사람들까지 나타났다. 결국 당백전은 유통한 지 불과 6개월 만인 1867년 4월에 주조를 중지하고 말았다.

6

동강과 남한강이 만나면서 강폭은 넓고 물길은 한결 느리고 편해졌다. 이곳을 일러 강원도·충청도·경기도 삼도의 물길이 합쳐진다고 하여 '삼합리'라고 하는데, 일단 강원도 권역을 벗어나면 안심부터 하게 마련이었다. 따라서 뗏목꾼들의 구성진 노랫가락이 한결 구성지고 목청이 새털구름처럼 가벼웠다.

가래 껍질 느릅 껍질 동아줄 틀어서
당태목 대고 떼를 매서 마포나루를 갑시다

물결은 출러덩 뱃머리는 울러덩
그대 당신은 어디로 갈라고 이 배에 올랐나

우리 집의 서방님은 떼를 타고 가셨는데
황새여울 된꼬까리 무사히 다녀가셨나

　이렇게 노래 한 구절이 끝날 때마다 '아리랑 아리랑 아라리요' 후렴구가 뒤따라 들려왔다. 남한강을 따라 뗏목을 모는 사공들은 한껏 여유를 부렸다. 하룻밤 푹 쉬면서 술에 만취되어 흥얼거리고, 오랜만에 작부를 끼고 객고도 풀 수 있는 객주가 바로 거기 있었기 때문이었다.
　대원군의 심복 천하장안은 수하의 졸개들을 조포나루와 이포나루에 풀어놓고 뗏목 사공들이 묵는 객줏집과 술청을 감시토록 했다. 뿐만 아니라 그들은 특히 밤에는 뗏목이 매어진 나루터 인근의 둔덕에 수북하게 자라난 갈대숲에 숨어 주변을 살피는데 게을리하지 않았다.
　이포나루는 여주목의 남한강 남단에 자리하고 있었는데, 우마차가 다니는 큰길을 따라 서남쪽으로 30리쯤 가면 이천읍에 닿았다. 바로 이천읍으로 들어서면 곤지암과 광주를 거쳐 한양으로 통하는 주요 교통로로 연결되는 길이었다.
　어느 날 밤, 여주목 하류의 이포나루 선착장에서 조금 멀리 벗어난 곳에 매어둔 뗏목 위로 사공들의 모습이 나타났다. 밤에는 뗏목을 띄우지 않는데, 사공들은 주변을 살피며 조심스럽게 뗏목과 뗏목이 연결된 동가리 중 일부를 떼어내 목재를 강둑으로 옮겼다. 그러자 미리 대기하고 있던 인부와 우마차 들은 목재를 차곡차곡 싣고 큰길로 나섰다. 하현달이 희미하게 길을 비추었고, 이미 여러 차례 다녀 길에 익숙한 듯 소들은 꼬리에 꼬리를 물며 이천 쪽으로 우마차를 끌고 갔다.

갈대숲 속에 매복해 있던 천하장안의 졸개들은 살금살금 그 뒤를 밟았다. 밤길이라 꽤 멀게 느껴지는 길을 따라 새벽하늘이 훤해질 무렵에 우마차들이 닿은 곳은 한창 기와집을 짓고 있는 너른 공터였다. 졸개들이 알아본 결과 그 집은 바로 철종 때 영의정을 지낸 바 있는 김좌근의 대저택이었다. 그곳은 이천군 백사면 내촌리로, 그 저택 뒤쪽 야산이 안동 김씨 일문의 선산이었다.

1864년 고종이 즉위하면서 스스로 영의정에서 물러난 김좌근은 귀향하여 선산을 지키며 노후를 보내기로 했다. 이때 양아들 김병기는 양부인 김좌근을 위하여 별장용으로 99간의 대저택을 짓기로 하였다. 99간의 기와집을 지으려면 건축 기간도 오래 걸리지만, 목재도 많이 들어가고 비용도 만만치 않았다.

김병기는 때마침 조정에서 경복궁 중건을 위한 목재를 확보하려고 강원도 정선에서 뗏목을 운반해 오는 것을 알고, 그중 일부를 빼돌려 부친의 99간 대저택을 짓는 데 활용하였다. 대개 뗏목은 다섯 동가리로 엮어 물에 띄우는데, 애초 정선에서 출발할 때 한 동가리를 더 붙이면 이포나루에서 뗏목 사공들이 하룻밤 묵을 때 한 동가리씩 빼돌리는 것은 문제도 되지 않았다. 그저 뗏목 사공들에게 몇 푼 집어주고 객줏집 잠자리와 술청의 술과 음식값을 내주면 목재를 아주 헐하게 구할 수 있었다. 더구나 대원군이 김병기에게 공조판서의 자리를 주자, 그러한 비밀 거래는 요식행위처럼 되어 버렸다. 뗏목 사공들이라면 다 알면서도 눈감아주는 공공연한 비밀이 되어버렸던 것이었다.

한편 그 무렵, 대원군은 당백전으로 거두어들인 자금만으로는 경복궁 중건 비용으로 충당하기가 어렵다고 생각해 고민을 거듭하고 있었다. 발행 6개월 만에 주조를 중지시키게 될 줄은 몰랐으므로, 기대만큼의 성과를 거두지 못한 것이 못내 안타까웠다.

바로 그럴 즈음, 여주목 남한강 나루터에 내보낸 대원군의 심복 천하장안이 급히 달려와 보고하였다.

　"대감, 여주목 이포나루에서 뗏목꾼들을 부리는 목재상들의 수상한 거래를 목격하였사옵니다."

　천하장안을 대표해서 천 씨가 대원군에게 말했다.

　"수상한 거래라니?"

　"이포나루에서 김좌근의 향리가 불과 10여 리밖에 안 됩니다. 나루터 인근에 매어둔 뗏목 일부를 안동 김씨 세력이 몰래 빼돌려 99간 대저택을 짓는 데 사용하고 있습니다."

　"흠, 김좌근이라? 그렇다면 그건 양아들 김병기의 짓이 아니겠느냐?"

　대원군의 얼굴이 묘하게 일그러졌다. 가늘게 눈을 뜨면서 좌우로 눈동자를 굴리는 것은, 그가 기발한 생각을 떠올릴 때 나타나는 버릇이었다. 그 가는 눈의 아래위 속눈썹이 사르르 떨렸다.

　"김병기의 저택도 여주목 대신면 초현리인데, 그곳은 조포나루와 가깝습니다. 조포나루 바로 인근에 신륵사가 있지요."

　이번에는 천하장안 중 안 씨가 나섰다. 그는 조포나루의 감시를 담당하고 있었던 것이다.

　"그래, 조포나루는 어떻던가? 목재를 빼돌리는 기미는 보이지 않던가?"

　"아직 그런 조짐은 없습니다."

　"그래 맞아. 김병기의 집이 여주에 있었지."

　대원군의 머리는 빨리 돌아갔다.

　'흐음, 그래서 김병기가 10년 전 여주읍에 1천여 채의 가옥이 타는 큰불이 났을 때 난민들을 구휼했다고 하지 않던가? 그때 김병기가 방금 말한 신륵사에 시주하여 법당과 누각을 보수했다고 들었다. 신륵사는 세종대왕의 능인 영릉을 수호하기 위한 능침사찰이 아니던가? 김병기의 교활한 수법이 바로 그거야. 백성을 구휼하고 조정에 환심을 사서 대의명분을 쌓아 생색을 내면서, 사실상 속으로는 알짜배기 잇속을 챙기는 것이지. 조 씨나 김 씨나 60년간 세도정치를 하면서 무소불위의 권력을 휘둘러 양반 자제들에게 재물을 받고 벼슬을 파는 짓거리까지 하질 않았는가?'

이처럼 대원군은 마음속으로 뇌까리면서 어떻게 해서든 김병기의 허물을 트집 잡아 세도가들로부터 뭔가 새로운 것을 얻어내야겠다고 마음먹었다. 들려오는 소문에 의하면, 영호남 지방에서도 경복궁 중건 사업을 기화로 마구 소나무들을 베어 99간 집을 짓는 데 혈안이 되어 있다고 하였다. 그들 대부분이 고종 즉위 직후 벼슬자리에서 밀려나 낙향한 고관대작들이라고 했다.

그런데도 대원군이 향리로 돌아가 그러한 작폐를 저지르는 고관대작들을 손보지 못하고 있는 것은, 그 스스로가 국유림·사유림을 막론하고 누구 선영에서든 목재가 될 만한 소나무는 베어도 좋다는 명을 내려놓았기 때문이었다. 한 번 나온 말을 나중에 다시 거두어들이기는 쉽지 않았다. 둘째 아들을 임금의 자리에 앉히고 조정을 좌지우지하는 권력을 한 손아귀에 틀어쥔 마당에, 그 권위가 실추되는 일이 있어서는 안 된다는 생각이 앞섰던 것이었다. 그래서 비록 잘못된 지시일망정 번복하기 어렵게 만들었다.

"증인이 있어야 할 것 같아 뗏목 사공 몇 놈을 잡아 두었는뎁쇼."

천 씨가 대원군을 바라보며 어떤 분부가 떨어지기를 기다리고 있었다.

"허면, 이미 김병기 대감 댁에 그 소식이 전해졌겠군!"

"아마도 아직 누구의 소행인지는 모를 것이옵니다."

"허허, 헛! 김병기를 그렇게 봐선 안 된다. 이미 내가 나타나기를 기다리고 있을 것이다. 자, 어서 채비를 갖추거라."

대원군은 곧 천하장안에게 김병기 저택으로 가는 사린교를 대령하라고 일렀다.

그런데 김병기의 걸음이 한 발 더 빨랐다.

"이리 오너라!"

운현궁 저택 문간에서 '오너라'를 외치는 소리가 들렸다.

"뉘시온지요?"

대문을 삐걱 열고 행랑아범이 물었다.

"공판 대감 행차요."

공조판서 김병기가 운현궁을 찾아온 것이었다.

곧 대원군은 사랑채에서 김병기와 마주 앉았다.

"공판께서 바쁘실 터인데, 어쩐 일이시오?"

대원군은 다 알고 있으면서도 시침을 뚝 떼고 물었다.

"왜 이러십니까? 대원이 대감께서 천하장안과 수하들을 강가의 나루터마다 풀어놓고 있질 않았습니까?"

김병기는 어차피 꼬리를 잡힌 마당에 숨기고 자시고 할 것도 없었다. 배짱으로 밀고 나가야만 어떤 타협점을 찾을 수 있을 거라고 판단했다.

"대감, 대체 무슨 말씀이신지요?"

"이 땅은 나라의 것이고, 거기서 자라나는 소나무는 나라 재산이지요. 부친이 향리에서 노환으로 자리보전을 하고 계시온데, 소문을 듣고 찾아오는 문객들과 종친들이 많아 궁색한 집칸이나마 늘리려다 보니 그리됐소이다. 마음이 성급해 먼저 가져다 목재를 쓰고, 후일 그에 대한 대가를 지불하려던 것이니 대원이 대감께서 혜량해 주시길 바랍니다."

김병기는 대원군에게 경복궁 중건 재목을 사취한 것에 대해 솔직하게 고백하였다. 숨기거나 변명해서 될 일이 아니었다.

"어허? 하옥 대감께서 병상에 계시다고요? 사실 그동안 너무 나랏일에 고역이 심하셨지요. 궁색한 집칸을 늘린다는 데 나라에서 도움을 드려야 마땅하나, 아시다시피 경복궁 중건 재원 마련에도 나라 살림이 휘청거리는 편이라서……."

대원군이 눈을 옆으로 치뜨며 은근슬쩍 김병기의 눈치를 살폈다.

"당백전 발행으로 민심이 이반하고 있는 게 사실입니다. 물가는 다락같이 치솟고, 긴 가뭄 끝에 홍수 피해로 인해 흉작이 예상됩니다. 농민들의 근심이 이만저만이 아니지요."

김병기는 크게 나라 걱정을 하는 척했지만, 명색이 대지주인 그로서는 은근히 농민들에게서 들어올 소작료가 크게 줄어들 것을 염려하다 보니 얼굴에 그늘이 덮였다.

"흉작일 때 지주들이 선심을 써야겠지요. 나라 살림이 어려울 때 사영 대감처럼 솔선수범하는 반가의 세족들이 있어야 하지 않겠습니까?"

대원군이 말하는 '사영'은 김병기의 호였다. 벼슬보다 호를 앞세우는 것은, 그만큼 자신이 상대에게 친근감을 느끼고 있음을 애써 표현하고 있었다.

"허허허, 흥선군께서 그리 생각해 주시니 고맙습니다. 늦었지만 경복궁 중건을 위해 우리 김문에서 좀 보태도록 하겠습니다."

김병기는 꼿꼿한 자세로 눈을 똑바로 든 채 쳐다보는 대원군의 기세에 눌려 결국 두 손 다 들고 말았다. 강한 자에게 약한 척, 약한 자에게는 강한 척하는 것이 그의 처세술이었다.

수시로 난을 치고 글씨를 써서 김병기에게 바치고 푼돈을 얻어가던 파락호 시절의 이하응과 지금의 대원군은 그 기세가 천양지차로 달랐다. 조정의 실권자인 대원군에게 한 수 굽히고 들어가야만 그나마 실 가닥처럼 이어진 김문 세력의 명줄을 이어갈 수 있다고 김병기는 생각했다.

대원군은 김병기로부터 99간 대저택을 짓는 데 대한 대가로 기부금을 뜯어내자, 천하장안 심복들이 부리는 수하들로 하여금 그러한 소문을 널리 퍼뜨리게 하였다. 경복궁 중건을 핑계로 소나무 하나라도 남벌하여 집 칸을 늘리려고 한 고관대작들이 지레 겁을 먹고 스스로 기부금을 내놓게 하기 위한 전략이었다.

대원군은 자신의 심복들을 경기도 일대뿐만 아니라 충청과 영호남 지역으로도 보내 김병기가 99간의 대저택을 짓다 걸려 기부금 명목으로 백금을 내놓았다는 소문을 퍼뜨리면서, 겁을 주어 지방 대지주들로 하여금 자발적으로 기부금을 내게 하였다.

이것은 경복궁 중건 초기에 실행했던 원납전의 부활이라고 할 수 있었다. 원납전은 말 그대로 '원해서 내는 돈'인데, 실상은 갖은 비리를 캐내어 엄포를 주어 반강제로 기부금을 걷는 것으로 세간에서는 '원망하며 납부하는 돈'이라는 뜻으로 통했다.

7

경복궁 중건이 완료된 것은 1868년 여름이었다. 드디어 7월 2일 고종은 창덕궁에서 경복궁으로 이어(移御)를 했다.

정궁인 경복궁이 제 모습을 갖추는데 헤아릴 수없이 많은 금강송이 벌채되었지만, 고종 시대의 조정에선 산림보호에 신경 쓸 겨를이 없었다. 경복궁 중건이 한창이던 1866년 프랑스 함대가 천주교 박해를 이유로 쳐들어온 병인양요를 겪었다. 이러한 외세의 통상 강요 압박으로 조정은 국내외적 혼란스러워 도무지 정신을 차리지 못했다.

경복궁 중건 때 재목으로 쓸 소나무를 벌채한 산에는 반드시 묘목을 심어 산림녹화사업을 해야만 했다. 그런데 대원군은 세도정치를 타파하기 위한 개혁정책과 외세 압박에 대응하기 위해 쇄국정책에 골몰하다 보니, 국토를 보존하는 산림사업은 물론 백성들이 먹고사는 농업증진에도 등한시할 수밖에 없었다. 해를 거듭할수록 국토는 숲이 없는 벌거숭이가 되어 흙이 다 드러나 붉은 산으로 변해갔다. 가뭄과 홍수가 겹쳐 연차적으로 흉년이 들면서 백성들의 곤궁한 삶은 더욱 피폐해졌다.

흉년이 계속되면 대지주들은 소작인들에게 더 많은 소작료를 내라고 요구했고, 탐관오리들은 세금을 착취하고 부역을 강요하여 백성들의 원성을 샀다. 참고 또 참기를 거듭하던 백성들이 들고일어나 동학의 불길이 타오르자, 조정에서는 급한 나머지 일본군을 끌어들여 동학도들을 진압하였다. 일본군은 조선 땅에서 1894년에 청일전쟁을, 그로부터 10년 후인 1904년에 러일전쟁을 치렀다. 그러한 두 차례의 전쟁은 마을이며 산야를 화염으로 불타게 하여 조선의 국토를 더욱 벌거숭이로 만들었다.

한 번 조선 땅을 밟은 일본군은 돌아가지 않았다. 결국 조선은 1910년 일본의 식민지가 되었다. 당시 일제는 조선의 산야를 사진으로 남겼는데, 도처에 헐벗은 붉은 땅이 드러난 민둥산을 그대로 보여주고 있었다. 그런 산야를 배경으로 하여 기아에 허덕이는 백성들의 모습도 돋을새김의 부조처럼 조영되어 있었다.

농민들은 일제의 수탈로 피땀 흘려 농사지은 쌀과 보리, 각종 곡물들을 빼앗기고 초근목피로 겨우 목숨을 연명해 나갔다. 산야에서 자라나는 풀뿌리와 나물로 죽을 끓여 먹는 것도 모자라, 봄에 나무마다 물이 오를 때면 소나무의 여린 가지를 잘라 껍질을 벗겨 송기를 갉아먹기까지 했다. 물이 오른 소나무를 벗기면 달착지근한 물과 하얀 속껍질이 나오는데, 그것을 갉아 쌀이나 보리의 가루를 섞어 떡 또는 죽을 만들어 먹었다. 경복궁 중건과 고관대작들 99간 대저택을 짓는데 아름드리 금강송이 벌채되어 벌거숭이 산이 되었는데, 겨우 뿌리가 살아 새롭게 소나무 움이 터서 밑동이 사람의 다리나 팔뚝 굵기 정도 된 어린나무를 잘라 송기떡을 해먹으니 도무지 소나무가 자라날 틈이 없었다. 그런 인간 해충만 있는 것이 아니었다.

사람도 건강한 몸에는 면역력이 강해 감히 병이 접근하지 못하는 법이었다. 땅에서 자라나는 나무들도 마찬가지여서, 조림이 잘 된 숲의 나무들은 병충해가 거의 없었다. 그런데 헐벗은 산에서 겨우 생명을 유지하는 나무들은 병충해에 약해 고사하는 경우가 많았다. 솔잎을 먹고 자라나는 송충이까지 극성을 부려 소나무가 가지만 엉성하게 남았고, 일본에서 건너온 소나무 해충인 솔수염하늘소가 솔잎을 갉아 먹었다. 솔수염하늘소는 소나무재선충을 옮기는 원흉으로, 이들 재선충들은 나무 조직으로 침입해 들어가 아예 소나무를 말라 죽게 했다. 소나무재선충은 뿌리로부터 올라오는 수분과 양분을 빨아먹고 살기 때문에 솔잎이 말라 적갈색으로 변하면서 나무가 서서히 죽어가는 것이었다. 이러한 소나무재선충은 감염 속도가 빨라서, 한 나무에 걸리면 인접 소나무도 금세 솔잎이 적갈색으로 변하면서 온 산의 소나무가 살아남지 못하였다. 소나무재선충은 번식력이 강해 암수 두 마리가 20여 일 만에 무려 20만 마리로 증식할 수 있는 능력을 갖고 있었다. 소나무재선충이 침입한 소나무는 거의 100% 살아남지 못하고 말라 죽는다는 것이었다.

일제 강점기 때 조선의 산은 그렇게 병들어 갔다. 특히 조선의 나무를 대표하는 금강송의 수난은 극심하였다. 일제는 각종 광산 개발권을 수취해 전국의 산에 굴을 뚫는 데 혈안이 되어 있었다. 이때 고종은 광산 개발권을 주는 대신 내탕금을 챙겼고, 일본 광산업자들은 금광을 포함하여 각종 광물들을 채취하기 위한 광산 개발을 하면서 조선의 산을 두더지처럼 파헤쳤다. 굴을 파면 갱목을 세워 굴이 무너지지 않도록 하는데, 바로 그런 재료로 소나무가 많이 들어갔다. 소나무는 특히 습기에 강해서 갱목으로 즐겨 사용했던 것이다. 그로 인해 사람 몸통 굵기의 소나무들이 또한 수난을 당했다.

이러한 국토의 수난을 보고 하늘도 진노한 모양이었다. 하늘이 내리는 재앙은 실로 무서웠다. 어느 날 갑자기 하늘이 화등잔 같은 눈을 부릅뜬 채 성깔을 부렸고, 이때 땅이 무너지고 바위가 갈라지는 등 지축이 크게 흔들렸다. 오랜 가뭄이 계속되더니 어느 날 갑자기 번개와 천둥이 그렇게 하늘과 땅 사이에서 요동치며 울부짖고 있었다.

1925년 여름에 무려 4차례에 걸쳐 큰 태풍이 한반도를 지나갔다. 그 해가 을축년이라고 해서 '을축년 대홍수'라고 불렸다.

태풍을 동반한 폭우가 그해 7월 11일부터 12일 이틀에 걸쳐 한반도 중남부 지역을 강타했다. 시간당 최고 300㎜가 넘는 집중호우가 쏟아져 황해도 이남의 강들, 특히 중부 지역의 한강·금강·낙동강이 범람하여 막심한 피해를 주었다.

가뭄 끝이므로 웬만한 폭우는 산의 나무들이 뿌리로 물을 머금어 산골짜기에서 하천을 거쳐 강으로 흘러들기까지 어느 정도 시간이 걸리기 마련이었다. 그러나 산이 헐벗어 나무가 별로 없었으므로, 갑자기 하늘이 뚫린 듯 동이로 쏟아붓는 폭우를 도무지 견뎌내기 힘들었다. 도처에서 산사태가 일어나 무너진 흙더미와 바위들이 계곡을 메우며 급물살을 타고 흘러내렸고, 하천과 강이 범람하여 한창 곡식이 자라고 있는 논밭을 망쳐놓았다. 논밭만 잠긴 것이 아니었다. 고관대작들의 선산도 무너져 떼를 입혀 잘 정돈되어 있던 묘지도 순식간에 떠내려가 자취를 찾을 수 없게 되었다.

그로부터 나흘이 지난 7월 16일, 엎친 데 덮친 격으로 태풍이 또다시 중부지역을 휩쓸면서 집중적으로 폭우를 쏟아부어 한강이 크게 범람하였다. 한강의 물줄기가 지나가는 경기도 지역에 누적 강우량 650㎜나 되는 기록적인 폭우가 내려 제방이 무너져 내리면서 한양 전역이 물바다로 변했다.

제2차 때의 홍수 피해는 제1차 때보다 더욱 극심하였다. 한양의 경우 숭례문 앞까지 강물이 밀려들 정도였으니, 용산이며 마포가 다 물에 잠기지경이었다. 당시 한양의 가옥 12,000여 호가 물에 잠겼으며, 익사자만 400여 명에 달했다. 당시 강남의 봉은사 주지 청호 스님은 절의 재산을 털어 배를 구해 강물의 범람으로 인해 고립된 이재민 구출에 나섰는데, 이때 700여 명의 목숨을 구할 수 있었다.

제3차 홍수는 8월 초 관서 일대에 쏟아진 폭우였다. 한동안 잠잠한가

했는데, 한반도 북부 지역에 집중적으로 폭우가 내려 대동강·청천강·압록강 일대가 범람하였다. 그리고 제4차 홍수는 다시 한동안이 지난 9월 초 한반도 남부 지역에 내린 폭우였다. 집중호우로 인하여 낙동강·영산강·섬진강이 범람해 한창 추수할 시기에 논밭이 다 잠겨버렸다.

이처럼 4차례에 걸친 을축년 대홍수로 인하여 논 32,000여 단보, 밭 67,000여 단보가 유실되었다. 또한 완전히 붕괴된 가옥이 17,000여 호, 침수된 가옥이 46,000여 호, 그리고 홍수로 인한 사망자가 647명에 이르렀다. 이때의 피해액을 계산하면 1억 300만 원에 달했는데, 이는 당시 조선총독부 1년 예산의 60%에 맞먹는 액수였다.

이 홍수의 영향으로 잠실 주변의 한강 본류가 송파에서 신천으로 물줄기를 틀었다. 한때 송파는 한강의 지류로 유량이 풍부해서 송파나루에 많은 배들이 정박해 상설 시장이 크게 열리던 곳이었다. 조선시대 전국 15대 상설시장으로 꼽히던 것이 송파시장이었다. 또한 이때 한강 남쪽 변의 지층이 쓸려나가는 바람에 땅속에 파묻혀 있던 암사 지역의 선사유적지가 발견되었으며, 풍납토성의 경우 서쪽 성벽이 유실되면서 각종 유물이 발굴되기도 했다.

4. 산촌별곡:
화전 개간으로 인한 숲의 황폐화 - 정수남

1

쿵, 쿵, 쿠웅, 쿠르릉…….

산이 아침부터 또 울기 시작했다. 벌목꾼들이 일찍부터 톱질과 도끼질을 시작한 모양이었다. 잠시 뒤 그들이 외치는 소리와 함께 잘린 나무토막들이 산자락을 타고 굴러 내려가는 소리가 귀청을 때렸다. 판돌은 얼굴을 찡그렸다. 나무가 찍히고 넘어가는 소리가 들릴 적마다 자기 팔다리가 떨어져 나가는 것처럼 아프고 저렸다. 신은 우리에게 산을 주었고, 산은 우리에게 사는 법을 가르쳐 준다고 했다. 그러나 그걸 망각한 채 착취하는 사람들에게는 그만큼의 대가 또한 주는 게 산이라고 했다. 판돌은 며칠 전 김 영감이 가르친 말을 떠올리며 머리를 흔들었다. 그렇다면 작년처럼 산이 홍수로 심판하기 전에 저 소리를 멈추게 할 방도를 찾아야 한다고 생각했다.

세월은 이기지 못하는 듯 그토록 혹독했던 겨울 추위가 물러가면서 산 속에도 어느새 봄이 찾아들기 시작했다. 돌로 찍어도 깨지지 않던 계곡물이 녹아 흐르자 산새들의 지저귀는 소리도 한층 활기차게 들렸다. 그래서 그런가, 겨우내 숨죽이고 있던 상수리나무에도 어느새 물이 오르고 있는 것을 볼 수 있었다.

겨울바람에 쓰러진 나뭇가지들과 해묵은 청솔가지, 삭정이들을 한데 묶어 지게에 지고 비탈진 산 중턱을 내려오던 판돌은 잠시 계곡 바위에 걸터앉아 물이 흘러가는 소리를 들으며 숨을 돌렸다. 봄이 왔다는 것은 새 생명이 움트기 시작했다는 것이니까 분명히 기뻐할 일인데도 그는 그렇지 않았다. 벌목 소리 때문에 마음이 무거웠다. 그 소리가 들릴 적마다 마치 심장이 터져나가는 것 같았다.

바위에 앉아 잠시 생각에 잠겼던 그는 작년 홍수가 떠올랐다. 계곡을 휩쓸고 내려가는 물줄기는 사납기 그지없었다. 주변의 잡목과 바위도 사정없이 쓸고 내려갔다. 그뿐만이 아니었다. 산비탈을 타고 내려오던 물줄기는 이윽고 산에 골을 만들었으며, 흘러내린 그 토사는 삽시간에 판돌이 거처하는 너와집 마당을 덮쳤다. 모든 게 순간적이었다. 그때도 김 영감이 아니었다면 큰일 날뻔하지 않았는가.

김 영감은 홍수로 인해 벌어진 산사태의 원인을 벌목이라고 힘주어 말했다. 장마철 비가 많이 내린다는 것은 당연한 일이라는 것이었다. 그래도 내가 들어온 뒤 십여 년 동안 이 산은 산사태가 없던 곳이야. 그런데도 벌목꾼들은 아랑곳하지 않았다. 활엽수가 다시 이파리를 떨구기 시작하자 또 도끼와 톱을 들었다. 저러다가 말겠지 했으나 그렇지 않았다. 추운 겨울철에는 더욱 극성을 부렸다. 그들에게는 나무와 나무 사이의 간격을 일정 수준 떼어놓고 해야 한다는, 간벌의 규칙 따위도 통하지 않았다. 도대체 허가해 준 곳이 어디인지는 알 수 없으나 산자락에 큰 자동차가 오르내릴 수 있도록 길까지 버젓이 내놓고 자른 큰 나무들을 실어 날랐다. 그렇다고 뭐라고 할 수도 없는 것이 총독부의 허가를 받았다고 오히려 위세를 부리는 것은 물론이고, 기세 또한 사납기 그지없어 찾아가 싫은 소리라도 할라치면 오히려 잡아먹을 듯 도끼 든 손을 치켜올리고 눈알을 굴렸다. 그게 벌써 이태째 이어지고 있었다.

쿵, 쿵, 쿠응, 쿠으응……. 산 너머 어딘가에서 다시 시작된 나무 찍는 소리가 귀를 따갑게 때렸다. 그 소리가 들리기 시작하면 산새 소리도 잠시 잦아들었다. 너와집 앞에 땔감을 부려놓은 판돌은 병달이와 상출이를 찾았다. 잠시 뒤 나타난 두 사람 역시 벌목 소리 탓인가, 얼굴을 일그러뜨리고 있었다.

"저걸 막아야 하는데, 무슨 방법이 없을까."

판돌이 묻기 전에 병달이가 먼저 흙 묻은 손을 털며 입을 열었다. 그는 밭에서 가래질하다가 돌아온 듯 손에 삽을 들고 있었다.

"일단 김 선생이 오늘 또 올라오라고 하셨으니 찾아뵙고 여쭈면 무슨 말씀이 있지 않겠나."

"그럴까. 오늘은 또 무슨 말씀을 하실지……."

"그럼, 저녁 일찍이들 먹고 함께 올라가 봄세."

판돌이 말하자 두 사람은 머리를 선선히 끄덕거렸다. 그러자 내내 울상을 짓고 있던 상출이가 한숨을 길게 내쉬었다.

"아무래도 작년처럼 또 큰 변고가 날 것 같아서 겁이 난다고 우리 집 식구는 굶어도 좋으니까 다시 아래로 내려가자고 하는구먼."

상출이는 산에 들어오기 전부터 몸이 아프던 그의 아내가 아직 차도가 없어 늘 끌탕을 하고 있었다. 거기에 딸린 아이가 또 둘씩이나 되니…….

"하늘이 무너져도 솟아날 구멍이 있다고 하지 않는가. 그 어른이 무슨 방도를 가르쳐주시겠지. 아니 그런가?"

그를 안쓰럽게 바라보던 판돌은 문득 백두대간 줄기인 청양산에 식솔들을 이끌고 처음 들어올 때를 떠올렸다. 산세가 험한 가파른 산길을 오를 때는 오직 굶지 않을 수만 있다면, 하는 일념 하나였다. 그나마도 들어오면 굶지 않는다는 김 영감의 말을 신뢰하지 않았다면 아마 아내의 말대로 도중에 포기했을지도 몰랐다. 하지만 그의 말이 틀리지 않았다는 것을 판돌은 산에 들어와 살기 시작하면서 금방 실감하게 되었다. '배가 부르도록'이라고는 할 수 없었으나 손발을 부지런히 놀리면 굶지 않는다는 말은 하나도 그른 데가 없었다. 더구나 두 번째 해부터는 말린 산채라든가 조나 콩 등을 장날에 내다 팔아 곡식과 바꿔올 수 있는 여유도 생겼다. 그래서 이태 전에는 판돌이도 김 영감이 했던 것과 똑같이 친구인 병달이와 성출이까지 불러들였다. 살아보면 알게 되어 있어. 어딘들 여기보다 못하겠는가. 처음엔 그들 역시 긴가민가했다. 그러나 곧 판돌의 말을 믿고 짐을 쌌다. 어디 간들 이곳보다야 못 하겠는가, 라는 마음이었다. 그들이 들어오기로 했다는 말을 듣고 김 영감은 세 가지를 지키겠다고 약속한다면, 하고는 크게 마다하지 않았다. 하나는 불을 질러 밭을 일구려 하지 말라는 것과 또 하나는 산을 모신다는 마음을 가질 것, 그리고 마지막은 자신이 거처하는 곳에 자주 올라와야 한다는 것이었다. 두 사람이 거절하지 않자 김 영감은 판돌이가 입산할 때와 마찬가지로 정성껏 음식을 장만하여 산신제까지 올려주었다. 한 가지 걱정은 그때부터 어디서 어떻게 들어오게 되었는지, 벌목이 시작되었다는 점이었다.

경작할 땅은 찾아보면 얼마든지 찾을 수 있었다. 조선 시대 누군가가 일구었던 따비밭과 비탈밭도 여기저기 널려 있었고, 또 뭣하면 비록 크고 작은 돌멩이가 많아 힘들기는 하였으나 비탈밭을 새로 일구어도 되었다. 한 마디로 몸은 좀 고되지만, 소출이 적다고 마름이 큰소리치는 일도 없었고, 공출로 빼앗길 걱정을 하지 않아도 되는, 속 편한 자신만의 세상이 펼쳐져 있었다. 까탈스러운 산림감시원 야마모토의 위세가 눈에 거슬리기는 하였지만……

2

세 사람이 삿자리에 앉자 몇 번 헛기침을 터트린 김 영감은 이곳에 들어와 산다면 마땅히 이쯤은 알고 있어야 한다는 것을 전제로 입을 열었다. 그가 헛기침을 뱉어낼 적마다 흙벽에 세워놓은 호롱불이 꺼질 듯 가물거렸다. 봉창 너머로는 어디선가 부엉이 우는 소리가 들려왔다.

"화전을 일구겠다고 산에 불을 지른다든가 하는 것은 안 된다고 내가 처음부터 얘기했으니까 더는 중언부언하지 않겠네. 그건 사람들의 욕심에서 비롯된 것이야. 그러나 여기 들어와 사는 사람들이라면 그런 욕심은 버려야 해. 우리 조상들이 살다가 떠난 것을 다시 일구어도 먹고사는 데는 부족하지 않지 않은가."

세 사람이 머리를 주억거리자 그는 이어서 화전에 대한 역사를 풀어놓기 시작했다. 몇 번 들은 이야기이지만, 세 사람은 그 얘기를 들을 적마다 새롭게 느껴졌다.

"오늘 우리가 숲이라고 하는 말은 본래 '숩', '숳'이란 말에서 유래가 되었네. 또 우리가 흔히 말하는 '임(林)'과 '수(藪)'는 지형에 따라 다른 말인데, 임(林)은 산록 지대에서 자라는 숲을 가리키는 말이고, 수(藪)는 물이 고여 택(澤)이 될 수 있는 곳에 형성된 숲에서 물이 없어진 상태를 가리키는 말이네. 따라서 '수'는 새와 짐승들이 서식하고 번식하는 곳이자 우리가 흔히 땔감을 얻는 장소였지. 자네들, 그런 곳이 많이 분포하는 곳이 어딘 줄 아는가. 하천물이 흘러 만든 땅을 말하네. 그래서 '수'의 숲은 옛날부터 둑과 보를 쌓고 논을 만드는 과정에서 가장 먼저 훼손되었지. 그나마 일부는 홍수 예방이나 가로수, 풍수 보호 등의 목적으로 남겨진 것이고……. 자네들도 보았을 것일세. 이런 곳은 지금도 우리 땅에 여기저기 산재해 있네."

그는 이번엔 홍수가 얼마나 무서운가에 대해 설명하기 시작했다. 그의 말에 의하면 예상할 수 없는 홍수가 비록 간헐적이기는 하더라도 한번 닥치면 그 피해를 사람들이 감내하기란 쉽지 않다는 것이었다. 세 사람은 그의 입에서 그 말이 떨어지자 모두 머리를 크게 끄덕거렸다. 작년 산사태를 당했을 때 일껏 심어놓았던 농작물을 하루아침에 잃은 경험이 모두에게 있는 까닭이었다. 잠시 뒤 김 영감의 며느리가 삶은 옥수수를 가지고 들어왔다. 그러나 손을 대는 사람은 한 명도 없었다.

"그런 까닭에 17세기 중엽까지 산림천택(山林川澤)은 유민이 역을 피해 도망가는 곳, 재목을 기르고 금수가 자라는 곳에 지나지 않았지. 그만큼 국가의 지배력도 잘 미치지 못하는 산림천택은 그때까지 여전히 원시림이었다고 봐도 되네."

화전민의 역사를 일컬어 김 영감은 고려 시대로부터 조선 시대, 그리고 작금에 이르기까지 거침없이 풀어놓았다. 벌목꾼들의 작업을 어떻게 중지시킬 수 있을까, 물을 기회를 얻지 못한 세 사람은 입을 굳게 다문 채 그의 이야기를 잠자코 듣고 있었다. 소문에 의하면 전라북도 전주부 삼례에서 행세깨나 하던 양반집에서 태어나 어렸을 때 초시에 올랐을 정도로 명석했던 그가 이 산에 들어오게 된 동기는 동학란에 참여했다가 우금치에서 농민들이 패퇴한 직후였다고 했다. 그런 만큼 그의 해박한 지식은 끝이 없었다. 고금의 역사는 물론이고, 공자와 맹자도 통달하다시피 했다. 그의 말에 의하면 한반도의 숲은 경작지, 가용산림, 원시림으로 나뉘어 사용되었다고 하는데, 처음엔 그 가운데 가용공간이 삼 분지 일 정도였고, 경작지는 거기에서도 겨우 절반밖에 되지 않을 정도로 적은 면적이었다고 했다.

"그래서 조선은 건국 이후 그 산림천택의 여민공지를 농본 정책을 통해서 개간을 장려했어. 그러니까 화전 개발이란 그때부터 본격적으로 펼쳐진 셈이지."

그러나 그는 화전민이 더욱 급증하게 된 것은 그 뒤부터였고 했다. 먹고 사는 게 힘들어진 사람들이 마지막으로 선택한 곳이란 산밖에 더 있겠는가, 하며 헛기침을 몇 차례 뱉어낸 그는 허연 수염을 쓸어내렸다. 하긴, 눈앞에 논밭이 펼쳐져 있으면 무엇하겠는가. 모두 임자가 눈 시퍼렇게 뜨고 있고, 또 수확하는 대로 세금과 공출로 절반 이상을 빼앗기는 판국인데…….

"그 결과 작금에 이르러서는 산림 중 가용공간 숲이 더 사라지게 되었고, 거기에 경작지까지 포함하면 전 국토의 칠 할 가까이가 되어버렸어. 그리고 총독부가 아무리 화전 금지, 식수 사업 같은 정책을 반강제적으로 펼쳐도 우리가 보는 것처럼 별 효과 없이 산림은 점점 더 훼손되어 가는 상황이지. 이를 막아보겠다고 총독부가 산림법을 제정하고, 산림령을 반포하고, 산림의 채굴이나 임의 용도 변경을 못 하게 하는 보안림을 설정, 산림보호정책을 펼치고 있지만, 그 사업이란 것도 따지고 보면 겉치레에 불과해. 앞으로는 그렇게 말하지만 실제로는 이 땅의 굵고 곧은 목재를 모두 일본 땅으로 나르고 있지 않은가."

그는 그러니까 이번 벌목도 여기에서 크게 벗어나지 못한다고 덧붙였다.

밤이 깊어지자 김 영감은 말을 하면서도 자주 하품을 터트렸다. 호롱불 빛이 흐릿했지만 굵은 주름살이 얼기설기 그어진 얼굴에는 피곤한 기색이 역력했다. 나이 탓인가. 이태 전 세 사람에게 글을 알지 못하면 세상을 바로 볼 수 없다면서 가르치던 때보다는 기력이 많이 쇠진해진 듯했다. 결국 세 사람은 벌목 저지에 대한 방안은 물어보지도 못한 채 인사를 드릴 수밖에 없었다.

"내일 저녁에 다시 올라오게. 내가 오늘처럼 또 저장해둔 옥수수를 삶아서 간식으로 내놓을 테니까."

김 영감은 그러나 거적문을 밀고 내려서는 세 사람을 향해 한마디 주의를 시키는 것만큼은 잊지 않았다.

"낮 동안 혹시라도 야마모토를 만나면 조심하게. 요즘 들어와 그의 눈초리가 더 매서워졌어. 무서워 피하겠나, 더러워서 피하는 거지."

3

쿵, 쿵, 쿠웅, 쿠으웅……

그날도 아침부터 나무를 자르는, 도끼 소리 탓에 잠이 깬 판돌은 얼굴을 찡그린 채 바깥으로 나왔다. 도끼로 나무를 찍는 소리가 이른 아침부터 산을 울리고 있었다. 도대체 저 소리는 언제쯤 끝날까. 귀를 막으며 판돌은 하늘을 올려다보았다. 하늘은 곧 비를 뿌릴 듯 잔뜩 흐렸다. 병달이와 상출이는 벌써 밭에 올라간 모양이었다. 하긴, 지금은 가래질을 게을리해 서는 아니 될 때였다. 조금이라도 손을 놀리면 밭은 용서하지 않았다. 흙을 뚫고 올라온 잡풀들이 눈 깜짝할 사이에 밭을 점령해 버렸다.

일 년 농사가 잘되고 못 되는 것은 봄철에 흘린 농부의 땀방울이 좌우한다는데……. 삽자루를 들고 나서면서 판돌은 산자락에 납작하게 누워 있는 김 영감네 너와집을 올려다보았다. 김 영감도 밭에 나간 모양이었다. 돌로 쌓은 울을 타고 올라온 넝쿨이 어느새 연한 녹색을 띠고 있었다.

등성이를 하나 돌아서자 허리를 굽힌 채 밭을 갈고 있는 상출이의 모습이 보였다. 그는 그 밭에다가 올해는 감자를 심을 예정이라고 했다. 그래서 작년에 씨감자를 몇 가마 잘 간수했다고도 했다. 산에 사는 사람들에게 감자는 주식이나 다름없는 소중한 곡물이므로 어찌 보면 그것은 당연한 일이었다.

"잘 되어가나?"

판돌이가 손을 치켜들자 그도 손을 치켜들며 활짝 웃었다.

"돌이 어찌나 많은지 골라내고 골라내도 끝이 없어. 그런데도 감자가 잘 될까?"

"그럼. 감자와 콩은 박토에서도 잘 되니까 신경 쓰지 않아도 돼."

판돌은 껄껄 웃으며 자신의 밭으로 향했다.

한나절 넘게 땀을 흘리고 내려온 판돌은 다시 상출이와 병달을 불렀다. 아이들이 뛰어노는 계곡에 내려가 한바탕 씻고 올라온 병달은 허기가 지는지 판돌이 아내가 삶아서 들고 온 묵은 감자 하나를 집어 서둘러 껍질을 벗겼다.

"근데, 저 소리 좀 그만두게 할 수 없을까?"

입을 호호 불어가며 뜨거운 감자를 씹던 병달이가 먼저 입을 열었다.

"글쎄 말이야."

"도대체 우리가 저 소릴 언제까지 들어야 하는 거야?"

"작년엔 5월이 지나니까 스스로 멈추긴 했는데, 올해는 모르겠구먼."

판돌이 대답하지 이번엔 상출이가 나섰다.

"오늘도 선생님께서 말씀해 주지 않으시면 우리끼리 방법을 찾는 건 어떨까?"

"그것도 나쁘진 않은 생각이야. 그렇게 해봄세."

병달은 감자를 하나 또 집어 들었다. 그날 점심은 감자가 전부였는데 햇것과 달라서 조금 푸석하기는 했으나 소금을 얹으면 그런대로 아직은 먹을 만했다.

기척을 한 뒤 세 사람이 들어서자 김 영감은 기다렸다는 듯 반겼다. 그날 밤 그가 시작한 말은 이 땅에 화전이 어떻게 형성되었는가, 하는 것이었다. 그는 역사적 과정까지 낱낱이 들어가면서 설명했다.

"어젯밤에도 내가 말했지만, 수(藪)는 홍수로 물이 넘칠 때마다 하천 본류에서 가까운 곳부터 먼 곳으로 호박돌, 자갈, 모래, 진흙 등의 순서로 땅을 만들었네. 그런데 문제는 그 땅이 다른 땅에 비해 무척 비옥하다는 점이야. 사람들이 그걸 놓칠 리가 없지 않겠나. 그런 곳을 그냥 놓아둘 리가 있겠어? 그래서 서둘러 보와 둑 등으로 물줄기를 막고는 개간을 시작했어. 그런 논을 '사방답'이라고 부르는 거야. 그렇다면 그것의 소유권은 개간의 중심에 섰던 백성들에게 돌아갔을까? 아니야, 천만의 말씀이야. 그 땅의 소유는 결국 손 한번 쓰지 않은 권력자들의 몫으로 돌아가고 말았어……."

그는 이번엔 17세기에서 18세기에 화전 개발이 본격화되자 산록에 자리하고 있던 임(林)의 개발도 함께 활성화되었는데, 그 개발 속도가 더욱 빠르게 번져 울창한 숲으로 우거졌던 산이 금방 벌거숭이가 되었다고 했다.

"그렇다면 화전 개발이 이 땅의 울창한 산림을 훼손하게 된 까닭은 무엇일까? 원인은 화재라고 할 수 있어. 그 화재로 인해 수(藪)의 대부분이 파괴된 것이지. 이렇듯 제방 설치 과정을 거치면서 하천이 만든 수(藪) 대부분이 농경지로 변모하는 것을 목격하게 된 사람들은 이번엔 임(林)으로 눈길을 돌리게 된 거야. 그리고는 수(藪)처럼 산록에도 너나없이 경쟁적으로 불을 붙이기 시작한 거지. 사람의 욕심이란 끝이 없는 것 아닌가. 그러니 어떻게 되었겠나? 18세기에는 화전이 더욱 확대되어 엄청난 산림 훼손을 불러왔지. 예를 들어 17세기 말 어느 식자가 죽령의 상황을 한탄하며 쓴 글이 있는데, 이런 글이야. 한번 들어볼 텐가? '십여 년 전에는 수목이 하늘을 가릴 만큼 빽빽했는데, 지금은 나무 한 그루도 남아 있지 않네. 화전이란 게 그것들을 모두 태워버렸구나.' 그러니까 우리가 지금 터전을 이루고 있는 이 산의 묵정밭도 모두 그때 우리 선대들이 그렇게 이루어놓은 것이라고 할 수 있어. 그래서 내가 자네들에게 늘 잔소리처럼 하는 소리가 불은 절대 아니 된다는 거 아닌가. 알겠는가."

그는 숨이 가쁜 듯 다시 헛기침을 몇 번 터트렸다. 헛기침을 터트릴 적마다 호롱불이 흔들리는 것도 역시 여느 때와 다르지 않았다. 판돌은 옥수수를 하나 집어 들었다. 결국 이것도 선대들이 이룬 곳에서 생산된 것이라는 생각이 들자 왠지 모르게 소중한 느낌으로 다가왔다.

김 영감은 거기에서 말을 그치지 않았다.

"그것 때문에 새와 짐승들이 몸을 숨길 곳이 없어지고, 나무의 종류도 많이 줄어들었지. 그래서 조선의 임금 정조는 '근래에 개간한 화전이 푸르던 산을 온통 덮었구나' 하면서 '요즈음 산 중턱 이상은 화전으로 모두 쓰여 1,000년 된 나무가 없는데 어찌 산삼이 나오겠는가' 하고 한탄했다고 하네."

김 영감은 이어서 당대에 활동했던 무명자(無名子) 윤기가 쓴 '화전'이란 시까지 읊어 주었다.

산골 백성 화전에서 이익을 구하니
여러 산꼭대기까지 모두 개간되고
절벽에도 남겨진 땅이 없느니라
연이은 봉우리엔 밤새 연기 일고
단지 등성이 나무 약간 남겨졌고
그나마 바위와 시냇물로 그치네
밭 가는 사람들 모두 넘어질세라
멀리서 바라보니 오싹오싹하도다

김 영감의 어조는 나직했다. 그러나 그 속에는 알지 못할 어떤 힘이 묻어 있었다. 그때까지도 세 사람은 잠자코 듣고 있었다. 판돌은 목구멍이 포도청이라고, 무작정 산에 들어온 자신이 그동안 그런 면에서는 너무 무지했다는 것을 돌아보는 시간이 되었다. 생각할수록 부끄럽고, 열없고, 미안했다. 텅 비었던 가슴 속에 비로소 무언가가 들어와 가득 차는 느낌이었다. 그렇다면 우리 역시 숲을 파괴하는 부류라고 할 수 있지 않겠는가. 판돌은 가책을 느꼈다. 아무리 어쩔 수 없는 사정이었다고 하더라도 그건 분명 잘한 일이 아닌 것만큼은 분명했다. 그런 까닭에 조금 늦은 감은 있지만, 이제부터라도 숲을 보호하는 지킴이가 되어야겠다고 입술을 깨물었다. 그리고 얼마나 지났을까. 머리를 숙이고 있던 병달이가 갑자기 김 영감 앞으로 다가앉으며 입을 열었다.

"그렇다면 선생님, 벌목하는 저 사람들은 어떻게 부르면 될까요?"

판돌은 마른침을 삼켰다. 과연 김 영감의 입에서 무슨 말이 떨어질까 궁금했다. 그러나 정작 질문을 받은 김 영감은 쓴웃음만 지을 뿐, 미동도 하지 않았다. 꼿꼿한 그의 허리가 굳은 듯 보였다. 그렇게 한참이 지난 뒤였다. 이윽고 김 영감이 입을 열었다.

"산을 모르는 위인들이라고 할 수 있지."

한마디를 던진 뒤 김 영감은 한숨을 길게 내쉬었다.

판돌도 김 영감을 따라 한숨을 내쉬었다.

"산이 우리에게 주는 게 어디 나무뿐이겠는가. 눈에 보이는 것보다 오히려 보이지 않는 더 큰 것을 늘 우리에게 선물해 주고 있지 않은가. 그런데도 그걸 모르니……."

그러나 세 사람이 아무리 기다려도 김 영감은 그들을 어떻게 막아야 한다는 등의 구체적 방안에 대해서는 일러주지 않았다.

4

몇 날이 지나도 김 영감의 입에서는 이렇다 할 말이 떨어지지 않았다. 밤마다 거의 같은 말만을 되풀이할 뿐이었다. 산이 살아야 사람도 산다는 것과 그렇게 하기 위해서는 농경지를 늘리겠다는 욕심으로 초목을 태워서는 결코 아니 된다는 것 같은, 원론적 이야기만 되풀이했다. 한 마디로, 그의 가르침이란 자족할 줄 알아야 한다는 것이었다.

결국 아침부터 들려오는 톱질과 도끼 소리를 더는 참을 수 없다고 생각한 판돌과 병달, 상출은 자신들이 어떤 특단의 조치를 실행해야겠다고 작심했다.

"어떻게 하면 될까?"

"글쎄 말이야……."

해가 서쪽 산마루에 걸렸을 즈음 가래질을 끝내고 내려온 세 사람의 얼굴은 그러나 밝지 않았다. 어떻게 해야 과연 저 소리를 그치게 할 수 있을까, 하는 방안이 쉽게 떠오르지 않는 까닭이었다.

그때였다. 무엇을 생각했는지 상출이가 활짝 웃으면서 불쑥 한마디를 던졌다.

"저 소리가 뭐야. 도끼 소리와 톱질 소리잖아?"

"그야 그렇지."

판돌은 그의 입에서 곧이어 떨어질 다음 말을 기다리며 마른침을 삼켰다.

"그렇다면 그걸 우리가 없애버리면 되지 않을까?"

상출이의 입에서 그 말이 떨어지자 병달이 힘차게 손뼉을 쳤다. 그렇구나, 근데 왜 그걸 우리가 여태 몰랐을까. 병달이를 따라 손뼉을 치면서 판돌도 신바람이 났다. 그러나 그와 같은 방법을 찾았다고 해서 일이 다 되었다고 볼 수는 없었다. 문제는 그걸 어떻게 감쪽같이 없애느냐, 하는 것과 또 어디에 그걸 숨길 것인가, 하는 점, 그리고 자신들의 신변과 가족의 안위 문제였다. 그러나 판돌은 곧 김 영감이 일러주던 말이 떠올랐다. 즉, 대의를 위한 일을 하는 데는 두려움이 없어야 한다는 것과 뒷날을 걱정해서는 아니 된다는 것이었다.

"어떻게 없애지?"

"그러니까 말이야. 저놈들 감시가 보통이 아닐 텐데……."

"더군다나 야마모토 놈이 늘 저놈들 곁에 붙어 있다시피 하잖아."

"그럼 어떡하지?"

세 사람은 머리를 맞대고 궁리를 짜내기 시작했다. 그리고 얼마나 지났을까. 두 손으로 머리를 감싸고 있던 병달이가 입을 열었다.

"그렇다면 먼저 저놈들이 작업을 끝내고 그것들을 어디에 두는지 알아봐야 하는 게 순서 아닐까?"

판돌은 머리를 크게 끄덕거렸다. 그 말이 옳았다. 상출이도 그게 옳다고 생각하는 듯했다. 그가 앞으로 나서며 한마디 거들었다.

"맞아. 그것부터 알아내야 해."

세 사람은 결국 다음 날 그것부터 알아보기로 했다. 그러나 한꺼번에 그들 곁에 모습을 드러내면 이상하게 여길 거라고 생각되어 판돌이가 혼자 알아보기로 하였다. 물론 쉽지는 않을 터이지만 판돌은 두 사람이 그렇게 말하자 선선히 머리를 끄덕거렸다. 그리고 그 사실은 당분간 김 영감에게 알리지 않기로 했다. 또 가족에게도 잠시 비밀에 부치기로 했다. 또 쫓겨서 어딘가로 가자면 눈살을 찌푸릴 건 분명하지만 그쯤은 견디어야 한다고 생각했다. 까짓, 짐이라고 해봐야 보따리 몇 개뿐인데, 뭐. 판돌은 길게 숨을 내쉬었다. 상출이네 식구가 걱정스럽기는 하였으나 그도 그쯤은 견딜 거라고 여겼다. 어느새 판돌이의 눈앞에는 아직 한 번도 본 적 없는 북만주가 낯익은 듯 펼쳐졌다.

"우리끼리 해결하고 그때 알려도 늦지 않아."

"맞아. 공연히 선생님까지 걱정 끼치게 할 필요는 없어."

잠시 후 병달이가 말했다.

"계획대로 그걸 우리가 모두 들고 내려왔다고 해. 다음은? 그 뒤엔 그걸 어디에 감출까, 하는 것까지 궁리해 둬야 하잖겠어? 신속히 처리해야 하니까. 더구나 야마모토 그놈이 어디 보통 놈이라야 말이지. 그걸 찾아내기 위해 눈알을 까뒤집고 다닐 텐데. 더구나 요즘은 쇠붙이란 쇠붙이는 모두 전쟁 무기에 사용한다고 거두어가는 판국 아닌가."

"그건 그러네."

판돌은 잠시 그것을 찾기 위해 날뛸 야마모토를 떠올렸다. 병달이가 말했다.

"계곡 아래 가시덩굴이 우거진 동굴이 하나 있는 것 모두 알고 있지? 그곳이 어떨까? 그곳에 감추고, 큰 돌로 입구를 막아버리면 감쪽같을 텐데."

판돌과 상출은 그의 말이 떨어지자마자 거의 동시에 머리를 끄덕거렸다.

그래도 결국은 발각이 될 것이다. 그런 일을 할 사람은 이 산에 세 사람밖에 없으니까. 그러나 판돌은 걱정하지 않았다. 김 영감의 말을 다시 한

번 더 떠올렸다. 그는 이번 일로 설혹 감옥에 간다고 해도 두렵지 않았다. 또 산에서 내쫓긴다면 북만주로 가면 되지 않겠는가. 그는 그곳에 간 친구들이 고생스럽기 해도 잘 버티고 있다는 소식을 들을 적마다 자신도 모르게 힘이 솟곤 하였다.

다음 날 아침, 판돌은 일찌감치 일어나 벌목이 이루어지고 있는 등성이 너머로 올라갔다. 현장은 전쟁터처럼 어수선하기 짝이 없었다. 몸통만큼 굵은 소나무들이 잘린 채 여기저기 널려 있었고, 그루터기가 참수형을 당한 것 같이 남은 산자락은 마치 까까머리 같은 형상을 하고 있었다. 식목은커녕 간벌조차 시도한 흔적이 없었고, 간간이 손가락 두어 개 굵기의 키 작은 잡목들이 앙상하게 바람에 떨고 있을 뿐이었다. 무지막지한 놈들……. 판돌은 입술을 깨물었다.

십여 명이 넘는 벌목꾼은 작업에 열중하느라고, 판돌이가 올라온 것도 신경 쓰지 못하는 듯했다. 몇 명은 연신 톱질하고 있었고, 또 몇 명은 도끼질, 그리고 나머지는 잘린 나무를 옮기느라 아침부터 땀을 뻘뻘 흘리고 있었다. 반장인 듯한 사람의 격앙된 지시에 따라 나무에 밧줄을 걸고 도끼질을 할 적마다 벌목꾼들의 팔뚝 근육이 팽팽해지는 것을 볼 수 있었다.

그들의 눈치를 살피며 판돌은 주위를 둘러보았다. 얼기설기 만든 움막이 몇 개 보이기는 하였으나 허술하기 짝이 없을 정도인 그곳은 도끼와 같은 도구를 보관할 곳으로는 마땅치 않아 보였다. 그렇다면 작업을 끝낸 뒤 그들은 그것을 어디에다 감출까. 판돌은 그곳을 알아내기 위해 주변을 어슬렁거렸다. 그러나 어디에도 그럴 만한 곳은 찾을 수가 없었다. 그러다가 문득 야마모토의 숙소가 아닐까, 하는 생각이 떠올랐다. 그곳이라면 보관뿐만 아니라 야마모토가 벌목꾼들의 일과를 감독하기에도 안성맞춤일 터이었다.

그곳은 벌목꾼들의 움막에서 위로 오십 보 정도 올라간 거리에 있었다. 판돌은 슬그머니 그쪽으로 발길을 옮겼다. 그곳은 두 개의 건물로 되어 있는데, 하나는 그가 잠자는 곳인 듯했고, 또 하나는 창고로 쓰이는 곳인 듯했다. 판돌은 벌목꾼들의 기미를 살피며 그곳을 두어 바퀴 돌아보았다. 산짐승은 물론 누구도 접근이 어려울 만큼 그곳은 견고했다. 움막과는 달랐다. 더구나 창고인 듯한 곳은 어른 얼굴만큼 큰 자물쇠가 채워져 있었다. 그렇다면…… 판돌은 속으로 쾌재를 불렀다. 비로소 그것들을 보관하는 곳이라는 걸 짐작할 수 있었다.

그날 저녁, 모인 세 사람은 다시 머리를 맞대었다. 판돌의 설명을 들은 병달과 상출은 걱정스러운 얼굴이었다. 야마모토가 누구인가? 까딱 잘못하면 성공을 거두기도 전에 호구지책으로 들어온 이곳에서 쫓겨날 수도 있었다.

"그럼, 어떻게 하지?"

"그렇다고 저 소리를 못 들은 척 그냥 귀 막고 살 수는 없잖아?"

"그건 그렇지."

판돌은 두 사람에게 북만주 이야기를 들려주었다.

"뒷감당이 무서우면 큰일은커녕 작은 일도 하지 못한다고, 선생님이 말씀하신 것 벌써 까먹은 건 아니지?"

"하긴, 쫓겨나거나 감옥살이밖에 더 하겠어?"

잠시 침묵이 흘렀다. 그 침묵을 깬 사람은 상출이었다. 그는 두 사람을 둘러보며 이렇게 하면 어떠냐며 입을 열었다.

"밤에 몰래 올라가 그 열쇠를 열고, 그것들을 모두 끄집어내어 숨기는 거야. 그러면 제 놈들이 아무리 용빼는 재주가 있다고 해도 도리 있겠어? 맨손으로는 그 큰 나무들을 쓰러트릴 수 없을 테니까."

"그건 그렇지만, 누가 그걸 열겠어?"

그러자 상출이가 앞으로 나섰다.

"내가 해볼게."

병달과 판돌은 그제야 비로소 깨달았다. 그가 어렸을 적에 일본인이 경영하는 읍내 철물점에서 점원으로 잠시 일하면서 철사 하나로 자물쇠를 여는 기술을 익혔다는 것을. 그는 가끔 그 기술로 양반집 안방 열쇠도 열어주었다고 두 사람에게 자랑하곤 했다. 그가 말을 이었다.

"이렇게 하는 게 어때? 야마모토 그놈이 술을 좋아하잖아. 또 벌목꾼들도 작업을 끝내고는 한 잔씩 할 테고. 그때를 기다리는 거야. 그놈이 취해서 세상모르고 잘 때를 노리는 거지, 어떤가?"

"글쎄……. 그토록 깐깐한 놈이 그렇게 정신을 잃도록 술을 마실까?"

"기다리다 보면 반드시 기회는 올 거야. 아님, 그놈이 계집질하기 위해 대처로 내려가는 밤에 거사하는 것도 괜찮고……."

판돌은 어떻게 하는 게 옳을까 잠시 망설여졌다. 야마모토가 술 취하는 것보다는 대처로 내려가는 날을 택하는 게 좋을 듯도 했다. 하지만 그 깐깐한 놈이 내려가지 않는다면 기다리다가 지칠 수도 있는 일이었다. 그러나 신통한 방법이 없는 이상 어쩔 수 없었다. 하늘에 맡기는 수밖에는. 야마모토의 일거수일투족은 야마모토 숙소에서 가장 가까운 쪽에 비탈밭이 있는 병달이가 맡기로 했다.

"그래 그렇게 하면 되겠군."

"우리 셋이 하나가 되어 움직이면 산도 우리를 도와주지 않겠어?"

판돌이가 말하자 두 사람은 모두 얼굴 가득 환하게 웃었다.

"그래, 맞아. 선생님도 나중에 아시게 되면 우리를 자랑스럽게 여길 거야."

밤에 다시 김 영감 집으로 올라간 세 사람은 아무 일도 없었다는 듯 태연한 얼굴을 하고 있었다. 김 영감은 눈치채지 못하는 것 같았다. 그가 세 사람에게 들려준 이야기는 며칠 전과 다른 게 하나도 없었다. 굳이 다르다면 이번엔 역사를 들어가며 구체적으로 말하고 있다는 것이었다.

"그러니까 숙종 6년에는 국방의 요지로 보호되는 여러 산꼭대기까지 화전이 일구어져 모든 산이 민둥산이 되다시피 했어. 어디 그뿐인가. 18세기 초에는 강원도의 깊은 산이 모두 개간된 건 물론이고, 오대산의 역사 기록물을 보관하는 곳까지 화전이 침범했고, 평안도 강변 지역이나 철령, 함관령, 마운령, 마천령 등, 국방의 요지도 화전으로 인해서 산에 나무를 볼 수 없게 되었지."

김 영감은 한차례 한숨을 길게 뱉어낸 후 세 사람을 둘러보았다.

"이런 추세는 끊임없이 계속되었네. 오죽했으면 정조 23년에 창원 부사가 이런 장계를 올렸겠나. '근래 산골에 사는 백성들이 외진 곳을 찾아가 화전 농사를 짓는 관계로 산꼭대기까지 농기구가 미치고 있으며, 산중의 수목은 한번 기르려면 거의 100년이 걸리는데 이 같은 화전으로 인해 곳곳이 벌거숭이가 되어 비가 조금만 와도 모래와 돌이 마구 쓸려 내리는 실정입니다.' 얼마나 극심했으면 이런 장계까지 올렸겠는가 말일세."

판돌은 마른침을 삼켰다. 그렇구나, 그렇게 산천이 피폐해졌구나. 그는 그렇다면 더더욱 벌목을 그냥 내버려두어서는 아니 되겠다고 속으로 다짐하며 병달이와 상출을 돌아보았다. 두 사람의 눈빛도 반짝거렸다.

"그렇다면 왜놈들의 식민지 통치는 어떤가? 한마디로 차별 정책이야. 산림정책을 표방하고는 있지만 그건 식민지 백성들에 대한 정책이고, 일본인들에게는 관대하기 짝이 없을 정도이지. 지난번에도 한차례 얘기했지만, 본래 왜놈들의 가옥은 거의 모두가 목재를 사용해. 외부도, 내부도, 하물며 울타리까지도. 따라서 그걸 공급하기 위해서는 이 땅의 몇백 년 묵은 소나무들이 절대적인 셈이지. 벌목을 허가해 주고 있는 이유 역시 바로 그거라고 보면 되네."

김 영감이 다시 헛기침을 뱉어냈다. 그가 콜록거리자 호롱불이 다시 꺼질 듯 흔들렸다. 어디선가 소쩍새 우는 소리가 들렸다. 일본은 지금 생명을 존중하는 생본(生本)과 사람을 존중하는 인본(人本)을 버리고 대일본이라는 전제 아래 조선의 희생을 강요하고 있어. 김 영감의 말은 그러나 거기에서 그치지 않았다.

"우리나라는 해마다 장마철이 되면 많은 비가 내리게 되어 있어. 또 이따금 폭풍우가 몰아칠 때도 많은 비를 뿌리지. 그걸 나무가 막아줘야 하는 건데, 지금으로는 그게 어디 가능하겠어? 저렇듯 나무가 사라져간다면 비가 조금 와도 산사태가 날 것이라는 건 불을 보듯 뻔한 일 아닌가."

5

열흘이 지났다. 종일 봄비가 내리자 벌목도 잠시 멈춘 듯 소리가 들리지 않았다. 산은 짝을 찾는 산새들의 울음소리만 가끔 들릴 뿐 고즈넉했다. 밭고랑을 매면서도 병달은 기회를 엿보기 위해 한시도 야마모토 숙소에서 눈길을 떼지 않고 있었다. 야마모토는 빈틈이 없었다. 행동거지가 늘 철두철미했으며, 절도가 있었다. 그러나 병달은 포기하지 않았다.

"언젠가는 그놈도 허점을 드러낼 거야."

"물론이지, 저도 사람인데."

판돌과 상출도 그를 격려했다.

그날 저녁 무렵이었다. 병달은 그날따라 야마모토의 행동에서 수상한 점을 느꼈다. 다른 때 같으면 날카로운 눈초리를 번득이며 벌목꾼들과는 말도 잘 섞지 않던 그가 그날은 웬일인지 그들과 함께 웃고 떠들면서 술잔을 거푸 드는 것이었다. 뭐지, 무슨 날인가? 병달은 눈을 크게 뜨고 그를 유심히 관찰했다. 불판 위에서 지글지글 타오르는 삼겹살 한 점을 입에 넣고 씹는 그가 처음 보는 사람처럼 낯설게 느껴졌다. 술은 소주인 듯했다. 양푼으로 몇 순배 돌리던 벌목꾼들은 굽신거리면서 야마모토에게도 술을 따라주곤 하였다. 그럴 적마다 그는 마다하지 않고 받아 마셨다.

그렇게 얼마나 지났을까. 이윽고 벌목꾼들이 하나둘 자리를 뜨자 술판은 자연스럽게 파장이 되었다. 그러자 야마모토도 비틀거리며 자리를 떴다. 그가 비틀거리는 것을 처음 목격한 병달은 깜짝 놀랐다. 그래, 오늘이 하늘이 준 기회로구나. 그는 쾌재를 부르며 산 아래로 뛰어 내려갔다.

밤이 이슥해지자 세 사람은 야마모토의 창고를 향해 발길을 조심조심 옮겼다. 달빛에 의지할 수밖에 없을 정도로 사위가 어두웠으나 산길은 그들에게 익숙해서 문제가 될 게 없었다. 이윽고 창고 앞에 다다른 세 사람은 주변부터 살폈다. 혹시라도 야마모토가 깨어 있거나 움막으로 내려간 벌목꾼 가운데 한 명이 올라온다면 기회는 다시 물거품이 되는, 긴박한 순간이었다. 다행히 산은 이따금 산새 소리만 들릴 뿐 고요했다.

"조용하지?"

"조용해."

가까이 본 자물쇠는 생각하던 것보다 더 견고한 듯했다. 고리에 옹골지게 꿰어 있는 게 쉽사리 열릴 것 같지 않았다.

"그럼 시작할까?"

"그러지."

이윽고 상출은 준비한 철사를 자물쇠 구멍에 집어넣었다. 이런 일은 신속히 끝내야 했다. 자칫 잘못하여 지체했다가는 낭패를 볼 수도 있는 일이었다. 숨을 깊게 몰아쉰 상출의 손이 바쁘게 움직였다. 하나, 둘, 셋……. 판돌과 병달은 숨을 죽였다. 가슴이 뛰었다. 두려움이 엄습했다. 그것은 상출도 마찬가지였다. 처음 해보는 일이었다. 손이 떨렸다. 도둑질도 하던 놈이 한다고, 하지 않던 일을 한다는 게 쉽지 않다는 걸 그는 깨달았다. 그러나 내친걸음이었다. 그는 어금니를 사려 물고 손끝에 힘을 모아 다시 철사를 돌렸다. 넷, 다섯, 여섯……. 그러자 그토록 완강하던 자물쇠가 조금씩 움직이기 시작했다. 그리고 얼마나 더 지났을까. 이윽고 철컥, 자물쇠 고리가 몸통에서 떨어져 나왔다. 그러자 누가 손댈 사이도 없이 닫혀 있던 문짝이 스르르 제 몸을 열었다.

"자, 서둘러."

세 사람은 지체하지 않았다. 재빨리 움직였다. 판돌의 판단은 옳았다. 캄캄했으나 도끼와 톱 등을 찾는 것은 어렵지 않았다. 계획한 대로 판돌이가 그것들을 하나씩 밖으로 끄집어내자 병달이와 상출이는 양손에 그걸 하나씩 들고 계곡 아래 동굴로 옮겼다. 내려가는 비탈이 험했으나 익숙한 길이어서 특별히 문제가 되지는 않았다. 모두 땀을 흘려가며 서둘렀다. 그러나 작업은 빨리 끝나지 않았다. 그만큼 그들이 쟁여둔 게 많은 까닭이었다. 그래도 판돌은 그것들이 조금씩 줄어드는 게 보이자 더 힘을 냈다.

이윽고 숨길 곳에 그것들을 모두 감춘 세 사람은 함께 미리 준비해 둔 큰 돌을 굴려 입구를 막았다. 그런 뒤에도 가시넝쿨로 입구를 위장하는 것까지 잊지 않았다.

계곡물에 손을 씻으며 병달이가 말했다.

"내일 아침 난리가 나겠구먼."

"그럴 테지."

"왜 아니 그렇겠는가? 나무를 벨 도끼가 없어졌는데. 더구나 창고가 털렸다는 걸 알면 당장 우릴 의심할 테지. 그러면 어떤가? 잡아갈 테면 잡아가라고 해. 그러나 한 가지 분명한 것은 우리가 그렇게 함으로써 나무 몇 그루는 살렸고, 또 나무가 살므로 비가 와도 산이 사태에서 벗어날 수 있다는 사실이야. 그게 어디 산뿐이겠는가. 산 아래 동네는 어떻고? 그것만큼 중요한 게 뭐 있겠어? 우리 목숨? 김 선생님이 가르쳐주셨잖아. 그건 그렇게 중요한 게 아니라는 걸."

판돌이의 목소리가 비장하게 들린 탓일까, 두 사람은 곧 머리를 주억거렸다. 더구나 여차하면 다시 보따리를 싸서 북만주로 넘어가자는 말이 두 사람에게는 위안이 되었다.

"그래, 세상천지에 우리 갈 곳이 없겠어?"

"그런데 야마모토 그놈이 애먼 우리 김 선생님을 의심하면 어떡하지?"

"걱정하지 마. 물론 고초야 잠시 겪으시겠지. 하지만 조사하면 선생님이 하지 않았다는 게 금방 드러날 거야."

"그럴 테지?"

"그럼! 하지 않은 걸 했다고 만들 수는 없잖아? 또 그런다고 순순히 받아줄 선생님도 아니시고."

병달이가 얼굴을 씻으며 두 사람을 돌아보자, 상출이가 자신 있다는 투로 말했다.

"어쨌든 이번 일은 우리가 잘한 거야. 그러니까 선생님도 우리를 탓하지는 아니하실 거야."

판돌은 꼭 그럴 거라고 믿었다. 선생님이 어디 보통 분이신가. 계곡물에 손발을 씻는 세 사람의 목소리가 한동안 두런두런 이어졌다. 손발과 얼굴을 대충 훔치고 다시 판돌의 너와집 부근으로 올라온 세 사람은 서로 얼굴을 마주 보고 이번엔 누가 먼저랄 것 없이 큰 소리로 껄껄대며 웃기 시작했다. 왠지 자꾸만 웃음이 터져 나왔다. 웃지 않고는 배길 수가 없었다. 그들의 웃음소리가 잠자던 산을 깨운 듯 메아리 소리도 역시 크게 웃고 있었다.

구름을 벗어난 열사흘 달이 산마루에서 그들의 모습을 훤히 비춰주고 있었다.

5. 어둠의 연대기:
구한말 조선의 전염병 – 김현주

1

눈이 내렸다. 겨우내 얼었다가 풀린 길 위로 봄눈이 조용히 내리고 있었다. 눈은 대로변이나 골목길 곳곳에 쌓인 분뇨 위를 가만가만 덮었다. 날이 풀리자, 눈과 섞인 분뇨가 흐물흐물 녹아 낮은 곳으로 흘러갔다. 오물 냄새가 코를 찔렀다. 쌓이면서 녹는 쓰레기 위로 사내들은 소변을 갈기고 신발에 오염된 흙을 묻힌 채 집으로 들어갔고, 어린아이들은 시궁창 길에서 놀다가 아무 곳에나 변을 보았다. 더러운 물은 한데 섞여 공동 우물의 틈새로 스며들었다. 윗물 아랫물이 섞인 도랑물은 뿌연 거품과 함께 부글부글 끓었고, 불쾌한 냄새로 가득 찬 길을 걸으면서 그 누구도 치우지 않았다. 더럽고 썩은 물은 마침내 서울 곳곳의 대로변까지 오염시켰다.

봄이 되어 기온이 높아졌다. 각종 쓰레기에 섞인 분뇨는 부글거리며 넘쳐 올라 길거리에 가득 찼다. 그 곁, 시커먼 시궁쥐들은 어떤 열기로 붉어진 눈알을 번뜩이면서 떼로 몰려다니다가 쓰레기를 뒤지면서 먹이를 찾아냈다. 쥐들은 점점 숫자가 늘어나 빠르게 번식했다.

광화문 시전 포목상인 유만득은 일찌감치 문을 열고 손님 받을 준비를 하고 있었다. 새벽부터 몸이 으스스 떨리는 증세 때문에 의복을 겹겹으로 입었는데도 한기가 떠나지 않았다. 구토할 듯한 기운과 함께 배가 부글부글 끓었다. 유만득은 누가 볼세라 시전 골목길에 쪼그리고 앉아 큰일을 치렀다. 끄응, 하고 허리춤을 잡고 일어서는데 설사가 시작되었다. 유만득은 그 자리에서 다시 바지를 내리고 볼일을 보았다. 속이 메슥거리면서 구토증이 시작되었다. 뱃속이 뒤집히는가 싶더니 핑, 하는 어지럼증과 함께 골이 빠개지는 듯한 두통이 찾아왔다.

아침, 시전으로 상인들이 몰려드는 소리가 들렸다. 유만득의 머릿속은 안개에 휩싸인 듯 희뿌옇게 변했다. 가까스로 아랫도리를 추켜올린 다음,

구토가 가라앉기를 기다렸으나 여전히 뱃속은 울렁거렸다. 유만득의 흐린 눈앞으로 사람들이 지나가고 있었다. 그는 정신을 수습하려고 기듯이 몸을 일으켜 가게 앞 마루 한쪽에 겨우 몸을 기대었다. 장사를 하기 위해 몰려든 상인들이 유만득을 발견하고 말을 걸었다.

"어이, 만득이!"

유만득의 눈은 퀭해 보였다. 대답 대신, 그의 얼굴은 찌푸린 채였다.

"아니, 자네 얼굴이 왜 그런가? 곧 죽을상이네. 어디 체했는가? 허옇게 변한 것이 암만해도….”

그때부터였다. 어젯밤 장사를 마친 후, 밤에 시전 상인들의 회합이 있었다. 잘 익은 술과 돼지머리 고기와 각종 나물 반찬에 밥을 먹었다. 이틀 전 유만득이 부친 제사를 지내고 남은 음식들이었다. 그들은 재미 삼아 노름판을 벌였고, 새벽이 가까워서야 다들 집으로 돌아갔다. 엎질러진 술과 음식 찌꺼기들이 바닥에 흩어져 있어 지저분했다. 사람들이 떠난 자리에는 마당에서 돌아다니던 시궁쥐들이 방안까지 들어가 음식물 찌꺼기를 먹었다. 유만득은 쉭, 소리를 지르고 댓가지를 흔들어 쫓아냈다. 먹이를 눈앞에 둔 쥐들은 다시 몰려들었다. 쥐들은 흔한 짐승. 유만득은 쥐들을 전부 쫓아낸 후에 방안 정리를 마친 후, 배가 아픈 것을 느끼면서 마당 구석에다 대변을 한 차례 시원하게 보고 시전으로 나섰던 것이다.

유만득의 동생 동식은 장사 준비를 하러 시전으로 나왔다. 새벽까지의 노름에서 돈을 모두 잃고 술을 양껏 마신 후, 미처 깨지 못한 상태였다. 노름빚은 빚도 아니고 노름에서 딴 돈은 다시 노름으로 탕진하기 마련이다. 동식은 다시 밤을 기다려서 본전을 찾을 요량이었다. 그의 얼굴은 잠을 못 잔 탓에 누렇게 떠 있었고, 눈동자는 시뻘겋게 충혈되어 있었다.

"아야, 동식아….”

유만득은 초가 마루의 기둥을 잡고 가까스로 몸을 일으키며 동생을 겨우 불렀다.

"예, 형님."

동식은 아버지뻘 되는 큰형님을 향해 고개를 돌렸다. 갑자기, 유만득이 앞으로 넘어졌다. 동식이 황급히 달려가 배를 감싸안고 고꾸라진 형님의 손을 잡았다. 그 손이 뜨거웠다. 동식은 놀라 만득의 이마에 손을 가져다 댔다. 지나치게 뜨거웠다. 만득의 얼굴은 이미 허여멀겋게 변해 있었고 눈 동자는 초점을 잃어가는 것 같았다.

"이것이 어찌 된 일이라요, 형님."

동식은 질겁했다. 그때였다 만득의 솜바지 사이로 누렇고 묽은 변이 흘러 번지고 있는 것을 보았다.

"야야, 나 좀…."

유만득은 무어라고 소리를 질렀으나 혓바닥이 꼬인 것처럼 무슨 말을 하는지 자신도 알 수 없었다. 끙, 소리만 나올 뿐으로 점점 기운이 떨어지는 것 같았다. 퍽, 유만득은 길바닥으로 나동그라졌다.

동식은 만득을 부축하고 질질 끌면서 뛰기 시작했다. 기력을 잃은 만득의 몸은 너무 무거웠다.

"의원 양반, 우리 형님 좀 속히 봐주시오! 어제 음식을 잘못 먹었는지 설사가 그치질 않구만요."

동식은 만득을 약방 집 마루에 겨우 눕혔다.

"설사를 한다고? 이 사람아, 무작정 델꼬 오믄 어쩌란 말인가?"

약방 의원이 잠에서 덜 깬 얼굴로 방문을 빼꼼히 열었다.

그때, 어쩐 영문인지 동식이도 몸 상태가 좋지 않은 것을 느꼈다. 기분 탓인지도 몰랐다. 설사 범벅인 형님을 힘겹게 끌고 온 까닭에 동식의 옷에도 오물이 묻어 냄새가 고약했다. 동식은 점점 속이 메슥거리면서 뱃속이 뒤틀리기 시작했다. 목은 타는 듯이 말랐다. 덩달아 항문 쪽으로 설사가 확, 몰렸다. 그가 먹은 것이라고는 시전 입구 우물에서 찬물 한 바가지를 얻어 마신 것뿐이었다.

동식은 바삐 마당으로 내려섰으나 뒷간에 도착하기도 전에, 설사가 아랫도리로 흘러내렸다. 지독한 냄새가 풍겼다. 제 똥 냄새 때문인지, 동식은 비위가 상해 냅다 토했다.

"뭣이여? 이게 뭔 난리굿이냐. 어서 나가. 어서!"

약방 의원이 얼굴을 찡그리면서 소리를 질렀다.

"아픈 사람한테 의원이 할 법한 소리요, 그것이?"

동식은 배를 감싸 쥐고 항변했다. 아랫도리에서 줄줄 새는 설사를 어찌할 바 없이, 황망한 채.

"뭐 하느냐? 이 사람들 빨리 다 보내라!"

의원집 머슴들이 유만득 형제를 장작개비 던지듯 함부로 수레 위에 팽개쳤다. 정신이 가물거리는 동식의 눈에, 빙빙 도는 하늘이 노랬다. 머슴들은 약방과 멀리 떨어진 벌판에 두 형제를 부려 놓고 급히 떠났다.

1878년 3월, 서울 일대에 괴질이 시작되고 있었다.

유만득과 동식은 죽었다. 탈진한 채 버려진 지 이틀째 되는 날이었다. 그들을 발견한 건 행인이었고, 그 행인은 다행히 광화문 인근 시전을 드나드는 지방의 장사치였다.

"약방 의원이 내다 버렸다지?"

일찍 모여든 조문객들은 분노했다. 그들은 주로 시전 상인 조합 사람이었다. 대문 앞에 조등을 걸고 장례를 치르는 동안, 시전 일대의 걸인들까지 몰려왔다. 그들은 흉년을 당해 굶주리다 떠도는 사람들이었다.

조합장 유만득의 상가에 시전 상인들은 모두 모였다. 불안을 감추지 못한 채, 그들은 함께 모여 숙식을 같이하고 사흘 밤을 지새우고 난 후, 발인까지 끝냈다. 매장까지 도합 닷새 만에 신속히 이루어진 장례식이었다.

"설마 역병일 리가 있나."

"이 사람아. 만득이 형님 말일세. 배탈이 났는데 의원에게 바로 쫓겨난 것이 그 증거 아니겠나."

"괴질이 돈다고 하네. 듣도 보도 못한 역병이라는디."

소문이 돌기 시작하고 있었다. 웅성거리던 그들은, 괴질이 서울까지 밀려왔다는 말에 모두 기겁했다.

"우리도 같이 있었는데, 다 멀쩡하지 않은가."

"그렇지만, 그 약방 의원은 짐 싸서 멀리 도망갔다고 하네만."

"뭐? 어째? 그놈, 째려 죽일 놈이네."

"우리도 괴질에 걸리면 어디로 가야 하는가? 아프면 어디로 가야 항가, 이제는 활인서도 없어졌는디?"

"난리 났네. 어쨌거나 장사가 문제가 아닐세."

시전에는 각처에서 모여든 사람들로 중구난방 시끄러웠다. 다른 지역에도 설사병 환자가 생겼다, 라고 누군가 소문을 물고 왔다.

날이 갈수록 해괴한 이야기가 퍼져가고 있었다.

"쌓아둔 포목이 전부 도둑맞았다는 것이 참말인가?"

"안집 가재도구까지 전부 손을 탔다네."

도둑들은 점포를 싹쓸이했고, 유만득의 안집 재물까지 털어갔다. 유씨 형제 사후, 이레째였다.

만득의 아내 김씨도 설사병에 고열이 시작되고 있었다. 급기야 큰 딸과 둘째 딸까지 앓아누웠고 줄줄이 여섯째 딸까지 앓다가, 사나흘 사이에 모두 죽었다. 돌쟁이 막내 영희는 천안 외가에서 외할머니가 키우고 있었기 때문에 다행히 화를 면했다.

괴질은 급속도로 확산되고 있었다. 시전 사람들도 줄줄이 병에 걸려 시전의 분위기는 썰렁했고, 오가는 길은 한산했다.

*

"이제부터 이곳은 소개 지역이다. 여기서 한 발짝도 움직이면 안 된다. 성 쪽으로 도망치면 그대로 죽음을 면치 못해, 알았나 이 말이다."

군졸들이 떼로 몰려와 시전을 빙 둘러 금줄을 치고 금지구역, 이라고 빨간 글씨로 표시했다.

"아니, 이것이 뭔 날벼락인가. 우린 멀쩡하단 말이오."

"뭣들 하느냐. 이것들을 당장 안으로 들여보내!"

군졸들이 웅성거리는 사람들을 한쪽으로 몰아냈다. 시전 상점마다 사람들로 가득 찼다. 상인들은 물론 행인들까지 무작위로 갇혔다. 새끼로 금줄을 친 안쪽, 붉은 글씨에 겁먹은 백성들을 대하는 군졸들의 표정에도 공포가 역력했다.

"아이고, 이것이 무슨 날벼락인가."

아픈 데 없는 애먼 사람들은 고래고래 소리를 지르다 제풀에 지쳤다. 멀쩡한 사람들과 환자가 섞였다. 관청에서는 의원도 약재도 보내주지 않았다.

그 밤이 지나고, 이틀 밤이 흐르고, 사흘째 밤이 지났다. 행인들은 금지구역을 피해 멀리 돌아서 다녔고, 한적한 길에는 대낮에도 시궁쥐들이 눈을 번뜩이며 활개를 쳤다.

"어허, 이것들이 사람을 물어뜯겠네!"

"이 쥐들이 어디서 왔냐믄, 그 원수 놈 일본 배에서 시작된 것이라네."

"뭐시, 그것이 참말인가. 일본 배에서 병 걸린 쥐들이 쏟아져 내렸다는 것을 본 사람들이 있다고 하네만."

분통 터진 목소리였다.

"부산이랑 원산항에서도 쥐 떼가 출몰했다고 한다네. 지금 몰라서 그러지. 일본에서도 두창마마가 유행이라고 한다는데, 그것이 지나니까 또 새로 괴질이 돌고 돌아서 난리가 났다네."

"그것이 바로 쥐통이여. 쥐 귀신. 악귀가 나타났어. 발에 쥐가 난 것처럼 뻣뻣하게 경직되면서 몸 위쪽으로 올라가고, 마비가 온다네. 구토와 설사는 물론이고 말일세. 맨 먼저 부산에서 발병했는데, 호열자라고 하등마. 그것이 쉬봉이여. 만득이 형제랑 그 집 마누라, 자석들. 그 상가에 갔다가 죽은 사람들도 아마도 그것이었등마. 장티푸스, 거 염병이랑도 비슷하다는디."

몸에 이상 증세가 나타나지 않았는데도, 환자와 섞여 격리된 사람들은 두려워했다. 어떤 이들은 시궁쥐가 나타나는 곳을 피해 다니고 문단속을 해야 했다, 진즉 산속 깊은 곳으로 피난을 떠나야 했다고 말했다. 갇힌 사람들은 쪽잠을 자면서 얼마간은 잘 버텼으나 먹을 것이 떨어지고, 마침내 마실 물마저도 쉽게 구할 수 없었다.

기하급수적으로 환자가 늘어났다. 어린아이들이 설사 끝에 피똥을 싸면서 죽었다. 몸이 부실한 자와 노인들은 비명도 지르지 못하고 탈진해서 죽었다. 사방에 독한 냄새가 번졌다. 구토와 대변 냄새로 인해 성한 사람들도 거의 환자가 되어갔다. 그들은 오직 물만 마셨다. 그러나 시전 안에 있는 오염된 우물물은 마실수록 더 설사를 부추길 뿐이었다. 고열이 계속되어 혼미해진 환자들은 해골처럼 뼈만 남더니 결국엔 죽었다. 기이한 돌림병이었다.

"염병이여. 저 사람들 다 염병에 걸렸어."

무서움을 숨기지 못한 관아 군졸들은 자기들끼리 말을 주고받았다. 그들의 얼굴에도 공포심이 역력했다. 환자들이 한곳에 밀집되어 있었기 때문에 전염성이 더욱 강할 수밖에 없었다. 죽은 사람들은 점점 더 늘어나고 있었다.

며칠 후, 잿빛 큰 구름 같은 연기가 꾸역꾸역 하늘로 치솟아 올랐다. 시체와 함께 환자들의 가재도구 등 시전의 물건들이 불길로 타오르면서 잿더미로 변해갔다. 코를 찌르는 독한 냄새가 사방으로 떠다니고 있었다. 관아에서 차출된 군졸들은 벌판으로 나가 구덩이를 파고, 타다 만 시체를 한꺼번에 매장했다. 사람으로서 차마 못 할 짓이었다.

전염병은 전국으로 확산이 되었다. 개항 이후, 서서히 시작된 역병이 그 정체를 드러낸 것은 부산항, 원산항, 인천항, 군산항 등으로 일본 배들이 드나들면서부터였다. 역병은 인구가 밀집된 서울에서부터 시작되어, 전국 각 지역으로 확산되었다. 대로변과 골목길마다 사체들이 쌓여갔고, 시궁쥐들은 사체 속에서 살다가 민가로 들어가 병을 옮겼다.

왕실과 조정에서는 대책을 마련하지 못했다. 역병에 걸린 백성들을 치료할 수 있는 혜민서와 활인서가 제구실을 하지 못한 상황이었기 때문이다. 조정에서는 전국 각 지역의 의원들에게 명을 내렸다. 의원들이 백방으로 약재를 구하려고 수소문했으나, 그 전에 환자들은 빠르게 죽어갔다.

일본 배 안에서부터 시작된 괴질은 소리 없는 재앙이 되어, 조선인들 사이로 정체를 드러낸 것이다. 호열자(콜레라)와 이질성 장티푸스였다. 유씨 형제를 시작으로 수많은 조선인을 죽음으로 몰고 간 감염병의 정체가 그것이다. 개항 이후, 배를 타고 조선으로 건너온 수많은 일본인은 조선에 가면 떼돈을 번다는 말을 믿었다. 그러나 한꺼번에 지나치게 많은 사람을 태운 일본의 배에서부터 전염병이 돌고 있었다.

일본 검역관들은 배에서 일본인들을 내리지 못하도록 강제 조치했다. 일본 배는 항구에 정박하지 않았고, 배 안에서 자체 방역을 실시했다. 그들은 본국에서 이미 호열자와 장티푸스를 겪으면서, 수많은 사람이 죽어간 과거가 있기 때문이었다. 천연두까지의 대규모 유행병을 겪은 그들은 검역은 물론, 예방접종에 심혈을 기울였다. 메이지유신 이후, 서구의 근대의학에 일찍 눈을 뜬 일본은 방역시스템을 제대로 갖추고, 서양식 병원을 세워 전염병을 극복한 전력이 있었다. 그들은 전염병에 신속하게 대처하면서 주기적으로 소독을 했고, 의료소를 세웠다. 그에 반해 조선 사람들은 병의 원인조차 몰랐고, 안다고 했어도 대처할 약재도 없고 의료시설도 없었던 상황이었다.

조선의 부두에서 정박 중인 일본 배는, 검역관의 지시에 따라 방역을 하면서 얼어붙은 듯 바다에 떠 있었다. 그러나 밤이 되면, 전염병에 걸려 숨을 거둔 동족들을 바다에 던졌다.

"더러운 조선인들과는 접촉하지 말라."

조선 땅에 일찍부터 거주한 일본인들은 각자의 집 문을 걸어 잠갔다. 전염병의 진원 일본인들은 조선인을 더럽다고 혐오했다.

가을이 시작되면서 콜레라와 장티푸스가 일시적으로 잦아들었다. 날씨가 싸늘해지고 북풍이 거세지는 겨울이 되었다. 광화문 근교 옛 시전에 일본인들이 대거 몰려들었다. 일본인 상점 건물이 당당하게 들어서면서, 시전이 형성되었다. 한쪽에는 허름하고 낡은 조선인의 상점이 있고 그와 조금 떨어진 일본인의 새 건물에는 신박한 상품들이 팔려나갔다. 일본 상인들은 본국에서 생계가 어려울 정도로 가난한 자들로, 노동자를 비롯한 농민들과 빈민층이었고 그중에서 건달과 범죄자까지 있었다. 돈 있는 조선 양반들은 일본인 상점을 이용했다. 그들에게 가장 인기 있는 물품은 성냥과 석유, 설탕 등이었다. 일부 조선인에게 파는 일본의 성냥은 부르는 게 값이었다. 맨 처음 성냥을 사용했던 사람들의 입에서 입으로 전해진 수입품은 불타게 팔리면서, 새 시전은 손님들로 흥청거렸다.

서울 하늘 어딘가에서 연기가 솟아오르면 영락없는 격리 지역이었다. 성냥과 석유가 한꺼번에 팔려나가면서 애먼 백성들의 집에 불이 나기도 했다. 무지한 일본인들이 서울 일대에서 활개를 치며 돌아다녔는데, 그들 이민족은 턱도 없는 우월감이 넘쳐 각종 사건을 일으켰고, 사고를 유발하면서 힘없는 조선인들에게 행패를 부렸다.

조선 왕실은 무너지고, 조정의 부패 관리들은 친일파로 돌아서던 시기였다. 정부는 도탄에 빠진 백성들에게 관심이 없었다. 역병으로 신음하는 민생은 아랑곳없이, 친일 세력이 된 조정 관리들의 행태는 조선의 망국을 더욱 앞당기고 있었다.

지역 곳곳마다 행인들의 출입이 사라지면서, 진위를 알 수 없는 흉흉한 소문이 독사의 혀처럼 민심을 자극했다. 역병을 피하려는 사람들은 밤사이 흔적도 없이 사라지고 없었다. 서울의 일부 양반들은 외딴곳으로 피접을 떠났고, 목숨이 붙어 있는 백성들은 병을 피해 강원도 산속으로 밤길을 재촉했다.

2

어느 날이었다. 죽은 시궁쥐들이 하나둘씩 발견되었다. 쥐의 사체 속에서 쥐벼룩이 기어나가 다른 쥐들로 옮겨갔다. 시궁쥐를 물고 고양이들이 달아나 숨었다. 살아있는 쥐들이 활개를 치다가 갑자기 죽을 때, 눈에 보이지 않는 쥐벼룩들은 사람들에게로 풀쩍, 튀어 올랐다. 갑작스레, 멀쩡했던 사람들이 설사와 고열에 이어 두통으로 쓰러졌다. 정확한 병명조차 모른 채였다. 새 괴질, 이라는 소문이 빠르게 돌았다. 소문에 의하면, 왕이 사는 궁 안에서도 죽은 쥐들이 떼거리로 발견되었다고 했다.

"고양이 그림을 대문 앞에 붙이게나. 쥐통에는 그것이 효험을 본다고 하네."

"어이, 말이세. 고양이 그림을 어디서 구해야 하는가?"

공동 우물로 물을 긷기 위해 나온 아낙네들은 고양이 그림을 구해다 방안에 붙였다. 고양이 똥도 특효라고 했다. 고양이들의 수난이 시작되었다. 쥐가 옮긴 쥐 통, 몸이 뻣뻣해지는 근육통에는 고양이를 고아 먹어야 직방이라는 민간요법이 유행했다. 매일 밤 고양이들이 한꺼번에 사라졌고, 더욱 사나워진 쥐들은 기승을 부리며 번식하고 있었다.

"내가 아는 사람한테 들은 이야긴데, 멀쩡했던 젊은 놈이 시궁쥐한테 물린, 그다음 날 바로 즉사했다네."

흉한 소문은 역병의 속도보다 빠르게 번졌다. 쥐 통으로 궁궐의 궁인들도 수없이 죽고, 지체 높은 관리들은 입궐조차 하지 않았다는 것이다. 왕실에서는 나라를 팔아먹으려는 친일파들이 득세하면서, 민생은 마비되어 갔고, 역병에 지친 백성들의 원성은 하늘을 찌를 정도였다.

"쥐들이 어린 아기를 뜯어먹었다!"

무지막지한 소문이 더욱 흉흉하게 흘러 다녔다. 백성들은 이제야말로 큰 난리가 일어나야 한다고 믿었다. 동학교도들이 말한 대로 세상이 한 번 크게 바뀌어야 한다는 생각들은 더욱 팽배해졌다. 호열자, 염병, 두창 마마보다 더 무서운 것들은 백성들에게 관심조차 없는 부패한 관리들이었다.

분노한 백성들이 자발적으로 봉기했다. 벼슬을 팔아 재물을 쌓는 민씨 일족을 처단하자는 움직임이 일어났다. 궁궐에서는 무당 진령군이 왕비 민씨와 매일 굿판을 벌인다고 했다.

콜레라와 장티푸스가 수만 명의 목숨을 위협하고 있는 즈음, 동학교도들의 개벽 사상이 민심을 얻어 세를 키워가기 시작했다. 민란은 곳곳에서 일어났다. 부패 관리들을 처단하라! 새 하늘 새 땅의 기적이 일어나는 때가 돌아왔다! '개벽 세상'을 기다리는 백성들의 심정은 목숨을 내놓고 죽을 만큼 절박했다.

고종과 왕비 민씨는 무조건 외세를 끌어들였다. 청나라를 부르고, 일본을 조선 땅에 불러들였다. 프랑스와의 전쟁으로 군사력이 쇠퇴한 청나라 군대보다 먼저, 일본군이 대거 상륙하면서 왕실을 점거했다. 왕은 제 백성을 죽이려고 외국군을 불러들인 셈이었다. 조·일연합군이 동학농민군을 섬멸시켰다. 전국은 백성들의 원망으로 가득 찼고, 조정의 고위 관리들은 사분오열되어 외세에 빌붙었다.

청일전쟁이 발발했다. 만주에 주둔한 일본 군대 내의 밀집된 환경에서 전염병이 발생했다. 일본 육군에서 시작된 콜레라는 전쟁 중인 청나라 군사들에게 감염되어, 만주를 지나 남쪽으로 흘러 평양으로 빠르게 들어왔다. 잠시 사라졌던 전염병 콜레라가 또다시 조선 땅으로 유입된 것이다. 순환되고 또 순환되기를 반복한 전염병의 대이동이었다.

서양 의사들은 전염병이 조선인 대다수를 죽게 만들었다고 본국에 보고했다. 청일전쟁 당시, 캐나다의 선교사 제임스 헌터 웰스는 4,000여 건의 환자를 치료했다. 그는 환자 대다수가 비위생적인 식습관에서 오는 전염병에 걸렸다고 기록했다. 조선인 환자들은 더러운 환경 때문에 새로운 병 학질까지 앓게 되어 죽어갔다고 본국에 알린 것이다. 전염병 콜레라는 개항과 외세, 그리고 조선 땅에서 벌어진 청일전쟁으로 인한 피해였다. 그것은 애먼 조선 민중이 감내해야 했던 크나큰 재앙이었다.

3

청일전쟁이 일본의 승리로 끝나고 콜레라와 장티푸스가 잠잠해지고 있을 때, 천연두가 시작되었다. 천연두는 바람의 방향으로 떠돌면서 서울 한복판 성을 뚫고, 왕이 사는 궁궐에까지 확산이 되었다. 치병굿이 효과를 보지 못해 다급해진 왕비 민씨는 외국인 의사 알렌을 궁궐로 은밀히 불렀다. 고종 부부와 세자(후일 순종)가 모두 천연두에 걸렸기 때문이었다. 알렌의 의술과 처방으로 세 사람의 얼굴에는 살짝곰보처럼 얽힌 자국만이 남았다.

궁궐을 휩쓸고 지나간 천연두는 걷잡을 수 없이 퍼졌다. 백성들은 무당을 불러 굿판을 열었으나, 천연두를 몰아내지 못했다.

그제야 왕은 명령을 내렸다. 관리를 각 지역에 파견해서 무당들과 함께 역병을 방비하는 여제(厲祭)를 올리게 했다. 두창 천연두를 물리치기 위한 최선의 방책이었다. 민심이 어떻게 돌변할지 무서웠기 때문이기도 했다.

"역귀야! 감히 여기가 어디라고 왔느냐. 어서 썩 물러가지 못할까."

각 지역 관아 인근에서 굿을 위한 제단을 만들었다. 굿청으로 백성들이 몰려들었다. 무당은 오색깃발을 흔들면서 자리에서 풀쩍 풀쩍, 뛰어오르며 온종일 굿을 벌였다. 매일 굿청은 사람들로 붐볐다.

"에에이, 동방청제, 남방적제, 중앙화아제, 서방백제, 북방흑제 오시나이까. 역귀를 물리치러 오셨습니까."

동쪽, 남쪽, 중앙, 서쪽, 북쪽의 각각 방위마다 파란색의 제왕, 붉은 색 제왕, 노란색 제왕, 흰색 제왕, 검은색 제왕을 불러 역병을 물리쳐 달라는 제를 올렸다.

"예에이~"

무당의 소리에 백성들이 추임새를 넣었다.

"비나이다. 비나이다. 역신을 썩 물리쳐 주옵시기를 비나이다."

제단 위에는 각종 떡과 과일이 층을 이루었고, 그 한가운데는 눈을 감은 돼지머리가 놓여 있었다. 무당은 경면주사로 그린 부적을 희생제물 돼지머리 위에 붙였다. 콜레라 귀신, 장티푸스 귀신, 천연두 귀신을 막으려는 부적이었다. 제단 옆에는 궁궐에서 파견 나온 제관들이 물끄러미 이 모습을 쳐다보고 있었다. 제관들은 성리학자들이었다. 그들은 왕의 명령으로 축문을 읽고 향을 피운 후, 굿을 끝까지 참관했다. 제관들은 비위가 틀린 듯 오만가지 인상을 찡그린 채 먼 산을 보듯이 굿청을 구경했다.

조선은 유교 국가였으나 민심을 달래기 위해서는 무당의 굿이 가장 빠른 효과를 보았다. 그러나 불안한 백성들은 매일 매일 병의 공포에 시달리고 있었다. 뼈만 남은 백성들의 얼굴은 누렇게 떠 있었고, 굶주림에 지쳐 바닥에 아무렇게나 퍼질러 앉거나 누워있곤 했다.

왕의 명을 받은 전국의 사찰에서는 수륙재를 올렸다. 원통한 혼들이 언제 역병으로 살아날지 모른다는 불안감을 잠재우기 위한 불교 의식. 역병으로 죽은 영혼들을 위로하기 위한 것이었다. 병명도 모르고, 일가족이 모두 죽었던 집안이 너무나 많았기 때문이었다. 또한 격리 지역 사람들이 집단으로 발병해 죽은 곳, 한날한시에 죽은 원혼을 위로하기 위한 천도재이기도 했다. 역병으로 죽은 원혼들의 삿된 기운이, 다시 전염병으로 돌아올까 봐 두려운 것이었다. 유교의 나라 조선에서 역병을 물리치기 위해 무당과 승려를 총동원해야만 했던 것이다.

모든 전염병은 서울로 인구가 밀집되었던 것이 원인이었고, 오염된 우물과 길가의 분뇨가 차고 넘쳤기 때문이라는 것을 모른 채, 조정은 수수방관했다. 시궁쥐들이 대낮에도 민가에 나타나 활개 치고 다니는 것은 곧 나라가 망할 징조라는 소문이 사실이 되어가고 있었다. 정부가 백성을 돌아보지 않았던 당시, 굶주림 때문에 면역력이 떨어져 전염병이 무서운 속도로 번지고 있다는 것을 그때까지도 알지 못했다.

4

세월이 흘렀다. 천안에 살던 유만득의 막내딸 영희는 오갈 데 없는 처지가 되었다. 외할머니가 죽고, 외삼촌이 더는 영희와 함께 살 수 없다며, 구박했다. 영희는 외숙모 대신 집안일을 도맡으면서 밭일과 길쌈으로 시달렸고, 연달아 태어나는 조카들을 업어 키웠다.

"이제 입 하나라도 덜어야 할 처지다. 더는 널 돌봐줄 수 없어. 진사 어른 첩 자리를 왜 마다하는 거냐? 네가 우리한테 은혜 갚은 일은 그것뿐이야. 시키는 대로 해야지."

부모님이 살아만 계셨더라도, 이런 수모는 겪지 않았을 것을. 영희는 눈물로 밤을 지새웠다. 외삼촌의 등쌀에 따라나선 첩실 자리는 칠십 먹은 영감의 성 노리개였다.

팔려 오다시피 한 영희는, 날마다 도망칠 궁리를 했다. 처음 겪어보는 늙은이의 냄새와 삐쩍 말라 흉한 몸의 살비듬에 진저리를 쳤으나 밤은 너무 길었다. 영희는 낮에는 노비처럼 일을 하고, 밤이 되면 늙은 진사를 맞이하며 벌거벗은 몸으로 잠자리 상대를 했다. 영희는 진사 나리의 회춘을 위한 도구였던 것이다.

어느 아침, 진사 영감은 늦은 밥상을 받고 숟가락을 들다가 헉, 하더니 밥상 위로 고개를 푹 숙였다. 그리고 팽그르르 나동그라졌다. 돌연, 숨이 끊어지고 말았다. 시난고난했던 목숨이었는데, 밤마다 무리한 잠자리를 갖다 보니 명 재촉을 한 셈이었다. 진사 영감은 밤새 영희의 몸을 탐하다가 지쳐 까무룩 잠에 빠져 늦잠을 자기 일쑤였다.

"아이고, 영감. 갑자기 왜 이러시오. 멀쩡하던 양반이 이게 무슨 날벼락이오."

진사의 부인 양씨가 소리치며 울었고, 진사 댁 머슴들이 영희가 사는 별채로 몰려갔다.

"저년을 당장 끌어내라."

양씨 부인이 머슴들에게 명했다. 당황한 영희는 벌벌 떨면서 빌었다.

"마님, 왜 이러시오. 저는 아무 잘못도 없는디요. 제발 한 번만 살려주시오."

머슴들에게 박달나무 몽둥이로 얻어맞으면서 영희는 소리소리 악을 쓰면서 외쳐댔다.

"사람 살려, 사람 살려!"

진사의 젊은 후처가 달려 나오더니 영희의 머리채를 잡아챘다.

"네 이년, 재수 없는 년이 우리 집안을 싸그리 말아먹으려고 들어왔냐? 흥, 벌레 같은 년."

젊은 후처는 영희를 들볶으며 기회만 있으면 괴롭혔다.

"저년이 들어올 때부터, 집안에 흉사가 있을 거라고 했는디. 무당 말을 무시하고, 끝내 저것을 후실로 들였더니 영감 목숨을 재촉할라고 저 귀신이 들어왔나비."

양씨 부인이 소리를 지르며, 당장 내쫓아 버리라고 했다. 논 한 마지기에 팔려 온 주제에 밤마다 진사 어른 품에서 갖은 지랄을 하더니, 결국 진사 어른이 죽고 말았다는 것이 그들의 결론이었다.

영희는 매를 흠씬 맞은 후에야 쫓겨났다. 그녀는 차라리 잘된 일이다, 라고 생각했다. 생각만 해도 끔찍한 생활, 다시는 겪고 싶지 않은 일이었다.

온 가족을 역병으로 잃어버리고 혼자 살아남은 유만득의 막내딸 유영희. 그녀는 부모님 얼굴도 모르고, 언니들의 존재도 몰랐다. 그저 혼자 살아갈 일이 막막하기만 했다. 오갈 데 없는 처지였다. 당장 손에 쥔 재물이 없었다. 먹을 것도 없었고, 잠잘 곳도 없었다. 어쩔 수 없이, 영희는 건넛마을 외삼촌의 집으로 향했다.

"내가 뭐라 했어요? 영희 년이 복 쪼가리가 없으니까 우리 집 사정도 찌그러진다니께요."

영희의 외숙모가 옷 보따리 하나를 안은 채 떨고 서 있는 영희를 향해 삿대질했다. 후실로 들여보낸 지 얼마 지나지 않아 정정했던 진사가 죽은 건, 영희의 팔자가 박복하다는 것이라고 악담을 쏟아냈다. 외삼촌의 시선도 외숙모보다 나을 것이 없었다. 겨우 마련한 논 한 마지기를 다시 빼앗길 처지였으니 말이다.

*

광화문 일대 시전의 풍경은 일본인 상점이 들어서면서 완전히 변했다. 조선인들은 도탄에 빠져 있었고, 일본인들은 본국에서 누려보지 못한 부와 함께 새로 생긴 유곽에서 일본 기생들과 희롱했다.

"나를 원망하지 마라. 굶어 죽는 것보다는 나을 것 아니냐?"

영희는 외삼촌을 따라 서울로 왔다. 어쩔 수 없는 일이었다. 혼자서는 아무것도 할 수 없었던 영희는 외삼촌이 이끄는 대로 움직였다. 서울 용산에 가면 밥을 굶지는 않고 살 것이다, 라고 소문이 났기 때문에 영희 외삼촌이 영희를 끌고 온 것이었다. 용산에는 일본 군대가 주둔하고 있었는데, 일본인 거류지 인근에 돈푼이나 있는 조선인들이 들어가 일본 군인들을 상대로 장사를 했다.

"시키는 대로 할게요. 하지만, 일본인 동네에서는 살기 싫어요."

영희가 말했다. 외삼촌이 싸늘한 표정으로 영희를 내려다보았다. 외삼촌의 얼굴은 턱이 각져 있었고, 눈빛은 냉정하기만 했다. 그때, 영희는 용산 일본인 거주지로 가느니 차라리 죽는 게 낫겠다는 생각을 했다. 이유는 딱히 알 수 없었다. 그러나 일본인들이 나라를 망하게 한 원흉이라는 것, 한 가지만은 알았다. 젖먹이 때 헤어진 아버지 유만득과 어머니 김씨의 자식이 맞는지, 영희는 그것조차 알지 못한 채 고아가 된 신세였다.

"나라가 일본인 손에 넘어가고 있다. 우리 임금도 벌벌 떠는 놈들, 일본 놈들 사이에 있어야 너도 살길이 생긴다. 먹을 것이 생긴단 말이다."

농투성이 외삼촌이 투박한 목소리로 말했다. 영희는 외삼촌의 매정한 얼굴을 보면서 오만 정이 떨어졌다. 이제 막다른 길목의 인생이었다. 더는 갈 곳이 없었다.

영희는 제 아버지와 어머니 그리고 언니들이 역병 때문에 죽었다는 것을 늦게야 알고는 기가 막혔다. 의지가지없는 처지에 살아 뭐하랴. 그녀는 죽고 싶었다. 영희 외삼촌은 유만득의 포목점 옆에 상점을 차리려고 이야기를 끝낸 상태였는데, 조선 땅에 몰아친 역병으로 일이 틀어지고 말았던 것이다. 외할머니가 죽은 후였기 때문에 영희는 버림받은 존재였다. 외삼촌네는 코흘리개 영희를 구박하면서 온갖 궂은일로 내몰았다. 조카 영희를 핍박하며 그때까지 부려 먹다가, 진사 영감에게 팔아넘겼다가, 급기야 서울까지 데려왔다.

"말이야 바른말이지만, 누가 너 같은 애를 데려가겠냐? 하등 쓸모없는 너를. 일을 잘하기를 할까. 나는 너를 더는 못 본다. 이젠 다 컸으니, 니 스스로 벌어 먹고살거라."

영희는 외삼촌 곁에 있어 봤자, 집안일 길쌈에 밭일만 하다가 일생을 끝마칠 것만 같았다. 외삼촌을 따라 천안으로 다시 가 봤자 외숙모와 조카들 등쌀에 살 수도 없고, 언제 또 늙은 양반의 첩으로 팔려 갈지 모를 일이었다.

영희의 귀에, 외삼촌과 조선인 여자가 나누는 말은 어떤 내용인지 잘 들리지 않았다.

"너는 오늘부터 여기서 먹고 자거라. 내가 불쌍한 너를 어떻게 내쫓겠어. 밥하고 빨래하는 건 아무나 할 수 있으니 말이다."

얼굴에 짙은 분을 바른 조선인 여자가 영희를 힐끗 쳐다보면서 말했다. 그 여자는 가늘게 째진 눈으로 영희의 몸 구석구석을 찬찬히 살피고 있었다. 영희는 소름이 끼쳤다. 무언지 불길한 생각이 들었다.

외삼촌은 여자가 건네주는 작은 주머니를 받았다. 철렁, 하는 소리가 들렸다. 외삼촌이 주머니를 끌러 손바닥에 놓았다. 당오전 한 묶음이었다. 그제야 입이 벌어진 외삼촌이 영희를 잠깐 쳐다보았다. 딱하다, 는 생각이 잠깐 떠오른 듯한 얼굴이었다.

"착실하고 손이 빨라서, 일은 잘할 것이오."

외삼촌은 만족한 표정으로 조선인 여자에게 잘 부탁한다고 말했다.

영희는 윤락업소에서 일본 기생들의 시중을 들면서 지내게 되었다. 영희의 손은 매듭이 굵어졌고, 부엌 허드렛일을 하느라 손에는 물집이 생겨

도무지 아물지 않았다. 영희는 각종 잡일과 일본 기생들의 옷을 만들면서 제법 돈을 모을 수 있었다.

"내가 네 외삼촌힌데 매달 보내기로 한 논이 있다는 것을 몰랐어? 그동안 먹고 입은 삯과 방세를 이제 전부 내놓거라."

어릴 적, 천연두에 걸려 얼굴이 얽은 주인 여자가 험상궂은 목소리로 말했다. 외삼촌이 한 달에 한 번씩 고생하는 영희를 보러 온다는 핑계가 바로 그것이었다.

"젖먹이 때부터 너를 키우느라 내 새끼들 젖을 굶기면서 키웠다. 내가 얼마나 고단하고 뼈 빠지게 고생했는데, 갚아야지. 은혜를 졌으면 갚아야지. 그 이치를 몰라, 이것아?"

외삼촌과 함께 나타난 외숙모가 영희를 거칠게 째려보았다. 남편을 따라 서울 구경에 나선 그녀는 고운 옷을 잘 차려입고 있었다. 영희는 흡혈귀 같은 외삼촌 부부의 협박을 못 이기고 그동안 벌어 감춰둔 돈을 고스란히 뺏기고 말았다.

이 시기 용산에는 일본 군대가 주둔하고 있었다. 일본의 유곽에서 일하던 윤락여성들이 쏟아지듯이 조선 땅으로 들어왔기 때문이다. 일본의 공창 제도는 성매매를 용인했기 때문에 기생들은 자연스럽게 본국의 남자들이 가는 곳마다 따라다녔다.

윤락업소는 용산 일대에서부터 남산 진고개 일대에까지 광범위한 위치를 차지하면서 집창촌으로 변해갔다. 일본 민간인들의 사설 윤락업소에서는 일본인과 조선인을 가리지 않고 성매매를 통해 최고의 이익을 누렸다.

1902년 12월, 의사 지석영은 황성신문에 「양매창론(楊梅瘡論)」을 발표하면서 매독이 새로운 전염병으로 유입되었다는 것을 대중에게 알렸다. 천연두 예방접종과 의학교 교장으로 의료계에서 평생을 보냈던 그는 성병 매독에 대해 경각심을 펼치는 글을 썼다.

'요새 양약 의사가 말하는데 약 판매량 중에서 양매창약이 10중의 7~8 이고, 외과 진단에 10중 7~8이 양매창이라고 한다. 이는 작년이 재작년보 다 많았고, 금년에는 작년보다 월등히 많아졌다. (⋯) 한 여자가 백 남자에 게 전염시킬 것이고, 한 남자가 백 여자에게 전염시키면 치료하고 구제할 방법이 없다. 몇 년 가지 못해 온 나라가 양매창 환자가 될 것이다. 이는 대단히 무서운 병이다.

이미 조선 땅에는 조선 민중들을 갉아먹는 유곽 문화가 성행하고 있었 다. 어두운 밤의 문화 일본의 유곽들이 번창하고 있었던 것이다.

1904년이 되었다. 러일전쟁이 터지면서 일본인들은 남산 아래 쌍림동 땅을 빼앗아 유곽을 세웠다. 동네 이름은 '새마을'이라는 뜻의 신마치(新 町)였다. 조선 땅에 최초의 공창(公娼) 지대가 생긴 것이다. 일본인의 신마 치 유곽에 우후죽순으로 업소들이 들어섰다. 일본 상인들은 살맛이 났다. 유곽 인근에 음식점을 세웠고, 이발소와 목욕탕을 세워 연일 손님들이 넘 쳐났다. 그들은 호황을 누리며 일본 군인들과 윤락녀들의 돈을 쓸어 담을 정도로 이익을 남겼다. 이때, 조선 여자들은 공갈과 인신매매 등으로 강제 로 유곽으로 끌려 들어갔다.

유영희도 유곽으로 흘러 들어갔다. 조선인 여자가 끝내 영희를 유곽으 로 팔아넘긴 것이다. 조선인 여자의 집안과 상점 일로 혹사당하면서, 외삼 촌 부부에게 착취를 당하게 되자, 영희는 도망을 쳤다. 그러나 이틀도 못 가서 조선인 여자에게 잡혔다.

조선인 여자는 신마치 유곽의 제일루에 영희를 팔아넘겼다. 방세와 식 대를 포함한, 영희도 알 수 없는 빚을 잔뜩 졌기 때문이었다. 영희는 일본 군인들을 상대로 몸을 팔 수밖에 없었다. 전염병으로 죽은, 광화문 시전 포목상인 아버지 유만득의 존재도 알지 못했던, 고아 영희의 비극이었다.

24세의 영희는 세상 물정 모르고 순진했으나, 악착같이 돈을 모았다.

화장품값, 옷값, 약값, 식대, 방값을 지불하면 남는 것이 없었지만, 유곽에 흘러들어온 조선 여자들과 함께 윤락녀가 되어 살 수밖에 없는 처지가 된 것이다. 밤에는 일본 군인들을 상대했고, 낮에는 길에서 조선 남자들을 유혹하면서 유곽으로 끌어들였다. 결국, 영희는 몸을 팔아서 먹고사는 가련한 목숨이 되고야 말았다.

일본 군인들은 대로변에서도 길 가는 조선 여자들을 성추행했다. 백주대로에서 봉변을 당한 여자들은 자기도 모르는 새, 성병 매독에 전염되었다. 일본에서 건너온 기생들에게서 처음 시작된 매독은 일본 군인들에게 대대적으로 유행했다. 일본 기생들은 조선 남자들을 유곽으로 끌어들여 돈을 벌었다. 그 남자들 또한 매독에 걸렸다. 조선 땅에 숨어든 매독은 무서운 속도로 번져가면서 전 국민의 악독한 전염병이 되고야 말았다.

서울을 벗어난 다른 도시에서도 윤락녀들이 길에 널리었다. 인천, 원산, 군산 등 항구도시가 특히 심했다. 마땅한 치료제도 없었기 때문에 유곽에서 발생한 매독은 더 이상 밤의 병이 아니었다. 일본으로 떠나기 위해 머물던 항구에서, 젊은 조선 청년들은 기생들에게 유혹을 당하면 결코 헤어나질 못했다. 얼굴에 회칠을 한 일본 기생들이 지나가면, 딸그락거리는 왜 나막신 소리가 진동처럼 오래 들렸다.

매일 정오가 되기 전, 목욕탕을 가느라 목욕 대야를 팔에 낀 윤락녀들은 엉덩이를 흔들고 다녔다. 조선 남자들은 그녀들의 교태 어린 몸짓에 걸려들었다. 십 전의 돈을 내고 유곽의 방을 빌렸는데, 이들은 대부분 매독에 걸려 인생을 망치게 되는 경우가 허다했다.

조선 여자들은 대로변에서 일본 군인들에게 희롱당하다 불시에 끌려가, 쥐도 새도 모르는 곳에서 강간당했다. 십중팔구는 매독에 걸렸다. 자기도 모르게 감염된 여자들이 아이를 낳게 되면 기형아를 출산할 수밖에 없었다. 일본에 점령당한, 순정한 조선 여자들의 인생이 나락으로 떨어졌다.

일본 순사들은 대낮 길거리에서 벌어지는 성추행과 성매매를 모른척했다. 이는 통감부의 정책이었다. 총독부에서 은밀히 집창촌의 여성들과 일본 군인들을 보호하면서 매독은 조선 땅 전국으로 확산될 수밖에 없었던 것이다.

어느 날, 웅성거리던 한 떼의 사람들이 고개를 뒤로 돌리면서 물러났다. 개중에는 무서워서 비명을 지르는 자들도 있었다. 청계천 수표교 근처에서, 행인들은 공포에 몸을 떨었다.

"저년, 괴질에 걸렸다!"

복색이 화려한 사체의 얼굴은 피고름으로 범벅이 되어 있었다. 코는 뭉크러지고, 눈 한쪽은 깊이 파여 있었다. 시궁쥐가 파먹은 흔적 같았다. 쥐떼가 여자의 몸 주위에서 찍찍거렸다. 사람을 보고 피하지 않는 시궁쥐들을 보고, 오히려 사람들이 벌벌 떨었다. 사체의 끔찍한 모습에 놀라서 도망치는 사람들도 많았다.

"천벌 받은 게야. 저년이 거리를 배회하면서 왜놈들을 후리고, 아무 데서나 나자빠지고, 왜놈들 유곽에서 살다 나온 것이당만. 저년, 매독 환자야!"

"퉤, 퉤!"

군중들이 돌을 던졌다. 수없이 던지고 또 던졌다. 눈으로 보고도 믿을 수 없는 참극이 벌어지고 있었다. 죽은 여자는 결국 돌에 맞아 더 고통스럽게, 두 번 죽었다.

여자의 시체 위로 군중이 던진 돌들이 무더기로 쌓여갔다. 여자는 신마치 유곽 제일루의 창기 유영희의 시체였다. 그 옆에는 또 한 여자가 온몸을 웅크린 자세로 죽어있었다. 돌무더기에 덮인 그녀 또한, 죄 없는 조선인 매독 환자였다.

6. 정선 금광: 일제 강점기 금광 개발

- 유시연

1

광석 쏟아붓는 소리가 지축을 뒤흔들었다. 먼지가 자욱하게 피어올랐다. 쏟아진 돌덩이를 수레에 담는 손길이 분주해지고 기철이 허리를 펴며 아이구구, 신음을 내질렀다. 그 시각 소장은 자전거 페달을 부지런히 놀려 파쇄장을 향해 달려갔다. 광부 두엇이 노닥거리는지 멀리서도 그림자가 어른거렸다.

"해 넘어가기 전에 일들을 마쳐야 할 것 아냐!"

파쇄장과 붙어 있는 선광장에는 기철과 용하가 이마에 솟는 땀을 훔치며 담배에 불을 붙여 물었다. 선광장 마감기가 돌아가는 것을 확인한 소장이 밖으로 나오자 기철과 눈이 마주쳤다. 소장이 눈을 부라렸다. 용하가 헛기침을 큼큼 내뱉었다. 기철은 소장이 눈총을 주거나 말거나 두 팔을 벌려 기지개를 길게 켜고는 가래침을 뱉었다.

"아따, 우리가 기계도 아니고 거 너무 닦달하지 마쇼. 이러다 사람 죽겠소"

기철이 담배 연기를 후 불어 올리며 퉁명스럽게 말하자 용하가 눈치를 보더니 얼른 담배를 바닥에 던지고는 발로 비벼 껐다.

남자는 소장을 힐끗 바라보고는 수로에 시선을 못박았다. 마감기에는 물과 함께 쇠볼이 돌아가며 시끄러운 소리를 내고 있었다. 수로 끝에는 광물이 뒤섞인 돌가루가 탕에 쏟아지며 거품을 뿜어냈다. 약품이 골고루 섞이도록 프로펠러가 탕을 휘저어주고 있었다. 남자는 소장이 감독을 하거나 말거나 미리 수량을 맞추어 놓은 약품이 링거액 떨어지듯 뒤섞이는 모양새를 물끄러미 지켜보고 있었다.

"형님, 퇴근하고 한잔합시다."

기철이 용하를 향해 한마디 했으나 실은 남자에게도 들으라는 듯 큰 소리로 말했다는 것을 남자는 알고 있었다. 하천을 따라 새로 길을 낸 협곡 사이로 시원한 바람이 지나갔다.

"온종일 삽질하느니 굴속에서 금맥을 파내는 게 내 체질에 맞지."

"조금만 참게. 곧 조가 바뀌지 않나."

"빨리 돈을 벌어 고향에 논마지기나 장만하여 살고 싶구먼."

기철과 용하는 금광에서 일꾼을 뽑는다는 소문을 듣고는 농사일을 팽개치고 여주에서 뗏목 배를 얻어 타고 산골짜기에 들어온 터여서 가깝게 지냈다. 남자는 그들과 특별히 어울리거나 살갑게 지내지는 않았다.

그날 저녁 퇴근한 남자는 담배를 사러 점방에 들렀다. 주점 한쪽 귀퉁이에 담배와 성냥, 빨랫비누 등 생필품을 파는 선반이 있고 그 옆 구석자리에 커다란 막걸리 항아리가 놓여 있었다. 남자는 왁자지껄한 분위기에 안을 힐끗 쳐다보고는 서둘러 나오려다가 문이 열리며 오줌 누러 나오던 용하와 눈이 마주쳤다.

"왔는가. 밖에 서 있지 말고 들어오지 그래."

"아, 예에."

용하는 허리춤을 움켜쥐고 뒷문으로 나가며 채근했다. 남자는 엉거주춤 서 있다가 용하가 다시 나타나 잡아끌듯이 하는 바람에 마지못한 듯 술자리에 합석했다. 기철이 새로 왔다는 여자의 손을 만지작거렸다. 여자의 이름은 미자였다. 용하가 사발 가득 막걸리를 따라주었고 남자는 말없이 술을 마셨다.

"이게 누구신가?"

기철이 남자의 등장에 다소 못마땅한 표정으로 힐끔 쳐다보고는 미자의 앞가슴에 손을 집어넣었다. 미자가 기철의 손을 뿌리치며 취하셨나봐요, 어쩌고 하며 남자를 쳐다보았다. 기철이 연거푸 막걸리 두 잔을 더 마시더니 딸꾹질을 했다.

"형님, 왜 사는지 모르것소. 쎄빠지게 일해 번 돈으로 노모를 모시고 자식 줄줄이 낳아 잘 살고 싶었는데… 마누라가 도망가삐리고 나니 희망이 없소."

혀 꼬부라진 소리로 기철이 넋두리를 했다.

"이 사람, 취했구먼."

뇽하가 걱정스럽게 말하자 기철이 다시 여자는 요물이여, 넋두리를 해댔다. 옆방에서 웃음소리가 들려왔다. 각처에서 용케 소문을 듣고 금광으로 몰려온 사내들이 한 잔 술에 타향의 외로움을 잊고자 주점을 찾았다.

제련소로 향하는 트럭이 신작로에 먼지를 일으키며 오가자 금맥이 터졌다는 소문이 바람을 타고 멀리 퍼져갔다. 각지에서 일꾼들이 몰려들었다. 하루의 고된 노동을 내려놓은 광부들이 주막을 찾아 마을을 어슬렁거리는 일도 예전에 없던 일이었다. 미자는 그사이 옆방 사내들 사이에 끼어앉아 간드러진 웃음소리로 분위기를 띄웠다. 기철의 귀에 미자의 웃음소리가 걸려들었다. 기철이 사발을 집어던졌다. 그러고는 일어나 미닫이문을 걷어찼다. 문짝이 기우뚱 흔들리더니 옆방에서 술을 마시던 사람들을 향해 무너졌다. 미자가 비명을 내질렀다.

"이 무슨 개수작이야!"

"뭐야? 너 잘났다."

술잔을 들고 있던 사내가 한 마디 하자 기철이 번개같이 튀어 나가 그의 멱살을 잡고 흔들었다.

"술을 마시려면 곱게 마시고 처자든가. 남의 주막에서 이게 무슨 행패야?"

사내는 기철의 손목을 비틀어 벽 쪽으로 밀었다.

"이, 이놈이 사람 잡네. 어이구!"

기철의 비명에 뇽하가 두 사람을 뜯어말렸다. 미자는 한쪽 구석에 서서 파랗게 질린 낯빛으로 사태를 주시했다. 남자는 조용히 일어나 밖으로 나왔다. 미자가 따라 나와 인사를 했다. 소장과 읍내 출장길에서 미자를 지프에 태워준 이후 다시 보기는 두 번째였다. 담배를 사러 왔다가 만난 남자를 미자는 유난히도 반갑게 인사하며 아는 체했다.

그날 미자는 동면(東面) 금광 계곡으로 가는 차를 얻어 타기 위해 반나절을 길에서 서성였다. 삼거리에서 지나가는 트럭이라도 얻어 타려고 기다렸으나 지나가는 차는 없었다. 막막함이 밀려왔고 굶주리는 어린 동생들과 병든 어머니의 얼굴이 눈에 아른거렸다. 미자는 이대로 포기해야 하나 절망에 빠진 얼굴로 하얗게 눈으로 덮인 산봉우리를 쳐다보았다. 겨울 추위가 매섭게 옷섶을 파고들었다. 바람이 신작로 먼지를 쓸며 지나갔다. 거의 포기할 즈음 지프가 그녀 옆에 섰다.

"오데로 갑니꺼."

"금광을 찾아가는데요."

"금광에는 무신 일루 아지메가 가는디예."

"돈 벌러 갑니다. 그쪽 방면으로 가는 길이면 좀 태워주세요."

"일단 같이 가입시더."

소장이 호기심이 가득한 눈으로 낯선 여자의 아래위를 훑어보고는 지프에 태워주었다. 거의 울 듯한 표정으로 서 있던 여자는 허리를 숙이며 인사를 하고는 뒷좌석에 올라탔다. 소장이 심심한데 잘되었다는 듯 이것저것 여자의 신상에 대해 캐물었다. 이름은 손미자. 병든 어머니와 어린 동생들이 그녀만 쳐다보고 있다는 말과 제천에서 왔다는 말을 할 때는 피곤함에 지쳐 있었다. 남자는 옆자리에 앉은 미자를 힐끔 쳐다보았다. 산골짜기에 아녀자가 할 일은 없었다. 남자는 여자의 일을 대충 짐작했다. 그무렵 전국에서 금광을 찾아 사내들이 몰려왔고 주점이 생겨나기 시작했다. 아마도 남자의 짐작이 맞다면 미자는 주점에서 일을 할 터였다. 지프가 심하게 흔들렸다. 빗물에 팬 길과 잔돌이 깔린 흙바닥에서 먼지가 올라왔다. 향수 냄새가 물씬 풍겼다. 미자는 차창 밖을 내다보며 생각에 잠겨 있었다.

그날 이후 미자는 주점에서 일을 했다. 친척인 주인 여자의 연락을 받고 왔다고는 했는데 자세한 건 알 수 없었다. 일을 마친 광부들이 주점에 새로 온 미자를 보기 위해 몰려들었다. 미자를 꼬여 내어 어떻게든 자기 여자로 만들어보려는 사내들의 심보는 노골적이었다. 기철은 처음부터 미자와 가까워지려 애를 썼다. 다른 사내가 미자 옆에 얼씬거리면 시비를 걸었다. 남자는 주점에서 나와 건너편 능선을 바라다보았다. 희붐한 어둠 속에서 나무들이 옆으로 길게 누웠다가 일어나기를 반복했다. 하늘과 맞닿은 능선의 나무들이 남자의 시야 속으로 희미한 기억처럼 아득했다.

집안은 썰렁했다. 생명체의 온기라고는 찾을 수 없는 방안에 드러누워 설핏 잠이 들었다. 꿈속에서 남자는 누군가를 기다리며 가위눌림에 허우적거렸다. 악몽에 시달리느라 두 팔을 휘젓다가 깨어나니 새벽녘이었다. 남자는 꿈속에서 누군가를 기다리며 그의 이름을 부른 기억이 났다. 그가 기다린 사람이 어머니였는지 순화였는지 선명하지는 않았다. 창호지가 밝아오며 더운 바람이 문지방을 넘실거렸다.

남자는 바람과 긴 시간 함께 했다. 남쪽의 더운 바람이나 북극의 거친 바람과 오랜 시간 지내며 바람은 그의 영혼 깊숙이 새겨졌다. 태중에서부터 익숙한 바람이었다. 어느 날부터 바람의 소리가 들리지 않았다. 바람의 흔적은 간 곳 없고 이질적인 소리가 남자의 고막을 찢으며 다가왔다.

"쾅, 우르르, 쾅!"

산이 울리며 하늘이 기우뚱 흔들린 것 같았다. 마을을 들었다 놓을 듯이 울리는 굉음이 연거푸 들렸다. 광대곡에서 모래 먼지가 자욱하게 피어올랐다. 파란 하늘을 덮으며 퍼져가는 모래 먼지는 황량한 사막을 연상하게 했다. 남자는 뿌연 먼지 속에서 붉은 모래 언덕을 떠올렸고 오래전 낙타 상인을 배웅하며 맞닥뜨렸던 붉은 사막을 생각했다. 사막을 건너 옥공예품을 사러 왔던 상인의 자루를 뒤집어쓴 것 같은 흰옷에서도 마른 먼지 냄새가 났다. 이상했다. 굉음이 지나가고 나면 피어오르는 모래 먼지 속에서 남자는 황량한 고원을 떠올렸고 어쩌면 자신이 그곳을 다시 갈지도 모른다는 환상에 시달렸다.

고막을 찢듯이 울리는 굉음 소리에도 평창댁은 별일 아니라는 듯 화덕 아궁이에 불붙은 장작을 깊숙이 밀어 넣었다. 무쇠솥에 장작불이 지펴지고 있었다. 팔월의 뙤약볕이 뜨거운 무쇠솥에 열기를 더했다. 옥수수가 익어가느라 솥뚜껑에 김이 폴폴 올라왔다. 붉게 타오르는 장작불을 보기만 해도 땀이 났다. 머리에 수건을 덮어쓴 평창댁이 이마에 땀을 닦으며 힐끗 쳐다보았다. 뜨거운 태양 때문인지 장작불 때문인지 그녀의 얼굴이 빨갛게 익어갔다. 환갑이 지천인 평창댁은 소 장수를 하던 그녀 아버지의 중매로 이웃 고을에서 산을 두 개 넘어 이 마을로 시집을 온 여자였다.

"옥수수가 좀 팔립니까."

"그냥저냥 팔리지 뭐."

평창댁이 시큰둥하게 대답했다. 옥수수 잎이 바람에 부딪히며 휘파람 소리를 냈다. 남자는 주위를 둘러보았다. 가까운 산비탈에서 옥수숫대가 베어지며 비린내를 풍겼다. 갑방 광부들이 일을 마치고 나올 시간이었다. 남자는 지난밤 마신 술이 다 깨지 않아 오전 내내 눈꺼풀이 무거웠다. 점심시간을 이용해 잠깐 눈을 붙이려고 나온 터였다. 남자는 평창댁의 시선을 따라 금광 골짜기를 바라보았다. 간헐적으로 들려오던 굉음이 멈추었다. 천공 작업을 잠시 멈춘 듯했다.

콩이며 팥, 수수 따위 농산물을 오일장터에 내다 팔던 평창댁은 어느날인가부터 광산으로 가는 길 입구에 무쇠솥을 걸어놓고 찐빵이나 만두를 팔았다. 이문이 좀 남는가 싶자 본격적인 장사에 나섰다. 여름 옥수수를 쪄서 파는 그 일은 이문이 쏠쏠했다. 외지에서 들어온 일꾼들이 한두 개씩 사서 맛을 보더니 사가는 횟수가 늘어났다.

"한 개 잡솨."

평창댁이 솥뚜껑을 열고 익은 옥수수 한 개를 꺼내 내밀었다. 남자는 얼떨결에 옥수수를 받아 들었다. 평창댁 근처에서 어정거렸던 것은 혹시나 순화 소식을 들을 수 있을까 싶어서였다. 뜨거운 옥수수를 왼손에서 오른손으로 옮겨 들었다. 남자는 평창댁 옆에 주저앉아 옥수수를 먹었다. 찰기가 도는 옥수수는 부드러웠다. 금세 옥수수를 먹어 치우자 평창댁이 얼른 솥뚜껑을 소리 나게 열고는 한 개를 더 꺼내주었다.

"괜찮습니다. 아주머니도 드세요."

"나야 뭐, 늘 먹는 건데."

남자는 뜨거운 옥수수를 받아 들고 평창댁을 힐끗 쳐다보았다. 그녀의 주름진 얼굴 위로 기미 주근깨가 거뭇거뭇했다. 남자는 순화 소식을 물어보려다가 입을 다물었다. 순화는 평창댁의 맏딸로 남자와는 서당을 같이 다녔다. 서양 문물이 막 들어오던 시기여서 여자아이들도 서당에서 받아주는 분위기일 때였다. 순화는 피부가 곱고 예뻤다. 남자아이들이 순화와 친해져 보려고 그녀 옆에서 알짱거리기도 하였지만 순화는 도도하게 그 손길들을 밀어내더니 어느 날 집을 나가버렸다. 공교롭게도 순화공연을 온 연희 패거리가 왔다 간 뒤라서 사람들은 순화가 연희 패를 따라갔다고 믿었다. 마을이 발칵 뒤집혔고 순화 아버지의 술주정이 심해졌다. 술에 잔뜩 취해서 가족들을 힘들게 할 때 평창댁은 자식들에게 가해지는 남편의 폭력을 몸으로 막아내며 버텼다. 순화 아버지가 추운 섣달 밤 밭두렁에서 동사(冬死)함으로써 평창댁의 고초는 끝났지만 그때부터 새로운 고생이 시작되었다.

사라졌던 순화가 어린 손자를 턱 하니 데려다 놓고 가버린 일로 마을이 또 한 번 시끄러웠다. 사람들이 뒤에서 수군거리거나 말거나 당장 세 살배기 손자를 키우는 일이 급했다. 오일장터에 물건을 팔러 가면서 평창댁은 가끔 남자에게 손자를 맡겼다. 남자는 어린아이의 얼굴에서 어린 시절의 첫사랑이었던 순화의 모습을 얼핏 발견하기도 하였다. 뽀얀 피부와 깊은 눈매는 순화의 모습을 떠올리게 하였다.

"순도는 학교에서 아직 안 왔습니까."

"일찍 오면 뭐하누. 내가 힘들어도 손 하나 까딱 않는데."

순도는 순화가 맡기고 간 평창댁의 손자였다. 순도의 기저귀가 부족하여 남자는 무명 속옷을 찢어 급한 불을 끈 적이 있었다. 엄마를 부르며 울고불고하다가 잠든 순도를 물끄러미 내려다보며 남자는 자신과 어머니를 버리고 간, 기억도 가물가물한 아비를 떠올린 적이 있었다.

남자는 평창댁에게 인사를 하고 현장 사무실을 향해 발걸음을 옮겼다. 잡목 사이로 협곡을 흘러내리는 물줄기가 암벽을 타고 흐르는 장면이 눈에 들어왔다. 마을 입구에서부터 현장 사무소가 위치한 중턱에 커다란 돌무더기를 부려놓은 언덕이 자꾸 생겨났다. 군데군데 구멍이 뚫린 바위산은 내장이 파헤쳐진 듯 황량했다. 옹색하게 지어진 임시 건물이 금방이라도 기우뚱 흔들릴 듯 서 있었다.

"도영 씨, 어디 갔다 이제 와."

계장이 소장의 눈치를 보며 남자에게 말했다.

"무슨 일 있었습니까?"

사무실 소장이 화가 난 얼굴로 남자를 노려보았다.

"큰일 났데이."

"……."

"한 개가 안 터졌다 아이가?"

"안 터졌다면……."

그렇다면 정말 큰일이 벌어진 셈이었다. 다이너마이트를 구멍에 넣고 밖에서 피신한 후 터질 때마다 일일이 세어서 확인을 해야 했다. 열두 개 천공 작업 중 열한 개가 터지고 한 개가 안 터졌다는 것이었다. 광부들은 아무도 굴속으로 들어가려 하지 않았다. 아무리 기다려도 더 이상 다이너마이트가 터지지 않았다. 굴 안에서 피어오르던 먼지가 가라앉은 지도 꽤 시간이 지나 있었다.

"기다려보시죠, 뭐."

"시간이 금인데, 이걸 우짜노."

강한 경상도 억양으로 발음하는 소장은 마치 그 일이 남자의 잘못이기라도 한 듯 노려보았다. 남자는 속으로 픽 웃었다.

"어차피 금을 캐내 봐야 우리 거 되는 거 아니지 않습니까. 천천히 하시죠. 이참에 광부들 퇴근시키고 좀 쉬게 하고요."

"니 시방 뭐라카노."

"사실이지 않습니까. 금을 캐내도 왜놈들이 모두 가져가는데 우리에게 뭐 득 될 게 있다고."

남자가 담배를 피우며 시큰둥하게 대꾸했다. 소장은 남자를 향해 으르렁대다가 문을 소리 나게 닫고 나가버렸다.

"뭐해요? 광부들 내보내요. 사람 다치면 계장님이 책임질 거 아니잖아요."

계장이라 불린 사람이 눈치를 보다가 문을 열고 나가 버렸다. 이제 사무실에는 경리를 보는 송 양과 남자 둘뿐이었다.

남자는 헬멧을 쓰고 간드레를 손에 들었다. 긴 레일 위에 광차들이 길게 줄을 지어 서 있었다. 남자는 막대기를 들고 조심스럽게 굴속으로 걸어 들어갔다. 바닥에 흩어진 잔돌 파편이 장화를 신은 발끝을 찔렀다. 발파 심지 길이가 몇 미터짜리인지 그것도 불분명했다. 1분짜리인지 2분짜리인지 혹은 3분짜리인지도 불분명했다. 분석실에 근무하는 남자는 문득 자신이 왜 이 일을 떠맡아서 하는지 회의가 들었다. 몇 미터 간격으로 발파 작업의 흔적이 보였다. 커다란 구멍과 그 주변에 흩어진 바위 잔해들이 무더기로 쌓여 있었다. 착암기가 아무렇게나 방치되어 있는 게 보였다. 암벽에 구멍을 뚫어 다이너마이트를 집어넣으면 딱 맞게 들어갔다. 불을 붙이는 순서에 맞게 다이너마이트가 터졌다. 불을 붙이는 순서에 따라 작업이 끝나면 광부들은 재빨리 밖으로 피신했다.

"하나 두울 세엣 네엣……."

광부들은 멀찌감치 떨어진 굴 밖에서 숫자를 세고 나서 안도의 숨을 내쉬었다. 먼지가 가라앉기를 기다렸다가 물을 뿌리며 작업자가 굴속으로 들어갈 때면 바위벽 천장에서는 물이 뚝뚝 떨어졌다. 레일을 따라 광차가 들어가면 대기하고 있던 작업자가 광석을 실었다. 레일의 끝이 어디인지 알 수 없었다. 남자는 어둠 속으로 길게 이어진 레일을 바라보았다. 물을 제공하는 호스가 바닥에 아무렇게나 늘어져 있어서 남자는 조심스럽게 발걸음을 옮겼다. 착암기 손잡이를 잡고 잠시 숨을 돌렸다. 차가운 쇠의 감촉이 손끝을 타고 올라왔다. 여름인데도 동굴은 서늘하다 못해 추웠다.

간간이 천장에서 떨어지는 물소리가 동굴의 적막을 깼다. 기계와 호스, 광석 파편들로 어수선한 동굴 속에서 남자는 천공 작업 후 고막이 터져 소리를 듣지 못하게 된 전광용 씨가 떠올랐다. 마을 구장의 조카인 전광용 씨는 그 일 이후 술만 푸며 지내고 있었다. 구장이 조카의 청력 상실을 이유로 소장과 만나 협상을 한 것이라곤 쌀 세 가마니로 합의를 본 게 전부였다. 이후 전광용 씨 인생은 술과 더불어 저물어갔다.

남자는 고요한 동굴 속에서 금맥을 찾아 바위벽을 더듬던 아버지를 기억했다. 광부들의 발자국과 거친 숨소리와 기대에 찬 눈동자를 떠올렸다. 동굴 구석 오목한 곳에 양은 도시락을 싸 온 보자기들이 먼지를 뒤집어쓴 채 다소곳이 웅크려 있었다. 남자는 그중 한 개의 보자기에서 비어져 나와 뚜껑이 열린 양은 도시락에서 뭔가 빛이 번쩍하고 나는 것을 보았다. 남자는 도시락 뚜껑을 밀쳤다. 양은 도시락통에서 누런 금색 줄이 나 있는 돌덩이들이 아무렇게나 포개어져 있었다. 다른 도시락통을 열어보았다. 그곳에도 마찬가지로 누런 금색이 섞인 돌덩이들이 들어앉아 있었다. 남자는 도시락 뚜껑을 덮어 보자기를 다시 싸놓았다. 그러고는 혼자 큰소리로 웃었다. 웃음의 파장이 동굴 내부에 메아리를 일으키며 허공에 떠돌았다.

남자는 도시락통의 돌덩이가 유화철임을 알아보았다. 겉으로는 금맥처럼 보이지만 그건 그냥 돌덩이에 불과했다. 돌덩어리를 들킬세라 고이 숨겨놓은 광부들의 행태가 무모하다 못해 측은했다. 계장과 소장이 남자의 웃음소리를 듣고 허둥지둥 달려왔다. 그들은 송 양의 말을 듣고 뒤따라온 터였다.

"무슨 일인가."

"아무것도 아닙니다."

의혹이 가득한 시선으로 소장이 남자를 훑어보았다. 소장도 미처 터지지 않은 나머지 한 개의 다이너마이트가 궁금해 미칠 지경인데 겁이 나서 감히 찾아볼 엄두를 못 내다가 남자의 뒤를 따라온 것이었다.

"뭐가 좀 보이나?"

"안 보이는데요."

"내는 내려갈 테니 찾아내 폭파하고 오소."

소장이 남자와 계장을 보고 말하고는 꽁무니를 뺐다.

"도영 씨, 부탁해요."

계장이 소장의 뒤를 이어 굴을 나갔다. 남자는 바닥에 침을 뱉었다. 목이 깔깔하기도 했거니와 두 사람의 행태가 거슬렸다. 그냥 팽개치고 나갈까 하다가 남자는 마음이 원한다는 것을 알았다. 아버지는 벌목꾼이었다. 남쪽의 들판에서 벼 나락이 쑥쑥 자라는 걸 보고 성장한 아버지는 정선 산골에 왔다가 벌목꾼으로 살았고 일거리가 끊어지자 다시 뗏목꾼으로 살았다. 벌목된 통나무를 칡 줄기로 엮어 동강에 띄운 다음 남한강 물길을 따라 한강으로 옮기는 일을 했다. 목돈이 손에 들어오면 남한강 굽이굽이마다 생긴 강변 주막에 들러 주모와 노닥거리며 돈이 떨어질 때까지 오입질하거나 도박을 벌이고는 빈손으로 돌아왔다. 깊은 산 속 화전민 딸이었던 처녀는 벌목꾼 아버지를 만나 하룻밤 정을 통한 대가로 남자를 낳았다. 산에서 내려와 버려진 마을 헛간을 빌려 살림을 차린 아버지는 한동안은 성실히 살고자 했다. 물고기도 잡고 남의 집 일도 하고 약초를 캐어 팔거

나 숯을 만들어 팔았다. 그렇게 일한 대가는 보잘것없었고 어머니와 남자
는 끼니를 굶기 일쑤였다.

그 무렵 팔십 리 밖 정선읍에서부터 산허리에 넓은 길을 내기 시작했
다. 통나무가 잘려 나가고 먼지와 바윗돌이 구르고 굉음이 허공에 흩어졌
다. 일본인 엔도 와타루는 젊은 사장이었다. 그는 조선총독부에 힘을 가진
고위층의 자제라고 알려졌다. 그가 포마드를 발라 머리카락 올을 뒤로 넘
기고 베이지색 양복에 밤색 가죽구두를 신고 지프에서 내렸을 때 사람들
은 그 진귀한 모습에 호기심을 드러냈다. 젊은 사장은 광부를 모집하여
길을 닦았다.

다이너마이트 터지는 소리가 천지를 울렸다. 야생 짐승들이 놀라 달아
나고 나무가 베어진 산 중턱은 벌거숭이가 되었다. 산비탈에 감자와 옥수
수 농사를 지어먹으며 고즈넉한 삶을 살던 이들에게 어느 날 우레와 같은
소리와 함께 바위산이 무너지고 산허리가 휑하니 파헤쳐지는 광경은 천지
가 진동할 놀라움이었다. 남자는 사막의 풍경을 연상했다. 풀도 나무도 없
는, 모래 먼지가 쌓여 산을 이루는 사막의 건조한 광경이 무너진 바위산과
겹쳐졌다.

외지에서 들어온 광부들은 강변에 천막을 치고 살거나 형편이 좀 나은
사람들은 여관방을 얻어 합숙을 했다. 산허리를 돌고 돌아 신작로가 만들
어질 동안 일본인 학자를 데려와 일찌감치 지질 연구를 끝낸 엔도는 광부
를 동원하여 그림바위와 한치 마을, 광대곡 바위산을 뚫기 시작했다. 엔도
는 마을 입구 산자락에 서둘러 광부들이 거주할 집단 주거지를 만들었다.
생판 만난 적도 본 적도 없는 광부들이 엔도의 지휘 아래 움직였고 그들
의 얼굴과 팔뚝은 검붉은색으로 반질거렸다. 남자의 아버지는 다시 목수
로 변신했다. 나무를 다루며 잔뼈가 굵은 사람이었다.

그는 엔도에게 불려 가 베어진 생나무를 다듬어 광부들의 임시 숙소를
지었다. 기둥을 세우고 진흙에 볏짚을 넣어 벽을 만들고 온돌을 놓았다.

아버지가 도시락을 미처 갖고 가지 못한 날에는 남자가 심부름을 했다. 옥수수나 감자를 넣은 도시락을 보자기에 싸서 들고 가면 아버지는 집 짓는 네 열중하여 남자가 온 줄도 모르고 일에 매달렸다. 남자는 아버지가 기둥을 세우는 집들보다 광대곡 깊숙이 자리한 골짜기에서 천둥 벼락 치는 소리가 난 후 흙산이 한꺼번에 무너지며 황토 먼지가 자욱하게 산 능선을 타고 올라가는 장면에서 두려움과 경이로움을 같이 느꼈다. 단조롭고 막막한 가슴이 뚫리는 듯한 야릇한 기운이었다. 그게 뭔지는 몰랐지만 남자는 산이 허물어지고 지형이 바뀌며 무언가 변화가 일어난다는 것에 가슴이 뛰고 동요됨을 느꼈다. 아버지가 일을 할 동안 남자는 널따란 바위에 주저앉아 광대곡에서 피어오르는 모래 먼지를 하염없이 바라보았다. 몇천 년 동안 고요하던 마을이었다. 긴 세월 동안 꿈쩍도 안 하던 산과 강과 골짜기와 마을이 어느 날 하루아침에 용틀임을 하듯 둔중하고 무거운 몸을 천천히 뒤틀며 움직이고 있었다. 지진이 일어난 것처럼 산하는 조금씩 변해갔다.

마을에 주막이 들어섰고 술을 빚는 가내공장이 돌아가기 시작했다. 무엇보다 큰 변화는 알지도 못하는 먼 곳에서 속속 들어오는 사람들의 수가 원주민보다 많아지기 시작하면서 온갖 사투리가 뒤섞여서 무슨 뜻인지 알아듣지 못할 때가 있었다. 명절이 다가오면 집마다 옥수수 막걸리를 만들어 먹었다. 술을 찾는 일꾼들이 늘어나면서 쌀 막걸리를 파는 곳도 생겼다. 누룩 냄새가 진해지는 시간이면 금광에서 일을 마친 광부들이 코를 큼큼대며 술을 빚어 파는 주점을 찾아들었다.

서울 말씨를 쓰는 아가씨가 나타난 일은 마을 청년뿐 아니라 광부들, 심지어는 아이가 두셋 딸린 남자들마저 미지의 호기심으로 아가씨가 일하는 주점을 찾았다. 머리카락이 뽀글뽀글 비누 거품처럼 혹은 목화꽃처럼 생긴 모습은 마을에서 보던 처녀들하고는 달라서 그 이국적인 생김새만으로도 사내들의 가슴을 들뜨게 했다.

남자의 아버지가 금덩이를 발견하여 몰래 챙겼다는 소문이 돌았다. 그러고 얼마 후 주점 여자와 남자의 아버지가 사라졌다. 마을이 발칵 뒤집혔지만 시간이 흐르면서 그 일도 가라앉았다. 모든 소문은 모래 먼지처럼 피어오르다가 바닥에 가라앉기 마련이었다. 졸지에 지아비와 아비를 잃은 두 모자는 시련의 시기를 견뎌야 했다. 그때부터 어머니는 남의 집 밭매기를 했고 겨울이면 생필품이나 해산물을 떼어다 산골에 팔았다. 남자는 자주 버려졌다. 어머니는 감자와 고구마를 삶아 솥단지 안에 넣어두었고 남자는 배가 고프면 그걸 꺼내먹었다.

폭설이 내린 날이었다. 어머니는 어쩐 일인지 한 달가량 집에 오지 않았다. 남자는 온종일 굶었다. 감자와 고구마가 떨어져서 생무를 베어 먹었다.

"도영아."

순화가 대나무 바구니에 보자기를 덮어 이고 왔다.

"엄마가 이것 갖다 주래. 먹어."

순화가 주고 간 것은 배추전이었다. 이틀을 굶은 남자는 배추전을 허겁지겁 손으로 뜯어 먹었다. 배추전은 달고 고소했다. 그 후에도 순화는 남자에게 먹을거리를 갖다주곤 했다. 열한 살 소년은 동갑내기 여자애가 갖다주는 음식을 받으며 부끄러움을 느꼈다. 사춘기의 시작이었는지도 몰랐다. 어쩌면 순화를 마음에 담고 있어서 더욱 그러했는지도 모르겠다.

"이런 거, 다시는 갖고 오지 마."

"왜 그러니."

"나, 거지 아니야."

남자는 급기야 순화에게 속에도 없는 말을 내뱉었다. 그 일 이후 순화는 더 이상 오지 않았다. 눈이 녹고 입춘이 다가올 무렵에야 어머니는 긴 장도에서 돌아왔다. 남자는 어머니와 말을 섞지 않았다. 아버지에 이어 어머니도 자신을 버릴 것이라는 두려움이 엄습했다. 어머니는 시름시름 앓았다. 장사를 하며 떠돌던 어머니는 풍찬노숙을 하기도 했고 헛간이나 서낭당에 몸을 기대어 겨울을 견뎠다는 것을 남자는 몰랐다. 어쩌면 알고 싶어 하지 않았을지도 모르겠다.

남자는 나무를 해오고 이웃집 소꼴을 먹이며 가장 역할을 했다. 어머니는 겨울이 물러간 이듬해 봄, 눈을 감았고 공동묘지에 묻혔다. 상여가 나가는 날 남자는 울지 않았다. 가슴속에 높이 솟은 산만큼이나 가로막힌 답답하고도 무거운 운명을 예감하며 한숨을 깊게 쉬었다. 앞을 보나 뒤를 보나 어디를 보아도 사방 산으로 꽉 막힌 마을은 그 안에서 살아가는 생명체들을 가둬놓고 서서히 목줄을 죄는 것 같아 숨이 막혔다.

앞산을 바라볼 때마다 남자는 삶이 막막했다. 마을에 들어온 소 장수를 따라 고향을 떠났던 남자는 서울 사대문 밖 대장간에서 농기구를 만드는 일을 했다. 풀무질을 하면서 불꽃이 손등이나 벗어제친 앞가슴에 튀어 상처가 났다. 몸에 새겨진 자잘한 상처는 나으면서 흔적을 남겼고 그 흔적은 꼭 남자의 인생에 드리워진 검은 그림자처럼 느껴졌다.

그러다가 국경을 넘어 청나라를 드나드는 장사꾼들을 알게 되었다. 남자는 가진 돈을 모두 모아 인삼을 사서 짊어지고 보따리 장사꾼을 따라 청나라로 갔다. 청에서 남자는 옥광산을 운영하는 공장에서 몇 년간 일했다. 옥광산 주인 마누라를 따라 천주당을 몇 번 갔고 그곳에서 독일인 기술자를 사귀었다. 그는 옥광산 사무실 분석실에서 광물 분포도 분석을 했다. 남자는 지질학을 전공한 독일인 기술자와 친해졌다. 지질 분포를 조사하고 분석하며 옥 매장량을 측정하던 독일인 기술자는 로마 교황청이 파견한 외방전교회 소속 선교사를 따라온 사람이었다. 청나라와 수교를 원하던 교황청은 이때 산업화에 따른 서양의 신문물을 청나라에 전달할 때였다.

남자는 옥광산에서 착실히 일을 하다가 옥광산 사장이 가져온 충격적인 소식을 들었다. 어느 날 청 황실에 물품을 바치고 돌아온 주인이 말했다. 조선이 망했다고, 일본이 조선을 집어삼켰다고. 남자가 놀라서 입을 다물지 못하고 쳐다보자 주인 사장은 다시 3.1 만세 운동 이야기를 했다. 그러고도 몇 년의 시간이 흘렀다고 남의 말 하듯 지나가는 소리로 툭 내뱉었다. 그제야 남자는 세상이 어떻게 돌아가는지 모르고 살아온 세월을 회고했다. 조선이 일본에 넘어가다니, 기가 막힌 일이었다.

고향 소식이 궁금했다. 아니 순화 소식이 궁금했다. 순화는 어찌 되었는지 순화 어머니와 순도는 어찌 되었는지 몹시 궁금했다. 남자는 고향의 얼굴들을 애써 떠올려 보았으나 가물가물했다. 하지만 남자가 마지막으로 또렷이 기억하는 얼굴은 순화였다. 그녀가 웃으면 깊은 산속에 피는 흰 꽃 같았다. 싱그럽고 화사했다. 눈을 감아도 선명하게 보였다. 남자는 고향으로 가야겠다고 결심을 굳혔다. 낯선 곳을 떠돌며 지치기도 했다. 옥광산 주인 마누라는 조선으로 떠나는 남자에게 작은 상자를 내밀었다.

"혼인하면 네 부인에게 줘."

쳐다보는 남자에게 주인 마누라가 싱글싱글 웃으며 말했다. 청나라 황실에 옥공예품을 상납하는 그곳은 별의별 제품을 만드는데 모두 수작업으로 했다. 두꺼비, 돼지, 잉어 등 장수 동물의 문양뿐만 아니라 배추, 미나리, 무, 고추, 파 같은 채소류 문양을 만들어 파는데 인기가 있었다. 남자는 얼떨결에 상자를 받았지만 그 안에 반지나 팔찌 같은 것들이 들어 있을 것임을 짐작했다. 공장 문밖에는 낙타 세 마리가 콧김을 내뿜으며 서 있었는데 방금 도착한 듯했다. 둥그런 천을 둘둘 말아 머리에 얹은 듯한 낙타 상인 두 사람이 가죽 부대를 낙타 등에서 내려놓으며 수염을 쓰다듬었다. 헤어짐을 아쉬워하던 주인과 그의 마누라는 얼른 표정을 바꾸더니 중년의 사내들을 향해 문을 활짝 열어놓으며 환대했다. 남자는 순식간에 유령 인물이 되어 잊혀졌다. 인삼 장사를 하러 상인들을 따라 들어왔다가 우연히 옥광산 주인을 만나 머물게 되기까지 남자의 시간은 멈춰 있었다.

터지지 않은 한 개의 다이너마이트는 보이지 않았다. 금맥을 따라 천공 작업이 이뤄지므로 레일이 깔린 갱도는 미지의 어둠을 향해 끝없이 뻗어 있었다. 금줄을 따라 일자로 파고 들어간 커다란 구멍이 위로도 옆으로도 뚫려 있었다. 굴의 크기는 조금씩 달랐다. 일하는 양에 따라 굴이 작기도 크기도 했다.

남자는 아주 오래전 아버지가 망치와 끌을 갖고 수작업으로 바위 암벽을 파내었던 것을 기억했다. 순화 아버지와 죽은 구장 조카 이렇게 셋이 금을 찾겠다고 무모하게 바위를 쪼아댄 것을 기억했다. 금이 붙어 있는 바위가 누리끼리한 색깔을 품고 눈에 뜨이면 온갖 도구를 이용하여 파냈다. 금은 요란스럽게 반짝거리거나 자신을 드러내지 않는 광물이었다. 겉으로 보이는 번쩍거리는 누런 금색은 유화철이었다. 그때는 순화 아버지가 아직 총각이었을 때였다.

남자는 서서히 지쳐갔다. 그는 굴 밖으로 나와 바닥에 주저앉아 담배를 한 개비 꺼내 들었다. 와자지껄 떠드는 소리가 들리며 기철과 용하가 나타났다.

"소장은 어디 가고 자네가 용을 쓰나."

"니미, 누군 파리 목숨이고 누군 양반 목숨인가."

용하가 성냥개비를 그어 남자의 담배에 불을 붙여 주고는 그도 담배를 입에 물었다. 성냥불이 순식간에 사그라졌다. 소장이 인천 제물포에 출장을 가면서 성냥갑을 여러 개 사와 한 개씩 돌리며 불만을 터트렸다. 피도 안 마른 새파란 젊은 놈이…… 제물포 외국인 구역에 거주하는 일본인 상사를 만나러 가는 소장은 다녀올 때마다 툴툴거렸다.

기철이 바닥에 가래침을 뱉고는 다시 구시렁거렸다. 남자는 주머니에서 담뱃갑을 꺼내 기철에게 내밀었다. 기철이 담배를 뽑아 남자의 담뱃불과 맞대어 한 모금 빨았다. 어둠 속에서 빨갛게 피어오른 담뱃불이 기철의 창백한 얼굴을 비췄다. 두 사람이 합류하자 남자는 힘이 나는 것 같았다.

"요새 살림하는 재미가 쏠쏠하재?"

"혼자 밥을 먹다가 둘이 먹으니 좋긴 하죠."

얼마 전 기철은 주점 주인에게 모아 놓은 돈을 갖다 바치고는 미자와 살림을 차렸다. 미자와는 먼 친척이라던 주점 여자는 기철의 뇌물 공세에 미자를 구슬려서 기철과 살림을 차리게 했다. 시큰둥하게 대답하는 기철의 표정이 어두웠다.

"이 사람, 새신랑이 벌써부터 맥 빠진 얼굴을 하면 우짜노."

"그러게나 말입니다."

기철이 연기를 후 불어 올리며 길게 한숨을 내쉬었다. 합숙소에서 나와 주점 뒷방에 살림을 차린 기철은 미자가 주점 일을 계속하는 데 대한 불만이 많았다. 주점 주인 여자와 약속한 것도 계속 일을 한다는 조건이 붙었고 방 한 칸 얻어줄 수 없었던 기철은 내키지 않았지만 수긍할 수밖에 없었다. 그러다가 미자가 다른 사내와 그렇고 그렇다는 소문이 돌았다. 기철은 조바심이 났다. 그렇다고 일을 그만두고 감시할 수도 없었다.

"금덩이나 하나 찾으면 내사 여길 뜰 겁니다."

"그런 행운이 진즉 왔으면 요 모양 요 꼴로 살지는 않았겠지."

"하늘이 도와준다면 그렇다는 말이죠."

"자네 색시나 잘 챙기게."

"뭐라고요? 그게 무슨 말입니까."

기철이 용하를 노려보며 윽박질렀다.

"자네 그 성질머리 좀 죽이게."

"그러니까 내 색시를 잘 챙기라는 말이 무슨 뜻이냐니까."

기철이 다시 용하에게 되물었다. 용하는 시선을 피하며 거참, 거참 그러고는 담배꽁초를 바닥에 던졌다.

"그만하시죠."

남자가 가라앉은 목소리로 침묵을 깼다. 그러자 그들은 언성을 높였던 일을 잊고는 할 일을 생각해 냈다.

"시방 우리 목숨이 왔다 갔다 하는구먼. 아직 못 찾은 한 개의 다이너마이트가 문제여."

용하의 말에 남자가 담배꽁초를 버리고는 일어섰다. 기철과 용하가 조심스럽게 남자 뒤를 따라 굴속으로 들어갔다. 파쇄장과 선광장에서 일하던 두 사람은 순환 근무 수칙에 따라 발파 조로 온 지 며칠 되었다. 기철은 용하의 말이 내내 걸렸다. 어렴풋이 짐작 가는 데가 있었다. 미자가 광부들을 상대로 술을 팔며 티 나게 웃음을 흘리는 게 문제라는 것을 기철은 알고 있었다. 그랬기에 더욱 화가 나고 불안했다.

해가 산등성이 너머로 지고 있었다. 산골의 어둠은 산 능선을 타고 화살보다도 빠르게 달려 내려왔다. 사위가 금세 어둑어둑했다. 남자는 헬멧을 벗어 던지고 카바이드 등을 들었다. 굴속은 캄캄했다. 손에 든 카바이드 등이 시야를 밝게 비춰주었다. 어느 순간 남자는 직감으로 뭔가 반짝하고 시야를 스쳐 가는 느낌을 받았다. 어둠 속에서 은빛 가는 줄기로 꼬인 피스가 바위벽에 붙어 있는 게 보였다. 가까이 다가가자 터지지 않은 다이너마이트였다.

"찾았어요!"

"뭐라고?"

"찾았다고요."

"후우, 자네가 여러 목숨 살리네 그랴."

"밖으로 나가세요."

"알았네. 알았어."

용하와 기철이 후다닥 굴 밖으로 내달렸다. 남자의 등허리에 식은땀이 흘렀다. 남자는 아주 조심스럽게 꼬인 심지를 펴서 다시 불을 붙이고는 냅다 튀었다. 다행히 구부러진 구간이어서 직접적인 피해는 당하지 않을

거리였다. 입구에 나왔을 때 굉음이 울렸다. 먼지가 부옇게 일어나 허공을
가득 덮었다.

용하와 기철이 얼마나 멀리 뛰어 달아났는지 보이지 않았다. 남자는 긴
장이 풀려 오줌이 마려웠다. 돌무더기에 오줌을 누는데 뭔가 누런 돌멩이
가 오줌발을 받으며 번쩍거렸다. 남자는 바지를 추스르고 돌멩이를 집어
들었다. 순간 남자는 소리라도 지르고 싶었다. 분명 금이었다. 광물이 섞
이기는 했으나 순도 높은 금이었다. 남자는 금광이 자신에게 주는 선물이
라는 생각을 했다.

사무실 쪽에서 뛰어오며 고함치는 소리가 들렸다. 간드레 불빛이 이리
저리 흔들렸다. 남자는 주머니에 금을 얼른 집어넣었다.

"도영 씨, 터진 거야?"

"걱정 안 하셔도 되겠는데요."

"이야."

소장이 남자의 허리를 안고 번쩍 들어 올렸다. 그러고는 한 바퀴 돌았
다. 평소 소장답지 않게 흥분한 터여서 민망했다.

"애썼어요."

계장이 감격한 얼굴로 소장 뒤에서 한마디 했다.

"가자구, 삼겹살 구워 먹으며 막걸리 잔치라도 해야지."

소장이 흥분해서 떠들었다. 그제야 용하와 기철이 어슬렁거리며 나타
났다. 야간 조 광부들이 간드레 불빛을 손에 든 채 지게에 다이너마이트를
지고 올라오고 있었다. 앞 조가 발파해 놓은 광석을 다시 폭파하여 뒤집어
놓으면 다른 조가 광차에 실어 가는 순환이 삼교대로 이뤄지고 있었다.

"수고들 하게."

소장이 야간 조 광부들에게 손을 흔들어 인사를 했다. 야간 조 광부들
이 숨을 몰아쉬며 잠시 서서 쉬었다. 광대곡 주위에는 발파된 암석 산이
군데군데 쌓여갔다. 푸른 나무들이 빽빽하게 서 있던 산자락에 암석산이

생기면서 마을 풍경이 조금씩 변해갔다. 신작로 길가에도 암석이 쌓였다.

파쇄장에 쏟아부은 광석이 어둠 속에서 빛이 났다. 마치 별이 반짝거리는 것처럼 빛을 뿜어냈다. 돌가루 물이 쏟아지는 곳에 약품 방울을 소량 떨어뜨리면 거품이 일어났다. 금, 은, 구리, 철 등의 광물질이 부글부글 끓었다. 위로 뜨는 거품을 걷어내면 모래 물은 수로를 타고 탕에 쌓였다. 모든 철 성분이 물에 뜨고 나면 돌가루는 바닥에 가라앉았다.

폐타이어를 태워 그 불로 광석을 말릴 때 검은 연기와 냄새가 하늘을 덮었다. 탕 안에 쌓인 시멘트같이 된 광물질을 바닥에 널어 말린 후 트럭에 실어 제련소로 갔다. 금, 은, 구리, 아연 등 광석을 분리해 내는 작업이 이루어졌다. 금을 얻는 작업은 수은 몇 방울이면 되었다.

소장 일행과 저녁을 먹은 남자는 집으로 돌아와 씻지도 않고 드러누웠다. 하루가 길었다. 피곤한 몸을 뒤척이는데 바깥에서 발자국소리가 들렸다.

"아저씨."

누군가 부르는 소리였다. 남자는 일어나 초를 찾아 켰다. 방문 밖에는 순도가 바구니를 들고 서 있었다. 남자는 바구니에 덮인 보자기에 본능적으로 눈이 갔다.

"웬일이냐."

"잘 지내셨어요?"

순도가 꾸벅 절을 했다. 키가 멀대같이 쑥 커서 잘 알아보지 못할 것 같았다.

"이거 할머니가 갖다드리라고 해서."

"그게 뭔데."

"옥수수랑 고구마요."

"들어와."

"아니에요. 가봐야 해요."

순도는 바구니를 마루에 놓아두고 그냥 가버렸다. 순도의 뒷모습을 한참 바라보았다. 세 살배기 아기가 커서 벌써 고등중학생이 되다니 이제는 어른티가 났다. 순화는 어디에서 무얼 하며 있을까. 남자는 보자기를 열고 옥수수를 베어 먹었다. 구수한 뒷맛이 입안에 오래 고였다. 오래전 대장간 일을 할 때도 청나라에 있을 때도 정선 찰옥수수가 생각났었다.

골짜기를 타고 내려온 바람이 시원했다. 산자락마다 옥수수가 빼곡하니 커가느라 잎사귀가 쉼 없이 흔들리는 소리가 들렸다. 그 소리는 휘파람 소리 같기도 어미 잃은 노루 울음소리 같기도 산의 메아리 같기도 했다.

남자는 다시 드러누웠다. 그날 밤의 일이 가물가물 피어올랐다. 순화가 사라지기 이틀 전 남자는 밤 목욕을 하러 가는 순화를 따라갔었다.

"나 목욕 가는데 망 좀 봐줄래."

"그래."

시골에서는 여자아이들이 강으로 밤 목욕을 하러 가면 남자아이들이 망을 봐주는 전통이 있었다. 그냥 마을에서 오래전부터 있어 왔던 일이라 망보는 일이 예사로운 일은 아니었다. 하지만 그날 순화는 혼자 목욕을 하러 가며 남자에게 부탁을 했다. 남자는 휘파람을 불며 순화 뒤를 따라갔다. 여름밤 풀벌레 소리가 시끄러웠다. 버드나무 가지가 길게 드리운 강변에서 순화는 옷을 벗고 물속으로 들어갔다. 순화의 하얀 등허리가 어둠 속에서 희끄무레 보였다 남자는 침을 꼴깍 삼켰다. 몸 안에서 뜨거운 불기운이 피어나는 것을 느끼며 남자는 먼 하늘을 쳐다보았다.

물을 끼얹는 소리가 들려왔다. 찰박찰박 물이 자갈에 부딪히는 소리도 들렸다. 물고기가 급류를 만나 튀어 오를 때면 미세하게 빛의 산란을 보여주는 강이었다. 어둠 속에서도 물고기가 튀어 오르는 듯 사금파리처럼 반짝이는 물결을 따라 아주 짧은 곡예 끝에 은빛으로 빛나는 생명의 흔적을 남겼다. 홍수가 지나가면 매년 지형이 바뀌어서 어떤 곳은 소(沼)가 생겨났다.

목욕을 마친 순화가 강변 자갈밭에 앉아 있었다. 남자는 어떻게 처신해야 할지 몰라 헛기침을 했다. 그때 물소리인지 울음소리인지 불분명한 소리가 들려왔다. 남자는 그것이 울음소리임을 알았다. 순화가 울고 있었다.

"무슨 일 있어?"

남자가 순화 옆에 주저앉았다.

"그냥, 우리 엄마가 불쌍해서."

"……."

남자는 할 말이 없었다. 조용히 울고 있는 순화의 어깨를 남자가 감싸 주었다. 그때 순화가 불쑥 말했다.

"도영아, 나랑 도망갈래?"

"뭐."

"같이 도망가자. 부산이나 제물포에 있는 성냥 공장에서 돈 벌어 집에도 부쳐주고. 답답해서 미치겠다."

남자는 아무 말을 못 했다. 그냥 어둠 속을 뚫어져라 노려보았다. 마음속으로 순화를 원하고 또 원했는데 갑자기 훅 들어온 순화의 말을 이해하지 못해 혼란스러웠다.

"천천히 생각해 보자."

순화가 다시 울기 시작했다. 남자는 어찌할 바를 모르고 순화를 바라보았다. 젖은 순화의 머릿결이 어깨에서 찰랑거렸다.

"너, 나 원하지?"

다시 훅 들어온 순화의 말에 남자는 뭐라 대꾸할 말이 없었다.

"오래전부터 알고 있었어."

'미치도록 원하지.'

남자는 속으로 웅얼거렸다.

"바보야. 나 좀 안아주면 안 되겠니."

남자는 순화의 말이 떨어지기도 전에 힘주어 그녀를 안았다. 풀벌레 소리가 났고 강물 소리가 깊어졌다. 남자는 허둥대면서도 순화를 놓칠세라 세게 끌어당겼다. 가슴속 깊은 곳에 억눌러 왔던 욕망이 꿈틀대며 은빛 물고기처럼 튀어 올랐다. 손안에 들어온 보물이 깨어질까 조심스럽게 어루만졌다. 순화의 가냘픈 몸은 부드러웠고 따뜻했다. 남자는 오래도록 열망하던 순화와의 밤이 믿어지지 않아 그녀의 뺨을 자꾸 어루만졌다. 한바탕 회오리가 지나가자 강물 소리가 더 또렷하게 들렸다. 태초의 남자와 여자가 서로를 받아들일 때 잔잔하던 물결이 파동을 일으켰고 안개가 이불처럼 그들을 가려주었다. 몇 번의 폭풍우가 지나가서야 남자와 여자는 나란히 누워 밤하늘을 바라보았다. 풀벌레가 다시 노래하기 시작했다. 새벽이 희뿌옇게 다가왔다. 남자와 순화는 오래오래 강물 소리를 들었다. 먼 하늘 끝에서 유성이 길게 꼬리를 끌며 지나가고 있었다.

그 일이 있고 난 이틀 후 순화는 마을을 떴다. 그날 밤 남자는 끝내 순화의 말에 대답하지 못했다. 같이 도망가자던 순화의 말에 순간 남자는 겁이 덜컥 났고 막막했다. 남자는 잘한 일인지 잘못한 일인지 스스로도 판단이 서지 않았다. 순화와 함께 떠났다면 뭔가 달라졌을까. 그 후 남자는 삶이 팍팍할 때마다 그날 밤의 일을 되짚었다.

2

강 건너 앞산에서 나뭇가지 부러지는 소리가 났다. 해발 천 미터가 넘는 가파른 능선에 마을 장정들이 큰소리로 떠들어대며 신호를 보내고 있었다. 몇몇 사람이 잣나무 가지 끝에 달린 잣송이를 따서 밑으로 내던졌고 나무 밑에서 기다리던 사람들이 잡목 사이에 숨어 있는 잣송이를 찾아내어 자루에 담았다. 그 일은 오전 내내 이루어졌고 주먹밥과 막걸리로 점심을 먹은 사람들이 오후 나절에는 지게에 짊어지고 돌다리를 건너 마을 공터에 자루를 부려놓았다. 공터 한가운데 수북한 잣송이 더미에서 진한 송진 향이 우러났고 장정들이 잣더미를 가운데 두고 커다란 원 모양으로 모여 앉아 작대기로 잣송이를 부수기 시작했다. 아주 오래전부터 사람들은 그 일을 해 왔다. 군청 소유인 잣나무 군락지를 마을이 키우고 관리하고 수확하여 그 수익을 반반씩 나누어 오던 일이었으므로 사람들에게도 쏠쏠한 재미를 안겨주는 임산물이었다. 하지만 올해는 지난해에 비해 수확량이 터무니없이 적었다. 원래 임산물은 야생 짐승의 배설물이나 햇볕과 바람이 키웠다. 언젠가부터 야생 짐승이 사라진 산은 나무들이 말라죽어 갔다. 그렇다 하더라도 사람들은 적은 수량이나마 수확한 잣송이를 키로 까불어서 자루에 분류해 냈다.

"어기야."

"데에야."

"어기야 데에야."

"어기야 데에야."

작대기가 잣송이를 부술 때마다 힘찬 구령이 리듬을 탔다. 아이들이 장정들의 등 뒤를 빙빙 돌며 구경했고 여자들이 앞치마를 두른 채 부엌을 들락거렸다. 가을날 공동으로 품앗이 진풀을 하던 때와 같이 장정들의 어깨에 힘이 들어가고 팔뚝에 힘줄이 불끈불끈 일어났다. 겨울 동안 마구간에 넣어줄 진풀을 한 짐씩 지고 와서 작두날에 잘라 마당 한쪽에 차곡차곡 쌓아두는 그 일도 다 같이 모여서 했다. 장정들이 하는 일은 또 있었다. 큰 명절이면 돼지를 잡았다. 집집이 돼지고기를 잘라 뭉텅이로 가져갔다. 부위가 달랐어도 불만 없이 나누어 가져갔다.

그날 저녁 주점에는 횃불이 환했다. 월급날이기도 하였거니와 마을 공동체가 모여 잣송이를 수확한 날이기도 하였다. 이 방 저 방 손님들이 떠드는 소리와 술잔 부딪히는 소리로 시끄러웠다. 기철은 일을 마치고 서둘러 집으로 갔다. 미자가 보이지 않았다. 기철은 주점으로 달려갔다. 기철이 이 방 저 방 문을 벌컥 열어젖히고는 미자를 찾았다.

"쯧쯧, 여자 땜에 한 인생이 망가지는구먼."

"망가지는 인생이래두 좋아. 하룻밤 계집을 품어봤으면 좋겠네."

"흐흐흐."

사내들이 음흉한 웃음을 흘리며 밤이 깊어 갔다.

한꺼번에 불어닥친 변화에도 시간이 흐르고, 그 흐르는 시간 속으로 삶이 진행되었다. 남자는 요즘 들어 몸이 무거웠다. 눈이 침침해지고 피곤이 더께로 쌓였다. 아침에 일어나려면 이불 속에서 한참 뒤척이다 겨우 무거운 몸을 일으켰다.

남자는 출근을 하다가 계곡 주위에 죽어 나자빠진 동물들을 발견했다. 청설모와 삵이 물을 마시러 왔다가 변을 당한 것 같았다. 아직 숨이 붙어 있는 고라니가 호흡을 할딱거리며 비틀거리다가 쓰러졌다. 뿌연 계곡물은 바닥이 보이지 않았다.

폭포수 밑을 휘도는 물이 뿌옜다. 자갈과 물고기가 들여다보이던 초록색 소는 청회색으로 바뀌어 물속이 보이지 않았다. 금광이 생기고 나서 생긴 변화였다. 능선을 타고 빽빽하던 나무들도 시름시름 앓았다. 짙은 초록색 잎사귀가 누레지고 가지가 말라갔다. 나무가 말라가자 야생 짐승들도 보이지 않았다.

남자는 계곡에 흐르는 물을 손바닥으로 떠서 들여다보았다. 진회색 물이 손가락 사이로 흘러내리며 모래 먼지가 서걱거렸다. 동물들이 죽은 이유는 누가 봐도 금광 때문임이 뻔했다. 바위산이 파헤쳐지며 수많은 광물 찌꺼기가 그대로 바람과 비에 노출되어 바닥에 스며들었다. 이제 계곡뿐만 아니라 하천과 강에도 중금속이 녹아들 것이었다. 마을 사람들은 집안에 우물이 있는 몇몇 집을 빼고는 개천 물을 길어다 먹었다. 빼어난 풍경과 맑은 용천수를 자랑하던 계곡은 예전의 풍경을 잃어버렸다.

산나물을 채취하러 산을 오르는 아낙은 아무도 없었다. 온 산이 돌가루로 뒤덮여 온통 회색이었다. 심마니들도 발을 끊었다. 봄이면 산나물을 뜯으러 깊은 산을 오르던 마을 여자들은 이제 사금 채취로 모래 더미를 하루 종일 들여다보느라 손가락이 퉁퉁 불어 터졌다.

남자는 오랜만에 휴일을 맞아 순도를 불렀다. 집안에서 뒹굴고 있던 순도는 귀찮은 듯 부스스 일어났다.

"왜요?"

"물고기 잡으러 가자."

"에이, 귀찮은데."

"인마, 뭐가 귀찮아. 빨리 일어나."

"알았어요."

순도는 귀찮아하면서도 남자를 따라 강으로 갔다. 반도와 대바구니를 들고 어기적거리며 따라오는 순도를 남자는 몇 번이고 뒤돌아보았다. 큰 새 한 마리가 강물 한가운데 돌출된 바위에서 물속을 들여다보고 있었다. 길게 목을 빼고 하염없이 들여다보는 새가 외로워 보였다. 반도를 들고 잔돌을 발로 휘저으며 물고기를 몰아넣었으나 잔챙이는커녕 민물새우 한 마리 걸리지 않았다. 순도가 하품을 했다.

"보마개로 가볼까."

"에이, 재미없어."

순도는 툴툴거리면서도 따라왔다.

"아저씨, 나도 광부가 될까 봐요."

"왜 그런 생각을 하니."

"금덩이를 발견해서 멀리 가버리려고요."

"금이 그리 쉽게 눈에 띄면 벌써 부자 됐게?"

"아저씨는 무슨 일을 해요?"

"무슨 일?"

남자는 순도의 질문에 선뜻 무어라고 답을 해야 할지 몰라서 망설였다.

남자는 자신이 광부인지 아닌지 헷갈렸다. 남자는 분석실에서 약품처리를 했다. 약이 한두 방울씩 링거액 떨어지듯 떨어지는 모양새를 바라보며 남자는 한 생이 저물어간다고 생각했다. 일정한 간격을 두고 약이 떨어지면 바닥 광석에서 거품이 뽀글뽀글 올라왔다. 거품 색깔이 까맣고 탁하면 금속물이 많다는 신호였다. 철 성분을 함유한 물질이 물에 뜨고 돌가루가 가라앉으면 남자의 소임은 거기까지였다. 그 일은 되풀이되었다.

검은 이끼가 덮인 바닥은 미끄러웠다. 지렛대를 이용하여 무거운 바위를 움직이자 뿌연 황토 먼지가 올라오며 강물이 혼탁해졌다. 반도를 들어 올리자 나뭇잎과 잔돌이 잔뜩 걸려들었다. 물고기는 눈을 씻고 찾아보아도 없었다.

"물고기 씨가 말랐네요."

"그러게 말이다."

"사람들이 그러는데 금광 때문에 물고기가 멸종되었다고 하던데요."

"그럴 수도 있겠지."

"폭파해 버려요. 화약으로 동굴을 막아 버려요."

"쉽게 생각할 문제가 아니구나."

"아저씨는 겁쟁이예요."

순도가 남자를 빤히 쳐다보며 화가 난 듯 말했다.

남자는 순도의 표정에서 불온함을 감지했다. 사춘기 소년의 단순한 반항이 아닌 삶 자체에 대한 저항이 느껴졌다. 빈 바구니를 들고 터덜터덜 걸어오며 순도와 남자는 말이 없었다. 금광이 들어서기 전에는 물고기뿐만 아니라 온갖 새 떼가 강에 모여 살았다. 예전에는 잠깐 사이에 물고기를 바구니 가득 채우곤 했다. 언젠가부터 물고기가 줄어들고 마을에서 멀리까지 나와야 겨우 손바닥만큼 잡아갈 수 있었다.

"다음에 토끼 잡으러 가자."

"어디로요?"

"산으로."

"좋아요."

순도의 얼굴이 펴지며 휘파람을 불었다. 남자는 휘파람을 부는 순도를 이윽히 바라보았다. 그 순간 남자 역시 휘파람을 불고 있었던 것이다. 두 남자의 휘파람 소리가 바람을 타고 흩어졌다.

"빈손으로 왔어?"

평창댁은 순도와 남자를 번갈아 쳐다보며 아쉬운 표정을 지었다. 함지 박에 담아놓았던 삶은 옥수수를 평창댁이 주섬주섬 그릇에 담아 내밀었 다.

"아니에요. 괜찮습니다."

"팔다가 남은 거야. 갖고 가."

남자는 옥수수를 받아 안고 마당을 나왔다.

"이따가 두부 먹으러 와."

평창댁이 등 뒤에 대고 큰 소리로 말했다. 길섶으로 콩잎 포기가 이파 리를 흔들었다. 콩밭 옆에는 도라지밭이 펼쳐져 있었다. 먼 산자락 비탈에 는 옥수수가 익어갔다. 골짜기마다 키 큰 옥수수가 돌밭에 뿌리를 내리려 온몸을 흔들며 기를 썼다. 가파른 산비탈에 기대어 밭작물을 심거나 산에 서 약초를 캐어 먹고사는 사람들에게 쌀은 귀했다. 마을 처녀가 시집을 가기 전까지 쌀 서 말을 못 먹고 간다는 말이 있었다. 금광에서는 광부들 의 삯을 쌀로 나누어주었다. 쌀 포대를 받아서 집안에 들여놓으면 세상에 부러울 게 없다고 마을 여자들이 말했다. 남자는 분석실에서 일하는 바람 에 지전(紙錢)으로 지급받았다.

정오의 햇볕이 문지방에 머무르는가 싶더니 미시(未時)가 되면서 낮이 기울었다. 남자는 피곤해서 아무렇게나 드러누우려는데 밖에서 다급하게 문을 두드리는 소리가 났다.

"빨리 좀 나와 보세요."

"무슨 일이지?"

방문을 열자 창백한 낯빛의 송 양이 발을 구르며 서 있었다.

"사고가 났어요."

"다이너마이트야? 다쳤어?"

"기철 아저씨가⋯ 죽었어요."

"뭐?"

남자는 서둘러 겉옷을 입고 사무실을 향해 뛰었다. 한참 뛰다가 뒤돌아보니 송 양이 헐떡거리며 빠르게 걸어오고 있었다. 남자는 발걸음을 멈추고 송 양을 기다렸다. 이미 사고는 나버렸는데 빨리 뛰어간다고 되돌릴 수는 없었다.

남자는 멀리 선광장을 쳐다보았다. 마감기가 뱅글뱅글 돌아가며 돌가루가 물과 같이 쏟아져 내리고 있었다. 파쇄장 앞에는 방금 싣고 온 광석을 내리느라 광부 두 명이 분주하게 움직였다. 파쇄기에서 잘게 부서진 잔돌들이 컨베이어벨트 안에서 물과 쇠볼이 같이 돌아갈 터였다.

서너 군데의 탕이 거품으로 끓어오르다가 계곡을 타고 흘러내렸다. 비라도 많이 오면 잘게 부서진 돌가루가 흘러내려서 모래 더미가 쌓이기도 했다. 마을 여자들은 쌓인 모래 더미를 헤집으며 금을 찾는 일에 하루를 보냈다. 소소하게 적은 양의 금을 구하기라도 하면 언젠가는 금덩이를 발견할 것 같은 허황된 꿈을 꾸었다. 선광장과 금붙이를 분류해 내는 곳을 지나자 적치장 아래 쉼터가 보였다. 오르막을 오르느라 송 양의 호흡이 거칠었다. 남자는 쉼터 의자에 주저앉았다.

몰운대 아스라한 절벽에 부채를 펼친 듯 푸른 소나무 한 그루가 아득히 보였다. 낭떠러지 아래로 푸른 물결이 바위벽을 휘돌아나가고 있었다. 소나무는 긴 날개를 펼친 독수리처럼 보이기도 했다. 그 푸른 소나무가 조금씩 말라가고 있었다. 이른 봄이면 진달래와 소나무가 어우러져 선경이 따로 없었다. 소나무가 말라가면서 사람들은 두려움에 젖어 들었다.

"산을 파헤쳐서 산신령이 노한 거지."

사람들은 그림바위나 창재 너머 한치 마을, 몰운대 주변 바위산이 허물어질 때면 겁에 질렸다. 낭떠러지마다 연분홍 진달래꽃이 피어 흔들리던 풍경이 사라지고 있었다. 남자는 얼마 전에 발견한 몰운대 산 중턱의 생경한 풍경을 보며 낯을 찌푸렸다. 경관이 뛰어난 산 중턱에 떡하니 일본식 건물이 우뚝 솟아 있었다. 언제 생겼는지 도무지 아리송했다. 다이너마이트 터지는 소리에 집이 지어지는 소리를 못 들은 것 같았다. 전형적인 일본식 구조로 된 건물이었다. 마을이 한눈에 내려다보이는 위치였다. 숲의 나무들에 둘러싸여 외부에서는 거의 눈에 뜨이지 않았다.

"저 건너 산 중턱에 언제 집이 들어섰습니까."

"아, 그게 말이지. 엔도 사장의 별장이라네."

"엔도 사장요?"

"요즘 금 채굴량도 늘어나고 해서 관리도 할 겸 쉬기도 할 겸 이용하려는 게지."

"참내, 얼마나 살겠다고 저 좋은 위치에다 집을 지어요."

"내가 우째 알것노."

남자는 선반 위에 놓여 있던 성냥곽을 내려 담배에 불을 붙여 물었다.

"밖에 나가 피우시면 안 돼요? 어후, 저 담배 연기 좀 봐."

송 양이 눈을 동그랗게 치뜨며 툴툴거렸다.

남자는 담배를 비벼 끈 후 송 양을 보며 말했다.

"자, 담배 껐다. 이제 됐지요?"

"두 사람 잘해 봐. 총각 처녀가 퇴근하면 뭐하노. 연애도 하고 그래야지."

소장이 남자와 송 양을 바라보며 음흉하게 웃었다.

"누가 연애한대요?"

송 양이 버럭 소리를 질렀다.

"오메, 무서라."

소장이 사무실을 나가며 힐끔 뒤돌아보고는 남자를 향해 한쪽 눈을 질끈 감았다 떴다. 남자는 새삼스럽게 송 양을 쳐다보았다. 통통하게 살집이 있어서 귀염성 있는 얼굴이었지만 선뜻 끌리지는 않았었다. 하지만 이날은 달랐다. 뭔지 모르게 송 양에게서 언뜻 어머니가 연상되었다. 아마도 어머니의 처녀 때 모습이 송 양과 닮지 않았을까 하는 의문이 들면서 가슴이 먹먹해졌다. 혼자 살아온 시간이 고적하기도 했지만 막연히 누군가를 만나야겠다는, 만나서 가정을 꾸려야겠다는 생각은 접고 살았다. 순화의 부탁을 외면한, 순화의 바람을 거절한 부채감이 있기도 했거니와 어쩌면 아직도 그녀를 가슴에 담아두고 있는지도 몰랐다. 이제는 순화를 보내야 한다는 것을 알면서도 순도를 볼 때면 괜히 울적해졌다.

"천천히 와요."

남자는 담배에 불을 붙여 물며 송 양에게 말했다. 송 양은 남자 앞에 서서 숨을 몰아쉬며 눈을 흘겼다. 송 양이 숙였던 허리를 펴다가 휘청 몸이 흔들렸다. 남자가 송 양의 몸을 받쳐주며 팔을 잡아 주었다.

"고마워요."

송 양이 말하고는 얼굴이 빨개졌다. 그 순간 남자는 송 양의 손을 잡았다. 송 양은 손을 빼지 않고 가만히 있었다. 두 사람은 손을 잡고 천천히 사무실이 위치한 계곡의 다리를 건넜다. 손에서 땀이 났지만 그냥 손을 잡은 채로 걸었다.

"내 이럴 줄 알았다 아이가."

소장이 화가 나서 가슴을 치며 답답해했다.

"지난번에도 깜빡하고 다이너마이트 터지는 숫자를 까먹어서 애를 먹였는데. 이번에는 다 터졌다꼬 해서 그런 줄 알았재."

"어찌 됐습니까."

"죽은 사람만 억울하재. 이를 우짜노."

천공 작업 후 불발이 된 남은 한 개가 뒤늦게 터지며 작업자들을 덮쳤다는 얘기였다. 기철은 ㄱ 자리에서 돌에 깔려 죽었고 다른 광부들은 돌조각이 튀며 다쳐서 읍내에서 병원차가 방금 떠났다고 했다. 기철의 유해는 장례 시설이 있는 면 소재지로 이동했고 을방 광부들은 출근을 하고도 미적미적 일을 안 하고 있었다.

"이 일도 이제는 못 해 먹겠다."

"……."

"본사에서 간부가 내려온다니 무슨 소식이 있겠지."

소장은 한숨을 푹푹 내쉬다가 남자에게 담배 한 개비를 얻어 피웠다. 평소 건강에 해롭다고 담배를 입에도 안 대던 사람이었다. 그도 막상 직장에서 대형 사고가 터지니 별의별 생각이 다 든 모양이었다.

"자자, 물 뿌리고, 먼지가 가라앉았으면 일합시다."

계장이 광부들을 독려하며 작업을 지시했다. 본사에서 간부가 내려와 얼마간의 장례 비용과 위로금을 전달하면 또 한 죽음이 잊힐 터였다. 그렇게 많은 목숨들이 신작로를 닦을 때부터 금광을 개발할 때부터 잊혔다.

퇴근 시간이 다가오자 남자는 송 양을 힐끔 쳐다보았다. 여름 해가 길어져서 아직 밝은 기운이 산마루에 남아 있었다. 남자는 송 양과 나란히 퇴근을 하며 손을 잡았다.

"집에 들러 옥수수 좀 갖고 가요."

남자의 말에 송 양은 아무 말도 안 하고 고개를 숙였다. 그녀의 속을 알 수 없었다. 금광에서 일한 돈으로 아픈 부모와 동생들을 부양한다는 소문이 있었으나 자세한 내막은 알 수 없었다. 그녀 옆에 있으면 편안했다. 가정을 꾸릴 엄두는 안 났지만 인생을 여자와 같이 해야 하지 않을까 막연히 고심하던 차였다.

"들어와요."

송 양은 남자의 말에 쭈뼛거렸다. 송 양은 방으로 들어와 다소곳이 앉았다. 그녀가 방안을 휘둘러보며 살림이 없다고 혼잣말로 중얼거렸다. 평창댁이 보내준 옥수수는 혼자 먹을 양으로는 많았다. 옥수수를 보자기에 담으며 남자는 문득 송 양을 바라보았다. 송 양과 눈이 마주치자 그녀가 고개를 숙였다.

"자고 가요."

"……."

남자는 송 양의 마음을 알고 싶었다. 송 양은 가타부타 말이 없었다. 송 양은 부모 집을 떠나 방을 얻어 자취를 하고 있었다. 두 사람 사이에 어색한 침묵이 흘렀다. 남자는 괜한 말을 했나 싶어 어색해했다. 그때 밖에서 순도의 목소리가 들려왔다.

"아저씨, 두부 먹으러 오래요."

"알았다. 조금 있다 갈게."

"할머니가 빨리 오래요."

"알았대두."

남자는 옥수수 보자기를 송 양에게 건네주었다. 송 양이 일어나 문을 열고 먼저 나갔다. 순도가 송 양과 남자를 번갈아 쳐다보았다. 송 양이 고개를 까닥 숙여 인사하고는 도망치듯 잰걸음으로 걸어갔다.

"순도야, 잠깐 기다려."

남자는 송 양을 바래다주고 돌아왔다.

"아저씨, 둘이 사귀어요?"

"그런 거 아니야, 인마."

"내가 뭐 어린앤 줄 알아요."

"그럼, 어린애가 아니고 뭐냐."

"알 건 다 안다고요."

남자는 순도의 머리를 쥐어박았다.

"괜히 나한테 심술이야."

"할머니 기다리겠다. 어서 가자."

순도는 남자를 골려 먹는 재미에 휘파람을 불었다. 남자는 문득 휘파람을 부는 순도가 아들이었으면, 하고 생각했다. 일본만화를 보며 자란 순도는 조금 되바라진 데가 있긴 했지만 천성이 순했다. 어쩌다 일본 만화 중에 성인 만화가 섞여서 들어와 그걸 보고는 부엌 아궁이에 불쏘시개를 한다고 두었는데 없어질 때가 있었다. 보나 마나 순도 짓이었다. 사내 녀석이 그 정도는 뭐 자연스럽게 알아가야 할 일이라 남자는 모른 체 했다.

평창댁이 솥뚜껑에 들기름을 발라서 두부를 구웠다. 고소한 들기름 냄새가 남자의 코를 자극하며 향수에 젖게 했다. 노릇노릇하게 구워진 두부를 그릇에 담아 양념간장과 젓가락을 쥐여 주는 평창댁의 이마에 깊이 팬 주름이 보였다. 어머니의 손맛은 기억나지 않았지만 평창댁의 손맛은 남자의 몸과 기억 속에 남아 있었다. 어려서부터 늘 먹던 음식이라 입에 잘 맞았다. 바구니에는 메밀전병이 소담하게 담겨 있었다. 메밀전병에 먼저 손이 갔다. 갓김치를 잘게 썰어 넣은 메밀전병은 옥수수만큼이나 흔한 음식이었다. 평창댁이 옥수수 막걸리 한 사발을 잔이 넘치게 부어주었다. 두부를 먹는 남자를 빤히 보던 평창댁이 돌연 울기 시작했다. 남자는 당황스러워서 젓가락을 내려놓고 평창댁을 쳐다보았다.

"에이씨, 또 저런다."

순도가 횡하니 뛰쳐나가고 평창댁은 서럽게 울었다. 남자는 열어놓은 문밖을 무연히 내다보았다. 멀리 비탈의 옥수수가 바람에 몸체를 길게 누웠다 일으켜 세우는 게 보였다. 짙푸른 옥수수 잎들이 기다란 팔을 휘저으며 골짜기 바람에 춤을 추고 있는 정경은 비탈에 옹색하게 기대어 사는 사람들의 모습 같아 안쓰러웠다. 한참 울고 난 평창댁이 치맛말기로 눈물을 닦고는 아무렇지 않은 듯 비어 있는 남자의 그릇에 두부를 더 얹어주었다.

"아주머니도 좀 드세요."

"내가 주책이지. 순화가 생각나서 그만……."

"소식은 옵니까."

"수일 내 온다고 하더니만 여즉 안 오네."

"순도가 있는데 올 겁니다."

남자는 위로한답시고 한 말인데 장담할 수는 없었다. 남자는 조금 전에 헤어진 송 양을 생각하고 있었다. 숲속 길에 바래다주고 돌아서던 남자는 송 양에게 입맞춤했다. 그녀는 두 손으로 남자의 등허리를 꼭 붙잡았다. 남자는 용기를 얻어 송 양을 껴안았고 두 사람은 어둠 속에서 한참이나 그렇게 서로의 볼과 입술을 맞댄 채 서 있었다.

평창댁이 어이구구 허리야, 그러며 일어섰다. 남자는 잘 먹었다고 인사를 하며 어둠 속을 천천히 걸어서 집으로 왔다. 조만간 송 양에게 고백을 해야겠다고 결심이 서자 한결 마음이 가벼웠다.

날이 밝자 검은 지프 한 대가 마을에 들어섰다. 엔도 와타루 사장이었다. 인명 사고 수습책과 감독을 하러 엔도 사장이 직접 온 것이었다. 엔도는 밤색 말을 트럭에 싣고 왔다. 엔도가 마을 주점에 나타나 스스럼없이 사람들에게 인사를 하고 조선말을 유창하게 하자 마을이 발칵 뒤집혔다. 그는 베이지 양복에 밤색 구두를 신고 왔는데 다음 날에는 가죽점퍼에 가죽 장화를 신고 가죽으로 된 허리띠를 두르고 나타나서 마을 여자들의 눈길을 사로잡았다. 여자들뿐만 아니라 남자들의 눈길에도 그는 튀어 보였다. 무명 바지저고리와 통 넓은 바지를 입고 살아온 사람들이 볼 때 몸에 꽉 끼는 바지에 허리가 잘록하니 들어간 양복 상의는 구경거리였고 포마드 기름을 발라 위로 넘긴 그의 검은 머리는 이색적이었다. 사람이 죽어 나간 일보다도 엔도 사장의 일거수일투족이 사람들의 이목을 끌었다.

기철의 장례식이 끝나자 남자는 어두워질 무렵 송 양을 찾아갔다. 오랜

만에 강에서 목욕을 하고 옷을 갈아입고 정식으로 청혼을 하려고 단단히 마음을 먹었다. 남자는 오래전 옥광산 주인 마누라가 준 옥반지를 곱게 싸서 주머니에 넣었다. 휘파람을 부는 남자의 등 뒤로 능선을 타 넘는 골짜기 바람이 세차게 불어왔다. 그 소리는 파도가 밀려왔다가 방파제에 부딪히며 포효하는 듯했다.

송 양이 자취하는 방은 조용했다. 불이 꺼져 있고 기척이 없었다. 무슨 일일까. 남자는 그녀의 집 앞을 어정거리며 담배를 한 대 피워 물었다. 멀리 계곡에서 야간 조 발파음이 간간이 들렸다. 금광 골짜기 주위로 불빛이 길게 뻗치다가 다시 어두워졌다. 남자는 불안한 마음에 송 양 방문 앞을 떠나지 못했다. 마루 기둥에 기대어 앉아 아슴푸레한 능선을 바라보았다. 막막함이 차올랐다. 어둠이 깊어지고 풀벌레 소리가 시끄러웠다. 남자는 천천히 일어나 기지개를 켜고는 돌아가려고 발걸음을 옮겼다. 그때 어둠 속에서 차바퀴 구르는 소리가 났다. 남자는 본능적으로 굴뚝 뒤에 몸을 숨겼다. 검은 지프가 멈춰서더니 운전석에서 엔도 사장이 내렸다. 엔도는 조수석으로 돌아가 문을 열었고 송 양이 차에서 내렸다. 남자는 숨을 흡 들이마셨다. 엔도는 송 양과 자연스럽게 포옹하고 입맞춤을 하더니 차를 몰고 가버렸다. 송 양이 오래오래 멀어져가는 지프를 향해 손을 흔들었다.

새벽이슬이 축축했다. 남자는 고요한 밤의 거리를 천천히 걸었다. 이슬이 내려 땅바닥이 젖어 있었다. 젖은 길을 걷는 남자의 마음이 무겁게 가라앉았다. 검은 능선 위로 초저녁달이 지고 있었다. 남자는 집 앞에 다다르자 전신이 물에 젖은 듯 피곤했다. 긴 하루였다. 마루에는 순도가 갖다 놓은 옥수수 막걸리가 놓여 있고 병은 차가웠다. 호리병 항아리를 들고 병째로 마셨다. 가물가물 흐려지는 의식 안으로 강물 소리가 들렸다.

늦잠을 자고 일어난 다음 날 사무실에 도착하자 엔도 사장이 양팔을 깍지 끼고는 심각한 표정으로 서 있었다. 소장이 엔도의 눈치를 보며 남자에게 사죄하라고 손짓했다. 남자는 엔도를 보자 갑자기 지난밤 일이 생각났다.

"지각한 것 치곤 뻔뻔합니다. 다들 성실하게 일하는데."

"뻔뻔한 건 당신이요."

"뭐요?"

"처자식을 두고 뭔 개수작이야?"

남자가 노려보았다. 엔도는 처음에는 무슨 뜻인지 몰라 어리둥절하다가 지난밤 일을 떠올리고는 비웃었다.

"당신이 무슨 상관인데? 능력이나 있어? 능력도 없으니까 그 모양이지."

"뭐야? 이 자식이 사장이면 다야!"

남자가 엔도의 팔을 잡아 비틀었다. 엔도가 비명을 내질렀다. 소장과 계장이 남자를 뜯어말렸다. 송 양의 얼굴이 파랗게 질리더니 문밖으로 뛰쳐나갔다. 소장과 계장이 무슨 일인가 싶어 남자와 엔도의 얼굴을 번갈아 쳐다봤다.

"당장 그만둬."

"당신 같은 새끼 밑에서 일할 생각 없어. 퉤."

남자는 사무실 문을 박차고 튀어나왔다. 송 양이 울고 있었다. 남자는 송 양을 빤히 바라보았다. 그 눈에는 의혹이 가득했다. 송 양이 고개를 쳐들고는 눈물이 범벅인 얼굴로 원망스러운 말을 쏟아냈다.

"꼭 그렇게 망신을 줘야 했어요? 실망이에요."

"미안해요."

"난 이제 어떡해. 창피해서."

"본인이 선택한 거요."

남자는 송 양을 지나쳐서 천천히 금광 계곡을 내려왔다. 멀리서 소장이 부르는 소리가 아득하게 들려왔다. 그일 이후 송 양은 엔도의 별장에 살림을 차렸고 눌러살았다. 엔도와 송 양의 이야기는 한동안 이 골짝 저 골짝 바람처럼 떠돌다가 잠잠해졌다. 뭔지 모를 허전함과 외로움이 밀려왔다. 남자는 검은 산등성이를 바라보았다. 어둠 속에 우뚝 솟아 있는 검은 능선의 위용에 숨이 막혔다. 서서히 포위해 오는 그물처럼 높고 웅장한 산들이 남자의 인생을 점점 오그라들게 만들고 앞을 막아선다는 느낌이 들었다. 천천히 걸음을 옮기는데 불을 환하게 밝힌 광대곡에서 폭음이 간헐적으로 들려왔다.

언젠가부터 다듬이 소리가 들리지 않았다. 깊은 밤 부엉이 소리에 맞춰 들리던 다듬잇방망이 소리가 사라지고 물결 소리도 사라지고 야생 짐승의 울음소리가 사라졌다. 산간 마을을 수놓던 그 소리는 다이너마이트 폭발 속으로 묻혔다. 달빛이 밝은 밤, 물결이 뒤채며 흘러가는 소리, 피라미가 은빛 비늘을 반짝이며 수면을 차고 오르는 소리, 어미를 찾는 노루 새끼나 고라니 소리, 바람이 서까래와 지붕을 스치는 소리, 옥수수 단에 바람이 건들고 가는 소리가 사라졌다. 남자는 텅 비어버린 가슴속으로 소리 나지 않는 바람이 지나가는 것 같았다.

3

옥수수 잎이 누렇게 말라가며 서걱거렸다. 가을에서 겨울로 넘어가는 산간 마을에 바람이 차가웠다. 실제로 가을과 겨울의 경계가 애매모호했다. 봄과 여름의 경계가 모호한 것처럼. 사람들은 겨울 한파와 눈보라가 마을을 집어삼키면 겨울잠에 든 동물처럼 웅크려 있었다. 눈 녹은 계곡의 폭포수가 힘찬 물줄기를 뿜으며 쏟아질 때 봄인가 하면 벌써 초여름의 더위가 성큼 다가섰다. 구월 중순 무렵 단풍이 산 중턱을 물들이는가 싶으면 며칠 사이 추위가 닥쳤으므로 사람들은 시월이 오기 전에 추수를 끝냈다. 잎갈나무잎이 누레지다가 한꺼번에 낙엽으로 산허리에 떨어져 쌓였다. 오랜 세월 동안 몰운리를 둘러싸고 있던 침엽수림 지대가 어느 순간부터 누렇게 변해갔다. 검푸른 나무들의 위용은 사라지고 뿌연 돌가루가 날아다니며 산의 숨통을 조여 왔다.

초록 강은 희뿌연 청록 강으로 변해버려서 강바닥이 보이지 않았다. 옥수수 잎사귀가 검푸르게 변할 때 강은 검푸르게 짙어졌다. 물고기가 거뭇거뭇 돌아다니던 풍경이 사라지고 마을은 소란스러워졌다. 평창댁은 시름시름 앓기 시작하더니 일어나지 못하고 누워 지냈다. 원인을 알 수 없었다. 순도의 얼굴은 나날이 어두웠다.

"인마, 얼굴 펴, 사내대장부가."

"아저씨가 뭔데 이래라저래라예요."

"곧 죽어도 말대답은."

"에이씨, 몰라요."

순도는 평창댁이 앓아눕고부터 부쩍 풀이 죽었다. 엔도 사장은 한두 달씩 별장에 머물다가 떠났다. 면 소재지에 있는 화암동굴 광산도 그가 관리했다. 태백산 줄기를 따라 원주, 삼척, 정선 고을의 금광 개발은 면밀하고 계획적으로 이루어졌다. 80여 곳의 광산에서 금을 비롯한 광물 자원이 신작로를 따라 운송되고 있었다. 고요하던 원시의 산하가 소요로 뒤덮였고 산의 내장이 파헤쳐지고 있었다.

산 중턱에서 엔도를 기다리며 송 양은 조금씩 말라갔다. 임신을 했는지 얼굴에는 기미 주근깨가 거뭇거뭇했다. 두부를 사러 점방에 내려왔다가 우연히 길에서 마주치자 송 양은 외면했다. 남자는 송 양의 뒤뚱거리는 모양새를 이윽히 지켜보다가 한숨을 내쉬었다.

송 양이 임신하자 엔도가 그녀를 버렸다는 소문이 파다했다. 부풀어 오른 배를 안고 송 양이 쌀을 사거나 찬거리를 사러 종종 마을 상점에 내려왔는데 볼 때마다 몰골이 말이 아니었다. 초겨울로 접어든 어느 날 송 양은 산 중턱 별장에서 혼자 아기를 낳다가 그만 혼절했고 하루가 지난 뒤에야 두 모자는 싸늘하게 식은 채로 발견이 되었다. 사무실 계장이 별장에 들렀다가 송 양과 핏덩이 아기를 발견했을 때는 이미 너무 늦어버렸다. 엔도 사장에 대해 험담하던 사람들의 결론은 송 양이 경솔했다는 것으로 이야기를 마무리 지었다.

남자는 헛것을 보았나 싶어 눈을 비볐다. 다시 눈을 크게 뜨고 바라본 그 집 마당에는 빨래가 흔들렸다. 여자의 긴 머리카락이 바람에 나부꼈다. 여자가 빨개진 손을 불며 젖은 빨래를 널고 있었다. 겉모습은 달라졌으나 낯이 익었다. 순간 남자의 가슴이 심하게 요동쳤다. 마치 폭약이 터지듯 가슴 속에서 쿵쿵 폭발음이 들려왔다. 남자는 자신도 모르게 가슴팍에 손을 얹었다.

순화였다. 다시 만난 순화는 아름다웠다. 윤기 나는 머리카락과 희디흰 피부와 깊은 눈매는 시골 처녀티를 완전히 벗어나 세련된 도시 여자로 변모해 있었다. 아무렇지 않은 줄 알았는데 미소를 짓는 그녀의 모습을 보며 남자의 가슴에 물결 파동이 일어났다. 파동은 넓게 퍼지며 잔물결이 길게 번져갔다. 그날 밤 기슭을 적시며 흘러가던 물결 소리가 들려오는 듯했다. 남자는 마음을 다스린 후 순화 앞에 섰다. 순화와 눈이 마주쳤다. 순화가 순간 환하게 웃었다. 다시 한번 강이 몸을 뒤치며 흘러가는 환각에 남자는 눈을 깜박였다.

"오랜만이네."

"언제 왔어?"

"며칠 됐어."

"하나도 안 변했네."

"너는 좀 변한 것 같아. 뭐랄까. 좀 성숙해졌달까."

"고생을 해서 무척 늙었지."

순화는 그냥 웃었다. 남자의 말에 대해 긍정도 부정도 아닌 그저 웃는 것으로 마음의 담장을 쳤는지도 몰랐다. 남자는 순화의 표정과 말과 웃음에서 어떤 의미도 발견하지 못하고 유심히 살피기만 했다.

평창댁은 겨우 일어나 거동했으나 예전처럼 자유롭게 움직이지는 못했다. 이제 집안 살림은 순화가 했다. 밭 한 뙈기에 옥수수를 심은 평창댁은 드러누운 채로 추수를 걱정했다.

"멧돼지가 훔쳐 먹기 전에 옥수수를 따야 할 텐데, 콩잎 포기가 말라붙었을 낀데."

평창댁은 밭작물을 걱정하느라 잠을 이루지 못했다.

"그러게 엄마, 빨리 털고 일어나 일해야지. 저 비탈 밭을 어떡할 거야."

순화는 드러누운 평창댁을 자극했다. 남자는 사무실을 그만둔 뒤로 다시 약초를 캐거나 일을 찾아서 했다. 날이 추워지자 순화네 일을 도와 마른 콩을 뿌리째 뽑고 옥수수를 따고 옥수숫대를 낫으로 베어 넘어지지 않게 묶어서 세워놓았다.

북극의 바람이 일찍 들이닥치자, 속이 꽉 찬 알배기 배추가 단단해졌다. 수수가 긴 목을 늘어뜨린 채 흐느적거렸다. 사람들은 서둘러 추수를 끝내고 김장을 했다. 김장 시기가 비슷해서 매콤한 양념 냄새가 온종일 허공에 떠돌았다. 찬바람이 산간 마을을 서서히 얼리기 시작했다. 강과 비탈밭과 길이 단단하게 얼어붙었다. 아이들은 놀거리를 찾아 추위 속을 싸돌아다녔다. 순도는 친구들과 빨갛게 언 볼을 두 주먹으로 비비며 계곡을 찾아 얼음을 깨고 개구리를 잡았다. 손이 빨갛고 푸르딩딩 멍이 든 것처럼 부풀어 올랐다. 자갈밭에 나뭇가지를 모아 불을 피운 소년들은 익은 개구리 뒷다리와 살점을 뜯어 먹었다. 그들의 입 주위가 검댕이 묻어 시커메졌다. 집마다 옥수수 타래를 걷어 집안에서 마른 옥수수 알갱이를 손으로 훑어내는 작업이 한창이었다. 한 사람이 송곳으로 바짝 마른 옥수수 골을 타면 다른 사람이 그것을 집어 들고 손으로 알갱이를 분리해 냈다. 제일 먼저 구장 집에 모여 옥수수 더미를 쌓아놓고 둥그렇게 둘러앉아 품앗이를 시작했다. 겨울밤이 깊어졌다. 부엉이가 울고 등잔불이 깜박였다. 구장 마누라는 김치만두를 빚어 솥단지에 쪘고 막걸리와 동치미 깍두기 안주를 곁들여 야참을 준비했다. 막걸리에 거나하게 취한 여자들이 돌아가며 아라리 가락을 한 소절씩 뽑았다. 이제 옥수수 일은 뒷전이고 더러 흥에 취한 여자가 일어나서 덩실덩실 춤을 추면 아라리 후렴 구절이 합창으로 넘어갔다. 긴긴 겨울밤 아낙들의 구성진 아라리 가락이 그녀들이 살아온 세월처럼 굽이굽이 휘어졌다.

정선 읍내 물레방아는 물살을 안고 도는데
우리집의 저 멍텅구리는 날 안고 돌 줄 모르나

정선의 구명(옛 이름)은 무릉도원 아니냐
무릉도원 간데없고 산만 총총하여라

저 건너 저 묵밭은 작년에도 묵더니
올해도 날과 같이 또 한 해 묵네
오라버니 장가는 명년에나 가시고
검둥 송아지 뚝뚝 팔아서 날 시집 보내주

부모 동기간 이별할 때는 눈물이 잘끔 나더니
그대 당신 이별할라니 하늘이 핑핑 도네
해 달은 오늘 저도 내일이면 오련만
임자 당신은 오늘 가며는 언제 다시 오시나

해달도 삼재가 들면 일식 월식을 하는데
정든님 마음인들 안 변할 수 있나
가는님 허리를 한 아름에 안고
죽여라 살려라 생사 결단일세

아리랑 아리랑 아라리요
아리랑 고개 고개로 나를 넘겨주오

　한번 흥취가 돌자 아낙들이 일어나 소리를 하고 어깨춤을 추며 합창이
이어졌다. 막걸리 한 동이에 바가지를 엎어놓고 리듬을 맞추며 밤이 가는
지 세월이 가는지 가락 속에 시름을 묻었다. 그때 순화가 직접 빚은 술을
갖고 왔다. 평창댁은 몸이 아파 오지 못하고 허공에 흩어지는 여인들의
아라리 가락을 아련히 들으며 드러누워 눈물을 흘렸다. 평창댁이 흘리는
눈물의 의미는 그녀만이 알았다. 특히 임을 기리는 노래가 나올 때는 자기
도 모르게 어깨를 들썩이며 눈물을 흘렸다. 평창댁은 순화가 온 뒤에 몸이
더 나빠졌다. 긴장이 풀려서일까. 그동안 자식들과 손주를 챙기며 알뜰히
사느라 그녀 인생이 서서히 저물어감을 알지 못했다. 그녀 몸속에는 이미
병마가 깊이 웅크려서 영역을 넓혀가고 있었다.
　아낙들에게 붙잡힌 순화는 막걸리를 한두 잔 얻어 마시고는 서둘러
구장댁을 빠져나왔다. 그 시각 사랑채에는 남자들이 모여 윷판을 벌이거
나 궐련을 입에 물고 화투짝을 펼쳤다. 화투를 치는 사내들 뒤에서 구경
하던 구장이 화롯불을 뒤적였다. 화롯불에는 감자가 익어갔다. 불씨가
빨갛게 살아나며 연기가 흩어졌다. 구장이 기침을 하며 익은 감자를 꺼
내 그릇에 담았다. 감자 익은 냄새가 방 안에 가득했다. 구장 댁이 동치
미를 큰 사발에 담아 갖다주고는 문을 닫았다. 찬 공기가 방안에 빠르게
밀고 들어왔다가 문이 닫히면서 갇혀버렸다. 부엉이가 겨울밤의 적막을

흔들며 울었다. 다음날도 그다음 날도 아낙들은 구장 댁에 속속 모여들었다.

마을 안길에 들기름 냄새가 떠돌았다. 야생 고양이들이 하나둘 모여들어 울어댔다. 개들이 짖었다. 구장 댁 굴뚝에서 쉴 새 없이 연기가 치솟고 여자들의 웃음소리, 말소리가 났다. 처마 끝에 고드름이 두껍게 얼어붙은 날이었다. 추위가 본격적으로 닥치자 해마다 그래왔던 것처럼 여자들은 모여 바느질하거나 만두를 빚거나 옥수숫가루를 반죽하여 떡을 해 먹었다. 천지 사방에 눈이 쌓였다. 밤사이 내린 눈이 가슴께까지 닿자 남자들은 자루를 메고 집을 나섰다. 꼼짝없이 눈 속에 갇혀 죽은 노루와 고라니를 심심찮게 발견하는 것 또한 늘 해오던 일이었다. 어디선가 새끼 울음소리가 들렸다. 먹을거리를 찾으러 나왔던 노루 새끼가 우는 소리였다. 남자들은 눈 속에 갇힌 노루를 생포했다.

"노루가 이상하게 생겼네."

"눈이 하나밖에 없어."

"어라, 뿔이 돋았네."

"뿔이 원래 있었나."

"뿔이 없었지."

"이걸 우째야 쓰겠나."

"그래도 잡았으니 일단 갖고 가세."

사내들이 망설이다가 노루의 두 다리를 노끈으로 묶어 자루에 담았다. 운이 좋으면 멧돼지 새끼를 생포할 수도 있었다. 하지만 멧돼지가 마을에 내려오지 않은 지도 꽤 되었다. 겨울이 깊어지자 추위는 맹렬한 기세로 마을을 점령해 버렸다. 추위에 포박당한 마을 사람들은 나름 마른 장작으로 아궁이에 불을 넣고 한 방에 모여 지루하고도 긴 겨울을 넘기는 법을 다양한 방식으로 즐겼다.

이날 사람들의 표정은 사뭇 진지했고 언뜻 두려움이 전신을 휘감았다.

사람들의 심경을 대변하는 듯 멀리 골짜기 너머에서 천둥 벼락치는 소리가 들렸다. 그 소리는 지붕과 벽을 흔들어대다가 밭두렁을 타고 언 강바닥으로 스며들어 갔다.

"농사지을 일꾼이 없어 큰일이구먼."

땅마지기나 거느린 구장이 한숨을 푹푹 쉬며 곰방대에 입을 대고 연기를 흡입했다.

"금광이 생기고 나서 우리 마을이 이상해지고 있어."

"그렇지 올해에만 벌써 낯선 이삿짐이 수차례 들이닥쳐 야산에 부려놓았으니."

"마을 인심이 흉흉해졌어."

"그 많던 멧돼지와 꿩이 사라지고 없으니 살맛이 안 나네."

"멧돼지가 옥수수밭을 휘젓고 다니며 망쳐놓아 웬수 같았는데 이제는 옛말이 되었네그랴."

"이게 뭔 날벼락이람."

남자들이 막걸릿잔을 돌리며 한숨을 내뱉는 소리에 땅이 꺼질 듯했다. 여자들은 고단한 몸을 길게 늘이며 부엌 아궁이에 장작을 넣고 아랫목에 몸을 뉘었다.

그 밤 평창댁은 길고도 고된 삶의 끈을 놓아버렸다. 순화의 울음소리가 허공에 흩어졌다. 죽음과 삶은 밤과 낮처럼 서둘러 교대를 했다. 사람들은 평창댁의 죽음을 금세 잊었다. 죽음의 애도보다 산 입이 더 고통스러웠다. 어떻게든 산 입에 거미줄 치지 않고 긴 겨울을 나는 게 그림바위나 몰운리 사람들의 일상이었다. 육십 평생을 움직여 가파른 산비탈을 거슬러 오르는 인생을 보내고 평창댁은 먼 설산 너머 갈 수 없는 나라로 영영 떠나버렸다.

평창댁의 영혼이 떠밀리듯 사라지는 날 바람이 거세게 불었다. 순도는 바람이 할머니의 영혼을 데려갔다고 말했다. 남자는 고개를 끄덕였다. 정선 고을 골골마다 부는 바람은 언제나 힘찼고 요란했고 시끄러웠다. 눈이 녹아내리는 봄 산의 소요는 매서운 북극의 바람과도 견줄만했다. 겨울 동안 얼어 있던 눈이 녹아 뿌리를 적시며 흘러내리는 광경은 장엄했다. 눈 녹은 물이 계곡의 바윗돌을 굴리며 강에 다다를 때 청색과 붉은 황토가 뒤섞이며 용틀임을 했다. 그러고는 큰 물줄기와 합쳐지며 강으로 흘렀다.

바람의 마을이었다. 눈을 녹이며 능선을 넘은 바람은 포효를 일으키며 산비탈 옥수수 밭고랑에 잠시 멈췄다가 잎사귀들을 말렸다. 그러고는 요란한 소리를 내며 떠나갔다. 계절이 바뀔 때마다 거친 포효를 내지르는 바람을 보고 옛사람들은 고개를 넘어가느라 숨이 차서 그런다고 말을 했다.

남자는 아궁이에 장작을 지피고 나서 순화를 보러 집을 나섰다. 순화는 손빨래를 마당의 빨랫줄에 널고 있었다. 까맣고 윤기 나는 머리를 아무렇게나 묶은 순화의 등 뒤로 긴 머리가 찰랑거렸다. 그녀의 눈은 먼 산을 보고 있었으나 손은 함지박에서 젖은 빨래를 집어 부지런히 빨랫줄에 걸었다. 그녀의 피부가 겨울 햇살을 받아 발그레해졌다. 시골 처녀답지 않게 피부가 고운 그녀를 두고 사람들은 좋은 신랑감을 찾았으면 하고 말했다. 그녀의 외모뿐 아니라 어머니의 빈자리를 채우며 살림을 하는 지극히 착한 심성을 지칭하는 것이었다.

먼지가 회오리를 일으키며 마당을 질러갔다. 아까부터 순화를 지켜보는 눈이 있었다. 베이지색 양복을 입고 밤색 구두를 신은 엔도였다. 그는 서양 담배를 입에 물고 울타리 뒤에서 순화의 움직임을 엿보고 있었다. 순화는 빨래를 다 널고 허리를 펴다가 낯선 얼굴과 눈이 마주쳤다.

"어머."

순화는 놀라서 두 발이 얼어붙었다.

"안녕하십니까. 엔도 와타루입니다."

"안녕하세요."

엔도가 베레모를 벗어들며 말을 걸어 오자 순화는 고개를 살짝 숙여 인사를 했다. 순화의 볼이 빨개졌다. 엔도에 대한 소문은 들어 알고 있었다. 힘을 가진 일본인 사장이며 금광 개발의 책임자라는 소문이 짜하게 나서 어떤 인물일까 궁금해한 적은 있었다.

"곱고 아름다우십니다."

"감사합니다."

공교롭게도 남자가 엔도와 순화를 발견하고는 발을 멈추었다. 그들이 밝은 얼굴로 서로 인사하고 뭔가 이야기를 나누는 장면이 보이자 남자는 심히 못마땅했다. 그는 두 사람을 지켜보았다. 조금 후 엔도가 꾸벅 인사를 하고 모자를 눌러쓰고는 사라져갔다. 순화의 얼굴이 까닭 모르게 붉어졌다. 엔도의 발자국 소리가 끊어질 때까지 순화는 그 자리에 가만히 서 있었다. 남자의 가슴 깊은 곳으로 예리한 칼끝이 미세하게 관통하여 지나갔다.

엔도가 오고부터 순도는 그에게 관심이 많았다. 순도의 눈에 엔도는 먼 나라에서 온 이방인이자 진귀한 것들을 지니고 다니는 외계인이었다. 그가 차고 다니는 회중시계, 안경, 볼펜, 손거울을 비롯하여 아침마다 구두를 반질반질하게 닦아놓는 구둣솔과 약품에도 관심이 많았다. 한마디로 엔도의 모든 것은 새로운 발견이자 새로운 구경거리였다. 순도는 친구들에게 엔도가 갖고 있는 물건에 대해 마치 자기 것인 양 떠벌리고 다녔다. 언젠가부터 친구들은 순도를 슬슬 피했다. 순도는 어렴풋이 그 이유를 알았지만 차마 드러내놓고 말하지 못했다. 마을에 떠다니는 소문들, 순화와 엔도가 그렇고 그런 사이라는 소문은 알만한 사람은 다 알았다. 광부들의 제2합숙소가 완공되고 나서 타지에서 일꾼들이 속속 들어왔다. 마을은 활기에 찼다.

햇볕은 아주 잠깐 마을에 머물렀다. 그러고는 서둘러 산 능선을 넘어가 버렸다. 골짜기에 어둑하니 그늘이 졌다. 그때 주위가 소란스러웠다. 무당집에서 꽹과리를 울리며 굿을 하고 있었다. 사고가 일어날 때마다 마음이 허약해진 사람들이 불안함을 이기지 못하고 무당을 찾아 굿을 했다. 골짜기에는 기도처가 많았다. 바위 밑이나 큰 나무 밑에는 오색 천이 늘어뜨려져 있고 촛불이 타다가 꺼진 잔재가 그대로 있었다. 얼마 전 폭파하다가 바위산이 무너지며 대형 사고가 났고 죽거나 다친 사람의 가족이 굿을 하는 모양이었다. 광부들의 집단 거주지에 모여 사는 부녀자들과 아이들이 모여 무슨 일인가 하고 불안한 얼굴로 집집의 안부를 묻고 있었다.

외지에서 들어오는 사람들이 대거 금광에 취업을 하면서 사건 사고가 빈번하게 일어났다. 마을에 장례 시설이 들어선 것도 그 이유 때문이었다. 어린 꼬마들이 무당 놀이를 하며 노는 모습을 심심찮게 볼 수 있었다. 무당이 공수하는 장면을 외웠다가 아이들이 그대로 읊는 풍경은 마을의 암울한 미래를 보는 듯했다.

몇천 년 동안 침묵하던 자연이 어느 날 외부의 힘에 의해 세상 밖으로 드러나자 백두대간 큰 줄기인 태백산을 어머니로 하고 수많은 지산 줄기를 거느린 크고 작은 골짜기는 무방비 상태로 파헤쳐지고 내동댕이쳐졌다. 비밀의 문이 열리자 수 천 년 신비에 싸인 신령한 땅은 발가벗겨졌다. 산의 내장 사이로 허옇고 붉은 속살이 드러났고 이는 봉합하기 어려운 상태로 방치되었다.

순화는 어머니가 하던 일을 접고 전통주를 빚어서 판매하는 일에 발 벗고 나섰다. 조상 대대로 옥수수 막걸리를 빚어 제사에 쓰거나 명절에 먹고 마시며 술이 익는 과정을 몸으로 체득한 순화는 시골에서 먹고살려면 뭐라도 해야겠다고 생각했다. 순화는 금광을 그만두고 무위도식하는 남자를 찾아갔다. 남자는 순화의 출현에 놀라면서도 환하게 웃는 모습에서 반가워하는 티를 냈다.

"요즘 뭐하고 지내니."

"그냥 놀지 뭐."

"나랑 동업할래?"

"동업?"

"응."

남자는 뭔 뜬금없는 소리인가 싶어 순화를 물끄러미 쳐다보았다. 그 눈에는 호기심과 옛 연인에 대한 연민과 복잡한 심경이 담겨 있었다. 순화는 내처 말했다.

"전통주를 만들어볼까 해."

남자는 순화의 말에 어이없다는 표정을 지었다. 집마다 할머니 대부터 제사에 쓸 술을 담가 오는 전통이 있었기에 특별히 술을 빚어 팔아먹는다는 생각은 하지 못했다.

"그걸 누가 사 먹는다고."

"광부들에게 팔지 뭐."

"술장사를 하겠다는 거야? 안 돼, 그건."

"니가 뭔데 하라 마라야."

"아무튼 안 돼. 내가 허락 못해."

순화는 피식 웃었다. 마치 제 마누라를 잡도리하는 남정네처럼 보여서 남자의 반응이 싫지는 않았다.

"점방에 갖다주고 이문을 남기지 뭐."

남자는 아무 말 없이 먼 산을 쳐다보았다. 그의 얼굴이 어두워지며 착잡해 보였다. 도회지 생활을 했음에도 순화는 해맑은 시골 처녀 같은 모습이 언뜻언뜻 남아 있었다. 순화를 보는 남자의 마음이 심란했다. 문득 남자는 버드나무 가지가 휘어져 강물에 쓸리던 밤을 떠올렸다. 귓전을 간질이던 밤의 물결, 풀벌레 소리, 강물이 제 몸을 뒤척이며 흐르던 영원 같은 시간을 떠올렸다. 가슴 속에 묵직한 통증이 일어났다. 순화는 그 일을 잊은 걸까. 그날 순화와 어두운 밤을 함께 건너던 청춘의 통과의례를 남자는 잊지 못했다. 순화의 해맑은 얼굴에서 남자는 기억에 없는 듯 그 일을 잊은 듯한 표정을 보고 실망을 감추지 못했다. 남자는 피우던 담배를 바닥에 내던지고는 정색하고 물었다.

"말해 봐. 무슨 동업을 하자는 거야."

"술을 빚으려면 장작도 필요하고 또 내가 원하는 건 산에서 나는 약초야."

"약초라니. 그게 뭔데."

"약초를 넣어 술을 빚을 거야."

남자는 한참 생각에 잠기더니 결심이 선 듯 말했다.

"좋아. 동업으로 나에게 얼마를 줄 건데."

"아직 거기까지는 생각을 안 했어. 하는 것 봐서 붙여 줄게."

"그러니까 나무를 해다 주고 약초를 채취해서 갖다주고 뭐 노가다를 하라는 거네."

"물도 길어주면 더 좋고."

"머슴처럼 부려 먹으려 드네."

남자는 돌연 휘파람을 불었다. 하릴없이 배회하며 몸이 근지러웠는데 어디에라도 힘을 쓴다니 나쁘지는 않았다. 먼 산에 눈이 쌓여, 갈 수 없는 미지의 영역을 떠올리게 했다. 집마다 콩을 물에 불려 맷돌에 갈아 순두부로 해 먹거나 두부를 만들어 먹었다. 남자는 순화의 지시에 따라 구장댁에서 짚을 몇 묶음 얻어오고 누룩 틀을 만들었다. 통밀, 찹쌀, 멥쌀을 외상으로 구매했다. 강추위에 쓰러진 나무를 베어 토막을 내고 장작을 팼다. 처마 밑에 장작이 쌓이자 물을 길어다 항아리 가득 부었다.

순화는 어머니가 쓰던 뒤란 디딜방아에 통밀을 대충 빻았다. 성글게 빻은 통밀가루에 물을 넣어 간신히 뭉쳐질 정도로 반죽을 했다. 너무 질어도 안 되고 그렇다고 밀가루가 부스스 흩어져도 안 되기에 물의 양을 조절해 주는 작업이 까다로웠다. 누룩 틀에 헝겊을 깔고 꾹꾹 밟았다. 깨끗한 버선을 꺼내 신고 한참이나 밟았다. 문풍지 사이로 찬바람이 들어와 누룩의 수분을 가져가는 바람에 금방 말랐다. 커다란 나무 함지박에 짚을 깔고 누룩 덩이들을 올려놓았다. 그러고는 짚으로 덮어주었다. 짚 더미 속에서 누룩이 익어가며 술 냄새가 나는 것 같았다.

누룩 덩이를 아랫목에 묻었다. 솜이불을 덮어주고 사나흘에 한 번씩 열어보고 뒤집었다. 누룩이 익어가는 밤 순화는 어머니와의 추억을 떠올렸다. 아버지가 뗏목꾼으로 일하던 시절, 어머니는 누룩을 띄워 술을 큰 독 가득 만들어 놓고는 아버지를 기다렸다. 술이 익어가는데도 아버지는 돌아오지 않았다. 지아비를 기다리며 혼자 막걸리를 마시던 어머니의 고적한 밤이 떠오르자 순화는 울적했다.

보름쯤 지나자 누렇게 곰팡이가 피었다. 순화는 누룩을 잘라보았다. 속이 하얗게 곰팡이가 번져있었다. 누룩은 돌덩이보다 딱딱했다. 한지로 누룩 덩어리들을 하나씩 싸서 항아리에 보관했다. 잘못 말려서 수분에 노출되면 낭패이므로 이삼일에 한 번씩 누룩을 꺼내어 거풍시켰다.

순화는 술밥을 준비하기 시작했다. 처음 해보는 것이라 시험 삼아 약초는 일단 뒤로 미루고 멥쌀을 씻어 시루에 담았다. 여름철에는 반나절이면 쌀이 익었지만 겨울철에는 주위 환경 때문에 한나절은 익혀야 속까지 골고루 익었다. 아궁이에 장작을 넣는 순화의 얼굴이 빨갛게 달아올랐다. 온종일 부엌에 쭈그려 앉아 일을 했더니 허리가 쑤시고 온몸이 아팠다. 그럼에도 순화는 아궁이에 장작개비를 차곡차곡 넣었다. 장작불은 강하게 타올랐다. 물이 끓어오르자 타는 장작개비를 한두 개 꺼내 옮기고 중불로 했다. 속에까지 골고루 익혀야 하므로 긴 나무 주걱으로 저었다. 나쁜 균이 침투할까 봐 끓는 물에 나무 주걱을 소독하여 썼다. 장작을 지피기 전 시루 밑에 짚을 깔아주었다. 시루 위에는 헝겊을 덮었는데 끓어오르던 물이 쌀에 스며들면 실패하기 때문에 세심한 관찰을 했다. 함지박에 익은 쌀을 퍼담아 놓고 적당히 식기를 기다리며 순화는 망치로 누룩을 두드렸다. 누룩 덩어리가 조각조각 부서지자 절구통에 넣고 빻았다. 팔이 뻐근했다.

술밥이 미지근해지자 빻은 누룩가루를 섞어 비볐다. 그러고는 샘물을 붓고 항아리에 누룩을 넣어 천을 씌웠다. 따뜻한 아랫목에 두고 목화솜 이불을 넜었다. 하루가 지나자 거품이 부글부글 올라오며 쌀알이 떴다. 순화는 이틀에 걸쳐 주걱으로 저었다. 사흘이 되자 술 익는 냄새가 진동했다.

남자는 순화가 부엌에서 술밥을 시루에 찌고 아궁이에 장작을 넣는 동안 지게를 지고 산으로 갔다. 순화는 빨개진 얼굴을 식힐 겸 마루에 나와 앉아 눈 덮인 계곡을 바라보고 있었다. 그때 검은 가죽점퍼를 입은 엔도 사장이 기웃거렸다.

"어머, 안녕하세요."

"좋은 냄새가 납니다."

"전통주를 만드는 중이에요."

"전통주라…… 그거 허가 내야 되는 것 몰랐습니까."

"허가를 낸다구요?"

순화는 엔도를 빤히 쳐다보았다. 엔도가 빙글빙글 웃으며 마루에 털썩 주저앉았다.

"뭐 그리 심각한 얼굴 안 하셔도 됩니다. 방법이 없는 건 아니니까."

순화는 집 안으로 들어가 항아리 덮개를 열고 보글보글 거품이 나는 술을 한 사발 떠왔다. 엔도는 코로 흡입을 하더니 천천히 사발을 들어 마셨다. 엔도가 손으로 입술을 쓱 닦으며 좋은 술입니다, 그러고는 일어섰다. 순화는 애가 탔다.

"허가 낸다는 거 그거 참말이에요?"

"또 봅시다."

엔도가 묘한 말을 하며 사라져갔다. 그가 사립문 밖에 매 놓은 말이 콧김을 내뿜었다. 밤색 말의 윤기 나는 꼬리가 펑퍼짐한 엉덩이를 가리며 멀어져가는 모습을 순화는 물끄러미 바라보았다.

임시 숙소가 들어서기 전 엔도는 한두 명의 일꾼을 데려와 원시적인 방법으로 원석을 채굴했다. 지질학자가 돌아가고 난 뒤였다. 엔도는 적지 않은 양의 금맥이 있다는 분석을 보고 받고 애가 탔다. 엔도가 오기 전 광대곡에서 금을 발견한 사람이 있었다. 홍수가 지나가고 골짜기 지형이 바뀌면서 쓸려 내려온 모래 더미에서 발견한 금이었다. 팥알 굵기만 한 금으로 인해 마을은 술렁였으나 곧 잠잠해졌다.

광대곡은 신이 거주하는 공간이었다. 인간이 발을 디디면 재앙을 입는다는 전설이 있었다. 금을 발견한 사람이 이유 모를 사고로 죽고 나서 사람들은 두려움에 아무도 신의 영지를 넘볼 엄두를 못 냈다. 그 신령한 땅에 불어닥친 굉음은 마을 사람들을 공포에 떨게 했다. 하루 이틀 사흘, 한 달이 가고 일 년여가 되자 사람들은 조금씩 두려움에 대한 빗장을 풀었다.

평생 마을 밖으로 나가지 않고 살아온 사람들이 대부분이었다. 때때로 사람들은 남자의 지난 시간을 궁금해했다. 남자는 사막의 별과 달, 낙타 이야기를 해주었다. 지평선과 경계를 이룬 하늘의 넓이에 대해 산골 사람들은 이해하려고 했다. 남자는 아침마다 차를 마셨다. 청나라에서 가져온 차가 떨어지자 남자는 삼십 리 밖 국유지 산으로 갔다. 깊은 산에서 채취한 식물의 잎을 말려 차를 끓여 마셨다. 당귀, 둥굴레, 오미자, 구기자, 도라지, 오가피, 헛개나무잎과 열매, 뽕나무를 비롯하여 꽃차에 이르기까지 남자는 차에 눈을 떴다. 직장을 그만둔 후 남자는 오히려 더 번잡해졌다.

순화는 마당 장대에 걸어놓은 빨래가 꽁꽁 얼어붙어 뻣뻣해진 것을 걷어 윗목에 펼쳐놓았다. 겨울 해는 짧아서 사위가 금방 어슴푸레했다. 순화는 순도를 찾아 울타리 밖을 기웃거렸다. 입 주변이 새까매진 순도가 코를 훌쩍거리며 오고 있었다. 순화는 가슴을 쓸어내렸다.

"어딜 그렇게 발발거리고 싸돌아다니니."

"무슨 상관이야."

"요즘 외지인들이 들어와 마을이 뒤숭숭한데."

"왜. 잡아먹기라도 할까 봐."

"녀 인제까지 그러고 다닐래. 응? 나한테 왜 그러는데."

"내가 뭘."

"됐다."

순화가 등을 돌리고는 눈물을 훔쳤다. 순도는 돌멩이를 걷어차며 에이 씨, 에이씨, 그러며 건너편 골짜기를 노려보았다. 순화가 오고부터 순도와 는 서먹서먹했다. 친구들과도 만나 놀 일이 별로 없었다. 계곡의 가재가 사라지고 강의 물고기가 사라지자 아이들도 밖에 나오지 않았다. 희뿌옇 게 변한 강바닥은 끈적끈적한 점토 같은 돌흙이 가라앉아 있었다. 바위를 덮은 검은 이끼만이 물속을 지배하는 것 같았다. 검은 물고기 떼가 우르르 몰려다니던 강은 옛일이 되어버렸다. 금광에서 흘러나오는 폐수가 계곡의 천연수뿐만 아니라 강물에 흘러들어 강물이 검고 희뿌옇게 흘러갔다. 적 치장에 쌓여 있는 폐석 및 광물 찌꺼기에 함유되어 있는 중금속을 거친 바람이 부지런히 이동시켰다. 눈으로도 보일 정도로 희뿌연 먼지가 회오 리를 일으키며 몰려다녔다. 장마 기간에는 빗물이 파헤쳐진 광석 더미에 온종일 쏟아졌다. 빗물에 용해된 광물은 제멋대로 주변의 땅과 지하수를 적시며 스며들었다. 그 일은 긴 시간을 두고 진행되었다.

얼음을 깨고 물고기를 잡던 마을의 전통도 사라졌다. 예전에는 겨울 동 안 심심풀로 온 마을 남자들이 사냥하듯 몰이를 하여 물고기를 잡았다. 은빛과 금빛 비늘을 반짝이며 튀어 오르던 물고기를 잡아 밀가루 반죽을 묻혀 매운 고춧가루와 고추장을 넣어 매콤하게 끓여 먹던 매운탕의 기억 은 누구에게나 남아 있는 긴 겨울의 추억이었다. 또 껍질을 벗긴 버드나무 가지나 싸리나무에 물고기를 죽 꿰어서 숯불에 구워 먹던 기억쯤은 누구 나 갖고 있었다. 이제 그런 소소한 기억은 사라졌다.

순화는 찹쌀을 불려 시루에 찌며 이제 당귀나 삼지구엽초 같은 약초를 같이 넣어 술을 빚어야겠다고 생각했다. 남자가 갖다 놓은 당귀 뿌리가 바구니에 담겨서 말라가고 있었다. 남자는 시키지도 않았는데 뽕나무 뿌리를 캐서 개울물에 씻어 왔다.

"뽕나무 뿌리가 몸에 좋대."

노란 황금색 뽕나무 뿌리는 매끈했다. 보기만 해도 좋은 기운을 줄 것만 같았다. 첫술은 구장댁을 비롯하여 평창댁에게 호의적이었던 몇몇 분에게 공짜로 주었다. 반응이 좋았다. 니 어무이 솜씨보다 낫다, 모두 그렇게 말했다. 빈말이어도 좋았다. 순화는 기운을 얻었다.

엔도는 가끔 나타났다. 마루에 앉아 집안을 기웃거리면 설거지물을 채마전에 내다 버리러 나오던 순화가 놀라 발을 멈추었다.

"술은 잘 돼 갑니까."

"그럭저럭."

순화는 얼른 항아리를 열고 술 한 사발을 떠서 엔도에게 갖다주었다.

"순화 씨는 참 곱습니다."

엔도의 말에 순화는 불편했다. 엔도는 순화를 한참이나 바라보았다. 뭔가 할 말이 있는 듯 미적거렸다. 엔도는 큰기침을 두어 번 하고는 일어서 갔다. 그의 밤색 말꼬리가 허공에서 이리저리 왔다 갔다 했다. 나무를 한 짐 지고 오던 남자는 멀어져가는 엔도를 발견하고는 언성을 높였다.

"저 새끼, 왜 왔대?"

"몰라."

"어디 걸리기만 해봐."

남자가 주먹을 불끈 쥐었다. 순화는 이날따라 마음이 싱숭생숭 복잡했다. 입춘이 다가오자 집마다 눈 녹은 물을 녹여 메주를 띄웠다. 순화도 매달아 놓은 메줏덩이를 씻어 말린 후 소금물에 담갔다. 마지막으로 숯덩이 두어 개, 대추 몇 개와 마른 고추를 넣어 광목 천으로 싸매주고 항아리 뚜껑을 덮었다. 메주는 떠오르지 않게 깨끗한 돌덩이로 눌러놓았다. 한지로 싸놓은 누룩 덩이는 보송보송 잘 말라갔다. 항아리에 차곡차곡 넣어놓은 누룩을 보면 조금씩 희망이 보였다.

4

기철이 죽고 나서 용하는 일할 맛이 나지 않았다. 고향에서 기다리는 가족들이 눈에 밟히는 날이면 그는 술 생각이 간절했다. 마을에는 상점이 들어서고 주점이 늘어났다. 기철이 죽고 미자가 얼마 되지 않은 보상금을 챙겨 달아난 뒤로 어린 여자아이가 술 심부름을 했다. 전라도 섬마을에서 마른 생선과 미역 다시마 멸치를 팔러 온 보따리 장사 아낙이 어린 딸을 맡기고 간지 여러 달이 흘렀다. 금광 일을 마친 사내들은 술이 거나해지면 어린 계집아이의 작고 동그란 엉덩이를 곁눈질했다. 계집아이는 싹싹했고 언젠가 자신을 데려갈 어미를 기다리며 낯선 객지에서 눈치껏 처신했다.

계집아이가 용하 앞에 마른 멸치와 고추장을 가져다 놓으며 생긋 웃었다.

"몇 살이냐."

"열두 살이어라."

"흠, 우리 집 큰딸과 나이가 같구나."

용하는 막걸리를 따라 마시며 새삼스럽게 계집아이를 쳐다보았다. 봄날의 버드나무처럼 가슴이 조금씩 부풀어 오르고 피부에 기름기가 도는 모양새로 보아 여자로서 꽃봉오리를 밀어 올릴 태세였다.

"고생이 많구나."

용하는 계집아이에게 툭 한 마디 던지고는 막걸릿잔에 술을 채웠다. 몇 년 고생하여 논마지기나 장만하려 애를 쓰고 있지만 그게 마음대로 안 되는 게 인생이었다. 옆방에서 들리는 와자지껄한 소요가 어두운 밤을 수놓았다. 거리에는 술 냄새와 취객의 헛소리와 바람 소리가 뒤섞여서 소란스러웠다. 비틀거리며 걸어오던 용하는 합숙소 문 앞에서 놀라 걸음을 멈추었다.

"아버지이."

"여보."

용하의 눈앞에 보따리를 머리에 인 마누라와 올망졸망한 자식들이 서 있었다. 헛것을 보았나 싶어 용하는 눈을 비볐다. 다시 아비를 부르는 딸들의 목소리가 귀에 꽂혔다. 용하는 휘청거리며 달려갔다.

"여기가 어디라고 왔어?"

"아버지이."

용하는 딸들을 끌어안았다. 따뜻한 온기가 가슴으로 퍼지며 눈물이 날 것만 같았다. 다섯 살배기 막내딸이 마누라의 치마폭에 싸여 칭얼거렸다. 흐느끼는 마누라 어깨를 감싸안은 용하는 가족을 데리고 합숙소로 갔다. 좁은 방안이 꽉 들어찼다. 첫째 딸 금옥이를 필두로 열 살, 여덟 살, 다섯 살 딸부자 가장의 어깨가 무거웠다. 잠깐의 상봉은 기뻤지만 이제부터 걱정이었다. 용하는 한숨 잠을 이루지 못했다.

"지가 뭐라도 해볼게요."

"자네가 뭘 한다고 그랴."

"음식 장사라도 할 게요."

"장사는 아무나 하나."

"고향에서는 먹고살기가 팍팍했는데 당신을 찾아오면 뭐라도 할 수 있겠다 싶었지요."

용하가 잠을 못 이루고 한숨지을 때 그의 마누라도 잠 못 드는 밤을 꼴딱 새웠다. 다음날 근무를 마친 용하는 가족을 데리고 주점으로 갔다. 주점 뒷방 하나를 구해 임시로 가족을 데려다 놨다. 음식 솜씨가 좋은 용하 마누라는 주점의 안주를 만들거나 설거지를 하며 버티려고 애를 썼다.

순도는 순화에게 화를 내고는 마음이 편하지 않아서 더 어깃장을 놓았다. 순도는 애꿎은 돌멩이를 걷어차며 주머니에 손을 찌른 채 걸었다. 걷다 보니 남자의 집 앞이었다.

"아저씨, 우리 아버지는 어떤 사람일까요."

"니가 모르는 걸 내가 어떻게 아니."

"그냥 아저씨는 혹시 알까 싶어서요."

"엄마가 말을 해주지 않든?"

"엄마는 한마디도 안 해요."

"물어보지 그랬니."

"그냥 못 물어봤어요."

"아버지가 그립니."

"그런 건 아닌데 그냥 궁금했어요. 어떤 분일까 하고."

"언젠가는 엄마가 얘기해 주지 않겠니."

"그게 언제일까요."

"그야 나도 모르지."

남자와 순도는 마루에 앉아 건너편 앞산을 바라보았다. 높이 솟은 산맥과 회색빛 검은 능선이 마을을 향해 비스듬히 뻗어 있었다. 두 사람은 한동안 말이 없었다. 바람이 차가웠다. 저 높은 앞산이 자신의 인생을 가로막는 것 같다고 남자는 생각했다. 저 산을 넘어서야 자신의 인생이 순조로울 것 같았다. 언젠가는 저 산을 정복하리라, 저 산을 가뿐히 넘어서리라 다짐했었다. 지금도 높은 산맥이 자신의 앞을 가로막아 섰지만 넘어서기는커녕 산 중턱에도 미치지 못하고 지배받는 심경이었다. 앞을 보아도 뒤를 보아도 사방이 산으로 막혀 있었다. 윗마을과 아랫마을로 통하는 길을 따라 강이 흘렀고 강 주위로 고만고만한 집들이 웅크려 있는 풍경은 천년이 지나도 변하지 않을 것 같았다.

주위에 어둠이 깊었다. 광대곡 하늘이 환했다.

"전깃불이 대단해요."

"그깟 게 뭐 대단하다고."

"아저씨는 그게 아무것도 아니란 거예요?"

"세상에는 별별 일들이 다 있는데 뭘 그런 걸 갖고 그리 놀라니."

"아저씨는 이상해요."

순도는 벌떡 일어나 어둠 속으로 뛰어갔다. 남자가 당황하여 순도야, 순도야, 불렀다. 순도는 대꾸도 안 하고 에이씨, 에이씨, 그러며 걷다가 바닥에 침을 뱉었다. 도무지 마음에 들지 않았다. 늘 삐딱한 남자가 이날 따라 서운했다.

그림바위에 변전소가 세워지고 제일 먼저 금광에 전기가 들어왔다. 전기가 들어오던 날 광부들은 생전 처음 보는 그 환한 불빛에 놀라 밤새워 막걸리를 마시며 잠을 자지 않았다. 놀라운 광경이었다. 촛불이나 관솔불, 씨앗 기름에 의존하여 밤을 밝히던 시대였다. 어둠을 환하게 밝히는 전깃불은 새로운 세상을 예고하는 듯했고 마을 사람들은 일부러 전깃불을 보러 야간에 어두운 길을 더듬으며 금광 입구를 찾아왔다.

순도는 멀리 환하게 불을 밝힌 광대곡을 바라보았다. 세상은 보물찾기 놀이 같았다. 어쩌면 아직 순도가 찾지 못한 보물이 어디엔가 숨어있을지도 몰랐다. 순도는 언젠가 마을을 뜰 생각이었다. 고등중학교를 마치면 대학을 가고 대학을 마치면 더 너른 세상으로 나갈 마음에 가슴이 벌렁거렸다. 적어도 평창댁처럼 마을에 묻히기는 싫었다. 순도는 광대곡 그 환한 불빛을 향해 천천히 발걸음을 옮겼다.

순화는 마당을 서성거렸다. 밤이 깊어도 돌아오지 않는 순도가 걱정되어 멀리 창재 고개를 쳐다보았다. 그때 발자국 소리가 났다. 밤색 말이 푸르르 그 큰 덩치를 흔들며 서 있었다. 순화는 이제 놀라지도 않았다. 하지만 야심한 밤이라 의아했다. 엔도가 말에서 내려 순화 가까이 다가왔다.

"순화 씨, 나랑 같이 삽시다."

"어머, 왜 이러세요."

"순화 씨, 오래전부터 당신을 마음에 품어왔습니다."

엔도가 순화의 손을 잡으며 끌어당겨 안았다. 순화가 엔도를 떠다밀었으나 꿈쩍도 하지 않았다. 단단한 그의 가슴팍이 조여왔다. 엔도의 입술이 순화의 입술을 덮쳤다. 순화가 빠져나오려 몸부림쳤다.

"고생 안 하고 살게 해주겠습니다. 술 만드는 일 안 해도 됩니다."

"이러지 마세요."

"왜 고생을 합니까."

순화는 발버둥 칠수록 온몸의 힘이 빠져나가며 아득해졌다.

"뭐 하는 짓거리야!"

어느 순간 남자가 나타나 엔도의 팔을 낚아채더니 패대기쳤다. 엔도가 비명을 지르며 나동그라졌다. 정신을 차린 순화는 두려움이 엄습해 오며 남자와 쓰러진 엔도를 번갈아 쳐다보았다. 엔도가 비척비척 일어나며 남자를 향해 차갑게 쏘아붙였다.

"감옥에 처넣어버릴 테다!"

"왜 남의 여자한테 집적대는 거냐."

"순화 씨와 나 사이에 끼어든 건 당신이야. 날이 밝으면 동면 주재소에서 순사들이 잡으러 올 거다."

"안 돼요! 도영 씨는 순도 아버지예요!"

순화가 다급하게 소리쳤다. 엔도와 남자 모두 놀라서 서로를 마주 보았다. 순화는 감옥이 얼마나 무서운지 알고 있었다. 광대곡 금광에서 죽은 형을 두고 엔도에게 항의하던 그의 동생이 감옥에 끌려가 다리 병신이 되어 돌아온 사건은 사람들을 공포에 떨게 했다. 그 일 이후 금광에서 사람이 다치거나 죽어도 어물쩍 넘어가는 추세였다. 초기에는 쌀가마니를 주고 유족을 위로했지만 나중에는 그런 것도 없었다. 그냥 개죽음이었다. 죽은 사람만 억울했다. 순화는 남자가 감옥에 가는 순간 병신이 된다는 끔찍한 상상을 하며 다급하게 그녀 가슴 속의 비밀을 말해버렸다.

"어물쩍 넘어갈 생각 마시오. 어째서 이 작자가 당신 아들의 아비란 말입니까."

"저어, 그게."

순화는 울음을 터트렸다. 한편으로는 남자가 야속했다. 그렇게도 아둔한 남자에 대한 서운함과 원망이 한꺼번에 폭발하여 울음으로 터져 나왔다.

"여직 눈치를 못 채다니, 순도 이름을 보고도 몰라?"

순화가 다시 흐느꼈다. 순화의 어깨가 심하게 요동쳤다. 엔도가 아랫입술을 깨물며 돌아서더니 말을 타고 가버렸다. 말에 올라타기 전 기어이 한 마디를 내뱉었다.

"내 오늘 이 치욕을 꼭 갚아주겠습니다."

"몰랐어. 정말 몰랐어."

남자는 순화에게 다가가 그녀의 어깨를 감싸안았다. 순화의 흐느끼는 울음소리가 어둠 속에 흩어졌다. 순화와 도영의 이름을 한 자씩 차용하여 순도라 이름 지은 순화는 평창댁이나 마을 사람들에게 말할 용기가 없었다. 무엇보다도 남자가 알아채기를 기다렸다. 아무도 알지 못하는 사이 순화는 그냥 그대로 조용히 살아가리라 다짐했다. 순화는 그날 밤의 기억을 떠올렸다.

잔돌을 굴리며 흐르던 물결 소리, 버드나무가 강물에 쓸리던 소리, 바람 소리와 눅눅한 밤의 공기가 떠올랐다. 첫정이었다. 순화가 도회지로 떠나려는 결심이 섰을 때 남자는 망설였다. 순화는 실망했으나 더 이상 기대하지 않았다. 그 밤의 일을 평생 가슴에 묻고 살리라 다짐했다. 흐느끼는 순화의 귓가에 멀리 강물 소리가 들려오는 듯했다. 순도는 밤이 깊어 집으로 돌아오다가 순화가 남자의 품에 안겨 우는 장면을 목격했다.

"뭐야? 이게 무슨 의미지?"

순도는 잠시 혼란스러웠다. 순화와 남자가 서로 끌어안고 우는 모습은 기괴하기 이를 데 없었다. 순도는 가만히 그들의 모습을 지켜보았다. 순도의 머릿속에 의혹이 한 가닥 피어올랐다.

"혹시, 아저씨가……."

여기까지 생각한 순도는 가슴이 쿵 내려앉으며 요동쳤다. 막연히 아저씨가 아버지였더라면 이런 생각을 한 적이 있었다. 하지만 아주 잠깐이었다. 아버지는 뭔가 근사하고 남달라야 한다고 생각했다. 그때부터 순도의 가슴 속에는 근사한 아버지에 대한 상상이 커가기 시작했다.

"에이, 그럴 리가 없어."

순도는 조용히 마당을 빠져나와 걸었다. 서낭당 쪽을 향해 걸으며 혼란스러운 마음을 다스리기 어려웠다. 열다섯 살 인생 최대의 위기였다. 순도는 남자와의 시간 속으로 천천히 발을 담갔다. 고기를 잡으러 간 일, 새총을 만들어서 참새잡이를 한 일과 꿩을 잡는 법을 가르쳐 준 그 일을 기억했다. 눈물이 날 것만 같았다. 마음과는 다르게 볼을 타고 눈물이 흘러내렸다. 기쁨의 눈물인지 서러움의 눈물인지 자신도 잘 몰랐다.

다음날 동면 주재소에서 순사들이 나와 순화를 찾았다. 그들은 부엌 대문에 금(禁), 라고 쓰인 빨간 종이를 붙였다.

"전통주는 금지됐습니다. 어기면 감옥에 보낼 거요, 알아들었소?"

순사 두 명은 순화에게 윽박지르고는 돌아갔다. 올 것이 왔다는 예감에 순화는 망연히 먼 앞산을 쳐다보았다. 장작을 지고 오던 남자가 대문에 붙은 종이를 보고는 표정이 어두워졌다. 순사들은 순화뿐만 아니라 마을 전체에 전통주 금지령을 내렸다. 마을은 술렁거렸다.

"뭔 일이래? 제사를 지내지 말라는 말과 같구먼."

"왜놈들이 남의 나라에 와서 온갖 자원을 강탈해 가더니 이젠 술도 못 만들게 하네."

"해도 해도 너무하네."

사람들이 웅성거리며 구장 댁에 모여 앉아 회의를 했다. 뾰족한 수가 없었다. 구장이 엔도를 만나보겠다고 나섰다.

"누가 제사를 못 지내게 합니까. 걱정하지 마십시오."

"그러면 술은 어떡합니까?"

"술은 총독부에서 관장합니다. 당신이 양조장을 하면 어떻겠소."

"뭐라고요."

구장은 그 순간 머리를 굴려보았다. 마을에 하나뿐인 양조장이 들어서면 이제 집집이 술을 살 것이다. 그렇다면?

"그렇게 된다면야 무슨 걱정이겠습니까. 저에게 맡겨주신다면 최대한 잘 운영해 보겠습니다."

구장은 비굴하게 두 손을 맞잡으며 엔도에게 굽실거렸다. 엔도는 빙 그레 웃었다. 굳이 사람들과 척질 생각도 없었다. 이참에 기선을 제압하고 황제가 다스리는 제국의 위엄을 보여주고 싶었고 조선인을 길들일 필요가 있다고 여겼다. 엔도는 돌아가는 구장의 뒷모습을 바라보며 회심의 미소를 지었다. 순화의 전통주를 금지한 것이 통쾌했다. 감히 날 속이다니. 그동안 속은 것을 생각하면 괘씸했지만 이만하면 본때를 보여준 셈이었다.

순도는 집안 분위기가 예사롭지 않음을 감지하고 조용히 지냈다. 순화에게 말대꾸를 한다거나 늦은 밤 싸돌아다니거나 하는 일을 자제했다. 간간이 올라오던 계란찜도 구경하기 힘들었고 밥상에는 보리밥이 사라졌다. 손님이 오면 보리밥을 대접하고 식구끼리는 강냉이밥을 먹다가 어느 날 보리밥이 밥상에 올라왔는데 다시 예전의 궁핍한 살림살이로 돌아갔다. 사발 가득 담긴 강냉이밥을 순도는 물끄러미 내려다보았다. 언젠가부터 남자는 슬그머니 순도네 밥상에 둘러앉았다. 아무렇지도 않게 밥상머리에 앉아 있는 남자가 순도는 낯설었다.

"보리밥이네."

순도는 감자를 골라내고 사발 가득 담긴 보리밥을 먹었다. 반찬으로 나온 갓김치와 된장국에는 손을 대지 않고 순식간에 밥 한 그릇을 비웠다.

"감자를 왜 골라내냐."

"감자는 싫어요."

"굶지 않는 것만도 감지덕지해야지."

"그래도 감자는 싫어요."

"허허, 나도 감자는 별로야. 끼니로 감자만 먹던 시절을 돌아봐."

"둘 다 아직 정신을 못 차렸네. 어쩜 그리 똑 닮았는지……."

여기까지 말한 순화는 순도의 눈치를 힐끔 보았다. 순도는 고개를 돌렸다. 이젠 대놓고 아버지 노릇을 하려는 남자의 태도가 마음에 들지 않았다. 심지어 순도 편을 들어주면 더 불편했다. 남자는 헛기침을 했다. 하루한 끼 감자나 고구마로 끼니를 때우거나 굶거나 하던 시절에 비하면 호강이었다. 보따리 장사를 나간 어머니를 기다리며 여러 날 굶었던 남자는 그때부터 뭐든 밥상에 올라오는 음식은 기꺼이 먹었다.

밥상에는 평창댁이 즐겨 먹던 감자봉생이나 올챙이국수가 짬짬이 올라왔다. 감자옹심이나 메밀국죽이 나오면 순도는 숟가락을 들고 망설였다. 순도가 싫어하는 음식 중에 메밀국죽이 있었다. 멸치나 황태포 다시마를 넣은 국물에 도토리묵과 메밀쌀, 혹은 두부를 넣어 끓인, 죽도 아니고 밥도 아닌 음식이었다. 입안에서 까끌까끌 메밀쌀이 돌아다니며 목구멍으로 잘 넘어가지 않는 음식이었다. 평창댁이 메밀국죽을 좋아했는데 이즈음 유난히 평창댁이 먹던 음식을 하는 순화가 이상했다. 뭔가 꿍꿍이가 있는 것 같았다. 순도의 예상은 맞아떨어졌다.

"마지막 전통주야."

순화가 항아리 안에 꼭꼭 숨겨두었던 술과 함께 배추전과 갓김치를 넣어 부친 전병을 상에 올렸다. 순화는 사발 세 개에 술을 가득 채웠다. 순도는 처음으로 남자에게서 술을 받았다. 남자와 순화와 순도가 사발을 높이 치켜들었다.

"순도야, 이제 우리는 마을을 떠날 계획이다."

남자가 말하고 순화가 고개를 끄덕였다.

"어디로요?"

"북간도."

"북간도? 거기가 어딘데요."

"조상들의 땅이지."

"그런 게 있었어요?"

"그럼, 만주는 세종 임금 때부터 우리 땅이었지."

"거기 가면 살 수 있어요?"

"어딜 가나 사람 사는데 여기보다야 못 할라구."

"언제 가요?"

"내일 가려고."

"에이씨, 친구들에게 말할 시간도 없잖아."

순도가 툴툴거리더니 방문을 열고 나가 버렸다. 남자와 순화는 서로 마주 보며 아무 말을 안 했다. 남자와 순화는 밤새 잠을 못 이루고 순도를 기다렸다. 그날 밤 순도는 새벽이슬을 맞으며 돌아왔다. 살던 집은 용하에게 거저 주었다. 용하는 여비에 보태라고 얼마간의 집값을 건네주었다. 메주를 띄워 놓은 항아리와 고추장 된장, 간장 항아리를 두고 가는 게 서운했다. 순화는 장독간을 둘러보며 행주로 닦았다. 가장 아끼는 장류를 두고 간다니 서운함이 차올랐다.

다음날 소식을 들은 마을 사람들이 모두 나와 남자와 순화를 배웅했다. 구장댁이 손에 지전을 쥐어 주고 이웃들이 푼푼이 모은 돈을 순화에게 건넸다. 몇몇 아낙들이 치맛말기로 눈물을 찍어냈다. 광목천을 댄 이불 보따리 한 개와 유기 밥사발과 국 사발, 수저 세 벌을 보자기에 싼 게 전부였다. 오르막길은 가팔랐다. 숨이 턱에 찼다. 임계를 지나 북평항이나 묵호에서 배를 타고 청진항에 내린 후 회령까지 가면 북간도는 지척이었다. 남자는 건천으로 가는 길목에서 자꾸 주위를 살폈다. 지나가는 제무시를 얻어 탈 계획이었다. 벌목을 하느라 신작로에 제무시가 다녔다. 통나무를 가득 싣고 임계 산간 도로를 지나 묵호항에 통나무를 부려놓으면 배에 실려 갈 것이었다. 먼지를 뽀얗게 피워 올리며 제무시가 지나가면 아이들이 먼지 구덩이 속을 따라가는 풍경이 남자의 기억 속에 피어올랐다.

고갯마루에 올라서자 순화는 보따리를 내려놓았다. 남자가 이불 짐을 올린 지게를 바닥에 고여 놓고 담배를 피웠다. 순화는 멀리 굽이굽이 호명, 풍촌을 지나 몰운으로 내려와 몰운대를 휘돌아나가는 청회색 강을 무연히 내려다보았다. 가슴이 먹먹했다. 몰운대 꼭대기를 지키던 소나무는 누렇게 말라 죽어서 고목이 되어 마을을 내려다보고 있었다. 남자는 한평생 가난과 추위와 세찬 바람과 싸운 기분이었다. 어머니를 기다리며 며칠씩 끼니를 굶던 순간도 서까래가 흔들리며 지붕이 날아간 기억도 아궁이에 젖은 나무가 연기를 내뿜으며 집안을 얼어붙게 했던 기억과도 싸워야 했다.

남자는 한생을 걸고 싸웠던 대상과 헤어져야 한다고 생각하니 서러움이 북받쳤다. 죽을 때까지 붙잡고 싸워야 하는데 항복을 선언하고 도망가는 심경이었다. 착잡했다. 두 개비째 담배를 꺼내 불을 붙였다. 능선에 하얀 몸체로 서 있던 자작나무 숲의 환영이 지나갔다. 초여름이면 연둣빛 잎사귀를 흔들며 순백의 영혼인 양, 산을 지키던 자작나무를 떠올리는 남자의 눈가가 촉촉해졌다. 본격적인 추위가 닥치기 전 잎갈나무숲을 노랗게 물들이던 바람의 행렬을 그 순간 기억했다. 남자의 인생을 지배하던 자작나무와 깊은 숲을 배회하던 바람과도 이별해야 한다고 생각하니 남자는 가슴이 먹먹했다.

이제 떠나면 다시 오기 어려울 것이었다. 죽은 영혼도 높고 먼 고개를 넘기가 어려운 곳, 구름이 쉬었다 간다는 마을 몰운(沒雲). 산이 높아 구름이 빠진다는 마을 이름처럼 깊은 골짜기 아래로 아담하고 작은 마을이 옹색하게 모여 있는 풍경이 아득했다. 아주 오래전부터 세상에 드러나지 않은 채 태백산 줄기를 타고 있는 듯 없는 듯 웅크려 있던 마을이었다. 남자는 피우던 담배를 바닥에 던졌다. 다시 한번 아른아른 시야를 어지럽히는 산간 마을을 내려다보았다. 회색빛 검은 산이 겹겹이 포개어져 산맥을 이룬 풍경은 적요했다. 인간의 슬픔과 고통과는 무관하게 언제까지나 변함없이 펼쳐질 풍광이었다. 구름이 산허리를 타고 능선으로 올라가고 있었다. 남자의 시선을 따라 마을을 내려다보는 순화 눈에 눈물이 고였다.

7. 범 나려온다: 조선 호랑이 절멸사 - 하아무

1

예복 기모노를 입은 타다사부로(山本唯三郎)는 만면에 웃음을 바르고 테이블마다 돌며 축배를 들었다. 누런빛의 훈장을 제복 가득 단 관리들과 사치스럽고 화려한 기모노를 입은 부인들, 제비 꼬리를 단 연미복 차림의 외국 공관 하객들 사이를 누비는 그의 행동은 자신감에 차 있었다. 일 년 전 중의원 선거에서 낙마할 때의 열패감은 사라지고 일본 내 최고의 기업 영업이익을 달성했을 때의 자신감을 되찾은 모습이었다.

후루카와 가이슈 남작을 호위하고 참석한 유우타(山崎雄太)는 눈을 휘둥그레 뜰 수밖에 없었다. 도쿄 제국 호텔을 몇 번 와봤지만 이날 연회장은 여느 때보다 화려하게 장식되어 있었다. 대연회장 내외는 수십 그루의 대나무를 베어와 마치 대숲에 있는 것처럼 장식을 했다. 그 사이사이에 타다사부로가 조선에서 포획한 호랑이를 비롯해 표범, 곰, 노루 따위의 박제를 배치해 호랑이 사냥 분위기를 연출했다.

"호랑이가 대나무 숲을 좋아한다는 의미로 저렇게 치장했다는군."

옆 테이블의 누군가가 자신의 부인에게 설명했다. 타다사부로가 야마모토 정호군(山本征虎軍)이라 불리는 거대한 규모의 사냥팀을 조직해 조선에 건너가 호랑이를 원정 사냥한 것을 과시하기 위해 전무후무한 호랑이 고기 시식회를 연 것이었다. 이미 십여 일 전 조선 호텔에서 조선총독부 정무총감을 초대하는 등 경성의 귀빈 일백이십여 명을 초대해 호랑이 고기 시식회를 열었던 터였다.

이날 본토에서 열린 두 번째 시식회에 초대받은 사람들의 면면도 화려하기 이를 데 없었다. 체신대신 덴 겐지로(田健治郎)와 농상무대신 나카쇼지 렌(仲小路廉), 이토 히로부미의 사위인 스에마쓰 겐조(末松謙澄), 추밀원 부의장 기요우라 게이고(清浦奎吾), 육군대장인 가미오 미츠오미(神尾光臣), 제일국립은행 초대 총재를 지낸 시부사와 에이이치(澁澤榮一), 제국

7. 범 나려온다 - 하아무 … 227

호텔을 설립한 실업가 오쿠라 기하치로(大倉喜八郎) 등 이백여 명에 이르렀다.

준비된 요리는 조선 영흥의 기러기 수프와 부산 도미 양주 찜, 북청 산양 볶음, 고원 멧돼지 구이 등 여러 가지가 있었지만 모두의 관심은 당연하게도 호랑이 고기에 쏠려 있었다.

"신사 숙녀 여러분. 마침내 오늘 이 자리에 매우 희귀한 고기를 선보이게 되었습니다. 많은 분들께서 이와 같이 자리에 참석해 주셔서 진심으로 영광이라고 생각되는 바입니다."

포마드를 발라 끝을 세운 카이저수염을 기른 타다사부로는 짐짓 위엄을 부리며 인사했다.

"전국시대의 무장은 진중의 사기를 높이기 위해 조선의 호랑이를 잡았습니다. 하지만 다이쇼 시대의 저희는 일본의 영토 내에서 호랑이를 잡아 왔습니다. 여기에는 깊은 의미가 있다고 생각합니다."

타다사부로가 '진중의 사기를 높이기 위해 호랑이를 사냥한 무장'이라고 언급한 것은 가토 기요마사(加藤清正)였다. 기요마사가 임진왜란 중 조선의 호랑이를 사냥했다고 전해지는 일화를 간접적으로 일깨운 것이다. 그러면서 일본에는 존재하지 않는 호랑이를 침략지에서 사냥해 왔지만 자신은 병합조약에 따라 일본의 땅이 된 식민지에서 잡은 맹수임을 강조한 발언이었다. 호랑이를 사냥함으로써 영웅화된 기요마사처럼 자신도 그에 버금간다는 것을 각인시키고 싶은 마음이 그의 말과 행동에서 고스란히 드러났다.

가이슈 남작은 호랑이 고기를 질겅거리며 같은 테이블의 사내에게 말을 걸었다.

"기요마사가 도요토미 각하에게 보내기 위해 호랑이를 사냥했다더군요. 도요토미 각하가 수백 명 첩을 두었는데도 자식 복이 없었거든요. 호랑이 불알이 특효약이라는 걸 알고 바친 것이지요."

"그래요? 그래서 효과를 보셨답니까?"

"예, 그걸 먹고 딸을 얻었답니다."

"호오, 그럼 나도 오늘 이 호랑이 고기를 먹고 시도해 봐야겠군요. 하하하."

하관이 빠른 사내는 뻐드렁니를 드러내며 낄낄거렸다.

"그런데 도요토미 각하는 생으로 먹어야 효과가 있다고 육회로 드셨답니다. 한데 이 호랑이 고기는 익힌 것이라 아쉽네요."

"아하, 그렇다면 그건 조금 아쉽게 되었군요."

그러자 반대쪽에 경찰복을 입고 앉은 뚱뚱하고 건장한 사내가 끼어들었다.

"그런 소리 하지 마슈. 생이든 익힌 것이든 평생 먹어보기 어려운 귀한 고기 아니오. 그러니 어떻게든 효과가 있지 않겠소."

이번에는 양복을 입은 안경잡이 사내가 나섰다.

"아무리 입으로 떠들어본들 지금이야 알 수 있겠소이까. 빨라도 오늘 밤이나 되어야 알 수 있겠지요."

하자, 뻐드렁니 사내가 아래를 내려다보며 설레발을 쳤다.

"아닙니다. 이거 벌써 소식이 오는 것 같은데요."

그의 우스꽝스러운 표정에 좌중은 폭소를 터뜨렸다.

와자한 웃음소리에 타다사부로가 술잔을 들고 다가왔다. 웃고 떠들던 사람들은 너도나도 나서 호랑이 고기 맛이 세상 어느 고기보다 월등하다느니, 조선 호랑이를 사냥해 대 일본 제국의 기개를 만방에 떨쳤다느니, 앞서 중의원 선거에서 분하게 낙선했으나 다음 선거에서는 반드시 승리해 나라를 이끌 정치 지도자가 되어야 한다고 과하게 추어주었다.

"쉽지 않았습니다. 아니, 호랑이를 맞닥뜨리는 일은 무시무시한 일이었습니다. 하지만 오직 하나, 대 일본 제국의 남아로서 아무리 사나운 맹수라 하나 물러설 수 없다는 일념뿐이었습니다. 그리하여 마침내 놈을 쓰러뜨릴 수 있었습니다."

타다사부로는 자신이 고용한 조선인 포수가 아니라 직접 사냥한 것 같은 표정으로 떠들었다. 듣고 있던 초대객들은 다시 한번 더 환호하며 그의 이름을 연호하였다.

"자아, 야마모토 타다사부로 정호군 대장을 위하여 건배!"

"대 일본 제국의 번영을 위하여 건배!"

수십 차례의 건배와 박수갈채가 이어졌다.

구석에서 듣고 있던 유우타는 입가에 찬웃음을 물고 누구도 눈치채지 못하게 콧방귀를 뀌었다. 그는 처음부터 매의 눈으로 타다사부로의 일거수일투족을 살피고 있었다. 머리끝에서 발끝까지 사진을 찍듯 눈에 담았고 말투와 웃음, 오카야마 사투리 따위를 들으며 의미심장하다는 듯 입매를 실룩이기도 했다.

'맞아. 내 눈은 틀림이 없다니까. 예전 그 타다사부로가 맞아. 신문 배달하고 우유 배달하던 그 타다사부로. 내가 소학교 다닐 때였어. 그는 대학생이었지….'

몰락한 사무라이 집안의 가장이었던 유우타의 아버지는 생계를 위해 우유 배달업을 하고 있었다. 성실하게 일한 덕분에 주문이 꾸준히 늘고 바빠졌다. 타다사부로를 비롯해 두어 명의 학생이 구역별로 배달을 나누어 담당했다. 그 일로 학비에 얼마나 보탬이 되었는지 몰라도 유우타의 아버지와 어머니는 일쑤 아침밥도 해먹이고 책 사는 데 보태라고 한두 푼씩 더 찔러주기도 했다. 그런데 몇 달이 지나자 한 차례 두 차례씩 배달 사고가 일어났다. 그렇긴 해도 아무 증거도 없이 배달하는 학생들을 의심하기는 어려웠다. 그저 누군가 남의 집 앞에 배달된 우유를 훔쳐 마시는 것으로 잠정 치부할 수밖에 없었다. 그러다 우연한 기회에 유우타는 그것을 목격하게 되었다. 타다사부로가 다른 학생의 배달 구역에 가서 우유를 마시고 태연히 빈 병을 그 자리에 두는 게 아닌가. 유우타는 곧장 아버지에게 본 대로 일러바쳤다. 하지만 아버지는 잘못 보았을 거라며 아무런 뒤 조처를 하지 않았다. "그럴 리가 없어, 우리가 얼마나 잘해주었는데 그런 짓을 할 이유가 없지 않은가." 그렇게 얼마가 더 지난 후 다른 구역 학생이 현장에서 그의 절도 행각을 목격한 뒤에야 그 좀도둑 사건은 끝이 났다. 그 후 타다사부로는 학교도 중도에 그만두고 어디론가 사라져 버리고 말았다.

"어? 이 사람 예전에 그 사람 아니야?"

수년 전 동생 쇼타가 신문에 난 타다사부로의 기사를 발견했다. 그가 마츠마사 양행이라는 무역회사를 설립해 석탄과 목재 무역으로 큰 성공을 거두었다는 내용이었다. 기사와 함께 실린 사진 속 그는 매우 거만하고 고압적인 표정을 하고 있었다.

그들 가족은 쓴 입맛을 다셨다. 워낙 오래전 일이었고 그 일 때문에 그들이 타격을 입을 정도의 피해를 본 건 아니어서 지금까지 유감을 가진 건 아니었다. 다만 명예롭지 못한 일에 연루된 자가 일차 세계대전이라는 전쟁을 기화로 막대한 부를 거머쥐었다는 건 아무래도 부조리해 보였다. 게다가 졸부[成金, 나리킨]의 상징이기라도 하는 듯 온갖 기행을 일삼고 있었다.

"저 인간이 요정에 갔었대. 그 요정에서 실컷 퍼마시고 나올 때 기생 한 명이 어두운 현관에 엎드려 있더래. 어두워서 신발을 못 찾으니까 이 인간이 어쨌는 줄 알아? 백 엔짜리 지폐에 불을 붙여 현관을 비췄다는 거야. 기생들이 놀라서 소리를 지르니까 보란 듯이 백 엔 다발을 풀어 코 푸는 시늉을 했다나 뭐라나. 미친 새끼!"

야쿠자 조직원이 되어 뒷골목을 누비던 쇼타는 거칠게 쏘아붙였다. 그랬던 동생이 호랑이 고기 시식회를 연 걸 안다면 또 무슨 욕설을 내뱉을지 궁금했다.

유우타는 타다사부로가 가까이 다가올 때 일부러 한 발 앞으로 나아갔다. 두어 걸음 거리에서 그와 눈이 마주쳤다. 유우타는 그와 면식이 있다는 의미로 미소를 지어 보였으나 타다사부로는 곧장 옆 테이블로 몸을 돌렸다.

'기억을 못 하는구나.'

유우타는 당연하다는 듯 고개를 끄덕였다.

2

천술은 마침 눈에 띈 나뭇등걸에 털벅 주저앉았다. 종일 걸어서 팽팽하게 당겨 금방이라도 터져버릴 것만 같은 종아리 근육이 비로소 느슨해졌다. 그는 이마의 땀을 훔치며 고개 들어 태양의 위치를 가늠해 보았다. 어느덧 신시(申時)를 지나 유시(酉時)에 접어든 것 같았다. 돌아가기에 너무 산속 깊이 들었고 빈 고리 망태로 돌아설 수도 없었다. 작정하고 산을 탔으니 뭐라도 하나 캐서 가야 할 형편이었다.

"끄응…."

자리보전하고 누워 앓고 있는 아들 만덕이의 얼굴이 떠오르고 그 곁에서 내내 눈물 바람인 마누라의 한숨 소리가 들리는 듯하였다. 이제 열다섯 살밖에 안 된 아이를 얼마나 모질게 때렸으면 피똥을 싸고 제대로 걷지도 못한단 말인가. 생각할수록 억장이 무너지고 피를 토할 것만 같은 기분이었다. 하지만 지금은 기분대로 할 수 있는 처지가 아니었다. 우선 아들을 살리는 게 급선무였다.

"급한 대로 이것부터 얼른 달여 먹이게."

천술과 약초를 자주 거래하는 하 의원이 주는 약을 먹였다. 더하여 전술 찌꺼기에 생지황을 찧어 아들의 온몸을 감싼 후 뜨끈한 방에 눕히고 찜질을 해주었다. 인분에다 긴 대나무를 통째로 꽂아놓고 그 대나무의 마디와 마디 사이에 고인 맑은 물을 약으로 먹이기도 했다. 소리꾼들이 혹독

한 소리 공부를 하기 위해 보약으로 바로 그 똥물을 먹는다고 했지만 앞
뒤 재고 좌우 가릴 계제가 아니었다. 그렇게 해서 우선 급한 불은 껐고
한숨 돌릴 정도가 되었다.

"뼈가 상헌 디는 호랑이 뼈가 그리 좋다쿠던데. 호랑이야 두고라도 삼
이나 한 뿌리 믹이면 좋것구마는…."

마누라가 남편 들으라는 듯이 읊조렸다. 약초꾼 남편에게 호랑이 어쩌
고 해 봤자 언감생심이고 산삼은 바랄 수 없을 테니 인삼이라도 구해왔으
면 좋겠다는 압박이었다. 그 마음을 어찌 모르겠는가. 그렇지 않아도 이래
볼까, 저래 볼까 생각만 굴리던 천술은 하릴없이 빈 곰방대만 입에 물었다
뺐다 했다.

다음 날 아침 일찍 천술은 다리에 삼베 행전을 치고 짚신 감발을 한 채
고리 망태에 낫 한 자루 담아 어깨에 멘 후 집을 나섰다. 마누라의 바람대
로 삼을 캐든지 죽은 사람 콧속에 불어넣던 약초라는 송라를 뜯어 오든지
할 작정이었다. 그러자면 평소 다니던 산길이 아니라 좀 더 높고 깊은 등
성이를 타야만 했다.

"늦기 전에 이슬을 피할 곳을 찾아야 되것는데…."

천술은 무연히 주위를 휘둘러보았다. 위로는 하늘을 찌른 산봉우리가
세상을 압도하며 그를 내려다보고 있었고, 아래로는 바다 같은 수풀과 잡
목숲이 골짜기까지 펼쳐져 있었다. 햇살은 위아래 가리지 않고 고르게 쏟
아져 온갖 열매를 익혀내고 있었다. 머루, 다래, 아가위, 으름은 이제 겨우
파랗게 몸피를 키워가고 산딸기와 멍석딸기, 오디는 잘 익어 빨갛거나 너
무 익어 까매진 것도 눈에 띄었다.

천술은 눈에 띄는 대로 딸기와 오디를 주섬주섬 따서 입에 넣었다. 달
착지근한 과육이 씹히는 중에 덜 익은 것이 섞였는지 시고 쓰고 떫은 맛
이 섞였지만 달기만 한 것보다 오히려 나았다. 갈증이 가시고 허기를 어느
정도 달랠 수 있을 때까지 그는 손을 움직였다.

그러는 사이 먼 등성이에서 뻐꾸기가 서로 화답하듯 번차례로 울고, 멀고 가까운 곳에서 쓰르라미가 경쟁하듯 울어댔다. 천술을 경계하는 듯 직박구리 울음소리가 소란스레 왜자하고, 이따금 제 이름을 부르고 그게 우습다는 듯 낄낄거리면서 꿩이 골을 건너 날아갔다.

돌연 사방이 조용해졌다. 뻐꾸기도 울지 않고 직박구리와 꿩도, 풀벌레 소리마저 갑자기 모두 사라져 버린 것처럼 정적이 흘렀다. 천술이 오디를 따기 위해 뽕나무 가지를 흔드는 소리와 우물거리며 먹는 소리만이 남은 것 같았다. 주변의 모든 것이 움직임을 멈춘 것 같은 느낌이 들자 천술도 문득 손을 멈추었다.

"이게 무슨…?"

불현듯 무언가 큰 동물이 나타났다는 생각이 들었다. 전신에 소름이 쭉 끼치고 식은땀이 흘렀다. 천술은 비록 약초꾼으로 살아가고 있지만 할아버지와 아버지는 이름난 지리산 사냥꾼이었다. 지금도 집안 사정을 아는 이들은 천술에게 한마디씩 하곤 했다. 사냥꾼의 피가 속에서 부글부글 끓고 있을 텐데 어찌 참고 사느냐는 것이다. 사냥꾼들은 일쑤 농반진반으로 지금이라도 자기들과 함께 다니자고 구슬리곤 했다. 어릴 적 할아버지와 아버지에게 들었던 말이 있고, 정말 타고난 피가 있어선지 동물에 대한 그의 감각은 남다른 면이 있었다. 맹수의 발자국과 작은 동물의 발자국을 구별해내고 녀석들이 싼 똥이나 흔적을 보고 뭘 먹었는지 어떤 상태에 놓여 있는지 알아낼 수 있었다. 돈이 되는, 귀한 약초를 찾아내는 덴 젬병인 약초꾼이었으나 어쩐 일인지 산짐승에 대한 것이라면 애써 힘들이지 않아도 절로 눈에 들어오고 귀에 들리고 느낌이 왔다. 소란스럽던 주변에 갑자기 정적이 흐르고 천술의 오감에 미세하게 잡힌 건 분명 맹수의 그것이었다. 몸이 옹송그려지고 털끝이 쭈뼛해졌다.

아버지가 늘 하던 말이 떠올랐다.

"내가 범이 움직이는 걸 보면서 다음 수를 쓸 수 있다면 분명 놈을 찌러

띠릴 수 있는기라. 근데 반대로 범이 날 보면서 움직인다면 그땐 볼쎄 내 목심이 내 끼 아닌기라."

천술은 반사적으로 몸을 숙이고 자신을 숨길 만한 엄폐물을 찾아 두리번거렸다. 우선 아쉬운 대로 키만큼 자란 억새밭에 엎드려 정황을 살폈다. 범이나 매화범[표범]이라면 섣불리 자신을 노출하지 않고 이쪽의 반응을 좀 더 지켜볼 것이다. 멧돼지나 늑대라면 이미 자신을 드러내 보이며 위협하거나 노골적으로 적의를 드러냈을지도 모른다. 그게 무엇이든 천술이 방심한 채 놈들의 영역에 들어온 것이면 위험천만한 지경에 놓인 셈이었다.

"약초 캐러 산에 가더래도 조심해라이. 일본 놈들에 서양 것들꺼지 들어와가꼬 조선 천지를 들쑤시가 호랭이야 곰이야 마구잽이로 쏴제끼는 판 아이가. 그래논께 이 짐승들이 더 갈 디도 없고 궁지에 몰리가 독이 바짝 올라 있다아이가. 요새 같으모 토끼도 독기를 품고 사람을 물어제낄 판국이다."

옆 동네 외둔에 사는 염 포수가 얼마 전 일러준 말이었다.

천술은 고리 망태에서 천천히 낫을 꺼내 들었다. "뼈가 상헌 디는 호랑이 뼈가 그리 좋다쿠던데…" 하던 마누라의 말이 생각났다. 이어 고문을 당해 온몸에 피멍이 들고 뼈가 상한 아들 만덕의 처참한 몰골이 떠올랐다. 어쩌면 오늘 산삼이나 송라보다 더 좋은 약재를 구해서 내려갈 수 있을지도 모른다는 희망이 샘솟았다. 총도 없이 낫 한 자루만으로 어림 반 푼어치도 없다는 생각보다 호랑이 뼈를 고아 먹고 벌떡 일어설 만덕의 모습만 자꾸 얼비치었다. 염 포수가 보았다면, 얼른 도망갈 생각은 하지 않고 죽고 싶어서 환장한 짓이라고 욕을 했을 것이다. 하지만 천술은 마음이 약해지려는 그 순간 할아버지와 아버지를 떠올렸다.

"할아버지, 아버지. 혼령으로라도 보고 있으모 한 번만 도와주이소."

천술은 몸을 일으켜 재빨리 큰 느릅나무 둥치 뒤에 숨었다. 입으로는

"사바하…"를 거듭해서 읊고 눈은 전후좌우를 훑어보았다. 잠시 정황을 확인한 천술은 다시 십여 보 오른쪽에 있는 집채만 한 바위로 뛰어갔다. 이번에도 주위를 둘러보고 이상이 없음을 확인하였다. 어떠한 움직임도 없고 아무런 소리조차 들리지 않았다.

"산짐승이, …아닌가?"

슬그머니 맥이 풀리면서 실망감에 눈앞이 흐려졌다. 맹수를 만나지 않아 다행이라는 생각보다 아들에게 먹일 약재가 사라져 버린 것만 같아 울컥 눈물이 솟았다.

그때였다. 천술이 기대어 몸을 숨긴 바위 뒤쪽에서 둔중하면서도 온 산을 뒤흔드는 포효가 귓청을 찢을 듯 들려왔다. 그건 호랑이가 아닌 곰의 효후(哮吼)였다. 어마지두에 정신이 몽땅 털린 천술은 오금이 떨어지지 않아 주저앉았다가 간신히 기어서 그 자리를 벗어났다. 겨우 뒤를 보았을 때 그는 자신이 숨어있던 자리에 서서 울부짖는 회색곰을 보았다. 녀석은 앞발을 들어 허공을 찢어발기며 금방이라도 덮칠 듯이 그를 노려보았다. 녀석의 포효는 어웅한 산등성이를 울리고 돌아와 천술의 간담을 서늘하게 했다. 그런데 녀석은 산울림으로 되돌아온 자신의 울부짖음에 놀랐는지 더욱 흥분해 날뛰었다. 이어 발작적으로 천술을 덮치려고 덤벼들었다. 순식간에 곰은 천술의 코앞까지 짓쳐들어와 큰 아가리를 벌렸다. 천술은 가까스로 몸을 빼쳐 옆으로 몸을 굴려 놈의 앞발을 피했다. 곰이 그렇게 날쌔게 움직이는 처음 보았다. 하지만 놈의 공격을 피해서 다행이라는 생각을 하는 매우 짧은 동안 그는 왼쪽 어깨에 통증을 느끼며 쓰러졌다. 천술이 몸을 빼는 순간 녀석은 곧장 몸을 돌려 그의 뒤쪽에서 다시 앞발을 들어 도끼질하듯 휘두른 것이었다. 천술은 비명을 지르며 앞으로 고꾸라지고 말았다. 그가 비탈을 구르는 사이 회색곰은 크고 작은 잡목들을 헤집으며 경사면을 내려오려고 했다. 천술은 곰이 내려오기 전에 죽을힘을 다해 기어가서 바위 틈새로 비집고 들어갔다. 금세 천술을 따라잡은 곰은 바위

쪽으로 다가와 틈새에 앞발을 넣어 휘저어보다가 무연히 바위를 내려치며 울부짖었다. 회색곰은 한참 동안 같은 행동을 반복하다가 서너 차례 바위 앞을 서성이더니 제가 온 쪽으로 돌아가 버렸다.

"휘유…, 다행이다."

곰이 간 후에도 천술은 바위 틈새 깊숙이 틀어박혀 꼼짝도 하지 못했다. 숨도 제대로 쉬지 못할 정도였으나 간신히 놀란 가슴을 진정시키는 한편으로 안도의 한숨을 내쉬었다. 어깨가 아파 왔다. 정통으로 맞았다면 어깨가 박살이 났겠지만 다행히도 빗맞았는지 두 줄의 발톱 자국이 났으나 피가 조금 흐르다 말았다. 통증이 있으나 팔을 움직이는 데는 큰 무리가 없었다. 바위 밖으로 나갈 엄두가 나지 않아 거기서 밤을 새웠다. 새벽녘이 되었을 때 거기 숨어서 떨고 있는 자신의 무기력함에 눈물이 났다.

"만덕아…."

아직 자리보전하고 있는 아들의 모습이 떠올랐다. 아들은 아내를 따라 이십여 리 떨어진 절에 불공을 드리러 갔다가 금봉(錦峰) 주지 스님의 권유로 출가했다. 아이가 스님을 곧잘 따르는 데다가 똘똘하여 스님이 읽던 법문에 관심을 보였기 때문이었다. 금봉 스님은 아이를 절에서 운영하는 학교에 보내고 싶다고 했다. 산골짜기에서 부모처럼 무지렁이로 사는 것보다 백배 낫겠다고 생각했다. 이들을 아는 사람들은 하나같이 잘한 일이라고 격려하고 부러워했다. 할머니와 어머니, 아내에 이르기까지 오래 다니던 절이었고, 금봉 스님은 비록 짐승일지라도 살아있는 목숨을 빼앗는 일을 해서는 안 된다고 신신당부를 했던 이였다. 천술은 약초꾼으로 살면서 할아버지와 아버지의 죄 닦음을 하고 있는 셈이었다. 어쨌거나 서너 해 지나는 동안 만덕은 제법 의젓하게 자랐다. 일본인 선생에게 자주 혼난다거나 일본 아이들과 일쑤 다투는 것 외에는 별다른 일이 없었다. 주지 스님은 훗날 일본 유학을 보내어 불교계 중책을 맡을 수 있게 할 계획까지 세워두고 있었다.

"우리 아들이 글쎄, 감옥소에 갇힛다쿠는데, 아이고 만덕이 아부지요, 이걸 우짭니까. 예에?"

만세운동 사건이 일어나고 만덕이 다른 여러 학생들과 함께 체포되었다. 기미독립선언서를 구하여 동학들과 더불어 미농지 일만 오천 장을 사서 필사하고 등사해서 여러 지역을 나누어 배포했다는 혐의였다. 만덕은 자신이 맡은 지역에서 독립선언서를 전달하다 그쪽 헌병분견대에 끌려가 곤봉으로 온몸을 두들겨 맞았다. 일본인 헌병 특무 조장은 악랄하기로 유명한 이였는데, 얼마나 맞았는지 걷기조차 어려운 학생들에게 오라를 채우고 포승줄로 허리를 묶은 상태로 검사국이 있는 지역까지 칠십 리 길을 걷게 하였다. 각지에서 잡혀 온 사람들로 검사국 마당은 송곳을 세울 여지조차 없을 정도였다. 만덕은 만으로 열다섯도 안 되었음에도 만세운동의 선동 주모자로 지목되어 추가로 십 수일을 더 얻어맞고 주리가 틀리는 고문을 당하였다. 겨우 풀려났을 때 걷기는커녕 기지도 못하고 파들파들 떨기만 했다.

이윽고 천술은 분노를 참지 못하고 떠오르는 해를 향해 뜻 모를 괴성을 내질렀다. 그것은 다른 어떤 것에 대한 분노라기보다 자신에 대한 분노였다. 천술은 우선 엉겅퀴와 질경이 따위의 풀을 짓이겨 상처에 발랐다. 이어 참나무와 단풍나무로 끝을 뾰족하게 깎아 여러 개의 나무 창을 만들었다. 그것을 언제든 집어들 수 있도록 군데군데 놓아두고 회색곰이 나타났던 곳 근방에 대나무를 잘라 말뚝을 박은 덫을 설치했다. 혼자 힘으로는 벼락틀이나 곰덫을 만들 수 없었기에 간단하지만 효과적인 방법을 선택할 수밖에 없었다. 꼬박 한나절을 준비하고 곰이 다시 나타나기를 기다렸다.

그날은 회색곰이 돌아오지 않았다. 산등성이에 어둠이 내리자 천술은 곰이 나타나지 않은 것이 아쉬운 한편으로 긴장이 풀어지면서 안도의 한숨이 나왔다. 하지만 더 이상 두려운 생각은 들지 않았다. 그의 할머니와 어머니가 부처님의 가피를 빌며 한사코 천술이 사냥을 하지 못하게 가로

막았던 것을 거역하는 일이라고 생각하지도 않았다. 산짐승의 생명도 중요하겠지만 지금은 그보다 아들 만덕이 더욱 소중하기에 어쩔 수 없는 일이었다. 어쩌면 할아버지와 아버지의 혼령이 구천을 떠도는 것이 꼭 짐승의 생명을 앗은 탓이라고만 볼 수 없을지도 몰랐다. 천술도 할아버지가 동학군에 갔다가, 아버지는 의병에 가담했다가 돌아오지 못하였음을 알고 있었다. 다만 평생을 그렇게 믿어왔던 할머니와 어머니에게 말할 수 없었을 뿐이었다.

다음날 일찍부터 나무 위에 숨어서 칡뿌리를 씹으며 녀석을 기다렸다. 마침내 한낮의 해가 조금씩 이울기 시작할 무렵 문득 곰이 모습을 드러냈다. 온종일 먹이를 찾아다녔지만 제대로 먹지 못했는지 녀석은 킁킁 소리를 내며 뿌리를 캐려는 듯 땅을 파기 시작했다. 먹이에 집중하고 있을 때 결정타를 날리는 것이 좋겠다고 생각한 천술은 최대한 소리 나지 않게 접근했다. 사정거리에 다가갔을 즈음 녀석은 낌새를 차린 듯 돌연 몸을 획 돌렸다. 곰이 공격하기 위해 앞발을 들려는 순간 천술은 온 힘을 팔뚝에 모아 쥐고 있던 나무창을 녀석의 뱃구레를 향해 찔러 넣었다. 그러나 나무창은 뱃가죽을 뚫지 못하고 부러지면서 녀석의 화만 돋구어 놓았다. 깊지 않지만 상처를 입은 곰은 무섭게 울부짖으며 천술을 덮치려 했다. 그는 준비해 둔 나무창을 집어 들고 다시 놈을 찌르려 했으나 녀석이 마구잡이로 휘젓는 앞발에 튕겨 나기를 거듭했다. 미리 설치해 두었던 첫 번째 덫도 실패했다. 덫에 매단 말뚝이 아니라 대나무가 녀석의 다리를 때린 거였다. 실망스러웠지만 실망하고 있을 틈이 없었다. 녀석의 우악스럽고 포악한 앞발에 정통으로 걸리면 말 그대로 뼈도 추리지 못할 판이었다.

"오냐, 니가 죽든 내가 죽든 해보자!"

천술은 나무창을 번갈아 찔러댔다. 그럴 때마다 곰의 앞발에 창이 부러졌고, 그도 이리저리 패대기쳐지고 굴렀다. 드디어 두 번째 덫에 이르러 천술이 당김줄을 끊자 잔뜩 휘어져 있던 대나무가 '휘잉' 하며 경쾌하게 활시위 퍼지는 소리를 냈다. 거의 동시에 대나무 끝에 매달아둔 말뚝 하나가 회색곰의 옆구리에 사정없이 박혔다. 녀석은 단말마의 비명을 내지르는 동시에 더욱 거세게 발악하고 몸부림쳤다. 천술은 가까스로 바위틈으로 기어들었다. 녀석의 발악은 거의 한 식경 넘게 바위 앞에서 계속되었다. 그러다 곰은 폐에서 공기가 새는 것 같은, 아츠러운 소리를 내더니 바위 앞에서 물러나는 듯했다.

천술은 바위틈에서 나와 곰의 핏자국을 따라갔다. 한 마장이 채 안 되는 골짜기에서 숨이 끊어진 녀석이 엎어져 있는 걸 발견했다.

천술은 어떻게 집에까지 갔는지 기억이 나지 않았다. 곰이 죽은 것을 확인하고 그 역시 혼절하듯 녀석의 옆에 쓰러졌다. 그러다 문득 깨어나 칡넝쿨을 엮어 들것을 만들고 장정 두엇의 무게보다 더 무거운 곰을 끌고 돌아왔다. 나중에야 녀석과 함께 집에 돌아와 있었기에 그런 줄 알지 그 과정은 생각이 나지 않았다. 아내의 말에 의하면, 그는 방에 들어가지도 못하고 마당에 둔중한 소리를 내며 쓰러져 버렸다. 그런 후 그는 아들 만덕과 나란히 누워 거의 열흘 동안 앓아야 했다.

소식을 듣고 달려온 염 포수가 곰의 가죽을 벗겨내고 쓸개를 떼어내었다. 약재로 쓰는 곰의 발바닥과 뇌, 고기와 뼈 따위를 분리해 냈다.

작업을 마친 염 포수는 앓아누운 채 열에 뜬 섬어를 늘어놓고 있는 천술을 보며 뇌까렸다.

"나는 니가 이럴 줄 알았다. 포수 피는 어디 안 간다고 안 쿠더나."

3

조동신문 정갑성 기자는 경성에서 기차로 경남도청까지 내려오는 내내 마음이 무거웠다. 총독부는 근대 문명의 도입과 개화의 상징으로 철도 부설을 내세우고 있지만 실상은 다른 음모가 있다는 건 주지의 사실이었다. 철로를 놓아 나라의 혈맥을 돌게 하고 터널을 뚫어 숨통을 틔워주었다는 명목 뒤에 식량과 원료를 수탈해 실어 나르고 조선과 대륙의 군사적 지배를 위한 효과적 도구라는 사실이 숨겨져 있었다. 그런 사실을 알면서도 육로를 이용할 때보다 훨씬 편리하다고 느끼는 스스로의 생각이 못내 불편한 것이었다. 나라 전체에 거미줄처럼 철길을 깐다는 건 거미줄에 걸리는 모든 것이 먹잇감이 된다는 의미 같아 보였기 때문이다.

그가 경상남도관찰부청사가 설치되어 있는 진주성에 들어서자 정문으로 쓰고 있는 영남포정사에서 기다리고 있던 직원 하나가 안쪽의 선화당으로 안내했다. 몇 년 전 취재차 왔을 때와는 분위기가 달랐다. 낡고 오래된 부분을 일부 개조한 것 같은데 조선식도 아니고 일본식이 되다가 만 건물 같아서 기괴한 느낌을 주었다. 안내되어 들어간 방안의 풍경도 마찬가지였다. 호렵도(胡獵圖) 8폭 병풍이 전체적으로는 조선식 방의 분위기를 말해주는 듯했으나 커튼이 쳐진 창과 검은색 가죽 소파 따위의 가구들과 이질적으로 뒤섞여 있었다.

"아, 정갑성 기자시군요. 이쪽으로 앉으시지요."

호렵도 앞에 서 있던 관리가 소파에 앉아 있는 다섯 사람에게 무언가 얘기하던 중이었다. 그는 정 기자에게 양해를 구하고 하던 이야기를 계속했다.

"그러니까 이 호렵도는 청 황제가 가을 사냥하는 장면을 그린 그림입니다. 오랑캐란 뜻의 호(胡) 자를 붙인 데에는 청에 대한 우리 조선 사람들의 이중적인 감정이 엇갈려 있지요. 정묘호란과 병자호란을 겪은 뒤, 청을 배척하자는 배청(排淸)의 여론이 들끓었습니다. 동시에 홍대용·박제가·박지원 등 북학파(北學派) 또는 백탑파(白塔派) 중심으로 청나라를 배우자는 움직임도 있었지요."

관리의 설명을 통역관으로 보이는 사람이 일어로 맞은편의 일본인에게 통역했다.

"당시 정조 임금 때 화원 김홍도가 청 황제의 수렵 장면인 호렵도를 그렸습니다. 그런데 그 의미는 사뭇 달랐습니다. 원래 청나라에서는 황제의 위업을 널리 알리기 위해 수렵도를 제작했지요. 하지만 조선식 호렵도는 청나라에 대해 경각심을 늦추지 않고 그들의 전술이나 군사 훈련을 파악하기 위한 방편으로 만들었습니다."

통역을 들은 일본인이 흥미롭다는 표정을 지어 보였다.

"그러다가 호렵도가 점차 민간에 퍼졌습니다. 무인들이야 군사 훈련 목적으로 이용했겠지만 보통 백성들이야 어디 그렇겠습니까. 점점 호렵도가 여느 민화와 다름없이 액막이와 길상의 그림으로 바뀐 것입니다. 어떠십니까? 이 그림도 우리 도화서 최고 화원이 그린 것인데, 좋지 않습니까?"

한 일본인이 그림 앞으로 다가가 살펴보았다.

"자자, 오실 분은 다 오셨으니까 시작하시지요."

호렵도를 설명하던 사람이 자리를 정돈한 후 자신을 비롯한 참석자를 소개했다. 그는 스스로 경상남도관찰부 내무과장 황병도라고 밝혔다. 이어 일본 정치계를 대신하여 파견되었다며 야마자키 유우타와 쇼타 형제를 소개했다. 갑성은 수인사를 하는 유우타와 쇼지를 보면서 미리 조사한 바대로 그들이 추밀원 고문관 후루카와 가이슈의 수하일 거라고 짐작했다. 천황의 자문기구인 추밀원 고문관의 수하가 조선에 나와 왜 범을 사냥하려는 건지 알 수 없으나, 두 사람의 눈빛이 날카로운 것으로 보아 군부나 경찰 출신일 거라 추정할 뿐이었다. 두 사람과 함께 부관연락선을 타고 현해탄을 건너왔다는 야마토 신문의 야마하나 타카히로 기자는 20대 중반 정도의 앳되어 보이는 청년이었다. 경무부에서 나왔다는 가네무라 타이시 경부보는 왠지 불만스러운 낯빛이었다. 조선총독부 통역관 마츠모토 나카지는 처음 만나지만 갑성도 소문을 들어 알고 있는 인물이었다. 대대로 역관 집안의 자손이었던 그는 일찍 일본 유학을 떠났는데, 아예 본명인 이영택을 버리고 스스로 이름을 바꾸고 일본인으로 인정을 받기 위해 평소에도 유카타와 기모노를 입고 생활하는 것으로 알려져 있었다. 마지막으로 내무과장은 갑성을 소개했다. 그는 앉은 자리에서 목례로 수인사를 했고 다른 사람들은 가벼운 미소와 고갯짓으로 답례했다.

"소개는 이 정도면 되었고, 이제 핵심으로 들어가 볼까요?"

내무과장이 유우타를 보고 통역관 나카지를 쳐다보았다. 나카지가 유우타에게 짧게 권하는 손짓을 해 보이자 곧바로 유우타가 나카지에게 손짓을 되돌려 주었다. 사전에 그들 사이에 무언가 준비된 것이 있는 듯했다. 알았다는 듯 나카지는 헛기침을 한번 하고 목소리를 가다듬었다.

"에에, 조선이 일본과 한 나라가 된 지 올해로 9년째가 됩니다. 천황 폐하의 은혜로 미개하던 나라가 발전을 거듭하고 있는 건 다들 잘 아시리라 생각합니다. 그런 중에도 호랑이를 비롯한 표범, 늑대, 곰, 스라소니 등의 피해가 격심한 상황입니다. 매년 인명 피해만도 수십에 이르고 가축 피해는 그 수를 헤아리기조차 어려울 정돕니다. 조선인들의 피해도 피해려니와 대일본제국 신민의 정착이 크게 늘어난 가운데 내지인의 피해 역시 우려되고 있는 현실입니다. 이 때문에 총독부가 일찍이 '해수구제(害獸驅除)'를 위해 메이지 44년(1911년)에 수렵 규칙을 제정하고 시행에 들어갔습니다. 그에 따라 수많은 반도인이 맹수로부터 피해를 당하는 일이 줄어들었습니다."

갑성은 나카지의 말이 길어지고 있다고 생각했다. 속으로 '해수구제는 커녕 생태계가 거의 절단이 날 지경이 되었다'는 생각을 했지만 입 밖으로 말할 수는 없었다. 그동안 '야생의 조수는 본래 주인이 있는 것이 아니므로 누구라도 포획할 수 있다'는 수렵 규칙에 의거해 셀 수 없이 많은 야생 동물들이 내지인들의 사냥 취미 활동으로 죽어 나갔고 박제가 되기도 했다. 갑성의 상사인 일본인 사회부장 나오토마저도 사냥에 전혀 관심이 없지만 학슬장(鶴膝杖)을 자랑스레 들고 다닐 정도였다. 왜인들이 풍류랍시고 두루미 다리를 잘라 학슬장 지팡이를 만드는 바람에 두루미와 황새, 고니 따위가 절멸할 위기에 놓이게 되었다는 건 누구나 아는 사실이었다. 갑성이 그런 생태계 위기 상황을 기사로 써서 나오토 부장의 책상에 올려둔 적이 있으나 곧장 반려되었다. 도리어 그는 곧 〈요즘 신사들 사이에 '학슬장' 대인기, 유행 선도〉 어쩌고 하는 시시껄렁한 기사로 내용을 바꿔서 써야만 했다. 게다가 이태 전에는 호랑이 사냥 부대 정호군(征虎軍) 기사까지 써야 했던 기억은 아직도 그의 입맛을 씁쓸하게 했다.

"해서, 천황폐하께옵서 이번에야말로 해수를 완전히 박멸할 각오로 사냥단을 보내신 것입니다. 당연히 추밀원 여러 고문관의 자문을 받아 구성한 이번 사냥단의 이름은 멸호군(滅虎軍)입니다. 옛날 호랑이를 잡는 군사를 착호군(捉虎軍)이라 했고, 타다사부로 씨가 대규모 사냥꾼과 몰이꾼을 고용해 만든 사냥 부대는 정호군이었지요. 착호군이나 정호군이나 다 호랑이를 잡는 군대라는 뜻이지 않습니까. 거기서 한발 더 나아가서 멸호군이라 한 건 완전히 멸종을 시키겠다는 것이지요."

더 이어진 설명을 통해 사냥단으로 참여한 사람들이 10여 명 더 있고, 조선에 자리를 잡고 사는 내지인이 10여 명 더 있어서 모두 20여 명이 넘는 규모임을 알 수 있었다. 타카히로는 자신이 소속된 신문사뿐만 아니라 여러 매체에 정보를 제공하는 역할을 맡았다. 나카지는 당연히 유우타와 쇼타, 타카히로 등 조선말을 모르는 이들을 위해 통역을 해야 하고, 타이시 경부보는 법정 사냥 도구 외에 폭발물이나 독극물 사용 등 불법을 감시한다는 명분이었지만 실제로는 조선인 사냥꾼과 몰이꾼을 동원하는 역할을 맡고 있었다. 법적으로 독수리, 수염수리, 원앙새, 원앙사촌, 호랑지빠귀, 검은지빠귀, 검은담비, 암사슴(대륙사슴), 학 등은 잡을 수 없게 되어 있었지만 그런 걸 일일이 지키는 내지인은 없었다. 총기 휴대가 자유로운 왜인 사냥꾼들은 수렵 규칙 따위에 연연하지 않았고, 사냥 도구를 제대로 갖추지 못한 조선인 사냥꾼들은 잡으려고 해도 잡기 어려웠다.

"자아, 오늘은 첫날이니까 마음껏 먹고 마시고, 예향 진주를 즐겨보십시오. 사냥이 시작되면 한동안 고생을 하셔야 될 테니까요."

내무과장은 일행을 촉석루로 안내했다. 남강 강변에 세워져 있는 촉석루는 선화당에서 활 두세 바탕쯤에 떨어져 있었다.

걸어가는 동안 타카히로가 갑성의 옆으로 다가왔다.

"도쿄전문학교[현재 와세다대학]에서 공부하셨다고 들었습니다. 저는 게이오를 다녔습니다만…."

일본어로 말을 붙여오니 갑성도 일본어로 답했다.

"아, 그러시군요. 반갑습니다."

"타다사부로 씨의 정호군 때도 취재를 하신 것으로 압니다. 실제로 조선 땅에는 집마다 키우는 개만큼이나 호랑이가 많습니까?"

갑성은 뜨악한 표정으로 타카히로를 쳐다보았다. 아직 기자 경험이 많지 않아서인지 아니면 좀 모자라는 사람이 아닌가 싶을 정도였다.

"그게 무슨 말씀입니까? 개만큼 많으냐고요? 호랑이가요?"

"예. 정호군에 함께 참여했던 사냥꾼 중 한 사람한테 직접 들은 이야기입니다만. 실제로 본토에 그런 소문이 파다하기도 하고요. 그래서 조선에 사냥을 다녀오겠다고 계획을 세우는 사람이 많습니다."

어이없고 기가 막혔지만 대놓고 말도 안 되는 소리라고 일축할 수 없는 일이었다. 이번 유우타와 쇼타의 멸호군 어쩌고 하는 사냥단도 타다사부로의 정호군에 자극받은 데 따른 행각이 분명했다. 자신들이 모시는 정치가나 뒷돈을 댄 경제인들에게 가죽이나 박제를 상납하려는 수작일 터였다.

"개만큼 많다는 건 허풍이긴 합니다만 예로부터 자주 출몰한 건 사실이지요. 그런데 그것도 해수구제사업 시행 이후 많이 줄었답니다."

갑성은 적당히 두루뭉술하게 대답했다. 수렵 규칙이 시행되기 전 해에 총기를 가진 사람이 6천5백 명이 조금 넘었는데, 그중에 6천 370명 정도가 내지인이었다. 그런데 작년에 1만 9,300명 정도로 9년 사이 3배가 늘었다. 미국과 유럽에서 사냥을 하기 위해 들어온 외국인도 크게 늘었다. 총기 소지자의 절대다수가 내지인이었는데, 독립운동이나 항일 의병운동에 활용될 것이 두려워 조선인에게 총기 소지를 허가해 주는 일이 드물었다. 이런 상황이니 호랑이는 물론이고 각종 산짐승의 수는 빠르게 줄어들고 있었다. 그런 자세한 상황에 대해 언급하는 대신 갑성은 다들 들으라는 듯 얼버무렸다.

"총독부의 정책이 효과를 거두고 있는 셈이지요."

한데 타카히로는 혼잣말하듯 엉뚱한 이야기를 꺼내었다.

"일본늑대 멸종처럼 똑같은 어리석음을 범하지 않아야 할 텐데…."

"일본늑대 멸종? 그게 무슨 이야기입니까?"

갑성은 이제 막 일본에서 온 젊은 기자가 2년 전 취재를 빙자해 우루루 사냥터를 쫓아다니던 당시 기자들과 무언가 다르다는 생각이 들었다. 타카히로는 다른 일행들보다 걸음을 늦추어 부러 거리를 두었다.

"아시다시피 일본에는 호랑이가 없지요. 홋카이도에 불곰 정도가 있기는 했지만 혼슈를 중심으로 동북 지방에서 주로 서식하던 일본늑대, 그리고 홋카이도의 에조늑대 정도가 최고 포식자라고 할 수 있었습니다. 그 둘이 각종 초식동물의 개체수를 조절해 생태계 균형을 잡는 데 이바지를 해왔습니다. 그런데 늑대들이 가축을 잡아먹는 등의 피해가 늘어나자 유해 조수로 지정하고 상금 제도를 시행했지요. 그러니까 늑대 암놈은 8엔, 수놈은 7엔, 새끼는 2엔, 뭐 그런 식이었습니다. 상금 제도가 시작된 게 메이지 10년(1877년)이고 메이지 21년(1888년)에 폐지됐는데, 이 무렵 늑대들이 거의 절멸하고 말았지요. 에조늑대는 메이지 33년(1900년) 이전에 절멸해 버렸고, 일본늑대는 메이지 38년(1905년) 포획되었던 개체가 마지막이었어요. 이런 경험을 일찍 했고 일본의 많은 동물학자들과 생물학자들이 안타까움과 함께 공분을 샀지요."

"정말 멸종이 되었어요?"

"예, 학계에서 다들 인정하는 분위기입니다."

"아니, 그랬는데 같은 정책을 조선에서 또…?"

갑성의 말에 타카히로는 대답 없이 발끝을 바라보며 걷기만 했다. 갑성은 더 묻고 싶은 것이 있었지만 타카히로의 옆얼굴만 보며 입을 닫고 말았다. 조선인이면서 정작 조선 땅에서 살아가고 있는 동물들을 무차별적으로 사냥하는데도 무력하게 바라만 볼 수밖에 없는 자신의 처지가 보였기 때문이었다.

촉석루에 다다른 일행의 눈이 휘둥그레졌다. 차려진 술판은 말 그대로 포실하고 흐벅진 것이었다. 갖가지 국과 찌개, 전골과 찜, 나물과 잡채, 생채가 준비되었고 양지머리와 돼지고기 편육이 넘쳐났다. 게다가 술도 법주에서부터 감흥주, 구기주, 매실주, 더덕주, 인삼주에다가 사주까지 술독에 채워져 있었다.

황병도는 준비된 음식에 만족스럽다는 듯 만면에 웃음을 띠고 술을 권했다.

"자아, 내일부터 호랑이를 쓰러뜨려야 하실 테니 오늘은 맘껏 드시고 회포를 푸십시오."

옆에 한 명씩 붙어 앉은 기생들이 연신 술을 따라주고 젓가락으로 안주를 집어주었다. 처음에는 남강과 누각이 잘 어울린다느니, 건너편 대숲이 멋있다느니 치사를 하던 이들이 어느 정도 취하자 기생들의 저고리에 손을 넣고 치마를 들치며 희롱하느라 바빴다.

하지만 단 한 사람, 타카히로만은 술잔을 드는 시늉만 하고 곁에 앉은 기생에게 관심도 주지 않았다. 그 모양을 보며 갑성은 샌님 같은 타카히로가 우스우면서도 왠지 호감이 갔다.

"이제 저희 예기들이 나와서 포구락무와 진주 칼춤을 보여드리겠습니다."

죽향이라는 행수기생이 앞에 나와 소개했다. 십여 명의 기생들이 나와 양편으로 편을 나누어 용알을 가지고 놀면서 추는 춤이었다. 하지만 제법 취기가 올라 기생들과 시시덕거리기에 바쁜 사내들은 눈길조차 주지 않았다. 이어 무사복을 갖춰 입은 기생들이 칼을 휘저으며 칼춤을 추기 시작하자 유우타와 쇼타가 먼저 관심을 보였다. 여인들이 칼춤을 춘다는 것도 눈길을 끄는 데다가 칼을 흔들 때마다 "챙챙…", "쩔컥, 쩔커덕…" 들리는 쇳소리도 이색적이었다. 게다가 허리를 앞으로 굽히고 뒤로 제치며 빙빙 돌아가는 연풍대 가락에 칼을 던졌다가 받는 솜씨는 신묘한 느낌을 주었다.

"마지막으로 특별한 자리를 마련했습니다. 이선유 명창님, 이쪽으로 나오시지요."

죽향의 말에 준비하고 있던 중년의 사내가 쥘부채를 들고나왔다. 예쁜 기생들의 기예를 보다가 사내가 등장하자 좌중은 모두 눈살을 찌푸렸다. 죽향은 개의치 않고 말을 이어 나갔다.

"이선유 명창님은 내일 여러분들이 가시게 될 하동 땅 악양이 고향이시고요, 우리 진주권번에서 소리 선생님으로 초대하신 분입니다. 지금 예기들을 가르치고 계십니다. 여러분들이 호랭이 사냥을 가신다는 말을 듣고 명창님께 특별히 부탁을 드렸습니다. 지리산에 가서서 호랭이를 따악 만나셔서 잡아 오시라는 의미로, 수궁가 중에서 자라가 호랭이를 만나는 대목, '범 나려온다' 하는 대목을 불러주시겠습니다."

죽향의 말을 나카지가 일어로 통역해 주자 그제야 이선유를 다시 쳐다보았다.

이선유가 신호를 주자 옆에 앉은 고수가 "딱 쿵딱" 북을 울렸다.

[아니리] 이때에 자라 가만히 살펴보니, 뭇짐승이 오락가락하거늘 호랑이를 큰 토끼로 알고 부르는데, "저기 주둥이 붉고, 꽁지 길고, 얼숭덜숭

하고, 제일 몸 크고 한 이가 토선생 아니오?" 부른다는 것이 자라는 아래
턱이 짧아 "호생원"이 되었것다.

[엇모리] 범 나려온다. 범이 나려온다. 송림 깊은 골에 한 짐승이 내려온
다. 저 짐승 거동 보아라. 꼬리는 잔뜩 한 발이나 되는데, 기둥 같은 앞다
리, 전통(箭筒) 같은 뒷다리, 채략날을 세운 새 낫 같은 발로 잔디 뿌리 왕모
래 엄동설한 백설같이 좌르르르 흩어진다. 주홍 입 쩍 벌리고 "홍항항"하
는 소리에 산천이 무너진다. 자라 깜짝 놀라 목을 움치고 요만하고 엎치었
을 때…

무슨 말인지 몰라 듣고만 있던 일본인들은 나카지의 통역을 기다렸
다. 토끼를 잡으러 뭍으로 나온 자라가 여러 짐승 중에 호랑이와 마주쳤
다. 호랑이가 자라를 잡아먹으려고 하자 자라가 꾀를 내어 호랑이를 쫓
아낸다는 내용이었다. 설명을 들은 그들은 답례라도 하듯 한마디씩 건네
었다.
"조선을 호담(虎談)의 나라라고 한다더니, 정말 그런 것 같구만…."
유우타의 말에 쇼타도 고개를 주억거렸다.
"점점 실감이 나는 것 같아. 앞다리가 기둥 같다 하고, 뒷다리가 화살통
같다 하고, 날카로운 낫 같은 발로 걸어가는데 흙이 파헤쳐져 흩어진다는
걸 상상하니까, 점점 더 흥분이 돼…."
타카히로는 판소리가 무엇인지, 이야기를 들려주는 것인지, 노래를 하
는 것인지 갑성에게 물어댔다.
"대단하군요. 호랑이가 자라를 잡아먹으려고 하는 장면, 궁지에 몰린
자라가 큰소리치면서 호랑이의 불알을 물고 늘어지는 장면 등에서는 솔직
히 놀랐습니다. 진지하다가도 해학과 익살로 재미있게 풀어나가는 방식이
마음에 듭니다."

늘 듣던 판소리에 대해 별다른 감흥이 없는 갑성의 표정을 보며 타카히로는 덧붙였다.

"백수의 왕 호랑이를 저리 익살스럽게 표현한다는 건, 그만큼 조선인들이 호랑이를 익숙하게 생각하고 있다는 것 아닙니까. 아니, 저는 들으면서 호랑이를 무서워하면서도 한편으로는 친근하게 받아들이고 있구나 싶기도 해요."

그러더니 자라가 호랑이 불알을 물고 늘어지는 장면을 다시 들려줄 수 있느냐고 요청하기까지 했다. 이선유는 처음보다 더 과장되게 그 대목을 불렀다.

[자진모리] 앞으로 바싹 달려들어 도리랑 도리랑 도리랑 허고 달려들어 호랭이 알불을 꽉 물고 뺑뺑 돌아드니, 호랭이 꼼짝달싹을 못 허고, 그 육중한 놈이 자라에게 매어달려서 애걸을 허는디,

[중모리] "비나이다, 비나이다. 별나리 전의 비나이다. 내가 오대독신이오, 사십이 이미 넘어 오십이 장근토록 슬하 일점혈육이 없소. 만일 내가 죽게 되면 손세를 막게 되오니 원통한 일이 아니오며, 불효삼천에 무후위 대라 허였으니, 선영의 득죄가 망극허오. 차라리 이것 대충으로 내 왼눈이나 하나 빼 잡수시오!"

유우타와 쇼타는 마치 자신이 잡은 호랑이의 모습을 대하듯 통쾌해했다. 어쩌면 본토에서와는 달리 하급 사무라이에 불과한 자신들을 모두 떠받들 듯하고 있는 상황이 유쾌한 것일지도 모른다고 갑성은 생각했다.

이날의 주연은 자시를 넘어서까지 계속되었다.

4

암범 달무리는 지는 노을을 보며 크게 기지개를 켰다. 땅거미가 지고 어둠이 내리면 천천히 사냥을 나갈 채비를 했다. 근처 아그배나무 위에서 잠을 자던 쇠부엉이가 날개를 한 번 펼쳐보더니 큰 눈으로 사방을 두리번거렸다. 녀석도 주린 배를 채우기 위해 바삐 움직여야 할 시간이었다. 반대로 낮 동안 부지런히 움직였을 꿩이며 콩새와 쑥새, 노루며 토끼 따위의 작은 동물들은 분주히 제 보금자리를 찾아들 것이었다. 세상은 이미 겨울로 접어들어 긴 동면에 들어 고요한 것 같지만 그런 가운데서도 살아있는 것들은 혹독한 추위와 칼바람 속에서도 살아갈 궁리를 찾을 수밖에 없었다.

직박구리가 몇 마리가 "삐이요, 삐이요, 삐, 삐, 힝요, 히이요" 울자 그 소리를 신호 삼아 다른 녀석들이 나타나 "삣, 삣, 삐이" 화답했다. 이제 그만하고 들어가 쉬자고 하는 말에 그러는 게 좋겠다고 대답하는 것 같았다. 달무리는 직박구리가 사라진 숲을 등지고 느리게 몸을 일으켰다. 뱃속에 들어선 새끼가 잘 자라게 하려면 뭐든 잘 먹어두어야 했다. 새끼가 태어나려면 이번 겨울의 끝자락이 되어야겠지만 눈이 내리기 시작하면 먹이를 구하는 일이 쉽지 않을 터였다.

달무리가 찬찬히 제 구역을 돌아보는 동안 보이지 않는 곳에서 작은 소리가 멀어지곤 했다. 이 골짜기와 등성이의 여왕이 나타난 것을 깨달은 동물들이 스스로 물러나는 소리였다. 달무리는 뭔가 변화된 것이 있는지, 침입자가 있지 않은지 꼼꼼히 돌아보고 필요한 곳에는 다시 구역 표시를 해두었다. 새롭게 멧돼지가 칡뿌리를 파먹느라 땅을 파헤친 곳을 발견했고, 어린 표범 하나가 멀찍이 산돌배나무 위에서 이쪽 눈치를 보고 있는 걸 포착했다. 하지만 녀석은 아직 달무리에게 아무 영향을 줄 수 없기에 모른 척 지나쳤다.

어떤 동물이든 숨을 쉬는 것만큼 중요한 것 중의 하나가 물이다. 맛있는 먹이를 배불리 먹고 난 뒤에, 잠을 자는 중에, 제 구역을 보며 쉬는 중에도 물을 마셔야 살 수 있다. 크고 작은 짐승은 물론이고 곤충도, 심지어 식물도 마찬가지다. 그런 동물들을 사냥하는 게 그나마 쉬운 방법이라는 것을 알 정도로 달무리는 경험도 많고 노련했다. 달무리는 물을 마시기 좋은 계곡 옆 수풀 속에 자리를 잡았다. 눈을 부릅뜬 달무리는 계곡에 시선을 고정한 채 앞발을 가지런히 모아 턱 밑을 받쳤다.

그 자세로 미동도 없이 집중한 지 한 식경이 지났을 때였다. 낙엽을 밟는 조심스러운 발소리가 나더니 사슴 한 마리가 나타났다. 달무리는 한껏 옹그린 뒷다리를 움찔거려 언제든 땅을 박차고 튀어 나갈 듯 새우처럼 몸을 웅크렸다.

사슴은 겁이 많은 동물이었다. 큰 눈을 굴리며 사방을 보고 또 보았다. 가야 할 길을 보다가 지나온 길을 다시 살피기를 반복했다. 나뭇잎이 제 몸을 부딪치는 것에도 신경을 곤두세우고 실바람에 실려 오는 낯선 냄새에도 미리 힘줄을 당겼다. 그런데 달무리가 뒷다리에 힘을 주려는 순간 뱃속의 새끼가 발길질을 해댔다. 첫 발길질에 흠칫 놀란 달무리가 아랫배를 내려다볼 때 발아래 마른풀이 서걱이는 아주 작은 소리가 났다. 단박에 사슴은 소리의 진원을 찾아 두리번거리며 도망갈 준비를 했다. 달무리는 사슴을 놓치게 될 거라는 생각에 녀석을 향해 도약하려는데 뱃속에서 새끼가 두 번째 발길질하는 게 느껴졌다. 그렇게 달무리가 어마지두에 어찌지 못하는 사이 사슴은 재빨리 범의 사정권에서 벗어났다.

"쩝쩝…쩝…."

달무리는 입맛을 다시며 사슴이 달아난 숲속을 멍하게 바라보았다. 녀석이 사라지자 언제 그랬냐는 듯 새끼들의 발길질도 멈추었다. 달무리는 뱃속의 새끼가 두 마리일 거라고 생각했다. 태어날 새끼들을 생각하면 마음이 무거웠다. 작년에는 세 마리를 낳았고, 재작년에는 두 마리를 낳았다. 처음 둘은 각자 독립해서 제 갈 길을 갔으나 작년에는 태어난 셋 중에 두 마리를 늑대에게 잃었다. 구식 화승총에 의존하는 조선 포수에 더해 신식 라이플총을 든 일본인을 비롯한 외국인 사냥꾼들이 대거 몰려들면서 대대적인 호랑이 사냥이 자행되었다. 이 바람에 호랑이 수는 크게 줄어들었고 최근 몇 년 사이에 늑대 수가 엄청나게 늘었다. 게다가 이태 동안 달무리와 짝짓기를 하여 새끼들의 아비가 되어주었던 수범 산군마저 지난 겨울 총탄 십여 발을 맞고 새로 승진한 총독부 고위 관료에게 선물로 바쳐졌다. 결국 호랑이는 사냥꾼들의 표적이었고 새끼들은 늑대들의 표적이 되어버린 것이다.

달무리는 다른 먹잇감을 더 기다려 볼까 하다가 포기하고 무거운 몸을 일으켰다. 그다지 배가 고픈 것도 아니고 임신 때문에 입맛이 떨어진 상태이기도 했다. 사냥에 성공했다면 새끼를 생각해서라도 먹었겠으나 억지로 그러고 싶지 않았다. 달무리는 계곡을 벗어나 천천히 등성이를 오르기 시작했다. 보름달이 보고 싶어졌기 때문이다. 신선대를 지나 형제봉까지 곧장 올라 늘 달을 바라보던 바위 위에 올라앉았다. 오늘따라 보름달 주위로 평소보다 더욱 크고 선명한 달무리가 떠 있었다.

"별눈아…."

달무리는 가만히 동생의 이름을 뇌어 보았다. 엄마 범이 사냥을 하러 나간 사이 둘은 서로 잡기 놀이를 하거나 씨름하며 어미가 돌아오기를 기다렸다. 한참 장난을 치다가 곧잘 밤하늘을 쳐다보며 캉캉거리곤 했다. 그 모양을 보고 어미가 지어준 이름이 달무리와 별눈이였다. 달무리처럼 환하게 빛나는 범이 되리라는 기대와 별처럼 빛나는 눈을 가진 범이라는 어미의 생각이 담긴 이름이었다. 실제로 달무리는 여느 범들과 달리 하얀 갈기가 유난히 도드라져 이름에 걸맞은 모습이 되어가고 있었다. 하지만 채 어른이 되기도 전에 별눈이는 눈에 총을 맞고 죽었다. 그 꼴을 달무리는 바로 옆에서 생생하게 보았다. 벽력같은 소리와 거의 동시에 그토록 맑고 예쁘게 빛나던 눈이 처참하게 깨졌다. 이어 새하얀 눈밭을 붉게 물들이던 별눈이의 붉은 피는 달무리의 가슴에 아프게 새겨져 있었다.

어미는 절망에 몸부림치고 천지가 떠나가라 포효했다. 그러나 어미는 이미 늙어 있었다. 앞니 하나가 빠져버렸고 얼마 전 멧돼지를 사냥하다가 녀석의 날카로운 견치(犬齒)에 아랫배를 찔리는 상처를 입었다. 어느 날 고라니를 사냥해 온 어미는 자신의 영역을 달무리에게 내어주고 홀연히 어디론가 떠났다. 더 이상 사냥도 하기 어려운 늙은 암범이 어디로 갔는지 달무리로서도 알 수 없었다. 다만 그건 그들 종족의 숙명이었다. 젊고 건강할 땐 천하를 호령하는 왕으로 살아가지만 늙고 병들면 조용히 물러나 흔적도 없이 죽어가는 것. 살아간다는 건 앞선 세대들의 숙명을 하나씩 받아들이는 과정이라는 걸 달무리도 조금씩 깨달아가는 중이었다.

"크와아앙…"

그때 중턱에서 달무리를 찾는 왕대의 효후(哮吼) 소리가 들려왔다. 왕대는 뱃속 새끼들의 아비다. 왕대는 태백산맥 줄기를 따라 내려오다가 마침 산군이 죽어 주인이 없는 영역을 차지하게 되었다. 암범인 달무리보다 거의 두 배 가까이 크고 죽은 산군보다도 더 우람한, 젊고 건장한 수범이다. 골격은 물론이고 산을 쩌렁쩌렁 울리는 효포(哮咆), 위엄이 서린 걸음새와 자세 모두에서 왕의 품격이 흘러넘쳤다.

달무리는 지체 없이 산을 뛰어 내려갔다. 왕대는 달무리와 둘이 짝짓기를 했던 곳에서 기다리고 있었다. 잡견 한 마리를 물어온 것이다. 숨이 끊어진 지 얼마 되지 않은 듯 아직 온기가 남아 있었다. '우리 새끼들을 위해서라도 충분히 먹어 두시오.' 왕대는 개를 달무리에게 밀며 애정 표시를 했다. 달무리도 자세를 낮추어 고마움을 표시했다. 그다지 식욕이 일지 않았지만 왕대의 정성을 생각해 허벅다리를 물어뜯었다.

같이 먹자고 슬그머니 개를 왕대에게 밀어 보았지만 그는 먹지 않았다. 달무리가 먹는 것을 확인하고는 주위를 한 바퀴 돌며 늑대나 곰이 먹이를 빼앗기 위해 노리고 있지 않은지 확인했다. 별다른 위험이 없음을 확인한 후 그는 거연히 자리를 떴다. 아비로서 당연히 해야 할 일이지만 달무리는 믿음직한 그의 존재가 고맙다. 그러나 한편으로는 불안감을 감추기 어렵다.

산군은 오래 숲의 왕 자리를 지키면서 많은 경험을 한 덕에 매우 노련했다. 배가 고프다고 눈에 보이는 짐승들을 다 사냥하지 않았고 사람들이 사는 마을은 근처에도 가지 않았다. 사람들은 겉보기엔 약해 보이고 그다지 위협적으로 느껴지지 않지만 실제로는 몹시 교활하고 탐욕스럽다는 걸 알고 있었기 때문이다. 그럼에도 불구하고 대규모 사냥꾼들이 동원되어 산을 에워쌌을 때 산군은 속절없이 목숨을 빼앗기고 말았다.

반면 이제 막 어른이 된 왕대는 혈기 왕성하여 무슨 일이든 거리낌이 없었다. 대개는 다른 범들의 영역에 잘 들어가지 않게 마련이지만 왕대는 어디든 거침없이 들어가 영역 다툼을 벌였다. 막상 싸움에서 이겨도 그 영역을 오래 차지하기 위해 노력하기는커녕 더 이상 관심 없다는 듯 미련 없이 떠나기 일쑤였다. 더구나 아무리 힘이 센 범이라고 해도 늑대 무리와는 절대 다투지 않는 게 상례였다. 한두 마리나 많으면 두세 마리 정도라면 몰라도 그 이상과 대적하면 제압이 쉽지 않았다. 범의 숫자가 크게 줄어들고 '호랑이 없는 골에 토끼가 왕 노릇 한다'고 늑대가 많아진 후로는 범들이 도리어 늑대들을 피하는 일도 자주 일어났다. 그런데 왕대는 달랐다. 한번은 사냥한 염소를 뜯어 먹고 있는데 늑대 무리가 나타나 그를 위협했다. 대개는 그러면 절대적인 숫자에서 밀리기 때문에 마지못해 먹이를 버려둔 채 물러나기 때문에 늑대들은 이번에도 그럴 거라고 생각했던 거였다. 하나 왕대는 한번 으르렁거리며 물러설 뜻이 없음을 확고히 보였다. 그런 후 곧바로 놈들의 맨 앞에 선 우두머리를 향해 달려들었다. 세 번의 앞발질로 늑대의 뺨에 상처를 입혔고 두 번의 입질로 녀석의 목덜미를 물어 제압했다. 이 정도면 보통의 경우 늑대들도 물러서기 마련이었다. 하지만 이날은 달랐다. 대장의 처참한 몰골에도 놈들은 기를 쓰고 덤벼들었다. 왕대는 정신없이 몰아치는 놈들의 공격을 받아치며 혈투를 벌였다. 뒤늦게 달무리가 달려갔을 때 왕대는 가빠진 숨을 몰아쉬며 어렵사리 버티고 있었다. 달무리를 본 늑대들은 그제야 형세가 만만치 않다는 걸 깨달았는지 꼬리를 말고 후퇴했다. 그날 자잘한 상처를 입었지만 왕대는 여전히 자신만만했고 뜨거운 혈기를 마음껏 분출하며 지냈다.

'그렇지만, 이건 아닌데. 이러면 안 되는데….'

달무리는 왕대가 사라진 쪽을 보며 생각했다. 개를 물어왔다는 건 사람들이 사는 마을에 갔었다는 거였다. 그건 늑대 무리와 대적해서 싸우는 것과는 전혀 다른 문제였다. 달무리는 무언가 좋지 못한 일이 다가올 것만 같아 불안한 눈빛으로 오래 어둠 속을 바라보았다.

5

유우타는 형제봉 아래 땅번지에 관전하는 기자들, 타카히로와 정갑성은 안전하게 머물러 있으라 했다. 실제 사냥에 나서는 사냥 조는 3개의 대(隊)로 나누어 각 대당 3명의 일본인 포수와 10여 명의 조선인 몰이꾼으로 구성했다. 유우타가 이끄는 1대는 악양에서, 쇼타가 대장을 맡은 2대는 북쪽 화개에서, 일본인 사냥꾼 중 우두머리인 혼다 사나노부가 대장을 맡은 3대는 청학동 쪽에서 몰이를 하기로 했다. 잠시 후 듣고 있던 타카히로가 극렬히 반대하고 나섰다.

"나는 멀찍이서 바라보다가 남들이 전해주는 이야기나 듣기 위해 조선까지 온 게 아닙니다. 내 눈으로 보고 듣고 경험한 걸 기사로 쓰고 싶습니다."

예상치 못한 반응에 유우타는 뜨악한 얼굴이 되었다. 갑성도, 이 친구 갑자기 왜 이래? 하는 표정으로 타카히로를 보았다.

"직접 호랑이 사냥하는 걸 보고 싶은 마음은 잘 알겠소. 하지만 위험합니다. 우리도 호랑이를 잡아야 하니 당신을 돌봐주고 있을 수도 없고."

그런데 타카히로가 벌떡 일어서며 차렷 자세로 소리쳤다.

"나, 야마하나 타카히로는 우리 일본 제국의 실력을 직접 경험하고 국민들에게 알리기 위해 여기까지 왔습니다. 일본 사무라이의 기개를 알리고, 일본 남아의 담력과 투지를 온 세계만방에 알릴 것이오."

유우타와 쇼타는 물론이고 사냥에 동참할 모든 이들의 눈이 그에게로 쏠렸다.

"후루카와 가이슈 남작님과 여러 대신에게 제가 직접 들었습니다. 타다 사부로의 정호군과 달리 이번에는 조선인의 도움을 최소화하고 일본 남아, 사무라이의 후손들이 일본의 총과 칼로 사냥할 거라고 말입니다. 이것이야말로 내 손으로 기사화해서 알려야 한다는 사명감을 느꼈습니다. 그래서 제가 참여하고 싶다고 요청했습니다. 제가 군인으로 참여하지는 못하지만 이 일만큼은 하고 싶다고 말입니다."

유우타는 크게 고개를 끄덕였다. 갑성은 일본늑대의 멸종을 안타까워하고 조선 호랑이의 멸절을 우려하던 타카히로와 전혀 다른 사람을 보는 것 같았다.

'어쨌거나 저 녀석 때문에 난처하게 되었군.'

갑성은 뒤늦게 합류한 두 명의 기자와 의논했지만 명쾌한 결론을 내리기 어려웠다. 일단은 멸호군의 동선을 조금 따라 취재를 하다가 상황을 보아 대처하기로 했다.

타이시는 염 포수와 천술을 유우타 앞으로 데려갔다. 이어 조선인 몰이꾼들을 이끌 사람이라고 소개했다.

"나가 평생 산짐승을 잡아서 살아온 포수가 맞긴 한디요, 주로 쪼매난 것들이고 크다 캐봐야 노루나 사슴이 고작이라예. 사냥이라기보다는 대개 함정이나 덫을 놔서 잡는…. 거어다가 환갑 진갑 다 지난 노인네가 되다 본께 사냥이든 몰이든 지대로 해낼 수 있을랑가 모리것십니다."

나카지의 통역을 들으면서 유우타와 쇼타는 미덥지 못한 표정을 지었다. 나이도 나이지만 작고 깡마른 체수도 마음에 들지 않았다. 타이시는 자신이 알고 있는 사실을 덧붙였다.

"말은 저리 해도 젊었을 적에는 매화범도 잡고, 여러 경험이 많은 포수라고들 합니다. 많은 사람에게 물어봐도 염 포수가 최고라고들 이구동성으로 말합니다."

유우타는 턱짓으로 천술을 가리키며 물었다.

"그럼 이 자는 어떤가?"

타이시가 대답하려 하자 천술이 툭 내뱉었다.

"난 포수가 아니오. 난 약초꾼이오."

나카지의 통역을 들으며 얼굴을 찌푸리자 타이시가 재빨리 말을 덧보탰다.

"약초꾼이 맞긴 합니다. 그런데 대대로 산짐승을 잡아서 살아온 사냥꾼 집안입니다. 호랑이 사냥꾼으로 유명했답니다. 게다가 스스로 약초꾼이라고 했지만 몇 달 전 산에서 집채만 한 곰의 공격을 받았는데 그걸 맨손으로 때려잡았다고 합니다. 요 지리산 인근 사람 중에 어린애부터 늙은이들까지 그 일을 모르는 이가 없다고 합니다."

유우타는 천술이 마음에 들었다. 염 포수가 옆에 있어서 비교가 되어 그런지 천술이 더욱 크고 단단해 보였다. 혼자서 곰을 잡은 사람 치고 자랑하려고 하지도 않고 말수도 적었다. 그다지 협조적으로 보이지 않았지만 경찰이든 총독부든 관료들에게 아부하거나 비굴한 태도를 보이지 않는 것이 오히려 더 신뢰감을 주었다.

"두 사람의 도움이 필요하다. 직접 호랑이를 잡은 것보다 더 많은 돈을 주겠다. 대일본 제국에 적극 협조해 주기 바란다."

염 포수는 습관적으로 머리를 조아렸다. 어릴 때부터 평생을 그렇게 살아왔으니 그 대상이 조선인이든 일본인이든 다를 것이 없었다. 돈을 주겠다든지 보상하겠다는 약속도 마찬가지였다. 약속은 지켜질 때보다 지켜지지 않을 때가 더 많았다. 지키면 좋지만 지켜지지 않아도 어쩔 수 없는 일이었다.

"돈은 개뿔…."

반면 천술은 낮게 씹어 뱉었다. 그로서는 억지춘향식으로 끌려온 셈이어서 도무지 내키지 않았다.

곰을 끌고 천신만고 끝에 집에 돌아온 후 그는 거의 열흘을 앓아누웠다. 온몸 여기저기 긁히고 쓸리고 멍든 데가 수십 군데였으나 다행히 목숨을 위협할 정도의 상처를 입지는 않았던 것이다. 더욱 다행스러웠던 건 아들 만덕의 병세가 크게 호전되었다는 사실이다. 물론 그것은 곰의 쓸개를 비롯한 여러 부위를 약재로 쓴 덕이 컸다. 곰 발바닥과 뼈는 혼절한 천술 대신 해체 작업을 한 염 포수에게 주고 살코기는 온 동네 사람들에게 나누어 주었다.

그렇게 그럭저럭 평온을 되찾았다 싶을 무렵이었다. 하루는 관할 파출소 소장이 천술을 찾아왔다. 그는 다짜고짜 말했다.

"호랑이 사냥을 해주시오."

곧 일본인들이 호랑이 사냥을 하러 올 예정인데 함께해 달라는 요청이었다. 당연히 자신은 포수가 아니라 약초꾼이니 그럴 수 없다고 거절했다. 하지만 소장은 천술이 곰을 잡은 사실과 포수 집안이었다는 내력까지 알고 있었다. 이미 염 포수도 참여하기로 동의했다고 말했다. 무엇보다 그를 기겁하게 만든 것은 만덕이 만세운동 사건의 주동자 중 하나로 검거되었다가 풀려났던 일을 소장이 주절거린 거였다. 이제 열다섯 살 먹은 아이가 남들과 같이 그런 일에 조금 가담했을 뿐인데 가당치 않게도 무슨 주동자라고 덤터기를 씌우려고 하느냐고 소리를 지를 뻔하였다.

"협조하지 않으면 아들에게 또 무슨 일이 생길지 모르겠소."

만세운동 이후 만덕이 요주의 인물로 낙인이 찍혀 항상 감시를 받고 있다는 거였다. 다시 불경스러운 짓을 하면 가장 먼저 체포가 될 테지만 직접 연루가 되어 있지 않다손 치더라도 사건이 벌어질 때마다 의심을 받고 불려 가 취조를 당하게 된다고 은근히 협박했다. 천술은 설령 그렇더라도 그건 아들이 스스로 이겨내야 할 일이라고 생각했다. 만세운동이라는 엄청난 일에 가담했을 때 그 정도 각오는 되어 있었을 터였다.

하지만 문제는 아내였다. 심약한 그녀는 곧 그런 일이 일어날 것처럼 온몸을 바들바들 떨었다. 고문을 당하고 부모조차 알아보지 못할 정도였던 아들의 몰골이 다시 그녀를 괴롭혔다. 차마 남편에게 말은 못 하고 밤낮 정화수 떠 놓고 비는 모습은 천술에게 고문과도 같았다. 결국 천술은 이 어처구니없는 사냥에 합류한다고 말할 수밖에 없었다.

유우타는 일본인 포수들과 조선인 몰이꾼들을 모두 모아 말했다.

"며칠 전 이 근처 마을까지 내려온 호랑이가 개를 물어갔다고 한다. 악양천에 물 마시러 더러 내려오던 놈인데 시루봉 쪽으로 갔다고 한다. 거기가 놈의 영역인 것 같다. 우리의 목표는 그놈이다."

이어 허리에 차고 있던 칼을 뽑아 들고 외쳤다.

"우리는 일본의 충직한 신민이다. 본토에서 왔거나 반도인이든 이제는 모두 천황의 자식들이다. 힘을 모아 일본 남아의 투지로 호랑이를 쓸어버리자!"

앞에 선 일본인 포수들은 모두 총을 들어 올리며 "호랑이를 쓸어버리자!"고 소리쳤다. 뒤에 선 조선인 몰이꾼들도 조금 작은 소리로 "쓸어버리자!" 외칠 수밖에 없었다.

기세를 올리며 일행들은 시루봉 쪽으로 나아갔다. 당장 앞에 호랑이가 나타나면 모든 포수가 총을 쏘아대 벌집을 만들어버릴 것만 같았다. 포수들과 몰이꾼들은 말발굽 모양의 산병선(散兵線)을 만들어 계곡 깊숙한 곳으로부터 넓게 산개한 뒤, 공포탄 사격을 시작으로 일제히 산봉우리를 향해 몰이를 시작했다. 이때 산허리 부근에서 멧돼지로 추정되는 검은 형체 두 개가 나타났다. 그러나 둘 다 사람이 없는 봉우리를 넘어가 버려 잡지 못했다. 대신 노루와 사슴, 토끼 등 몇 마리를 잡아 땅번지로 돌아왔다. 일행들은 그것들을 잡아 사냥 첫날을 기념해 술을 마셨고, 사람도 개들도 모두 배불리 먹었다.

일행은 닷새간 같은 방법으로 짐승들을 몰고 사냥을 했다. 그동안 한 번도 호랑이를 만나지 못했다. 호랑이는커녕 표범이나 곰, 스라소니나 살쾡이 등과 같은 맹수를 만나지도 못하였다. 비슷한 장소를 같은 방법으로 사냥하다 보니 맹수는 물론이고 작은 짐승들마저 그 일대를 떠나고 있었던 것이다. 닷새째 되던 날에는 그나마 잡히던 토끼나 꿩마저도 잡지 못했다.

"2년 전 정호군 때도 이렇게 사냥해서 많은 짐승을 잡았습니다."

3대 대장 사나노부는 여전히 같은 주장을 했다.

그러던 중 갑자기 날씨가 급변했다. 몰이를 하면서 시루봉에 거의 다다랐을 즈음 갑자기 소나기가 거세게 쏟아졌다.

"이크, 한겨울에 웬 소나기람. 어엇, 차거라!"

급작스럽게 쏟아진 터라 비를 피할 장소가 여의찮았다. 큰 바위 아래 들어갈 수 있는 사람 수는 얼마 안 되었다. 나무 아래는 비를 피하기 역부족이어서 대부분 속절없이 젖을 수밖에 없었다. 문제는 비가 그칠 즈음엔 이미 해가 저버린 뒤여서 하산이 불가능했다. 결국 야영을 하게 되었는데 짐승을 한 마리도 잡지 못한 데다가 각자 가지고 간 주먹밥도 여의찮아 모두 굶다시피 하였다. 젖지 않은 땔감을 구하기 어려워 불조차 제대로 피우지 못해 밤새 벌벌 떨어야만 했다.

다음날부터 심한 고뿔을 앓는 이들이 나왔다. 그 바람에 일행은 옴짝달싹 못 하고 여러 날 사냥을 쉬어야만 했다.

6

보다 못한 염 포수는 유우타를 찾아가 충고했다. 지금처럼 포수들과 몰이꾼들이 무리를 지어 움직이는 방법으로는 호랑이를 잡기 어렵다, 그러니 이제는 조선인 포수들의 방식으로 해보자고 제안한 것이다.

"조선 포수들 방식…?"

유우타는 반문하며 눈살을 찌푸렸다. 마음에 들지 않지만 여러 날 공치고 있는 상황이니 어디 한번 들어나 보자 싶어 얘기해 보라 했다.

조선인 포수들의 방식이란 게 별다른 건 없었다. 지금과는 달리 산에서 며칠씩 머무르면서 호랑이 발자국이나 배설물, 영역 표시 흔적 따위를 찾은 다음 녀석의 뒤를 쫓거나 다니는 길목에서 기다렸다가 사냥하자는 거였다.

호랑이를 몰아 총으로 놈을 쓰러뜨리고 마지막에는 멋있게 일본도로 최후의 일격을 가한다는 기대와는 살짝 빗나간다는 느낌이었다. 하지만 단박에 호랑이를 맞닥뜨려 사냥한다는 바람은 일찍 무너졌고 조금씩 지쳐가고 있는 참이라 염 포수의 제안을 수락할 수밖에 없었다.

"다만 한 가지, 호랑이의 숨통을 끊는 일격을 가할 기회를 양보할 수는 없다. 사무라이의 자존심을 세울 기회를 달라."

어느새 보름이 지난 후라 조금씩 조바심이 일었다. 당초 짧으면 두 달, 길면 석 달을 계획했기에 일정에 무리는 없었다. 다만 여건이 생각했던 것보다 나빴다. 조선의 겨울이 춥다는 사실은 알고 있었지만 단순히 춥다는 것만으로는 설명할 수가 없었다. 날씨가 풀릴 때는 봄날에 버금갈 정도였다가 돌연 추워지기 시작하면 오장육부는 물론이고 날숨과 들숨까지 얼어붙어 버석거릴 정도였다. 성질 급한 쇼타는 마주치는 모든 것에, 심지어 아침에 일어나서부터 잠들 때까지 보이는 모든 것을 향해 욕설을 퍼붓고 화를 냈다. 겉으로 표현하지 않지만 일본 포수들의 표정은 비슷했다.

당연한 일이지만 조선인들은 추위를 훨씬 잘 견디었다. 쉴 때마다 그들은 옹기종기 모여 앉아 이야기를 나눴는데, 무슨 할 이야기가 그리 많은지 끊이지 않았다. 마치 이야기를 나눔으로써 추위를 이기는 것 같아 보이기도 했다. 소나기 때문에 산속에서 혹독한 추위를 견뎌야 했을 때도 조선인들은 어김없이 모여 서로 몸을 비벼가면서 밤을 지새웠다. 그러자 일본인 포수들도 하나둘씩 그들 사이에 끼어서 이야기를 듣기 시작했다. "사무라이의 위신을 지키기 위해 당분간 술을 마시지 말라"고 한 유우타의 명령 때문에 무료하고 긴 밤을 이기려면 어쩔 수 없는 선택이었다. 처음에는 타카히로가 통역관 나카지에게 부탁해 일종의 취재의 일환으로 끼었는데, 점차 그가 질문하고 조선인들이 답하는 식으로 진행되기도 했다.

유우타와 쇼타는 한 번도 낀 적이 없었지만 사나노부가 자주 듣고 내용을 전달해 주곤 했다.

"조선 포수 중에 아직 총을 가진 사람은 많지 않은 것 같습니다. 비싸기도 하지만 당국에서 독립운동하는 자들에게 흘러 들어가는 것을 우려해 제한을 많이 하고 있기 때문입니다. 사냥에는 목궁(木弓)을 가장 많이 쓴답니다. 군대에서 쓰는 각궁(角弓)보다 두 배가량 큰데 화살이 날아가는 거리가 멀고 속력이 높아 아주 강하다고 합니다. 파괴력이 강한 쇠뇌라는 활을 쓰는 포수도 있답니다. 목궁이나 쇠뇌로 호랑이를 쏘아 맞히면 그다음엔 창으로 찔러 잡는 것이지요."

타카히로가 밥을 먹다가 들은 얘기를 무연히 꺼내놓기도 했다.

"확실히 호랑이가 크게 줄어든 것 같습니다. 조선 포수들이 피부로 느낄 수 있을 정도랍니다. 분로쿠게이초노에키(文祿慶長の役: 일본에서 임진왜란을 부르는 명칭)를 전후해서는 호랑이 한 마리를 잡으면 큰 부자가 될 수 있을 정도였답니다. 일부러 착호갑사(捉虎甲士)라는, 호랑이 잡는 부대에 들어가려는 자들이 있을 정도로요. 그러다가 전쟁 후부터 점점 호랑이 수가 줄어들었습니다. 살기 힘들어진 사람들이 산에다 불을 놓아 논밭을 만들면서 호랑이들이 쫓겨난 것입니다. 그러면서 엄청난 수의 호랑이가 죽어갔는데 굶어서 죽고, 사람들에게 사냥당해 죽고, 사람들에게 빼앗겨 좁아진 영역을 두고 자기들끼리 치열하게 영역 싸움을 벌이다 죽어갔습니다."

타카히로는 "지금 우리가 잡으려고 하는 호랑이가 조선의 마지막 호랑이일지도 모르겠습니다만…" 하며 말끝을 흐리기도 했다. 갑성은 눈치껏 상황을 파악하고 일의 실마리를 유추하는 반면, 타카히로는 왕성한 호기심을 질정 없는 질문 세례로 해소하는 편이었다.

한번은 총에 기름을 칠하고 닦고 있던 유우타에게 질문을 건넸다.

"우리는 호랑이라고 부르는 맹수를 조선인들은 뭐라고 하는지 아십니까?"

유우타는 별생각 없이 대답했다.

"범이라고 하는 것 같더군. 그게 뭐 어쨌다는 거요?"

"맞습니다. 조선인들은 범이라고 불러왔는데 우리 총독부에서 범[虎]과 늑대[狼]를 잡아들이라고 통칭해서 쓰다 보니 마치 '호랑'이가 범 하나만을 부르는 이름처럼 되어버린 것이지요. 마치 범과 늑대가 혼종이 되어버린 이름이라 매우 불쾌하게 생각하는 조선인이 많습니다. 본래는 표범과 구분해서 칡범이나 갈범이라 부르기도 하는데, 특히 발톱과 이빨이 날카로운 놈은 칼범이라 합니다. 그런 이름들이 난데없이 생겨난 호랑이란 이름과 섞여 혼란스럽게 된 셈이지요."

범은 범이고 늑대는 늑대인데 그걸 합쳐서 호랑이라고 해서는 안 된다는 말이었다. 유우타는 범이든 늑대든 자신들은 사냥만 하면 되지 뭐라 부르든 상관없다고 웃어넘겼다.

어느덧 혹한기가 다가왔다. 산짐승들이 추위와 배고픔을 이기기 위해 점점 더 대담해지고 위험을 감수하게 되는 시기였다.

염 포수는 호랑이의 흔적을 쫓기 위해 천술을 앞장세웠다.

"이 사람 집안이 대대로 심종장으로 유명했다 아입니까."

유우디는 어리둥절한 표정을 지었다.

"심종장? 그게 뭔가?"

"범의 발자국을 쫓는 사람 아입니까. 에헤이, 쯧쯧쯧. 심종장도 모리고 범을 잡을 끼라고."

유우타는 나카지의 통역을 듣고 얼굴을 찌푸렸다.

"저 사람이 하도 어무이가 말리싼께네 약초꾼 노릇을 해도 즈그 아부지 할아부지헌테 그거를 싹 다 배와서 알고 있다캐도요. 심종장은 그놈 발자국만 보고도 놈이 몇 살이나 묵었는지, 암놈인지 쑥놈인지, 암놈이라믄 새끼를 뱄는지 말았는지꺼지도 알아낸다 안 합니꺼."

당장 유우타는 천술을 불러내었다. 하지만 천술은 고개를 가로저었다.

"염 포수 아재 말이 맞기는 허요마는 그기 언젯적 일이라고 아직도 기억을 하고 있것소. 언캉 애릴 때 일이라 볼쎄 다 까묵고 모리것다 캐도요."

이때 경부보 타이시가 나섰다. 그는 유우타에게 승낙을 얻어 천술에게 다가가 귀엣말로 속삭였다.

"이봐, 백천술. 하라는 대로 하는 게 좋을걸."

천술은 타이시에게 항변해 보았다. 그러나 타이시의 다음 말에 수긋하게 고개를 떨어뜨리고 말았다.

"아들을 생각해야지. 안 그래? 이름이… 만덕이었나?"

결국 천술과 염 포수가 앞장을 서 우선 호랑이 발자국과 흔적을 찾아나섰다. 얼마 전 내린 눈으로 천지는 온통 소금을 뿌려놓은 듯했다. 본격적으로 쫓고 쫓기는 실랑이가 시작되었다. 누가 쫓고 누가 쫓기는지 명확한 것 같지만 실상은 언제 어디서 그 입장이 뒤바뀔지 알 수 없었다. 목숨이 걸린 일임에도 그 주도권이 정확하게 누구에게 있는지 몰랐고, 설피를 신었음에도 눈 속에 발이 푹푹 빠지면서 산을 헤매는 동안에는 그런 사실을 떠올릴 수조차 없었다. 며칠 동안 강행군이 계속되자 자신의 목숨마저 귀찮은 일이 되어버린 듯한 이들도 생겨났다.

호랑이도 눈이 오면 자신의 발자국이 남는다는 사실을 알았다. 그 흔적을 따라 자신을 노리는 뭔가가 감지되면 그것을 남기지 않으려고 무던히 애를 썼다. 되도록 흙을 딛지 않고 바위나 나뭇등걸을 이용하거나 발자국이 찍힌 방향과 다른 곳으로 달아나기도 했다. 어떤 호랑이는 앞발로 디딘 자리에 뒷발을 디뎌 마치 외발인 것처럼 하나의 발자국만 남길 때도 있었다. 그래서 옛날 어른들은 "범은 영물이라서 외발로 뛴다"며 외경하고 우척(憂惕)하였다.

호랑이 발자국을 발견하기 위해 살핀 지 나흘째 되는 날이었다.

"찾았다. 범이다!"

천술이 선명하게 찍힌 발자국 하나를 가리키며 말했다. 어른 손바닥보다 큰 발자국은 분명 범의 것이었다.

"후아, 이거 얼매나 큰 끼고? 집채보다 큰 거 아이가."

몰이꾼 하나가 설레발을 쳤다. 염 포수는 자세를 낮추고 검지 손가락을 입에 갖다 대었다.

"조용히 몬 하것나. 소리 낮추고 단디 준비해라!"

염 포수는 말하는 대신 손으로 신호를 보냈다. 총을 든 일본 포수들은 각자의 자리에서 사방을 경계하였고, 몰이꾼들은 각자 창을 꼬나잡고 대형을 조금 넓혀 산개해 주위를 살폈다.

호랑이 발자국은 십여 보쯤 이어지다가 별안간 끊어졌다. 천술은 눈이 쌓인 곳과 흙이 드러난 지점까지 꼼꼼히 들여다보았다. 돌연 뒤꼭지가 따가웠다. 놈이 어디선가 자신을 노려보고 있는 것 같은 느낌이 들면서 온몸의 털이 곤두섰다.

"굉장히 영리한 놈이다. 주위를 잘 살피라!"

천술은 나카지를 통해 유우타에게 상황을 전달했다. 근처에 아직 호랑이가 머물고 있는 것 같으니 움직이지 말고 소리도 내지 말라는 거였다. 천술은 나시 신중하게 걸음을 옮기며 범의 흔적을 더듬어나갔다. 그러나 범의 자취는 더 이상 찾기 어려웠다.

곧 땅거미가 질 시간이었다. 조금만 더 지체하면 범을 잡기는커녕 어두워져서 산막에 가지 못할 수도 있었다. 그때 어떤 깨달음 하나가 천술의 머리를 세게 쳤다.

"속임수다! 놈이 우덜을 노리고 있는기다."

염 포수가 "설마…" 하고 있는 사이에 바위너설 너머에서 외마디 비명이 들려왔다.

"으악, 버, 범이다!"

집채만 한 시커먼 형상 하나가 펄쩍 뛰어 오르더니 일본 포수들을 향해 돌진했다. 순식간에 누군가가 허수아비처럼 맥없이 솟구치더니 아래로 내동댕이쳐졌다. 포수들은 공포에 휩싸여 도망치다 어빡자빡 넘어지고 자빠지며 볼썽사납게 나뒹굴었다.

"총을 쏴라! 호랑이를 잡아라!"

유우타는 총으로 호랑이를 겨냥하며 포수들을 향해 소리쳤다. 하지만 자신도 돌연한 상황에 놀라 손발이 굳어버린 듯 부들부들 떨기만 하고 총을 제대로 쏘지 못했다. 이때 산을 쩌렁쩌렁 울리는 총성이 울려 퍼졌다. 세상을 둘로 쪼개버릴 듯한 총소리에 놀라 호랑이도 멈칫했다.

"칙쇼, 바케모노 신지마에!(ちくしょう 化け物 死んじまえ, 젠장 이 괴물아 뒈져버려)"

쇼타가 욕을 퍼부으며 총을 쏜 거였다. 호랑이는 쇼타를 힐끗 보더니 곧장 그를 향해 돌진했다. 쇼타의 욕설이 한두 마디 더 들렸으나 이내 호랑이의 그렁이는 소리에 파묻혀버렸다.

유우타와 포수들이 정신을 차리고 호랑이를 향해 총을 쏘아댔으나 놈은 이미 자취를 감춘 후였다.

잠시 후, 호랑이의 포효가 멀지 않은 곳으로부터 막 드리워지기 시작한 어둠을 찢기 시작했다.

7

달무리는 불안감에 내내 마음을 졸였다. 달포 가량 머물고 있는 사람들은 좀체 이곳을 떠날 기미가 보이지 않았다. 그들은 왕대의 영역에서 기어이 끝장을 보고야 말겠다는 듯한 태도였다. 상대가 그렇게 나온다면 왕대역시 자신의 영역을 내줄 수 없는 노릇이었다. 그것은 범에게 범이기를 포기하고 개노릇이나 하라는 요구와 같은 것이었다. 있을 수 없는 일이기에 왕대는 저들을 어떻게 대적하여 물리칠까 고심했다.

달무리에게 먹이를 가져오는 일도 크게 줄었다. 이틀 혹은 늦어도 사흘안에 어떤 먹이든 물어오던 왕대였다. 달무리가 좋아하는 사슴을 사냥하려고 노력했지만 강아지나 토끼 따위의 작은 거라도 꼬박꼬박 물어왔다. 그러나 사람들이 온 산을 에워싸듯 하고 좀체 물러서지 않으니 사냥이 어려워졌다. 참고 기다려 보았으나 저들이 물러서기를 기다리다가는 배를 곯다가 죽을 수도 있겠다는 위기감마저 들었다. 점점 결단의 시간이 가까워지고 있었다.

달무리는 사람들이 무섭다는 사실을 알고 있었다. 날카로운 발톱도 이빨도 없고 힘도 세지 않았지만 어쩐지 저들은 호락호락하지 않았다. 동생별눈이의 예쁜 눈을 깨뜨린 것도 사람들이었고, 작년 달무리의 짝이었던 산군을 쓰러뜨린 것도 사람들이었다. 그들이 가진 막대기가 천둥 같은 소리를 내고 불을 뿜으면 어김없이 가족이 목숨을 잃었다.

이번에 왕대의 영역에 사람들이 나타난 것에 불안감을 느끼는 건 당연한 일이었다. 더구나 달무리를 더 불안하게 만드는 건 왕대였다. 그는 아직 젊은 데다가 경험이 부족했다. 몇 사람의 사냥단 같으면 대적하여 물리칠 수도 있겠지만 그러기에 이번에는 수가 너무 많았다.

왕대가 잠시 달무리의 영역에 들어와 몸을 피하는 걸 보고 안도의 한숨을 쉬기도 했다. 하지만 날이 갈수록 왕대는 불안하게 계곡과 등성이를 서성이는 시간이 늘어갔다. 사람들이 고지를 점령이나 하듯 산을 올라 사냥감을 찾다가 해가 질 무렵 산에서 내려가면 그제야 왕대는 제 영역으로 돌아갔다. 그리곤 확인했다. 사람들 때문에 크고 사나운 산짐승들뿐만 아니라 작은 동물들, 심지어 새와 벌레들까지도 자취를 감추어 텅 비어버린 것처럼 변해버린 모습을.

달무리는 왕대를 위로하고 달래어주었다. 계곡에 물을 마시러 나온 동물을 사냥해 함께 먹자고 권해 보기도 했다. 그럼에도 왕대의 분노는 전혀 사그라들지 않았다. 그는 자신의 힘으로 달무리를 돌보고 곧 태어날 자식들이 커갈 수 있는 터전을 물려줄 수 있기를 바랐다. 가족이 안심하고 살아갈 수 있는 보금자리를 만들고자 했다. 하지만 사람들이 자신들의 터전도 모자라 이렇게 짓쳐들어오는 한 그런 희망은 무망한 것이었다.

아니나 다를까 사람들이 하는 양을 유심히 살피던 왕대는 마침내 결심을 한 듯했다. 주로 밤에만 활동하던 그가 조심스레 사람들이 찾기 쉽도록 일부러 발자국을 남기기도 하고 일부는 지우기도 했다. 바위와 바위 사이를 겅중겅중 뛰어다니다 눈밭에 내려가기를 몇 번 반복했다. 그러다 갑자기 사라진 발자국 때문에 사람들이 우왕좌왕할 지점에 가만히 엎드려 그들을 기다렸다.

모든 것은 계획적으로 진행되었다. 발자국이 사라지면 저들은 당황할 것이고 왕대의 흔적을 찾으려고 흩어질 것이다. 앞쪽에 서서 흔적을 찾는 사람들이 영리해 보이는 데다가 덩치가 커서 피하는 것이 좋다. 대신 짧은 막대기를 든 자들은 몸피가 작고 눈길에 익숙하지 않은 것 같다. 그들을 급습하여 혼쭐을 내어놓으면 다시는 왕대의 영역을 넘보지 못할 것이다.

왕대는 소리 없이 민첩하게 움직이며 그들을 맞을 준비를 해나갔다.

그러나 왕대가 미처 알지 못한 것이 있었다. 그는 사람들이 들고 있는 짧은 막대기가 천둥소리를 내며 불을 뿜는다는 것을 알지 못했다. 멀리서 아주 큰 소리가 나는 것을 어렴풋이 들어보기는 했다. 그럼에도 지금껏 그것의 위력을 직접 경험해보지 못한 것이었다. 달무리가 여러 번 조심하라고 경고했지만 그 의미를 정확히 알아들은 것은 아니었다. 그도 그럴 것이, 달무리도 그 막대기가 그냥 막대기와 무엇이 다른지, 막대기가 불을 뿜으면 거기에서 뭐가 나와 어찌하여 그들의 몸을 상하게 하는지 상세히 설명할 방법이 없었다.

왕대가 자신의 영역으로 가고 난 후 두어 식경이나 지났을까, 달무리는 몇 번의 천둥 치는 소리와 함께 분노한 왕대의 효포를 들었다. 가슴이 마구 방망이질을 하고 뱃속의 새끼들도 발길질을 해대었다. 달무리는 가볼 수도 없고 공연히 굴 앞을 서성이며 왕대가 무사히 돌아오기만을 바랐다.

그러고도 다시 한 식경이나 지나 드디어 왕대가 돌아왔다. 그가 움직일 때마다 피가 하얀 눈 위에 뚝뚝 떨어졌다. 굴 앞에 다다른 왕대는 물고 있던 먹이를 달무리 앞에 내려놓았다. 이미 숨이 넘어간 사람이었다. 이제 할 일을 다 했다는 듯 왕대는 천천히 제가 즐겨 앉던 바위 위로 가 앉았다. 그가 걸어간 뒤로도 핏방울이 방울방울 떨어져 내렸다. 사람은 벌써 차갑게 식어 더 이상 피를 흘리지 않았는데 왕대의 옆구리에선 여전히 피가 흘러나왔다.

달무리는 한 번도 사람을 먹이로 먹어본 적이 없었다. 왕대가 물어뜯었는지 머리통이 덜렁거리는 사람은 전혀 먹음직스러워 보이지 않았다. 그저 피 흘리고 있는 왕대가 걱정이 되어 속이 울렁거릴 뿐이었다.

달무리는 가만히 왕대에게 다가가 그의 상처를 정성껏 핥아주었다.

8

호랑이가 덮친 현장은 처참하기 이를 데 없었다. 일본인 포수 하나는 그 자리에서 즉사했다. 녀석이 앞발로 얼굴을 가격한 듯 반쪽이 으스러져 있는 데다 뇌수가 빠져나왔다. 다른 한 사람은 허리가 거의 뒤로 꺾인 채 고통스럽게 비명을 질렀다. 세 명의 부상자가 있지만 목숨에는 지장이 없었다. 한 명은 왼쪽 허벅지를 크게 긁혀서 걸을 수 없고, 다른 한 명은 호랑이를 겨냥해 쏜 총에 엉덩이를 맞았다. 마지막 부상자는 도망가다가 발을 잘못 디뎠는지 발목이 퉁퉁 부어올랐다.

쇼타는 보이지 않았다. 그가 있던 자리에는 핏자국과 함께 호랑이가 물고 흔들어댄 듯 엉망진창이 되어 있었다. 쇼타의 모자와 신발이 눈과 흙과 부식된 나뭇잎에 쓸려 동댕이쳐진 채 발견되었다. 장갑 한 짝과 함께 총은 마른 잡목숲 속에 던져져 있었다.

유우타는 오열했다. 이번 사냥으로 최후의 사무라이 중 한 사람이었던 조상의 강직한 뜻을 동생과 함께 세상에 알리고 싶었다. 비록 하급 사무라이인 고케닌(御家人)에 불과했지만 메이지유신 이후 몰락의 길을 걷기 전까지 당당하고 자랑스러운 신분에 대한 자부심이 있었다. 하지만 보수왕당파에 이어 군국주의자들이 득세한 데다가 근래엔 자본가들까지 큰소리를 치는 세상이 되어버려 그들의 입지는 더욱 좁아졌다. 그럼에도 그들 형제는 아직 사무라이가 완전히 사라진 게 아님을 외치고 싶었던 것이다.

"그래, 에도시대 무사 야마모토 쓰네토모는 말했지. '무사도는 죽음을 마주했을 때 실현된다. 즉, 삶과 죽음의 기로에서 죽음을 택한다는 뜻이다. 다른 생각의 여지는 없다.'고 말이다."

유우타는 다시 고개를 쳐들고 총을 거머쥐었다. "무사도란 죽음을 깨닫는 것이라고 하지 않았던가" 다짐을 두듯 거듭 뇌까렸다.

천술은 호랑이가 총을 맞은 게 분명하다고 말했다. 놈이 가로 뛰고 세로 뛰는 중에도 쇼타의 총이 불을 뿜자 "움찔했다"는 거였다. 혼란한 와중에 천술 외에 그런 순간을 본 이는 아무도 없었다.

사흘 밤낮을 땅번지 숙소에서 두문불출하던 유우타는 나흘째 아침 일찍 나와 선언했다.

"쇼타의 시신을 수습하러 간다."

염 포수가 조심스럽게 호식(虎食)을 당했을 게 분명해 찾는 건 거의 불가능하다고 말했으나 소용이 없었다.

"놈이 총을 맞았다면 멀리 가지는 못했을 것이다. 놈이 아직 살아 있다면 내 손으로 끝장을 내고 말겠다. 그리고 내 동생의 뼈라도 반드시 찾아오겠다."

정갑성은 유우타의 표정을 보자 왠지 오싹한 느낌이 들었다. 쇼타의 죽음 이후 그는 완전히 다른 사람이 되어버린 것 같았다. 지켜보던 타이시는 경찰 업무를 핑계 대고 이틀 전 산을 내려갔다. 눈치를 보고 있던 나카지마저 하루 전 하산해 버렸다. 함께 있는 갑성이나 멸호군에 합류한 내지인들이 있어 더 이상 통역이 필요하지 않은 것 같다는 이유에서였다. 유우타는 떠난 자들을 경멸하고 조소하며 "겉으로만 일본인 흉내를 내고 충성하는 척하는 조센징 나부랭이"라고 비하했다.

문득 갑성은 언젠가 염 포수가 했던 말을 떠올렸다. 흔히 조선인들은 범에게 잡아먹힌 사람은 죽은 뒤 또 다른 호환(虎患) 피해자를 만드는 귀신이 된다고 믿는다. 그 귀신을 창귀(倀鬼)라고 부른다. 창귀는 범의 하수인이 되는데, 그 종살이에서 벗어나기 위해 항상 희생자를 찾는다. 그때 가장 손쉽게 제물로 끌어들일 수 있는 대상으로 가족과 인척들 순으로 찾아간다는 것이었다.

'쇼타가 창귀가 되어 형 유우타를 범에게 유인하고 있는 건가?'

어쨌거나 유우타는 처음의 침착성을 잃고 무언가에 현혹된 모습이 되어갔다.

이때 보여준 타카히로의 모습 역시 뜻밖이었다.

"사무라이로서 올바른 선택입니다. 북을 울리십시오."

때마침 밖에는 눈이 내리기 시작했다. 그건 분명 눈 오는 날 복수의 신호로 작은 북을 두드리는 장면으로 유명한 '아코사건[赤穂事件]'을 염두에 두고, "쇼타의 복수를 위해 나서자"고 하는 것과 같은 말이었다. 120여 년 전에 일어났던 아코사건은 일종의 일본 무사들의 복수 학살극이었고, 이에 대해 일본인들은 서로 분분한 논란을 낳곤 했다. 갑성도 유학할 당시 그런 장면을 몇 번 보아서 알고 있었다.

'사라져가는 짐승에 대한 애절함은 가식일 뿐이었나. 타카히로도 역시 갈데없는 일본인이로군.'

갑성은 은근히 마음이 갔던 타카히로에게 더 이상 마음을 내보여선 안 되겠다는 생각을 하였다.

어쨌거나 멸호군은 다시 한번 사냥에 나섰다. 이전과는 준비 정도가 확연하게 달랐다. 천막과 담요, 솥과 냄비, 그릇, 그리고 눈이 많이 올 경우를 대비해 여분의 옷과 설피 등 두서너 배 늘어났다. 이 때문에 근동의 조선인들을 인부로 모집하려고 했다. 그러나 호랑이 사냥을 간다는 말에 모두 손사래를 치고 나서지 않았다. 가까스로 경찰의 개입과 도움을 받은 후에야 반강제적으로 인부를 구할 수 있었다.

출발 하루 전, 천술은 유우타를 찾았다. 경성으로 돌아간 마츠모토 나카지를 대신해서 정갑성이 통역을 맡았다. 그 자리에서 천술은 호랑이 사냥을 중단해야 한다고 말했다.

"뭐라고, 고노요와무시네(この弱虫よわむしめ, 이 겁쟁이 같으니라고)!"

유우타는 차고 있던 칼을 뽑을 뻔했다. 갑성이 겨우 유우타를 진정시키고 천술에게 이유를 말해보라고 했다.

"젤 먼첨, 우리 포수와 몰이꾼들이 억수로 불안해 허고 있습니다. 총을 설맞고 다친 범은 몇 배나 더 위험한 줄 다 안께 그럴 수뻬끼 없고요. 막

다른 디 몰린 범이 이판사판으로 뎀비믄 감당허기가 에럽십니다. 또 한나, 범도 범이지만 인자 그것만이 문제가 아니라 다른 산짐승이 더 문제라 그 깁니다."

"다른 산짐승이 더 큰 문제다? 그게 뭔 말입니까?"

"당연한 이치 아입니까. 이래 범을 잡는다꼬 후디리잡은께 인자 그다음 것들이 얼씨구나 내 세상이다 안 허것습니까. 여기저기 늑대허고 표범, 스라소니들이 지 세상 만난드끼 날뛰고 댕기지를 않나, 심지어는 지금 한참 게울잠 자고 있을 곰꺼지 깨나가꼬 난리를 치고 있다 그깁니다."

갑성도 들은 이야기였다. 이틀 전 청학동에 돌연 회색곰 한 마리가 나타나 새끼 염소 한 마리를 물어가는 일이 일어났다. 사람들은 겨울잠 자던 곰이 깨어났다는 이야기를 평생 처음 들었다며 수군거렸다. 멸호군이 산을 온통 헤집고 다녀서 산신을 노하게 한 결과란 것이었다. 게다가 근래 늑대 수가 크게 늘어나 호랑이 대신 활개를 치고 있었다. 화개 목통골에서는 묻어둔 김치를 꺼내던 아낙이 늑대들에게 화를 당하기도 했고, 범바구골에선 대여섯 살 난 여자아이가 물려갔다는 소문이 돌기도 했다.

"범은 지 혼자 댕기지만서도 늑대는 떼로 댕깁니다. 놈들이 떼로 덤비믄 천하의 범 아이라 범 할애비라도 물리치기 에럽을 정돕니다. 쉽게 볼 짐승들이 아이라캐도요."

유우타는 잠깐 생각에 잠겼다. 곧 그는 곁에 놓여 있던 총을 들어 앞에 놓았다.

"나와 이 총을 두고 거래를 하자. 조선인들이 이런 총을 구하는 게 어렵다고 들었다. 비싸기도 하지만 설령 돈이 있다고 해도 총독부에서 쉽게 허가해 주지 않는다고 알고 있다. 나를 도와주면 지불하기로 한 돈에 더해 이 총까지 주겠다. 사냥이 끝나면 내 총과 우리 포수들의 총까지 모두 세 정을 주겠다는 말이다. 어떤가?"

약초꾼인 천술에게는 필요 없는 물건이었다. 하지만 다른 포수들의 생각은 달랐다. 단박에 염 포수가 욕심을 내었다. 덩달아 몇 사람이 더 나서 결국 총 나싯 정을 받기로 했다. 지금껏 목궁과 낡은 쇠뇌, 창 따위의 도구만으로 사냥을 해온 그들에게 총은 평생 가져보고 싶었던 물건이있다. 다소 이율배반적인 생각과 행동이지만 그들의 사정을 잘 아는 천술은 고개를 끄덕일 수밖에 없었다.

이튿날 날이 밝기도 전에 조선인 포수들은 자신들이 데리고 다니던 사냥개들을 데리고 나타났다. 그들은 일본인 포수들의 지시와 달리 자신들만의 방식으로 조직적으로 움직이기 시작했다. 대충 아침을 먹자마자 대열을 정비한 후 조선 포수들이 앞장서 산을 타기 시작했다. 정오 무렵 숙영지에 도착하자 일본 포수와 내지인들은 천막을 치고 주변에 크고 작은 함정들을 설치했다.

조선 포수들은 산 위에서 산짐승들이 내려오는 방향으로 주요 지점에 설치해 두었던 함정들을 정비했다. 한 길 정도 되는 구덩이에 윗머리가 뾰족한 말뚝을 새로 만들어 박은 뒤 그 위를 표나지 않게 덮었다. 산짐승이 격발 장치를 건드리면 쇠뇌가 작동하게 만든 궁노(弓弩)를 숨겨두기도 하고, 나무 우리 속에 토끼를 매달아 놓고 그 미끼를 건드는 순간 갇히고 마는 함기(檻機)도 튼튼하게 손보았다. 포수들에게 쫓기는 짐승들이 다닐 만한 통로에는 어김없이 덫과 올무를 설치했다. 더불어 설치물들 주변에는 생목(生木)을 세우거나 헝겊을 매달아 포수들이 알아볼 수 있게 해두었다.

천술은 포수들의 뒤를 말없이 따를 뿐 그들의 작업에 간여하지 않았다. 평소에 포수들이 설치해 두었던 것을 손질하는 정도여서 참례하기 어려웠다. 그런 데다가 자신은 더 이상 일본인들을 도울 생각이 없었다. 아들 만덕을 인질 삼아서 자신을 이토록 무작한 일에 끌어들인 것도 괘씸하기 이를 데 없거니와, 조선 범을 사냥하는 것으로 일본 낭인들의 기개를 보여주고야 말겠다는, 도무지 이치에 맞지도 않는 말과 행동에 부화뇌동하기 싫었던 것이다. 거꾸로 한바탕 범에게 혼쭐이 난 이후 '에헤이, 고것 참 쌤통이다 이놈들아' 싶은, 어린아이 같은 마음마저 들어 오히려 느긋해지고 있었다.

사흘 가까이 사냥개들을 앞세워 호랑이의 흔적을 찾으려 했지만 여의 찮았다. 그러는 사이에 또 눈이 내렸다. 찾으려는 범의 자취가 점점 흐려지는 마당에 눈이 허리 높이까지 쌓이자, 흔적은 고사하고 천막을 벗어나는 것조차 힘들어졌다. 눈 쌓인 세상은 고사목처럼 적막하면서 적요했다.

그날 아침, 천막 밖으로 나온 타카히로는 거의 눈을 뜰 수 없을 지경이었다. 바람 한 점 없는 은세계에 도취되어 그 풍경에 녹아드는 듯했다. 그는 자신의 취재 수첩에 "아름다운 설경 속에서 사무라이의 칼날은 더욱 차갑게 빛난다"고 적었다. 그는 세상이 넓게 내려다보이는 곳에 서면 더 멋진 문장이 생각날 것 같은 느낌이 들었다. 도원경(桃源境)이나 별천지(別天地)로 향하듯 한발씩 나아가는 기분이 황홀했다. 간혹 눈의 무게를 이기지 못한 나뭇가지가 부러지면서 현실을 자각시키는 것 같았다. 하지만 벌써 설경에 푹 빠져 마음이 달뜨기 시작한 타카히로에게 그건 "그쪽으로 조금만 더 가봐. 세상에서 가장 아름다운 풍경이 펼쳐질지도 몰라" 권하는 소리처럼 들렸다. 아니나 다를까, 힘겹게 눈을 헤치고 나아가자 문득 엄청난 장관이 펼쳐졌다. 멀리 눈에 덮인 지리산의 준봉들이 운해 속에 시립해 있었다. 타카히로는 감탄을 연발하였다. 그러다가 "국경의 긴 터널을 빠져나오자, 눈의 고장이었다. 밤의 밑바닥이 하얘졌다"[가와바타 야스나리, 『설국』의 첫 구절]는 문장을 얻었다. 적어 두어야겠다는 생각에 취재 수첩을 꺼내기 위해 안주머니에 손을 넣었다. 그때 어떤 이상한 느낌이 들어 천천히 뒤를 돌아보았다. 거기에 소리 없이 타카히로를 노려보고 있는 호랑이 한 마리가 있었다. 짙은 색의 칡덩굴 같은 얼룩무늬와 하얀색 갈기가 유난히 돋보이는 호랑이였다. 녀석은 타카히로가 홀로 풍경에 이

끌려 나온 것을 모두 보고 있었던 듯했다. 타카히로는 어찌할 수 없는 운명을 느끼며 저도 모르게 눈을 감아버렸다.

그로부터 한 식경쯤 지난 후 타카히로의 시신이 발견되었다. 단번에 목을 물려 절명한 것으로 보였다.

"아름다운 설경 속에서 사무라이의 칼날은 더욱 차갑게 빛난다…"

유우타는 취재 수첩 마지막 면에 적힌 문장을 낮게 읊조렸다.

"천술이 호랑이 발자국을 찾아냈다고 합니다."

유우타와 포수들은 호랑이가 남긴 흔적 주위로 모여들었다. 유우타는 놈의 발자국을 보자마자 흥분을 감추지 못하였다. 그건 분명 쇼타를 죽인 호랑이가 분명하다는 확신이 들었기 때문이다. 놈은 왼쪽 뒷다리를 다쳐서인지 다른 쪽 다리와 달리 끌고 있었다. 쇼타가 쏜 총에 맞은 호랑이가 그의 앞에 다시 나타난 건 죽은 쇼타가 자신에게 놈을 끝장낼 수 있는 기회를 준 것이라 생각했다.

유우타는 타카히로의 수첩을 안주머니에 넣고 명령했다.

"놈을 쫓아라! 서둘러라!"

세 개의 대로 나뉜 일행은 몰이를 시작하였다. 개와 조선 포수들이 앞장을 섰고 몰이꾼들이 뒤를 따랐다. 순식간에 개 짖는 소리와 꽹과리 두드리는 소리, 몰이꾼들의 고함 따위가 뒤섞여 산등성이를 어지럽게 했다.

유우타는 사나노부의 뒤에 바짝 붙어서 전진했다. 한 걸음씩 나아가는 동안 타카히로와 인터뷰했던 것이 생각났다. 처음에는 호랑이 사냥을 준비하게 된 계기를 비롯해 준비하면서 추밀원과 황실의 후원을 받아낸 과정 따위의 형식적인 내용이 중심이었다. 조선에 도착해 실제 사냥단을 취재하면서부터는 다양한 이야기를 주고받았다. 무엇보다 타카히로는 사무라이 정신을 구현하고 싶다는 유우타의 생각을 마음에 들어 했다. 얼마 전에는 타다사부로의 『정호기』를 비판하며 도요토미 히데요시부터 최근에 이르기까지의 조선 호랑이 정복사를 사무라이 정신에 바탕해 책을 쓰고 싶다는 바람을 드러내기도 했다. 졸부였던 타다사부로의 취미 이상도 이하도 아닌 기록은 의미가 없다는 거였다. 그랬던 타카히로가 돌연 죽어 버렸으니 이번 사냥에 대해 전해줄 사람이 사라져 버렸다는 것에 막막한 기분이 들었다.

그때였다. 오른쪽 3대에서 사냥개들의 비명이 날카롭게 들려왔다. 포수들이 설치해 둔 덫에 그만 사냥개의 발이 치이고 말았다. 포수들이 설치해 둔 표식이 눈에 묻혀버려 일어난 사고였다. 포수는 사냥개를 진정시키고 덫에서 발을 빼내 주려고 애를 썼다. 하지만 아픔과 함께 겁에 질린 사냥개는 더 크게 울부짖으며 날뛸 뿐이었다.

문제는 거기에서 끝나지 않았다. 궁노의 격발 장치를 건드리는 바람에 쇠뇌가 발사되어 비명 한번 내지 못하고 죽는가 하면, 올무에 걸려 버둥거리는 개도 있었다. 포수와 몰이꾼들도 마찬가지였다. 함정에 사람과 개가 함께 빠져 다치기도 하고 짐승이 걸려야 할 함기에 사람이 갇히기도 했다. 눈이 쌓인 곳에 발을 디뎠다가 깊은 낭떠러지에서 떨어진 사람이 있어도 바로 구하러 가기도 어려울 정도로 혼란스러웠다. 여기저기에서 아우성과 비명이 터져 나왔고 삽시간에 아수라장이 되었다.

유우타는 급히 사나노부를 향해 소리쳤다.

"각 대별로 흩어지지 말고 대열을 정비하라!"

함정에 빠진 몰이꾼을 구해내고 있는 천술과 염 포수에게도 지시했다.

"호랑이 발자국을 놓치지 마라!"

이런 와중에 아주 가까운 곳에서 호랑이의 포효가 천지간을 찢어놓을 듯 울렸다. 남아 있던 사냥개 두어 마리가 꼬리를 뒷다리 사이로 내리고 떨면서 어쩔 줄 몰라 했다. 가뜩이나 대열이 무너진 데다가 혼란스러운 와중에 울려 퍼진 호랑이의 효후는 상황을 더욱 악화시켰다. 개들뿐만 아니라 사람들마저 아주 가까운 곳에 호랑이가 있다는 걸 알고는 슬금슬금 꽁무니를 빼기 시작했다.

사나노부는 필사적으로 외쳤다.

"도망가지 마라. 총을 들고 대열을 지켜라!"

그러나 이미 사분오열이 된 마당에 그의 외침은 공허하게 흩어질 뿐이었다.

그래봐야 소용없다는 듯 호랑이는 전혀 서두르는 기색 없이 모습을 드러냈다. 도망간 사냥개나 사람들에게 전혀 관심을 주지 않고 남아 있는 사람들을 일별했다. 천술은 창을 들었고 염 포수는 쇠뇌에 화살을 올렸다. 유우타는 호랑이와 눈이 마주쳐 손발이 얼어붙어 버렸고 사나노부는 총을 들어 놈을 겨누었다. 하지만 사나노부가 총을 쏘기 전에 호랑이가 앞발로 내리쳐 그는 십여 미터 아래로 굴러떨어졌다.

호랑이는 천술과 염 포수 쪽을 보다가 유우타 쪽을 번갈아 노려보았다. 곧 유우타가 총을 쏘았으나 크게 빗나갔다. 이어 그는 무슨 생각인지 총을 던져버리고 늘 차고 다니던 칼을 뽑아 들었다. 하지만 허공만 두어 번 베었을 뿐, 호랑이에게 목을 물려 그 자리에서 죽고 말았다.

놀란 염 포수가 얼떨결에 호랑이에게 쇠뇌를 쏘았는데 녀석의 배에 맞았다. 호랑이는 무섭게 염 포수를 노려보다가 이내 그 자리를 벗어나 모습을 감추었다.

다행히 목숨을 건졌지만 다리가 부러진 사나노부는 정갑성과 기자들에게 이번 사냥에 대해 보도하지 말아 달라고 했다. 그의 입장은 조선총독부와 경찰에도 전달되었다.

사냥에 실패하였기 때문에 염 포수와 조선 포수들에게 주기로 했던 총은 전달되지 않았다.

9

달무리는 죽은 왕대를 사람들이 찾지 못하게 눈으로 덮었다. 냄새를 맡은 늑대 무리가 덤벼들었으나 왕대를 놈들의 먹이로 내줄 순 없었다. 달무리는 놈들의 우두머리를 제압하고 가까이 오지 못하게 했다. 이어 왕대가 오는 동안 눈 위에 찍힌 발자국과 핏자국을 모두 지웠다. 다행히 눈이 와서 왕대의 흔적을 모두 덮어 주었다.

달무리는 거의 매일 사람들의 동태를 살폈다. 사냥꾼들은 인명 피해가 났는데도 철수하지 않았다. 그것은 아직 사냥이 끝나지 않았음을 의미하는 것이었다. 달무리가 보기에는, 그들이 들어와 살지도 않을 범의 영역을 차지하기 위해 목숨을 건 싸움을 벌이겠다는 말과 같았다. 달무리는 아무리 배가 고파도 사람들의 영역을 침범하지 않았고 개나 가축들을 탐내지 않았지만 그들은 달무리의 생각과 달랐고, 더 생각해 보면 이 근동에 오래 살아온 사람들과도 달랐다.

오래지 않아서 그들은 다시 산에 올랐다. 숙영지를 정해 천막을 치는 한편, 함정을 파고 덫과 올무 따위를 설치했다. 달무리는 그들의 일거수일투족을 세밀하게 살폈다. 마침내 눈이 펑펑 쏟아진 날, 밤새 달무리는 그들과의 싸움을 준비했다. 먼저 사람들이 표시해 둔 생목과 헝겊 표식을 모두 없앴다. 다음으로 상처 입은 왕대가 나타난 것처럼 꾸미기 위해 눈밭 위에 뒷발 하나를 끄는 듯한 흔적을 남겨두었다. 그들과 싸움을 벌였던 왕대가 죽지 않고 돌아왔다고 생각하면 두려움에 빠질 것이었다.

준비를 거의 마칠 즈음, 그들 일행 중 한 사람이 달무리가 있는 곳에 다가왔다. 그는 불을 뿜는 막대기를 가지고 있지도 않고 특별히 적의를 보이지 않았으나 그들 무리에게 경고하고 혼란을 주기에 적당할 것 같았다. 달무리는 주저 없이 그 사람을 향해 덤벼들어 쓰러뜨렸다.

달무리는 활 한바탕 거리에 숨어 그들이 하는 양을 바라보았다. 한 사람이 없어진 걸 발견한 사람들은 모두 나서 주변을 수색했다. 드디어 시체를 찾은 그들은 달무리가 남겨둔 발자국도 발견했다. 곧 대열을 정비한 사냥꾼들은 개들을 앞세워 달무리가 숨어 있는 쪽으로 다가왔다. 그러다가 자신들이 설치해 두었던 함정과 덫에 걸려 일대 혼란이 일어났다. 눈이 많이 온 데다가 달무리가 그것들의 표식을 없애버렸기 때문이었다.

일은 달무리가 준비한 대로 진행되었다. 거기까지 확인한 달무리는 곧장 우두머리가 있는 쪽으로 다가갔다. 우두머리 앞에 불을 뿜는 막대기를 가진 사람을 먼저 공격했다. 오른쪽에 있는 두 사람은 예전부터 산에서 자주 보았던 사람들이었다. 한 사람은 약초나 열매를 채취하는 사람이고 다른 한 사람은 작은 동물을 주로 사냥하는 사람이었다. 그런데 왼쪽에 있는 사람은 달랐다. 상처 입은 왕대가 피 흘리며 물어왔던 사람과 비슷했다. 그러는 사이에 그 사람이 막대기를 들어 불을 뿜었다. 다행히 불은 달무리를 비껴가 허공을 갈랐다. 그는 막대기를 버리고 이번에는 칼을 빼들고 휘둘러대었다. 달무리는 지체 없이 달려들어 그의 목을 물어버렸다. 피가 폭포수처럼 흘러 달무리의 얼굴을 적시고 눈밭 여기저기에 흩뿌려졌다.

"우아아아악….."

남은 두 사람 중에서 나이가 많은 사람이 알 수 없는 비명을 질렀다. 달무리가 그가 하는 양을 살피는 사이, 그의 손에 들려 있던 무언가에서 가늘고 작은 막대기가 튀어나왔다. 어마지두에 놀라 피하려 했지만 어느새 그 작은 막대기는 달무리의 배에 꽂히고 말았다. 달무리는 아픔도 잊고 그 사람을 원망스럽게 바라보다가 이내 굴로 돌아갔다.

이날 밤, 달무리는 심하게 하혈을 했다. 달무리는 흐릿해져가는 의식 속에서도 핏덩이 속에 형체가 다 갖추어진 새끼 두 마리의 모습을 보았다. 곧 피 냄새를 맡은 늑대 무리의 파란 눈동자가 어둠 속에서 천천히 다가왔다.

8. 곽씨분의 추억:
1920~1930년대 화장품 납 중독사건 - 김주성

1

"에그머니나!"

순정이 장터 뒷길 토담 굽이를 꺾어 도는 순간이었다. 연분홍 찔레꽃 더미 사이에서 불쑥 뻗어 나온 억센 손길이 그녀의 허리를 휘어 감았다. 그 경황에도 순정은 누가 들었을세라 재빨리 손으로 제 입을 막으며 주위를 둘러보았다.

"으허허. 서방님 볼라카매 와 이리 괴기 쌔빈 살찐이맹키로 토끼쌌노?"

"도망은 누가 도망이래유? 구리무가 떨어져서 나왔다가……."

"동동구리무 패거리 판 접고 충주 장으로 떠난기 언제고. 조기 토담 뒤에 숨어가 내 기다린 거 맞제?"

"이거 놓고 얘기해유."

순정의 뒤채는 허리에서 팔을 푼 봉수가 빙글빙글 웃으며 말했다.

"맞네. 요 뽈따구 빨개지능 거 보소."

봉수의 말이 맞았다. 닷새에 한 번 열리는 장에 한 번 걸러 꼭 오곤 했는데 두 번이나 건너뛰었으니 근 달포만이 아닌가.

봉수가 남한강 변의 몇몇 포구 장터 포목점들에 물건을 대 온 지도 어언 5년째였다. 날 새기 무섭게 마포나루에서 단양까지 가는 황포 돛배에 짐을 실으면 두물머리나루, 이포나루를 거쳐 이곳 목계나루에 이르는 데는 꼬박 사흘이 걸렸다. 아직 거래하는 점포 여남은에 혼자 두어 번 져 나를 물량이고 그나마 뱃삯 빼고 이문의 3할은 거간꾼과 나누는 형편이지만 장차 거상을 꿈꾸는 그이기에 이만으로도 기꺼웠다. 취급하는 포목이 한인 상계의 거상 '곽보루 상회'의 물건이어서 외상 밀리는 일 없고 점포에서 요구하는 양을 다 대지 못하는 것만으로 그는 흥이 났다. 장마철을 앞두고 여주 이천의 거래처에 댈 물건이 갑자기 넘치는 바람에 기별할 짬도 없이 돌아친 한 달이었다.

"몰러유. 그냥 잘 있다, 언제 간다 하고 편지 한 장 못 해유?"

"하, 마. 내 일자무식이다 안 캤나."

순정은 봉수 아픈 데를 찌른 것 같아 아차 싶었지만 그간 무소식에 가슴 졸인 것을 생각하면 분이 풀리지 않았다.

"한강 뱃사람은 다 안다면서 인편 기별이라도 하면 되지유?"

봉수는 그렇게 토라진 순정이 더없이 사랑스러웠다.

"진짜 내 기다린 거 맞네. 장똘뱅이 못 믿겠다 할 때는 언제고."

"내가 언제유. 우리 아부지가 지나가는 말로 한마디 한 걸 여태 품고 있대유?"

"댔다 마, 장똘뱅이라도 도망 안 가고 왔다 아이가. 배고프다."

둘은 앞서거니 뒤서거니 장꾼들로 북적이는 집안으로 들어섰다.

"장모님 사위 왔니더!"

앙성댁이 주방에서 뛰어나왔다.

"아 이 사람아 그간 뭔 일 있은 줄 알았잖아."

"일은 무슨 일얘. 우리 색시 호강시킬라꼬 돈 버니라 정신 없었지얘."

"이렇게 멀쩡히 왔으니 댔네. 어서 들어와. 시장하겠어."

그때 부엌으로 장작을 날라와 부리던 만재가 한마디 했다.

"거 사위, 장모 소리는 좀 나중에 하면 안 되나. 아직 혼사도 치르지 않았잖은가. 듣는 귀도 많은데."

"알겠니더. 장인어른."

만재는 그저 헛웃음만 나왔다.

"내 참⋯ 쯧쯧"

새뱅이(민물새우, 충청도 방언) 찌개 끓는 냄새가 온 집안에 구수하게 퍼지고 있었다. 언제나처럼 마음을 푸근하게 감싸주는 이 새뱅이 찌개 냄새야말로 봉수에게는 특별할 수밖에 없었다.

오래전 일거리 찾아 남도 일대를 헤매고 다니다가 섬진강 하구 하동 포구에서 맛봤던 재첩국의 감동을 뺨쳐버린 것이었다. '무슨 양념으로 이래 구신맛을 내니껴?' 일거리도 반겨주는 이도 없는 낯선 고장에서 시름에 겨워 퍼마신 간밤의 숙취를 한순간에 씻어내 주던 그 뽀얀 국물. '앙념은 무슨 양념이라예. 소금 간에 입술 데지 말라꼬 부추 쬐깨 썰어 얹은 게 다지예.' 그랬다. 한 길이 넘는 강바닥이 훤히 들여다보일 만큼 맑은 섬진 강 바닥의 금모래 밭에서 건져 올린 재첩, 그 새끼손가락 끝마디만 한 조개 몸통 속에 강이 머금은 온갖 산천의 향을 고스란히 담고 있는데 따로 무슨 양념이 필요하겠나 싶었다. 여러 지방 여러 음식 중에 유독 재첩국 맛을 잊지 못하던 그였다. 그런데 여기 목계장터에 처음 좌판을 펼쳤던 날, 판 걷고 충주로 가려던 발길을 붙잡은 것이 바로 이 새뱅이 찌개 냄새였다.

'아아~ 무신 냄새가 이케 구시노?' 봉수는 저도 모르게 파장 무렵의 시장기를 한껏 돋우는 그 구수한 냄새를 따라갔다. 그리고 곧 토담 길 끝에서 제법 널찍한 초가의 사립문 기둥에 비껴선 '앙성댁'이라는 상호 깃발을 만났다. 활짝 열린 사립문 안팎으로 장꾼들의 발길이 분주했다. 실내는 이미 오늘 하루 보람을 떠벌리고 아쉬움을 푸념하는 소리로 왁자했다. 주방 가마솥에서 뿜어나오는 새뱅이 찌개 끓는 냄새에 탁주 내음이 섞여 푸근하고도 넉넉한 분위기였다. 일찌감치 밝힌 아주까리기름 등불이 너울너울 그런 실내를 안온하게 감싸고 있었다. 봉수는 발길을 돌려 마당 가 감나무 아래의 평상 한쪽에 자리를 잡았다.

"보소, 아지매요!"

이쪽은 돌아볼 새도 없이 쟁반을 들고 주방과 객실을 바삐 오가는 아낙들을 향해 봉수가 소리쳤다.

"예에, 가유~"

한 아낙이 행주치마에 손을 훔치며 종종걸음으로 다가왔다. 강변 여름 햇볕 가릴 짬도 없었나 얼굴빛이 조금 거뭇했으나 이런 시골 객주에서는 보기 드물게 이목구비가 반듯했다. 게다가 잘록한 허리에 고운 자태가 아직 처녀이지 싶었다. 봉수는 아낙을 쓰윽 훑어보고 나서 말했다.

"탁배기 한 사바리 주이소."

"식사도 하실 거지유?"

"하모요. 때가 됐시이 밥도 무야 안 되겠니껴."

봉수는 주방 쪽으로 걸어가는 아낙의 뒤태를 물끄러미 바라봤다. '아따 마, 오늘은 여서 쉬어야겠다.' 이미 배는 끊겼을 테고 밤 길이라도 걸어서 내일 열리는 충주 장으로 가려던 계획을 접었다.

아낙이 개다리소반에 차려낸 밥상은 소박하나 푸짐했다. 쌀알이 드문드문 섞인 보리밥 한 사발과 김이 무럭무럭 피어오르는 새뱅이 찌개 투가리. 여기에 열무김치, 깻잎, 상추, 풋고추 몇 개와 찍어 먹을 된장, 잘 삭은 토하장 한 종지. 탁주 병과 잔은 작은 오지 쟁반에 담겨 밥상 옆에 따로 놓았다. 이 알뜰한 차림의 손놀림을 넋 놓고 바라보던 봉수가 저도 모르게 한마디 했다.

"우째 이리 곱소?"

"뭐가유?"

아뿔싸, 응큼한 속내를 들킨 것 같아 봉수는 짐짓 감나무 가지 새를 손가락으로 가리켰다.

"보소. 장마가 올라카나 노을이 붉다 아이요."

"그러게요. 장마가 시작되면 뱃길도 끊길 텐데."

"뱃길 끊기면 신작로로 다니면 된다 아이요."

"그래도 아직은 신작로보다 뱃길이지유."

"큰물 나기까지야 배가 끊기겠니껴. 그나저나 오늘은 여서 자야 할 낀데 빈방 있니껴?"

"문간방이 있긴 한데 너무 좁아서유."

"괘안니더. 덕석 데기에 목침 하나면 되니더."

그때 주방 쪽에서 수건을 둘러쓴 나이 지긋한 아낙이 이쪽을 향해 소리쳤다.

"순정아! 거서 모하고 있니?"

"예 어머이."

'순정'이라 불린 아낙이 주방 쪽으로 달려갔다. 봉수는 탁주부터 한 잔 쭉 들이켰다. '순정이. 가시나 이름도 이쁘구마.' 얼굴과 자태, 손놀림에 이름까지 고운데 빈속에 들이킨 탁주 기운을 한껏 돋우는 새뱅이 찌개마저 어디 비할 데 없는 맛이었다.

강 포구 장마당이면 어디서나 먹을 수 있는 여느 민물고기 탕과는 바탕이 달랐다. 대개 메기며 붕어, 빠가사리가 주재료이되 거기에 고추장을 풀고 고춧가루까지 더해 색이 붉고 맛 또한 밑부터 센 데다 비린내를 다스린다고 파, 마늘에 들깻잎이나 방아잎, 경상도면 꼭 들어가는 재피 가루까지 온갖 양념을 버무려 끓인 것이니 그저 혀끝부터 목구멍 깊이까지 쏴하니 얼큰한 게 민물고기 탕이었다. 그런데 이 집의 새뱅이 찌개는 그 색과 향부터 달랐다. 맹물에 된장만 푼 듯 누리끼리한 투가리 안을 숟가락으로 휘저으면 몇 조각 애호박에 갓 뿌린 생파 채 사이에서 발갛게 익은 새우들이 오밀조밀 몰려다녔다. 언뜻 그 담백함이 하동 포구의 재첩국을 닮았다 생각하며 한술 후루룩 입안에 품으니 '아, 이게 목계장에서만 맛볼 수 있다는 새뱅이 찌개구나' 하는 감탄이 절로 나왔다. 재첩국이 흐르는 강바닥 맑은 모래밭을 핥듯 슴슴하다면 새뱅이 찌개는 고인 늪에 흘러든 산천의 흙내와 온갖 물속 생물들이 토해내는 숨결을 훅 들이키는 맛이라고 할까. 까끌까끌하니 몇 마리 이빨에 씹혀 뭉개진 새우 진액의 향은 온 입안을 개운하게 감싸안았다.

식사가 끝나갈 때쯤 봉수는 물 주전자를 들고 온 순정에게 물었다.

"이기 벨 양념도 없이 우째 이리 구신교?"

"방아잎을 넣으면 더 좋아유."

순정은 상머리 한쪽에 채 썰어 담은 방아잎 종지를 가리켰다.

"방아고 재피고 다 필요 없니더. 이기 누구 솜씬교?"

"우리 어머이지 누구겠어유. 새뱅이는 그대로 맛이 좋아서 이것저것 양념을 많이 하면 제맛을 잃는대유. 그래서 우리 집 묵은 된장만으로 간을 맞춰유."

"어무이가 앙성댁인 갑지얘?"

"야. 맞어유."

봉수는 새뱅이 찌개가 이끈 이 집이 마음에 들었다. 맛있는 새뱅이 찌개를 끓이는 앙성댁도 마음에 들었다. 아니 그보다 이런 마음에 드는 집에 순정이라는 어여쁜 처자가 살고 있었다. 봉수는 순정을 아내로 맞이하는 상상을 하며 혼자 빙긋이 웃었다. 지금 벌여놓은 포목 거래만으로도 순정을 이 험한 객주에서 고생 안 시키고 호강시키기에 충분했다.

그뿐인가. 정작 포목 거래보다 쏠쏠한 이문이 지난해 봄부터 시작한 '곽씨분'에서 쏟아지고 있었다. 곽씨분은 원래 '곽보루 상회'의 주 취급품인 포목 고객들에게 무료로 선사하던 사은품이었다. 그런데 주객이 전도되어 사은품을 찾는 여인들이 더 많아지자 아예 공장을 차리고 상표 등록까지 한 제조 상품이었다. 곽씨분의 인기를 눈여겨본 봉수는 시장 상인들과 알음알음으로 경성의 몇몇 요정에 거래를 트는 한편 자신의 포목 거래 장터로까지 걸음을 넓혔다.

배가 포구에 닿아 거래하는 점포에 물건을 날라주고 나면 대개 다음 날 아침 배가 뜰 때까지 오후 반나절은 비게 마련이었다. 이 시간에 봉수는 장마당을 어슬렁거리거나 일찌감치 배꾼들과 어울려 술이나 푸는 게 일이었다. 그러던 어느 날 봉수는 동동구리무 장사 패가 장마당을 휩쓸며 돈을 쓸어모으는 광경을 보고 '내라고 몬할 게 있나' 하는 생각을 하게 되었다.

점심도 지나고 장마당의 열기가 한층 달아오를 즈음 어디선가 울긋불긋 광대 분장에 카우보이모자를 눌러쓴 사내가 큰 북을 등에 지고 나타나면 삼삼오오 사람들이 모여들었다. 사내가 진 북통에는 '동동구리무'라는 글씨가 선명하고 사뿐사뿐 춤사위 같은 걸음을 내디딜 때마다 그의 뒤꿈치에 끈으로 이어진 북채가 여기 좀 보란 듯이 '농! 동!' 하고 경쾌한 소리를 낸다. 때맞춰 기생 복장에 장고 멘 아낙이 '따당!' 신나게 채를 휘두르며 '구리무!' 하고 외치는 것이다. 그래서 '동동구리무'인가. 광대와 기생의 뒤를 따라 학사모에 신식 교복 차림으로 아코디언을 멘 사내와 수레에 구리무 병을 잔뜩 실은 각설이 차림의 떠꺼머리총각도 '동동, 구리무' 장단을 맞췄다.

행렬이 장마당 한쪽에 멍석 깔고 벌여놓은 무대에 자리를 잡으면 곧바로 '품빠품빠 품짜자 품빠~' 학사모 사내의 아코디언 연주가 시작되었다. '아아~ 으악새 슬피 우니 가을이런가~' 학사모의 구성진 노랫가락이 짝사랑의 애절한 사연을 엮어나가고 이어 기생 차림의 아낙이 '부두의 새악시' 마냥 옷고름으로 눈가를 찍으며 앞으로 나선다. 이난영 뺨치는 그녀의 간드러진 음색이 '가물거리는 사공의 뱃노래'에 실려 '삼학도 파도'처럼 애끓는 이별의 아픔을 자아올리면 숨죽여 둘러선 구경꾼들 사이에서 '아~' '허!' 하는 감탄사가 터져 나왔다. 때맞춰 '분위기가 왜 이래!' 이렇게 외친 광대가 무대를 휘돌며 '둥당둥당 둥다당둥당' 경쾌한 발차기 북장단에 맞춰 '학도야 학도야 청년학도야!'를 열창한다. 좌중은 일순 씩씩한 기운으로 술렁이고 여기저기서 손뼉 장단으로 흥을 돋웠다. 광대의 현란한 발차기 북놀이가 잦아들 때쯤 각설이가 구리무 통 담은 목판을 메고 좌중을 돌기 시작한다. '아이구 이 아주머니 어째 이리 몸매가 고우실까. 초선이가 낙망하고 양귀비도 울고 가겠네.' 각설이가 지목한 아낙은 민망해 손을 내젓고 주위 사람들이 와르르 박장대소하는데, '근데 말이유. 쯧쯧, 오뉴월 땡볕이 시샘했나 벌떠구니 강바람에 햝퀴었나 손이고 얼굴이고 아주 삭았네 삭았어.' 사람들은 이런 너스레 만담 타령에 혼쭐을 놓고 너도나도 동동구리무 한 병씩을 손에 쥐는 것이다.

    열일곱부터니 어언 10년째 장돌뱅이로 잔뼈가 굵은 봉수 아닌가. 왜 내가 진작 이 생각을 못 했던가. 비록 노래도, 악기도, 만담에도 재주가 없다만 저 동동구리무 못잖은 곽씨분을 갖고 있지 않은가. 곽씨분은 조선 팔도 방방곡곡에 모르는 이가 없을 정도로 이름이 나 있었다. 하지만 그 수요가 대도시에 몰려 있다 보니 이런 시골에서는 경성 갔던 가족이나 친지가 선물로 한 통 사 오는 것 말고는 구경하기조차 어려웠다.

    봉수는 동동구리무 패가 한바탕 장마당을 휩쓸고 간 자리에 준비한 판을 펼쳤다. 동동구리무처럼 야단법석을 떨지 않아도 금세 입소문을 탄 여인들이 모여들었다. 여인들뿐 아니라 남정네들 사이에서조차 '부인에게 곽씨분 한 통 사주지 못하면 무능한 남편'이라는 말이 통할 만큼 인기가 높았다. '어이 김선달. 마누라도 없는 홀애비가 웬 곽씨분을 다 사는감?' '아 누가 알어. 정분난 들병이라도 있는 게지.' '옛다 이 썩을 놈아. 종잣값, 담뱃단 판 돈 들고 투전판 기웃대는 너 같은 놈이나 들병이 키우지 나는 그런 거 모른다.' 봉수는 창가 공연이나 각설이 만담 대신 '이걸 보시오' 하면서 '주근깨 여드름을 없애고 잡티를 지워서 백설같은 얼굴을 만들어 드립니다.' 하는 곽씨분 신문 광고에다 신여성 복장의 유명 기생 사진까지 내걸었다. 하얀 얼굴과 신여성에 대한 동경을 담은 곽씨분은 판을 벌이기 무섭게 팔려나갔다. 두 달에 한 번 하는 포목 수금과는 비교할 수 없는 현금이 장날마다 봉수의 전대를 두둑이 채웠다.

    새뱅이 찌개가 봉수를 앙성댁으로 이끌었다면 그 집의 안주인 앙성댁과 그녀의 고명딸 순정의 마음을 사로잡은 것도 이 곽씨분이었다.
    "아이구 이 귀한 걸……."
    앙성댁에 처음 오던 날 곰팡내 오진 문간방에서 선잠을 자고 난 아침 봉수는 안 받겠다는 방값 대신 곽씨분 두 통을 내놓았다. 앙성댁은 함박웃음을 지으며 반색했고 부귀영화와 남녀 혼인의 상징인 줄 아는지 모르는

지 모란꽃이 화사하게 수 놓인 분 곽을 어루만지며 순정의 얼굴도 봉숭아
빛으로 물들었다. 하지만 순정의 아버지 만재에게는 '필시 저것이 여자들
마음 들뜨게 할 괴물이리.' 그 새끈한 분 곽이 영 마음에 걸렸다.

"아입니더. 새배이 찌개가 엄청 구시네얘."

"또 오세유."

"하모요. 장날마다 묵어가도 되겠니껴?"

이렇게 봉수는 장날마다 앙성댁에서 묵었다. 당연히 곰팡내 나는 문간
방은 안채 곁의 제일 깨끗한 객실로 바뀌었다. 곽씨분 좌판은 오래 펴 놓
지 않아도 되었다. 물건을 많이 구할 수 없어서 장날 되기만을 기다려 줄
선 사람들에게 나눠주다시피 하고 나면 아직 해가 한 발이나 남아 있었다.
때맞춰 순정이 와서 그의 짐 챙기는 손을 거들었다. 앙성댁도 그때는 순정
을 찾지 않았다. 봉수와 순정은 가마솥에 새뱅이 찌개가 무르익을 때까지
강변 갈대밭이며 모래사장을 함께 걸었다. 때로 저녁노을을 머리에 일 때
쯤 두무소에 쪽배를 띄우고 투망치는 만재와 만나기도 했다. 세 사람이
펄떡이는 물고기와 새뱅이 종다리를 나눠 들고 돌아올 때 강가 벼랑 위
부엉데미에서 부엉이가 부엉부엉 울었다.

2

새벽에 목계나루에서 감자와 보리를 싣고 마포나루까지 바로 가는 떼
배가 있었다. 내일 저녁에 마포나루에서 박 거간을 만나려면 단양서 충주
거쳐 내려오는 큰 돛배를 기다리기보다 이게 더 빠를 것이었다. 내리흐르
는 물길이니 저녁 무렵이면 두물머리에 닿을 것이고 거기서 하룻밤을 쉰
후 오후 새참에는 마포나루에 당도할 수 있겠다 싶었다.

순정이 바랑을 짊어진 봉수를 따라 나루로 나왔다. 참으려 했으나 그녀

는 끝내 눈물을 보이고 말았다. 일할 때 땀 닦으라며 봉수의 괴춤에 수건 한 장을 찔러주며 순정은 다짐하듯 말했다.

"다음 장에 꼭 오지유?"

"하모. 꼭 온다카이. 울지 마라."

으여차, 엇차… 뱃전 양쪽에서 노꾼들의 장단 맞추는 소리가 커지자 배는 곧 나루를 벗어났다. 배는 강심의 센 물살에 올라타 빠르게 흘러내렸다. '가시나 우째 그리 울어 쌌노.' 멀어져가는 나루터에서 손을 흔들고 있는 순정을 향해 봉수도 따라 손을 흔들었다. 이내 그 모습도 가물가물 사라지고 촤르르 촤르르 강심의 물결 소리만 처연했다.

봉수는 떼배 갑판 위 엉성하게 짠 널판 의자에 기대앉아 흘러가는 강변 풍경을 바라봤다. 칠월 한낮의 땡볕은 눈부셨으나 강심에 부는 바람이 흉내만 낸 장막 대신 더위를 식혀주었다. 봉수는 배에 오를 때 순정이 괴춤에 찔러준 수건을 뽑아 펼쳤다. 함께 거닐던 강변 언덕에 무수히 피어나 일렁이던 개망초꽃 무리. 하얀 꽃잎들이 노란 꽃술을 둘러싼 그 송이들이 흰 비단 보 가장자리를 둘러 가지런히 수 놓였고 가운데에는 한 쌍의 원앙이 부리를 맞대고 앉아 있었다. '이걸로 우째 땀을 닦노.' 봉수는 몇 밤내 아주까리 등불 아래서 한땀 한땀 수놓는 순정의 모습을 그려보며 바랑 속에 고이 간수했다.

'추석 지내고 나서 혼사 치르세.' 어젯밤 만재가 한참을 뜸 들인 뒤 으흠, 목청을 가다듬고 한 이 말이 떠오르자 봉수는 절로 흐뭇했다. 그동안 대놓고 순정과의 혼사를 못마땅해 온 만재가 아니었던가. '일자무식에 근본도 모르는 쌍놈', '한 자리에 붙박일 줄 모르고 언제든 제 갈 길로 떠날 장돌뱅이' 갈대밭을 거닐며 아버지의 생각이라며 순정이 털어놨던 이 말에 얼마나 절망했던가. 그렇던 만재가 드디어 봉수를 사윗감으로 인정한 것이었다.

저 멀리 줄지어 선 미루나무들 사이로 여러 대의 도락구가 뽀얀 먼지를 일으키며 달리고 있었다. 가는 곳마다 신작로가 뚫리고 철도가 놓이고 있으니 머잖아 물길은 없어지려나. 새길이 나고 있는 그 많은 들과 산등성이를 헤매던 날들이 주마등처럼 흘러갔다.

그의 기억에 담긴 첫 장면은 앙상한 손길로 울고 있는 아이를 토닥이는 할머니의 모습이었다. 그에게 가족의 의미는 그저 할머니가 다였다. 철이 들었을 때 할머니가 들려준 어머니, 아버지 얘기는 그에게 아무 감동도 일으키지 못하는 남의 일이었다. 투전판을 전전하던 아버지는 객사했고 어머니는 이제 갓 젖떨어진 아이를 늙은 시어머니 품에 안긴 채 돈 벌어 온다며 나간 후 소식이 끊겼다. 다른 집에 그 숱한 형제도 삼촌, 이모라는 사람도 없었다. 할머니가 있으니 천애 고아는 아닌 셈이었다. 남의 집 허드렛일로 겨우 끼니나 잇던 할머니는 행랑 간이나 헛간 구석에서 손자를 키웠다. 그런 할머니마저 그가 열두 살 때 세상을 떠났다. 성정이 순하고 또래들보다 등치가 실해 닷새, 보름 걸이로 마을을 오가던 한 늙은 방물장수가 나귀 고삐 잡이로 아이를 거뒀다.

그렇게 나귀 고삐를 잡고 이 마을 저 고을, 그러니까 상주에서 예천, 안동, 군위 등지를 떠돈 지 5년, 방물장수는 다리 뼈마디가 다 삭아 걷지도 못하는 나귀 한 마리와 그놈이 지고 다니던 물건을 남기고 숨을 거뒀다. 봉수는 방물장수의 유언대로 더 먼 지방, 더 넓고 큰 도시로 떠났다. '이 버리미기 구석에만 있지 말고 대처로 가레이.' 방물장수는 이런 말도 해주었다. '니는 싹싹하고 힘도 쎄다 아이가. 고로운 일도 잔말 없이 잘 참으이 꼭 성공할끼라.'

그렇게 10년이 흐른 지금 자신을 거뒀던 방물장수가 살았다면, '내가 뭐라캤노. 니는 꼭 성공할끼라 안 했나!' 필시 이렇게 감탄할 만했다. 게다가 열여덟 꽃다운 색시까지 얻었으니 세상에 부러울 것이 없었다. 그의 마음이 더욱 흐뭇한 것은 순정이 저처럼 저잣거리 뜨내기 인생이 아니라 뿌리 있는 부모 밑에 자란 처녀라는 점이었다. 정식 학교는 다니지 못 했지만 브나르도 강습소에서 한글과 셈법을 깨쳐 일자무식인 자신에게 음으로양으로 큰 도움이 되리란 기대도 컸다.

'태생이 뭐가 그리 중해유. 아 사람 신실하겠다 돈도 꽤 많이 모아놨겠다. 이 목계 앙성 구석에 그만한 신랑감 어디 있대유.' 만재는 이런 앙성댁의 말에 수긍하면서도 봉수가 장돌뱅이라는 게 끝내 석연치 않았다. 조선 사람은 근본이 땅에 의지해 살아왔으니 여기저기 떠돌지 말고 한 곳에 붙박여 살아야 한다는 게 그의 생각이었다. 비록 광산에서 몸을 다쳐 빚까지 지고 고향을 떠나와 부인의 음식 솜씨로 차린 객주에 기대 허드렛일이나 거들고 있는 신세지만 언젠가는 다시 전답을 마련해 떳떳이 농군으로 살리라 마음먹고 있었다. 당사자인 딸이 죽고 못 살겠다 하니 그만한 배필 만나기도 쉽지 않겠다 여기면서도 하나 남은 그 고명딸을 이리저리 부평초처럼 떠돌게 하고 싶지 않았던 것이다. '지는 절대로 순정이 비바람 맞히지 않을낍니더. 배오개시장에 점방 하나 크게 차리가 어엿한 여주인 시킬낍니더. 돈 많이 벌어가 아버님 땅도 많이 사 디릴낍니더.' 결국 만재도 이 희망찬 다짐에 마음을 돌렸다. 봉수의 다짐은 허튼소리가 아니었다. 오는 가을 혼사 치르기 전에 곽보루 상회의 본점이 있는 배오개시장에 점포 자리를 알아보면서 그동안 모아온 돈을 셈하고 있는 중이었다.

두물머리가 가까워지자 석양이 물든 수면 위로 물새들이 떼 지어 날았다. 한 무리는 강변 모래밭에 내려앉고 또 한 무리는 갈대숲을 휘돌았다. 그중 짝지어 희롱하는 쌍들이 버들가지 사이를 휘저어 날며 명랑하게 지저귀었다. 봉수가 순정에게 결혼해 달라며 사랑을 고백하던 날 목계나루 앞 강물도 이렇게 석양에 물들어 있었다.

"내는 마, 니가 좋다. 니는 어떻노?"

봉수는 아무리 근사한 표현을 찾아봐도 마땅히 떠오르는 말이 없었다.

"몰러유."

순정은 배시시 웃으며 돌아섰다. '모르다이. 가시나가 이기 뭐라카노?' 그 모습이 하도 예뻐 봉수는 단도직입으로 고백했다.

"내 알 나 도."

"그게 뭔 말이래유?"

"내 알라 나 돌라꼬."

봉수에게 이보다 더 확실하고 진실한 표현은 없었다.

"에구머니나."

얼굴이 홍당무가 된 순정은 봉수의 가슴팍을 홱 밀어제치고는 저만치 달아나 버렸다. '그래유. 우리 결혼해유.' 이리 화답하기를 기대하며 그저 꽉 껴안아 주리라 했던 봉수는 뻘쭘해지고 말았다. '가시나 속은 알다가도 모르겠다카이.'

3

봉수는 목계나루를 떠난 지 이틀 만에 마포나루에 당도했다. 아침에 두 물머리에서 배를 띄울 때 느슨해진 통나무 엮음 줄을 죄느라 반나절을 보내는 바람에 긴 여름 해가 저물 무렵에야 도착한 것이다. 서둘러 새우젓 거리의 주막에 들러 박 거간을 찾았으나 없었다. 한참을 더 기다린 끝에 '낼 기별하면 되리.' 봉수는 싸전거리 끝 언덕바지에 있는 숙소를 향해 터벅터벅 걸었다. 골목집마다 불을 밝히고 있었다. 그가 막 열쇠를 꺼내 숙소 문의 자물쇠를 따고 안으로 들어설 때였다.

"어이, 너 함봉수지?"

다짜고짜 반말에 위협적인 어투였다. 멈칫하는 사이 억센 손길이 깜깜한 방안으로 그를 밀어붙였다.

"함봉수냐고 묻잖아!"

"누고? 누군데 남에 이름을 함부로 불러쌌노?"

괴한은 하나가 아니었다. 얼핏 돌아보니 밖에서 담배를 꼬나문 또 한 사내가 짝발을 딛고 서 있었다.

"경성부 본정 고등계 형사다."

뭐라 대거리할 새도 없이 형사라고 말한 자가 봉수의 팔을 뒤로 꺾었다. 밖에 섰던 사내가 저항하는 봉수의 오금을 발로 차 앞으로 거꾸러뜨렸다. 두 사내의 완력으로 순식간에 등 뒤로 꺾인 봉수의 두 손에 수갑이 채워졌다. 이어 시커먼 마대가 그의 머리에 푹 씌워져 목뒤로 단단히 묶였다. 숨이 막혀 캑캑거리면서 봉수가 소리쳤다.

"아이 씨, 내가 몬 죄를 지었니껴? 그걸 알아야……."

저항하는 봉수의 뒷덜미를 대답 대신 둔탁한 물건이 퍽 하고 가격했다. 형사라는 사내가 문간에 떨어진 열쇠 꾸러미를 주워 짝발에게 건네며 말했다.

"수색해."

봉수는 두 괴한이 후다닥 뚝딱 큰 방 작은방, 창고를 드나들며 난장치는 소리를 숨죽여 듣고 있었다. '햐, 이거 봐라 과씨분이네.' '그거 따로 잘 챙겨, 핵심 물증이니까.' '포목들은 어떡할까요?' '수량만 세어봐.' '세간살이는 놔두지요?' '쓸데없는 거 손대지 말고 장부나 계약서, 현금을 찾아.' 봉수는 괴한들이 그것만은 찾지 못하길 바랐으나 결국 형사가 말했다.

"저거 뭐야. 뜯어내."

형사가 등불을 치켜들며 창고 벽 위쪽 한구석을 가리켰다. 얼른 봐서는 쥐 오줌 자국이라도 가리려는 듯 한발 남짓한 광목천이 드리워져 있었다. 짝발이 발판을 놓고 올라서서 천을 휙 걷어냈다. 삐이익 철컹, 10여 년 피땀의 결실들이 고스란히 들어있는 그 비밀의 문이 남의 손에 의해 열리는 소리를 들으며 봉수의 가슴은 철렁 내려앉았다. 아, 저들의 정체는 과연 무엇인가. 여러 뭉치의 지전 다발, 금괴, 금가락지, 금두꺼비, 옥비녀…… 궤짝 안에 든 것들을 남김없이 자루에 쓸어 담고 나서야 괴한들이 말한 수색은 끝이 났다.

"무슨 서류나 장부 같은 건 없네."

"이 새끼 악질이구만 아주 주도면밀해."

봉수는 자신은 악질이 아니고 주도면밀한 게 뭔지도 모른다고 항변하고 싶었으나 벌어진 상황은 너무나 절망적이었다. 봉수는 장사 좀 한다는 사람들이 다 하는 어음 거래나 은행 예금, 대출 같은 걸 하지 않았다. 실은 할 줄 모른다고 해야 맞을 것이다. 읽고 쓸 줄 모르니 복잡한 계약서를 쓰거나 장부를 작성하고 신용을 증명해 줄 사람을 구할 필요가 없었다. 뭔가 숨겨진 계산이 들어있을 것만 같은 그런 문서 놀음은 믿을 수 없는 것이었다. 그런 그에게 손에 쥐고 셀 수 있는 지전과 언제든지 지전으로 바꿀 수 있는 금붙이만이 믿을 수 있는 재물이었다.

"연행해."

봉수는 두 사내에게 끌려 골목 끝에 대기하고 있던 지프에 태워졌다. 어디로 가는지 왜 잡아가는지 물을 때마다 둔기 찜질 외에 답을 들을 수 없었다. 한참 만에 도착한 곳은 어느 으슥한 창고였다. 사내들은 봉수를 끌고 와 먼지가 뽀얗게 쌓인 탁자 앞 나무 의자에 앉혔다. 봉수는 탁한 먼지 냄새만 매캐할 뿐 다른 인기척은 들을 수 없었다. 말만 들은 그 무섭다는 고등계 조사실이 이런 덴가. 설마 이건 꿈이겠지. 탁자 위에 봉수의 바랑에 든 물건을 하나하나 꺼내 놓으며 형사라는 사내가 말했다.

"너 향분이 알지 이향분?"

"향분이라 카몬……."

"알아 몰라 이 새끼야 그것만 대답해!"

"예, 압니더."

이향분. 봉수가 거래해 온 곽씨분 주요 고객 요정의 간판 기생으로 경성의 논다는 사내들이 줄을 서는 미인이었다. 그런데 단골 고객일 뿐인 그녀의 이름이 왜 저 형사 입에서 나오는가.

"걔 자살한 것도 알겠군."

이건 또 무슨 소린가. 이향분이 자살을 하다니. 봉수는 이들이 뭔가 단단히 오해를 하고 있다고 생각했다.

"금시초문인데얘. 왜 자살을 했니껴?"

형사가 잠바 안주머니에서 접은 신문지 한 장을 꺼내 펼쳤다.

"잘 들어. 이게 한 달 전 경성신문에 난 기사다. '얼굴 망가지고 정신 이상 증세 보이던 경성 요정 향원의 기생 이향분 우울증 시달리다 자살. 곽씨분 장기 사용에 의한 납중독이 원인인 듯. 피해 주장하며 고소 줄 잇자 경성부 본정 조사 들어가.' 잘 들었어? 직접 볼래?"

하지만 봉수는 읽을 수 없었다.

"지는 신문 몬 읽니더."

"이 새끼 까막눈이구만. 그래도 장삿속은 밝아서 돈깨나 모은 모양인데, 이렇게 사기 쳐서 벌었나?"

"사기 친 일 없니더."

"안 되겠다. 좀 알아듣게 설명 좀 하지."

형사가 눈짓하자 담배를 바닥에 뱉어 발로 문지르며 짝발이 말했다.

"향분이가 하나밖에 없는 내 여동생이다. 니가 곽씨분인가 지랄인가 얼굴 하얗게 만드는 특효가 있다고 꼬드겨서 끝내 신세 망치고 그걸 먹고 죽었어. 그게 사람 살 파먹는 독 가루란 걸 너는 알고 있었잖어."

"말도 안 되니더. 조선팔도 그 많은 점포, 방물장수들이 그게 독이란 걸 알고 팔았단 말잉교. 또 곽씨분 말고 여자들이 다 쓰는 서가분, 장가분, 물 건너온 왜분, 청분은……."

"아가리 닥쳐 이 사기꾼 새끼야!"

날아온 발길에 봉수의 몸뚱이는 바닥으로 곤두박였다. 뒤통수, 등짝, 허벅지 가리지 않고 몽둥이찜질이 이어졌다. 곽씨분이 문제라면 그걸 만든 곽보루 상회에 책임을 물어야지 인기 상품을 원하는 고객에게 공들여 팔거나 했을 뿐인 자기가 무슨 죄냐고 따지려던 말은 사정없는 매질에 빼앗기고 말았다. '이러다가 죽겠구나.'

"살리 주이소!"

봉수는 가까스로 이렇게 외쳤다.

"살고 싶으면 순순히 있어."

사내들은 바닥에 쓰러진 봉수를 끌어다가 다시 의자에 앉혔다. 그리고 그의 수갑 채인 손에서 엄지 하나를 잡아끌어 무슨 종이쪽엔가 지장을 찍었다.

"잘 들어 새꺄."

형사가 봉수의 지장이 찍힌 종이쪽을 읽어내렸다.

"……나 함봉수는 사람의 얼굴을 썩게 하고 정신 이상까지 일으키는 심각한 독성을 알면서도 돈벌이에 눈이 멀어 매일 사용하는 요정의 기생들에게 팔아왔다. 사회문제가 되어 당국이 판매 금지했음에도 이를 무시하고 은밀히 계속 팔았다. 이 책임을 지기 위해 나 함 봉수는 피해 당사자인 이향분 가족에게 그동안의 치료비, 장례비, 위자료 조로 1만 원을 즉시 지불하며 향후 어떤 경우에도 이의를 제기하지 않을 것을 확약한다……."

봉수가 듣던 끝에 다행이라면 '향후 이의를 제기하지 않는다'는 대목이 들어있다는 것이었다. 어느 순간부턴가 이자들이 경찰을 사칭한 강도가 아닌가 하는 의심이 들면서 쥐도 새도 모르게 죽겠구나 했는데 그 '향후'라는 말에서 일말의 희망을 본 것이다. 봉수는 그게 죽이지는 않는다는 뜻으로 들렸다. 살려만 준다면 모든 걸 내려놓기로 작정하자 마음이 홀가분했다.

"그저 살리만 주이소."

"진작 그럴 것이지 짜샤."

사내들의 음성도 한결 누그러졌다. 사내가 봉수의 머리에 씌웠던 자루를 풀어주었다. 그의 눈앞에 가물거리는 석유 등 하나와 그의 바랑에서 털어낸 물건들이 어지럽게 널려 있었다.

"근데 말이다. 이건 뭐냐? 아주 고이 접어서 간수했던데."

형사가 순정이 준 수건을 펼쳐 들고 건들건들 흔들었다. 봉수는 반사적으로 손을 뻗으려 했으나 뒤로 수갑이 채워졌다는 사실만을 확인할 뿐이었다.

"그건 지 약혼녀가 준⋯⋯."

아차 싶었으나 이미 내뱉은 말이었다.

"오호 그래? 자수 솜씨에 정성까지 담뿍한 걸 보니 뜨내기 논다니는 아닌 것 같네."

사내는 수건을 봉수 코앞으로 바짝 들이대며 이죽거렸다. 옆의 짝발이 낄낄대며 거들었다.

"장돌뱅이 주제에 헛물켜는 거 아녀? 사기 쳐서 꼬셨냐?"

"제발 그것만은⋯⋯."

봉수가 애원하자 사내가 정색하며 말했다.

"그 색시와 결혼은 포기해라. 하긴 무일푼 알거지 신세로 가당키나 하겠냐만 정 하려거든 적어도 3년 뒤쯤에나 해라. 우리가 그 색시가 누군지 알아내기는 식은 죽 먹기니까 그 색시, 그 집안 온전하길 바란다면 이 말 명심하는 게 좋을 거다. 우리가 이 증거를 가지고 있는 한 너는 경찰에 고발도 할 수 없다는 사실 잘 새기고. 판매 금지된 독극물을 판 데다 그걸로 사람까지 죽게 했으니 한 10년은 형무소에서 썩어야 할 걸. 네 창고에 쌓여 있던 이 독 분이 천 통도 넘겠더구나."

사내는 수건과 함께 곽씨분 한 통을 탁자 위로 툭 떨어뜨렸다. 그리고 채웠던 수갑도 풀어주었다. 수갑이 풀렸다고 해서 이미 상한 몸으로 그들과 대거리할 힘도 의지도 그에게는 남아 있지 않았다. 짝발이 적선하듯 지전 몇 장을 휙 던지면서 말했다.

"여기서 저 등잔불 꺼질 때까지 쉬다가 가거라."

그리고 그들은 지전 뭉치와 금붙이 쓸어 담은 자루를 어깨에 메고 창고 밖으로 유유히 사라졌다. 봉수는 폭력배 강도들에게 이렇게 어이없이 당했다는 사실에 허탈했다. 저들의 말마따나 자신이 형무소로 직행할 일을 저지르고 있었다니. 저들이 고등계 형사가 아니라 강도였다는 사실을 다행이라 여겨야 할지 불행이라 해야 할지 혼란스러웠다. 구타당한 몸은 운신조차 어려웠다. 봉수는 가물거리는 등불 아래 순정이 준 수건과 빨간 모란꽃 무리를 배경으로 활짝 웃고 있는 여인의 모습이 그려진 곽씨분 곽을 멍하니 바라봤다.

4

봉수는 지난 밤새 어디를 어떻게 헤매었는지 알 수 없었다. 먼동이 터오면서 지금 있는 자리가 마포나루에서 한 참 아래 강변 언덕이란 걸 짐작할 수 있었다. 지척에서 어엿차, 엇싸! 노꾼들의 노 젓기 장단 소리가 들려왔다. 부지런한 돛배들이 벌써 강물 위에 여럿 떠다니고 있었다.

봉수는 자신이 서 있는 자리가 언젠가 가까이 지내는 상인들과 들놀이를 왔던 곳임을 알았다. '저리 가면 절두산이지. 옛날 예수쟁이들 목 잘라 처형하던 곳이라는데 요즘도 가끔 세상 비관한 사람이 저기서 뛰어내린다고 하데.' 봉수의 발길은 자신도 모르게 그 절두산 언덕 쪽으로 향하고 있었다. '내가 와 이라노.' 그의 의지는 이렇게 말하고 있었지만 발길은 그쪽으로 난 숲길을 따라 멈출 줄 몰랐다. '우짜꼬, 우짜꼬……' 누가 자꾸 앞에서 끌기라도 하듯 봉수의 발길은 절두산 언덕으로 나아가기만 했다.

'이라믄 안 된데이.' 얼마를 그렇게 갔을까. 그의 의지가 또 한 번 이렇게 외칠 무렵 발길이 스르륵 멈췄다. 길 끝에 벌겋게 녹슨 쇠창살들이 '돌아가거라!' 하고 명령하듯 버티고 서 있었다. 봉수는 문득 정신을 차렸다. '더 가서는 안 되는구나.'

봉수는 돌아섰지만 딱히 갈 곳이 없었다. 다시 온 길을 되짚어 나갔다. 숱하게 드나들었던 마포나루의 아침은 여느 날과 다름없이 힘차게 깨어나고 있었다. 그러나 그 광경은 이미 자신과 무관한 먼 모습들일 뿐이었다. 봉수는 그곳을 지나쳐 북쪽으로 난 인적 드문 언덕길을 따라 걷고 또 걸었다.

어디쯤 왔을까. 붉은 해가 환하게 솟아오르는 저쪽 한강 철교 위로 검은 연기를 내뿜으며 기차가 달려가고 있었다. 봉수는 걸음을 멈추고 기차가 철교를 건너 남쪽 기슭 너머로 아련히 사라지는 모습을 멍하니 바라봤다. '아, 내게도 고향이 있다 아이가.' 그의 가슴 밑바닥에서 '쾌애액~' 기적 소리와도 같이 그 고향이란 울림이 뭉클하고 솟아올랐다.

후다닥 툭탁, 후다다닥 툭탁 열차 바퀴 소리에 맞춰 차창 밖에 흐르는 풍경은 강물 위 뱃전에서 보던 풍경보다 빨리 흘렀다. '고향으로 가재이' 그래, 그에게도 고향이 있었다. 비록 진절머리 나도록 춥고 배고팠던 암울한 그곳, 유일한 가족이었던 그 앙상한 할머니의 쉰내 나는 가슴팍, 나귀고삐 잡이로 자기를 거뒀던 방물장수 영감이 꼭 떠나라고 유언했던 곳이지만 지금은 유일한 위안이요 어서 돌아가 쉴 안온한 품으로 다가왔다.

차창에 흐르는 풍경 위로 간밤에 일어났던 믿을 수 없는 일들, 목계나루를 떠나오던 날 꼭 돌아오라고 호소하던 순정의 눈물, 거슬러 더 지난날들의 순간들이 강변에 빛나던 조약돌처럼 하나하나 선명히 되살아났다. 그것은 기쁨이고 설움이고 회한, 후회와 분노들로 뒤엉켜 회오리쳤다.

후회는 서서히 분노로 바뀌었다. 되새겨볼수록 '누가 일러주지 않고서야 그 강도들이 어떻게 나를 덮칠 수 있었겠는가, 고등계 형사라 해도 목계나루며 양성댁, 두물머리를 미행하지 않고서야 어찌 내가 돌아올 시간을 알고 있었단 말인가.' 집히는 사람이 없지 않았다. 새우젓 거리 주막에서 보자고 했던 박 거간. 그는 왜 끝내 나타나지 않았던가.

글을 읽지 못한다 해도 바람보다 빠른 게 소문이거늘 봉수는 어째서 곽씨분이 독 분으로 판명 난 사실을 몰랐을까. 누군가 속인 것이다. 적어도 알고 있는 자들이 알려주지 않은 것이다. 나는 새도 떨어뜨린다는 경성부 고등계에서 독이 들었다고 금지했음에도 그걸 만든 사람, 그때까지 쌓아둔 물건을 팔아야 했던 사람들이 이 사실을 숨긴 것이다. 독을 빼고 새로 만들었다지만 이미 신용이 땅에 떨어져 더는 아무도 사지 않으니 하루아침에 무너진 수지타산을 맞출 방법은 오직 이 사실을 모르는 무지렁이들에게 창고에 쌓인 독 분을 헐값으로나마 밀어내는 것일 수밖에 없었던 것이다.

곽보루 상회 같은 거상이 어떻게 이십 년 동안 독이 든 분을 만들어 팔아올 수 있었을까. 그걸 얼굴에 발라온 여인네들은 아무것도 모르고 그들의 배를 불려줬던 게 아닌가. 체질마다 다르고 얼마나 많이 바르느냐도 문제겠지만 원인을 모른 채 그동안 얼마나 많은 여인네들이 얼굴이 퍼렇게 썩고 정신 이상까지 생기는 부작용으로 고통받았을 것인가. 이 자들이야말로 간밤의 강도들보다 윗길의 악한이 아닌가. 이 모든 사실을 깨닫기엔 아직 세상은 어둡고 사람들은 몽매했다.

봉수의 꼬리에 꼬리를 무는 생각은 마침내 여기에 이르렀다. '정녕 누가 죄인인가. 나는 법의 심판을 받아 전 재산을 몰수당한 게 아니다. 어쩌면 그 강도들이 억울하게 심판받을 나를 구해준 것인지도 모른다. 10년 형무소 생활할 죄를 그들이 1만 원에 사해준 것이다.' 이렇게 생각을 정리하자 마음이 한결 가벼웠다. 이게 사람들이 말하는 운명이라는 게 아닐까. 그리고 봉수는 다짐했다. '나는 그들처럼 살지 않을 것이다. 그리고 내가 살아 있는 한 용서하지 않을 것이다. 용서하지 않기 위해 꼭 살아남을 것이다.'

하늘이 무너져도 솟아날 구멍이 있다고 10년 전 함께 장바닥을 전전했던 순철이 그를 반겨주었다. 거지꼴에 다리까지 절뚝이며 한껏 지쳐 보이는 봉수를 껴안고 순철이 말했다.

"니 경성 가가 포목 장사로 부자됐다카는 소식 바람결에 안 들었나. 그런데 이 꼴이 뭐꼬?"

봉수는 그저 허탈하게 웃으며 손을 내저었다.

"우리 같은 장똘뱅이 잘 나가다가도 껄배이 되는 거 하루아침 아이가."

"그래, 사연이 많은가 보네. 일단은 좀 쉬고 천천히 얘기 하재이."

훤칠한 장정이 되어 장가까지 든 순철은 상주시장 좋은 목에 어물전을 차리고 있었다. 북어, 마른오징어, 멸치 따위의 건어물은 사철 거간을 통해 주로 들여오지만 찬바람 나기 시작하면 많이들 찾는 고등어, 꽁치, 명태는 임울령 너머 영덕까지 가서 직접 날라 온다고 했다. 이때는 예나 다름없이 짐꾼들 몇 데리고 나귀 앞세워 많은 양을 져다가 의성, 예천, 안동 장에까지 부린단다.

봉수는 순철이 마련해준 점포 한편 토막에서 여름 한 철 내 앓았다. 강도들에게 당한 폭행의 후유증에다 오랫동안 쌓여온 심신의 피로가 더해지면서 스스로 실하다 믿었던 그를 무너뜨린 것이다. 순철 내외의 극진한 간호 덕에 추석쯤에는 점포 일을 거들고 새 일을 계획할 만큼 회복되었다.

"물 좋고 간 잘 배인 고등어 제때 가져만 오면 이문이 꽤 짭짤하다 아이가."

봉수는 순철을 대신해 태백산 줄기 너머 영덕, 울진, 좀 멀게는 포항까지 오가며 간잽이 생선을 나르기 시작했다. 주로 고등어지만 꽁치와 돔베기, 첫눈 내린 후에는 청어 과메기 두릅도 넉넉히 구해왔다. 험한 산길에 고개도 많아 서둘러도 오가는데 열흘이 넘게 걸렸다. 걷는 거라면 이골이 난 봉수에게도 그 길은 쉽지 않은 여정이었다.

화사하던 단풍이 어느덧 지고 찬 바람 몰아치는 고갯마루를 넘고 또 넘으며 봉수는 다짐했다. '꼭 다시 일어서리. 나를 이리 만든 자들을 용서하지 않기 위해 반드시 성공하리.' 그 다짐이 있었기에 먼 여정의 고달픔과 외로움을 견딜 수 있었다.

하지만 딸랑거리는 나귀 방울 소리가 멈추고 산골 주막 빈대 우글거리는 골방에 지친 몸을 누일 때 선히 떠오르는 순정의 모습만은 지울 수가 없었다. 장마당 사람들이야 자기들 받을 것 다 받았고 줄 것만 남았으니 그저 '원래 장돌뱅이 아니었나.' 하고 잊어버리겠지만 순정이야 어디 그럴 수 있겠는가. 인편에 잊으라고, 좋은 남자 만나 시집가라고는 했으나 '그래유. 잘 살어유' 하고 무심히 넘겼을 것 같지가 않아 안타까웠다. '내가 뭐랬어. 장돌뱅이는 발바닥에 바람이 들어서 한군데 붙박지 못할 팔자라고 했잖냐.'며 상심한 딸을 다그칠 만재의 모습까지 겹치면 더욱 서글펐다.

잊으리. 잊으리. 응달에 남아 언제까지고 견디겠다던 잔설도 봄이 오면 어느새 시냇물에 녹아들듯, 그 떨치기 어렵던 쉰내 나는 할머니 품의 그리움이 마침내 새하얀 추억의 한 갈피로 접혔듯이 세월이 가면 잊히리.

이 다짐과 기대, '잊으리'와 '잊히리'가 화해하기에는 아직 때가 맞지 않은 것일까. 땀 흘려 오른 고갯마루에서 '쏴아~'하는 바람결 저 멀리 줄지어 누운 능선들을 바라볼 때, 그 너머 들녘 끝으로 아스라이 이어지는 산줄기를 더듬으며 봉수는 저도 모르게 중얼거리곤 했다. '새재만 넘으면 충주도 코앞 아이가.' 잰걸음으로 사흘이면 닿을 목계나루. 하지만 갈 수 없다고 가서는 안 된다고 작심한 그에게 앙성댁도 새뱅이 찌개도 이제는 머나먼 고향과도 같았다. '가시나 우째 사노?' 등에 멘 짐만큼이나 겉은 차오르고 있어도 그의 속은 여전히 가을걷이 끝낸 들녘처럼 쓸쓸했다.

봉수는 그렇게 해를 넘기고 또 한 해를 맞았다. 태백산 줄기를 넘어 지친 여정이 끝나는 날이면 점포 옆 단골 주막에서 무사 귀환을 자축하는 잔치를 벌였다. 탁주 곁들인 조촐한 밥상이 다지만 순철 내외와 짐꾼들이 함께 모여 밤이 이슥토록 웃고 떠드는 즐거움에 어느덧 봉수도 익숙해졌다. 몹시도 춥던 그날 일행이 막 점포에 도착하고서야 눈발이 날리기 시작했다.

"와아, 하느님이 우리 도와주셨는갑다. 밖에 눈 오는 거 보소."

"푸짐도 하구마. 저래 와뿌면 인자 창꽃 필 때까지 고갯길은 닫아얄래라."

"지난 갈 겨울 고생 마이 했다 아이가. 쫌 쉬어야 안 되겠나."

"하모요. 근데 눈도 마 펑펑 와쌌고 술맛도 직이는데 행님요. 그 곽씨분이랑 목계장터 이바구쫌 해보소."

"몬 그 이바구를 또 하라 카노. 니 안동 처자 자랑하고 잡아 몸살 났제?"

그때, 나귀를 마방에 들여 매러 나갔던 아이의 뒤를 따라 한 낯선 여인이 주막 안으로 들어섰다. 머리에 하얗게 눈을 뒤집어쓴 그녀는 가슴팍에 작은 보퉁이를 보듬어 안고 있었다. 너나 할 것 없이 모두 덜 닫힌 문틈으로 휘이잉~ 들이치는 눈발을 끌고 들어온 그녀 쪽을 바라봤다. 봉수가 탁주 잔을 내려놓고 엉거주춤 자리에서 일어났다. 잠시 머뭇거리던 여인이 보퉁이를 내던지고 이쪽으로 뛰어왔다.

"나뻐유 나뻐유!"

여인은 다짜고짜 봉수의 가슴팍을 방망이질하며 '나뻐유'를 연발했다. 저도 모르게 '흑' 하는 소리를 내며 봉수가 여인을 와락 끌어안았다.

"날도 칩은데 만다꼬 여까지 왔노?"

주막 처마 밑에 걸린 등불이 자욱한 눈보라 속에서 발갛게 빛나고 있었다.

9. 나는 히바쿠샤:
원자폭탄 한국인 피폭자 문제 - 김민주

아침인데도 무더운 8월의 여름빛이 개울을 은빛으로 물들였다. 물비늘이 반짝이며 햇살을 튕겨냈다. 아이들 몇은 다리 위에서 장대와 곤충망을 들고 뛰어가고, 또 다른 아이들은 다리 아래에서 참방참방 발로 물을 튕기며 깔깔거렸다. 물방울이 햇살에 비쳐 눈부셨다. 물가에서 다슬기를 잡는 아이들은 채망을 들고 투명하게 무늬를 그리는 물속을 신기한 듯 들여다보았다. 전쟁 중이었으나, 아이들에게 전쟁은 그저 부모의 잔소리가 하나 더 늘어난 이유가 된 것 이상도 이하도 아니었다. 다시 시작된 새날을 풍요롭게 즐길 뿐이었다. 불편한 것은 단지 배고픔뿐. 그 시간이 다섯 살 인생의 마지막이라는 것을 영식은 몰랐다.

"여기야 여기. 후미코!"

영식은 달려오는 후미코를 향해 손을 흔들었다. 아침부터 공습경보가 내려 방공호에 들어갔다 나왔다. 공습경보는 일상이었다. 해제 사이렌이 울리자마자 영식은 밖으로 뛰어나왔다. 동네의 형과 누나들이 학교에 가고 나면 남은 꼬마들은 개울로 갔다. 마을 아래 개울은 유리처럼 맑았고, 돌돌 유쾌한 소리를 내며 흘러가는 곳이었다. 영식은 교각 아래 바위에 걸터앉아, 주머니에서 꺼낸 손바닥만 한 유리 조각을 물속에 집어넣었다. 다슬기가 유리 아래에서 두 배나 커 보였다. 영식은 하나씩 주워 채망에 담아 후미코에게 보여주었다. 옆에 있던 꼬마가 하늘을 향해 손차양을 하고 소리 질렀다.

"저기 B-29다."

하늘에 하얀 꼬리를 남기며 군용기가 지나갔다.

"공습 사이렌 울렸어?"

영식이 물었다.

"난 못 들었어. 석이는 들었어?"

후미코가 눈썹을 찌푸리며 물었다.

영식은 고개를 저으며 하늘을 올려다보았다. 눈부신 여름 햇살 틈으로 군용기가 지나가면서 무언가를 떨어뜨렸다. 낙하산 같기도 한 것이 무엇일까, 궁금해하는 사이, 거대한 하얀빛이 영식의 눈 안으로 들어왔다. 어리둥절했다. 몇 초 후, 빛으로 하얗게 바랜 세상에 도끼로 하늘을 쪼갤 듯 꽝, 내리찍는 소리가 났다. 지옥 열차가 출발하는 첫 번째 기적소리였다. 처음에는 눈이 뜨거웠고, 다음에는 귀가 멀어버릴 것 같은 통증과 함께 뜨거운 폭풍이 영식의 몸을 번쩍 들었다 내동댕이쳤다.

"엄마!"

비명을 지르며 후미코 역시 날아갔다.

다리 위를 지나가던 사람들은 무슨 일이 일어났는지 몰라 모두 그 자리에 멈춰 섰다. 눈부신 빛이 몇 초 동안 그들의 머리 위에 골고루 내려앉았다. 사람들은 무지개를 본 듯 입을 벌리고 그 아름다운 빛과 그 빛이 뿜어내는 눈부심에 눈을 찡그렸다. 하지만 다시 0.1초보다 빠르게, 빛을 보며 환희했던 눈동자와 동공, 홍채와 망막, 각막과 시신경 모두가 저주받듯 녹아내렸다. 4천 도의 열 폭풍이었다.

진공 상태 같은 몇 초가 지나자 비명이 터져 나왔다. 공포는 그렇게 시작되었다. 자신의 비명이 누군가에게 전해져 얼른 누군가 달려오기를 기대했지만, 아무도 오지 않았다. 그보다 더 절망스러운 것은 단말마의 비명이 세상을 가득 채웠다. 정상적인 사람의 음성이라고 할 만한 것은 들려오지 않았다. 그러는 동안 녹아내린 눈의 진물은 볼을 타고 흘러내렸다. 코와 뺨과 입술이 흘러내렸고, 가슴과 등가죽이 아래로 흘러내렸다. 식도와 숨구멍 역시 열기에 녹아 그들은 더 이상 비명을 지를 수도 숨을 쉴 수도 없었다. 그들은 그렇게 내려앉았고, 바닥에 쓰러진 후 다시 일어나지 못했다.

잠시 후, 진공 상태에서 소리마저 다 빨려 들어간 듯 세상이 침묵에 잠졌다. 순식간에 인간들의 소리가 사라진, 소리 없는 비명의 광란이 시작되었다. 낙진이 떨어져 얼마 동안 세상은 회색빛이 되었다. 다시 얼마 후 검은 먼지와 낙진이 엉겨 붙은, 콜타르처럼 끈적끈적한 검은 비가 세상을 뒤덮었다.

콘크리트 지하 창고에 갔던 용대는 무너진 계단 아래 쓰러져 있다 깨어났다. 굉음과 함께 건물이 주저앉았다. 다행히 지하 창고 쪽은 계단만 무너져 엉겨 붙어 있었다. 콘크리트 덩어리 사이를 기어올라 밖으로 겨우 빠져나왔다. 세상은 아수라장이었다. 전쟁 중이었으니 그동안 라디오 뉴스에서 도쿄나 오사카 대공습 소식도 들었다. 하지만 히로시마에 포탄이 떨어진 적은 한 번도 없었다. 신이 보호한다고 소문났던 히로시마조차 이제는 그 기도를 거부한 것이다.

밖으로 나온 용대는 눈으로 본 것을 믿을 수 없었다. 이보다 더 참혹할 수는 없었다. 어디에서도 들어본 적 없는 최초이자, 지상 최후의 풍경 같았다. 단지 포탄이 가까이 떨어져서 생긴 참상이 아니었다. 무시무시한 그것은 용대가 생각할 수 없는 그 이상의 것이었다.

밖으로 뛰어나갔다. 길에는 사람의 형체라고는 보이지 않았고, 군데군데 그림자처럼 사람의 형상이라 할만한 흔적만 남아 있었다. 화창하기만 했던 하늘은 먹구름이 낀 것처럼 어두컴컴했다. 무너진 건물의 잔해 속에서 비명이 들려왔다. 전차는 넘어졌고, 도로와 나무는 종잇장처럼 갈라져 바닥에 뒹굴었다. 수많은 사람이 전차, 전신주, 집의 기둥 등에 깔려 죽어가고 있었다.

살아있는 사람들조차 산 사람이 아니었다. 두 팔을 앞으로 내밀고 엉거주춤 걷는 반 유령 반 인간의 형상이었다. 흡사 무덤에서 살아나온 사람들 같았다. 피부가 녹아내려 손가락이 비닐 끈처럼 아래로 흘러내렸다. 그 끝이 땅에 닿으면 비명을 지르며 다시 팔을 들어 올렸다.

용대는 30분을 달려 집으로 왔다. 목조 건물이었던 집 역시 맥없이 주저앉아 있었고, 임신한 아내 현자는 기둥 아래에 피투성이로 누워있었다. 이미 숨이 끊어진 채였다. 차가운 아내의 시신을 거둬보려 하지만 기둥은 꼼짝하지 않았다. 영식이 보이지 않았다.

"석아."

기둥을 들어 올리려 애쓰며 아들의 이름을 불렀다. 골목길 저쪽에서 소리가 났다. 유령 같은 여자가 손으로 개울을 가리켰다. 후미코의 엄마 사에였다. 집 앞에 놓인 방화수의 물을 퍼내 몸에 묻은 핏물을 씻어내고 있었다. 유리가 전신에 박혀 피부가 파르스름하게 비쳤다. 움직일 때마다 피가 흘렀고, 유리 조각 부딪치는 소리가 났다.

"후미코도 찾아주세요, 제발."

비현실적인 풍경에서 깨어난 용대는 곧바로 개울로 달려갔다. 근육이 오그라든 아이들이 물속에 처박혀 떠내려가고 있었다. 물고기와 새들과 사람이 개울 위를 덮었다. 반쯤 익어버린 물고기와 날개가 새까맣게 탄 새들이 개울의 돌무더기에 걸려 파들파들 떨고 있었다. 바닥이 뜨거웠다. 개울가의 돌도 거품을 내며 끓었다가 식은 흔적이 남아 있었다.

"영식아!"

살아 움직이는 아이들의 얼굴을 모두 확인했다. 한 아이가 다리 밑을 가리켰다. 영식은 다리 밑 그늘진 곳에 쓰러져 있었다. 검은 낙진으로 덮여있었지만 가늘게 숨을 쉬고 있었다. 아마도 다리의 교각이 방화벽 구실을 한 것 같았다. 하지만 의식이 없었다. 후미코는 열 폭풍에 날아갔는지 10여 미터 떨어진 자갈 위에 다른 아이들과 함께 작은 주검으로 남아 있었다.

용대는 영식을 업고 뛰었다. 영식의 몸이 펄펄 끓었다. 병원이라고 해서 무사하지 않았다. 지붕이 날아가 버린 콘크리트 건물의 잔해 아래에서, 살아남은 의사 몇과 간호사가 그들이 할 수 있는 얼마 안 되는 처치를 하고 있었다. 화상에는 기름을 바르고, 피부가 벗겨진 곳에는 소독약을 붓는 정도였다. 살아나는 사람보다 죽어가는 사람이 더 많았다. 병원 역시 아수라장이 되었고, 울음과 비명과 무력감에 흐느끼지조차 못하는 사람들이 있었다.

용대는 영식을 안고 울부짖었다.

"아들 좀 살려주시오. 아무 잘못도 없는 우리 아이요."

메아리 없는 절규 너머로 지난 여름날의 풍경이 떠올랐다. 오지 말았어야 했다. 굶어 죽어도 조선에서 굶어 죽었어야 했다.

합천이 고향이었던 용대는 곡식을 공출로 대부분 빼앗겼다. 조선은 전쟁 중인 일본의 식량 기지와 같았다. 동네 주민들이 모두 굶주림에 시달리고 있었다. 그즈음 강제징용 명령까지 떨어졌다. 집안의 가장 노릇을 해야 할 젊은이들이 뽑혀 나갔다.

목조 건물로 된 소학교 운동장은 금세 울음바다가 되었다. 한쪽에서는 만삭의 여인이 삼베 저고리를 입은 얼굴 하얀 이의 어깨에 기대어 울고 있었다. 그것을 바라보는 용대와 혜선의 눈에도 눈물이 고였다.

"부모님 걱정 말고 잘 다녀오세요. 오라버니."

혜선이 말했다.

"돈 많이 벌어서 부모님 호강시켜 줄 것이니 그때까지만 잘 부탁한다."

당시에는 여자 정신 근로령까지 내린다는 소문이 있었다. 학교를 졸업한 후, 결혼하기 전까지 여자들도 나라에 몸을 바쳐야 한다는 논리였다.

"처녀 공출이 있을지도 모른다니 너도 부디 몸조심해라."

혜선은 젖은 눈으로 고개만 끄덕였다.

"그만 들어가거라. 순사들 눈에 띄어서 좋을 것 하나 없다."

밤새 울어선지 눈물자국으로 발갛게 익어버린 눈으로 혜선은 용대를 마지막으로 배웅했다.

곧이어 쩌렁쩌렁한 소리가 운동장에 울렸다.

"일동 차렷, 보국 신민회 요시히로 회장님이 참석하셨다. 먼저 키미가요를 부른 후 황국신민서사 낭독이 있을 것이다."

한낮의 태양은 스무 살 청년의 머리 위에 사정없이 열기를 뿜어내고 있었다. 용대 외에도 백여 명의 조선인 청년들이 나와 있었고, 이를 배웅하는 가족들은 가늘게 흐느끼며 그들의 뒷모습을 바라보았다.

세 개의 붉은 마름모를 붙인 마크가 박힌 모자와 제복을 입은 일본인이, 백여 명의 조선인들을 줄 세워 어디론가 향했다. 등 뒤로 뒤에 남은 가족들의 통곡 소리가 울렸다.

"한 명이라도 이탈하는 자가 있을 시 모두 이 죽창을 피하지 못할 것이다."

뾰족한 죽창을 앞세운 감시는 삼엄하게 따라붙었다. 10분 정도 걸어가자 역이 나타났다. 승객용 승강장을 그냥 지나가자 청년들은 서로의 얼굴을 보며 불안해했다. 그들은 말없이 철로를 따라 걸었다. 뙤약볕은 철로를 뜨겁게 불태웠고, 땀 흘리며 걸어가는 조선 청년들의 머리 위로 불화살을 내리쏘고 있었다.

용대의 눈앞에 나타난 것은 화물열차였다. 일본 관리는 연신 욕설을 퍼부으며 화차에 조선 청년들을 밀어 넣었다. 돼지몰이처럼 죽창을 피해 화차 안으로 쓸려 들어갔다. 어디로 가는지도 모른 채 몇 날 며칠을 짐승처럼 내몰렸던 기억은 오히려 서막에 불과했다. 그렇게 도달한 곳이 이 불구덩이 지옥이었다.

당시 용대는 히로시마의 미쓰비시 중공업으로 배치받았다. 그날 아침, 그는 폭격에 대비해 건물을 솎아내는 작업 중이었다. 시설물을 분산시켜 불이 나더라도 옆 건물로 번지는 것을 막기 위한 작업이었다. 그는 지하실에 내려갔다가 살아남았다. 지상에 있던 동료들은 모두 절멸했다.

땀을 흘리며 피폭자의 녹아내린 피부를 소독하고 있던 의사가 용대의 울부짖음에 고개를 들었다가, 다시 간호사에게 소독약과 화상에 바를 기름을 가져오라고 지시했다. 용대의 얼굴은 끝내 외면했다. 용대는 축 늘어진 영식을 안고 다시 소리쳤다.

"선생님, 우리 아이도 좀 살려 주십시오"

"지금 내가 놀고 있소?"

"한 시간을 더 기다렸습니다. 한 번만 봐주세요. 소독약이라도 좋으니 뭐라도 해주세요."

"지금 이 광경이 안 보이오? 일본인들조차 치료를 못 받고 있는 처지요"

"아무것도 못 하고 몇 시간째 이러고 있습니다. 제가 도울 일이라도 있다면 기꺼이 하겠습니다."

"다 소용없소. 남아 있는 게 없단 말이요. 자국민도 못 구하고 있는 판에 남의 나라 사람들까지 어찌 구한단 말이오."

의사의 말에 용대는 말문이 막혔다.

"남이 나라라니요. 내선일체라고 나라를 위해 목숨을 걸라고 청년들을 전쟁으로 내몰지 않았습니까!"

"자신들이 선택한 일이요. 어쨌든 조선인들까지 돌봐줄 여력이 없단 말이오,"

"원해서 온 게 아니오. 강제로 끌려왔어요. 우리가 원해서 온 게 아니란 말이오."

"시끄럽소. 나라가 이 지경인데 지금 무얼 따진단 말이오. 저리 비키시오. 가망도 없는 자식 붙들고 있지 말고 살 궁리나 하시오."

"자식이 죽어가는데 어찌 살 방도를 구한단 말이오."

의사는 그제야 용대를 보았다.

"여긴 사람이 너무 많소. 배를 타고 니노시마나 미야지마로 가면 구호소 의사들이 더 있을 것이오."

의사의 말에 용대는 영식을 업고 무너진 병원의 담벼락에 잠시 기대었다가 다시 걷기 시작했다. 피부가 쓰렸고 목이 탔다.

정오 무렵 불은 거세게 타올랐고, 쇼바라시 강과 슈케이엔 공원은 회오리바람에 쓸려 어디가 강인지 어디가 공원인지 구분이 안 될 정도였다. 한여름인데도 살아남은 사람들은 몸을 덜덜 떨었다. 군인들은 죽은 사람들을 임시 화장터로 옮겨 시체를 묻었고, 살아있는 사람들은 구조해 병원으로 실어 날랐다. 그 구조대원들 역시 픽픽 쓰러져갔고, 삽을 들고 묻던 그 손 역시 땅에 묻혔다.

2

"저놈의 정찰기는 날마다 뭐 하는 것이여?"

채탄장에 들어가면서 구시렁거리는 정호의 목소리에 감독은 모질게 매질했다. 날마다 맷집만 커졌다. 한나절이 지나고 짧은 휴식 시간이 끝났다. 작업을 시작하라는 호각 소리에 정호가 다시 일어났을 때 굉음과 함께 무언가가 터지는 소리가 났다. 탄광이 순간 흔들려, 벽에 위험하게 붙어 있던 흙과 돌들이 후드득, 떨어졌다. 광부들은 모두 바닥에 엎드렸다.

"갱이 무너졌다."

폭발음 때문인지 제일 하부의 갱도 하나가 무너졌다. 다행히 오늘 작업이 거기까지 내려가지는 않았다. 하지만 다른 누군가는 죽어 나갔다. 일상이었다. 갑자기 소등이 되었다.

"갑자기 왜 단전이지?"

소등은 밤 11시가 넘어야 이루어지는 일이었다. 아직 점심도 먹기 전이었다. 히로시마에 폭격이 떨어졌다는 소식을 아침에야 들었다. 하지만 그것이 무엇인지는 몰랐다. 그저 다른 것보다 더 피해가 심했다는 사실만 소문으로 알고 있었다. 나가사키도 무사할 수는 없었다.

"무슨 일이 나도 단단히 났구먼. 어디 또 폭탄이 터졌나?"

"또 몇 시간은 두더지처럼 기다려야 하나?"

정호는 걱정이 앞섰다. 전쟁 중이었으니 정전은 분명 큰 사고였다. 하시마섬이 정전이라면 나가사키의 공장들 역시 모두 정전이 되었을 터였다. 한 사람이 옆에서 끼어들었다.

"혹시 나가사키가 폭격을 당한 것 아니오?"

"모르지요. 여기가 정전인 걸 보면 그런 듯도 싶소."

날마다 공습경보와 경계경보가 울렸다가 해제되었다. 다른 지방의 폭격 소식도 간혹 날아들었다. 웬일인지, 감독관이 하나도 보이지 않았다. 정호는 집에서 기다리는 아내 생각을 했다. 떠나올 때 만삭이었으니 지금쯤 아이를 낳았을 것 같았다. 편지를 보냈으나 몇 달째 답장을 받지 못했다.

옆에 쭈그리고 있던 조선인이 말을 걸었다.

"몸도 약한 것 같은데 어쩌다가 여기까지 오게 되었소?"

"어찌 이런 데를 제 발로 온단 말이오. 도망치면 가족이 체포될 거라고 협박을 하는 데 빠져나갈 재간이 있소?"

누군가 큰 소리로 말했다.

"나는 내 발로 왔소. 농사지은 쌀도 다 뺏기고 굶어 죽게 생겼는데 뭐라도 해야지. 본토에 가면 거지도 굶어 죽지는 않는다고 동네에 소문이 났지요. 하지만 다 속은 거요. 무지한 나를 탓하오."

"그게 어째서 당신 탓이오? 가족에게 노역 임금의 절반을 송금한다는 설명을 듣고 왔는데 제대로 임금 받은 적도 없고. 이건 아니지 않소. 여긴 감옥 섬이오. 귀신이 되어야 나갈 수 있어서 귀신 섬이라고 하는 것 아니오? 사람 사는 곳이 아니오."

"맞아요. 포탄 깎는 데나 비행기 숨기는 굴을 파는 곳도 힘들다지만, 여기만 하겠소. 다들 하시마에만 안 가면 다행이라고 했는데 하필이면….”

"조용히 해.”

갑자기 뛰어 들어온 일본인 관리소장이 소리쳤다.

"잠시 대기다. 한 놈이라도 이탈하는 자는 죽창이 가만두지 않을 것이다.”

정호는 온 신경을 곤두세우며, 주위에서 벌어지는 일을 감지하려 했다.

"다들 밖으로 나와. 오늘은 작업하러 뭍으로 갈 것이다.”

정호는 1년 만에 섬 밖으로 나간다는 관리소장의 소리에 실감이 나지 않았다. 징용 광부들 역시 어리둥절하면서도 배를 타고 본토로 간다는 알림에 환호를 보냈다. 하지만 그 후에 일어날 일에 대해서는 알지 못했다.

배에서 내려 나가사키로 들어가면서 용대는 숨이 막혔다. 하늘은 검은 먼지와 석탄 가루 같은 것이 자욱했다. 손으로 입을 가려도 낙진처럼 재들이 호흡기로 빨려 들어갔다. 나가사키 시내가 융단 폭격이라도 맞았는가 짐작했다. 시내는 모두 불에 타고 있었고, 바닥에는 목조 건물 잔해와 유리들이 흩어져 있었다. 도시가 허허벌판처럼 변해 평지가 지평선까지 이어졌다. 도로 역시 갈라져 너덜거리는 형상이었다.

방사능이 무엇인지도 모르는 사람들 앞에, 방사능에 오염된 도시가 기다리고 있었다. 하시마의 징용 광부들은 나가사키 도시 청소 작업에 동원되었다.

B29 전투기는 군사 기지와 무기 제작소가 있는 히로시마와 나가사키를 목표물로 삼았다. 히로시마에 리틀보이를 투하한 미군은 일본이 항복하기를 바랐으나 사흘 동안 소식이 없자, 나가사키 상공에서 삐라를 뿌렸다. 삐라를 보고 사람들은 말했다.

"이게 뭐지? 빨리 피하라고?"

"그래도 여기가 가장 안전한 곳이야. 신이 축복한 도시잖아."

"여기 말고 또 어디로?"

사람들은 전쟁 중의 흔한 공습이라 생각했다. 또 히로시마와 나가사키에는 폭탄이 떨어지지 않는다고 미신처럼 믿었다. 그동안 도쿄와 교토, 오사카 등지에 소이탄이 투하되었지만, 히로시마와 나가사키에는 한 번도 피해가 없었다.

미군은 맨해튼 프로젝트에서 개발한 원자폭탄의 효과를 제대로 검증하기 위해 이 두 지역을 처음부터 폭격에서 제외했다. 사람들은 몰랐다. 오히려 안전한 도시로 소문이 나 히로시마와 나가사키의 친척 집으로 피신하거나, 이사 오는 사람도 생겨났다. 그래서 피해는 더 컸다.

뒤늦게 히로시마에 떨어진 폭탄이 신형 원자폭탄이라는 기사가 났지만, 누구도 그 의미를 파악하지 못했다. 무지막지한 사상자로 인해 이제껏 경험했던 폭탄과 다르다는 것만 짐작했을 뿐이었다.

정호는 그제야 왜 탄광이 정전되었는지 알 것 같았다. 태어나 처음 보는 지옥도에 공포를 느끼면서도 관리소장과 동원 나온 군인의 지시에 따라야 했다. 정호는 장갑 같은 기본적인 보호장비도 없이 시신 수거 작업을 했다. 정호는 자신이 만지는 것이 무엇인지 몰랐다.

"이게 뭐시여…. 아, 하나님."

"으악…."

시신을 들어 올리려 할 때 살이 녹아 바나나 껍질처럼 미끄러져 나갔다. 여기저기서 구토하는 소리가 들렸다. 시체들은 끊임없이 나왔다. 트럭으로 시체를 옮기는 과정에서 녹아내린 시체는 손안에서 뭉그러졌다. 폭삭 주저앉은 것은 사람뿐이 아니었다. 석조 건물과 쇳물 공장까지 모두 녹아내렸다. 그러는 동안 검은 비가 내렸다.

살아남아 가족을 찾아 헤매던 사람들은 화상으로 뜨거워진 몸을 식히기 검은 비로 목욕하고, 그 빗물을 마시기 시작했다. 열기로 인한 건조한 대기 때문에 사람들은 갈증을 참지 못했다. 나가시마 강에도 시체들이 기름에 섞여 둥둥 떠다녔다. 강가에서 물을 들이켠 후, 얼마 안 가 앞으로 고꾸라져 강물에 처박히는 것을 정호는 보았다.

근처 부대에서 도시 청소를 위해 동원되었다. 하지만 오래 가지 못했다.

"시체들을 태워버리고 퇴각하자!"

시체 수거에 차출된 군인들은 시체들을 갈고리로 찍어 올려 트럭에 싣다가 지쳤는지 명령을 바꾸었다.

정호는 믿을 수가 없었다. 산더미처럼 쌓인 시체들이 어제까지만 해도 살아있던 사람이었다는 사실이. 하지만 몰랐다. 낙진 속의 방사능이 정호의 몸 안에서 무슨 일을 벌이고 있는지.

저녁이 되어 다시 군함도로 돌아온 후 정호는 각혈을 하기 시작했다. 온몸에 으슬으슬 한기가 들기 시작하더니 두 주 동안 설사가 멈추지 않았다. 정호뿐만이 아니었다. 나가사키에 갔다 온 조선인 광부들은 설사와 각혈을 수시로 겪어야 했다. 원인도 모른 채 깡으로 버틴 시간이었다. 두 주만에 정신을 차린 정호는 그제야 물을 삼킬 수 있었다. 겉으로는 멀쩡했으나 DNA와 염색체가 파괴되어, 더 이상 새로운 세포가 재생되지 않는다는 것을 수십 년이 지난 후에야 알게 되었다.

"쉿, 살아서 돌아가고 싶으면 조용히 하시오."

좁아터진 선실 바닥에 웅크리고 앉은 정호는 고개를 파묻고 눈을 감았다. 좁은 밀항선의 선실은 다섯 사람이 겨우 앉을 정도의 작은 크기였다. 정호는 며칠 동안 몸을 숨기며 걸어서 겨우 규슈에 도착했다. 부산으로 가는 배를 타야 했지만, 뱃삯을 구할 수 없었다. 해방이 되어 고향으로 돌아가야 했지만, 그동안 밀린 임금을 받을 수 없었다. 방값이나 식대, 보험금 등 이런, 저런 명목으로 떼어낸 돈이 더 컸다. 그나마 현금이 아니라

섬 안에서만 쓸 수 있는 전표로 받은 것들이라 밖에서는 무용지물이었다. 부산으로 가는 암선이 있다는 소문을 듣고 무작정 규슈에 도착해 다시 시모노세키항으로 돌아왔다.

용대 역시 이 배에 몰래 몸을 실었다. 결국 영식을 살릴 수는 없었다. 화장한 뼈를 유골함에 넣어 고향의 산천에 뿌려줄 요량이었다. 일행들의 몸은 만신창이었다. 고향이 평택이라는 이는 손가락을 잃었고, 한쪽 눈이 실명되었다. 또 다른 이는 왼팔을 잃었고, 어떤 이는 용대처럼 처자식을 잃었다. 정호는 서른도 안 되었지만, 머리카락이 모두 뽑혀 나갔다. 하시마로 돌아온 후 시작된 탈모는 함께 나갔던 조선인 광부들의 체모를 모두 앗아갔다. 적어도 그것들은 눈에 보이는 것들이었다.

용대는 정호를 유심히 보았다.

"당신을 본 것도 같소. 혹시 만삭의 아내가 있지 않았소? 그날 그 운동장에서 보았소. 해사한 얼굴이 사촌과 닮아서 기억을 하고 있었소."

"당신도 살아 돌아가시는군요."

용대는 고개를 저었다.

"처자식을 잃은 사람이 살았다고 할 수 있겠소? 여동생과 부모님이 아직도 살아있으니 목숨을 어찌하지 못할 뿐."

풍랑이 심했다. 두 사람은 구토를 하며, 하얗게 질린 얼굴을 서로 닦아주었다.

"끌려올 때도 그렇지만 갈 때도 치를 떨게 하는군요."

정호가 말했다.

문제는 그것뿐이 아니었다. 엔진이 고장 나 꼬박 하루를 바다 위에 정처 없이 떠 있었다. 낡은 배는 오래되어 물이 새어 들어오기 시작했다. 작은 배에 엔진만 여러 개 달아 무리하게 운항을 한 탓이기도 했다.

"이러나저러나 죽을 목숨인가 보오, 차라리 빨리 처자식 보러 갔으면 좋겠소."

용대의 말에 정호는 고개를 저었다.

"부모가 계시다 하지 않았소. 이런 일은 수시로 일어나는 일이라 하니 기다려 보오."

오래되어 녹슨 엔진은 한 시간이 지나서야 다시 굼뜨게 움직이기 시작했다.

"운이 좋소. 이제 살았수다."

암선의 선장이 말했다.

그즈음 부산에서는 또 다른 밀항이 있었다. 조선에 있던 일본 관리들이 가족을 데리고 본국으로 돌아갈 시기였다. 미군의 감시하에 천 엔 이상 가지고 배를 탈 수 없었다. 속옷 속에 엔화를 숨기고 배를 탔다가 발각되기도 했다. 영악한 사람들은 밀항을 했다. 조선에서 긁어모은 검은돈을 빼돌릴 수 있는 유일한 방법이었다.

3

정혜는 학교에서 돌아오자마자 가방을 팽개쳐두고 용대에게 투정을 부렸다.

"내일부터 학교에 안 갈 거야. 노랑병이 뭐야? 애들이 놀린단 말이야."

합천에 산 지 10년이 지났을 즈음 용대는 동네의 또 다른 우환 동포 처녀와 같이 살기 시작했다. 그녀는 아버지를 따라 태평양 전쟁이 시작될 무렵 일찌감치 히로시마에 갔다가 해방 후 돌아왔다. 사산을 두 번이나 하고 난 후에 구사일생으로 딸 정혜를 얻었다.

용대는 감을 깎던 손을 멈추고 무심히 가을 하늘을 바라보았다. 일본에서 살다 왔다는 사실만으로도 간첩이나 예비 사상범으로 몰릴 수 있던 시절이었다.

해방 후 일본에서 돌아온 우환 동포들은 이중 삼중의 고난이 기다리고 있었다. 예비 범죄자로 의심받아, 요주의 인물이 되는 데다, 피폭 후유증은 점점 심해 갔다. 원인 모를 경련과 구토가 자주 일어났고, 몸은 점점 더 쇠약해지고 있었다.

고향인 합천으로 돌아갔지만 제대로 된 일을 할 수 없었다. 히로시마에서 살아만 나왔지, 그 후유증은 서서히 용대의 삶을 바닥으로 끌어 내렸다. 여동생 혜선이 용대를 돌봐야 했다. 숨이 끊어질 듯한 기침이 계속되었고, 폐에 가래가 고여 제 기능을 할 수 없었다. 온몸의 피부에 물집이 생겼다가 터지면서, 피부는 점점 더 각질화되었다. 병원에서 백혈병과 피부 종양 진단을 받았다. 원인도 모른 채, 대증요법으로 임시 처방만 할 수 있을 뿐이었다.

정혜 역시 툭 하면 아침에 일어나지 못해 학교를 빠져야 했다. 면역 글로불린 결핍으로 선천성 면역 결핍증을 앓고 있었다. 면역기능이 낮아 호흡기 질환에 시달리고 있었던 데다, 기침을 하면 나병환자처럼 외톨이가 되었다.

"노랑병이 전염병이라고 옆에 오지 않아."

"사람들이 몰라서 그런 거야."

"정말?"

"아빠의 병이 우리 정혜에게 간 것 같아. 그래도 다른 사람에게 전염되지는 않아. 아빠가 미안해."

"아빠하고 같은 병이면 괜찮아. 그건 아빠 잘못이 아니야. 그치?"

용대의 몸은 하루가 다르게 점점 더 쇠약해졌다. 여름이 되어 죽은 처와 아들 영식의 기일이 다가오면 더 심해졌다. 뼈가 아팠고, 머리가 깨질 듯한 두통이 찾아왔다.

그즈음 새로운 소식을 들었다. 하야토에게서 전화가 왔다. 그는 피폭 당시 용대가 구해준 사람이었다. 아들을 보내고 유골과 함께 히로시마로 돌아왔을 때, 검은 비를 맞고 쓰러져 있는 그를 발견하고, 산 위의 방공호로 업고 올라갔다. 그는 구사일생으로 살아났고, 그 인연으로 가끔 소식을 보내왔다.

"고향으로 돌아갔다는 소식은 들었어요. 고맙다는 인사도 못 하고 이제야 소식 전합니다."

"어찌 지내셨소. 몸은 좀 어떠시오?"

"여기는 원자병 치료가 한창이오. 병원에서 무상으로 치료해 준다는 이야기가 있어서 전하고 싶었습니다."

일본에서는 원폭 피해자들에게 진료 수첩을 나눠주고 죽을 때까지 무상진료를 해준다는 소식이었다. 하야토의 말에 용대는 다시 중대한 결심을 해야 했다.

용대가 마츠우라 해안에 도착했을 때 갑자기 사방이 밝아졌다. 배 아래 숨어 있다가 접한 맑은 공기가 오히려 숨을 막히게 했다. 두 번째 밀항이었다. 이번에는 일본 본토로 되돌아가는 밀행이었다. 카메라 플래시가 터지자 용대는 양손을 들고 크게 소리쳤다.

"나는 원자병 치료를 받고자 왔소. 살려주시오. 나는 히로시마에서 황국신민으로 살았소."

그런 용대의 말에도 아랑곳하지 않고 해양경찰은 그를 잡아 가두었다. 다음날 신문에 그는 밀항자로 기사에 실렸다. 다른 신문에서는 그가 마약 브로커라고 떠들었다.

경찰에 의해 심문을 받을 때 그는 양팔을 들어 보였다. 물집이 울긋불긋 솟아 있는 팔과 이미 각질화된 다리를 수사관 앞으로 뻗었다.

"이것 좀 보시오. 원자폭탄이 터지던 날, 히로시마에 있었소. 그날 처자식을 잃었소. 고향으로 돌아갔지만, 이 몸을 하고 어떻게 살겠소. 원자병 치료를 위해 이 몸을 끌고 여기까지 오는 데 수십 년이 걸린 것이오."

물집이 있는 살은 검게 변하고 융기되어 파충류의 피부처럼 울퉁불퉁하게 굳어 있는 것을 본 수사관은 징그럽다는 듯 고개를 돌렸다.

"뭘 더 증명해야 하는 것이오?"

용대는 이날만을 기다려왔다.

"그러면 왜 정식 루트를 통해 입국하지 않고 밀항을 한 것입니까? 요즘 마약사범들이 밀항하는 일이 잦습니다. 또 일본은 밀수꾼들로 애를 먹고 있습니다. 밀항한 당신이 밀수꾼이 아니라는 것을 어떻게 증명하겠습니까?"

"나는 마약범이 아니오. 내가 왜 범죄자로 살고 싶어 하겠소. 일본 정부가 규정한 정식 루트를 따를 수 없는 처지요. 우리 조선인 피폭자들은 제대로 된 치료도 못 받고, 일상생활을 하기도 힘든 상황이오. 구직 활동은 언감생심이오. 그런데 어디서 여권과 비자를 위한 여비를 구할 수 있겠소. 하루하루 생활하기에도 힘든 상황에서 그런 여비를 마련하는 것은 꿈도 못 꿀 일이오. 그러니 어떻게 일본에서 요구하는 자격을 갖추어 정식 입국을 할 수 있겠소.

내 평생 일본에서나 한국에서나 남의 물건에 손끝 하나 대 본 적 없는 사람이오. 살려고 온 사람일 뿐이오. 내가 바라는 것은 하나밖에 없소. 원폭 치료에 대한 책임을 지고, 피폭 후유증을 치료받을 수 있는 건강교부증을 내주시오."

용대의 말에 수사관은 난감한 표정을 지었다.

"기존 의료법이나 원폭 특별조치법의 적용에 관해서는 주된 거주지가 일본이어야 함을 전제로 합니다. 또한 반도인은 이미 일본에서 해방된 사람이니 일본 사람이 아닙니다. 일본 피폭자와 똑같이 대우할 수 없다는 것이 당국의 입장입니다. 또한 피폭자 문제는 이미 한일 협정에서 합의되었기에 일본 정부에서 해줄 수 있는 것은 아무것도 없습니다."

그때와 하나도 변한 게 없다는 생각에 용대는 분노가 일었다.

일본에서 인권은 천황에 대한 '신민의 권리'였기에, 신과 같은 통치권을 가진 존재로부터 하사받은 권리였다. 외국인 등록령은 인권 보호 대상을 자국민으로 한정했다. 외국인이나 조선인은 헌법으로 보호받을 수 없었다.

"나는 이 일본 땅에서 천황 폐하를 위해 황국의 명예를 걸고 일했습니다. 또 다른 젊은이들은 대동아전쟁 때 이 나라의 충성스런 신민으로 인정받기 위해 전쟁터로 가야 했습니다. 이제 와서 조선인이라고 그들의 희생에 대해 모른 척하는 것이 천황의 법도입니까?"

용대는 소리쳤지만 바뀌는 것은 아무것도 없었다.

용대의 재판이 열리는 법원 앞에 피켓을 든 무리가 줄을 이었다.

"당신은 밀항범일 뿐이다. 왜 외국인 범죄자에게 의료 보장을 해줘야 하는가."

"우리는 너희들을 보살필 의무가 없다."

"반도인은 반도로 돌아가라."

사람들은 소리치며 용대를 향해 손가락질했다.

용대는 귀가 먹먹해지는 것을 느꼈다. 그것은 25년 전 그날부터 생긴 증상이었다. 뉴스에서는 여전히 용대를 마약 브로커나 밀항 브로커라고 보도했다.

그날 법원 앞에서는 '전 일본군 재일한국인 상이 군인회' 회원들의 투쟁도 있었다. 갈고리 손을 지니고, 지팡이를 짚고, 얼굴의 화상으로 눈이 짓물러 맹인이 된 한국인들이었다. 일본군으로 싸웠으나 만신창이가 된 몸이 되어, 직업을 구하지 못하는 데다, 군인연금도 받지 못하는 사람들이었다.

하지만 의외로 도움의 손길도 있었다. 국적으로 인한 차별을 철회하라는 피켓이었다.

그날 밤 용대는 형무소에서 굳어가는 피부를 피가 나도록 긁으며, 다시 그날의 악몽을 고스란히 상기시켜야 했다. 그가 기억하는 또 다른 끔찍한 기억은 파리떼였다. 여름 무더위에 시체들이 썩어가자 구더기가 들끓었고, 하늘은 새카맣게 파리떼로 뒤덮였다. 그 파리떼를 뚫고 히로시마 근방의 섬 미야지마로 들어가기 위해 배를 탔다. 하지만, 그곳에서도 식민지 반도인이라는 이유로 거부당한 기억이 아직도 생생했다. 그때 영식이 살아났더라면 지금 서른 살이다. 죽은 자식 나이 세기라도 해야지만 살아갈 수 있던 세월이었다.

오무라 입국자 수용소에서 용대의 백혈병은 점점 더 심해졌다. 그래도 기쁜 일은 있었다. 연일 밀항자 신용대의 기사가 방송을 타자, 한국인 피폭자 문제가 사회화되기 시작했다. 언론사의 한 기자가 한국을 직접 방문해 피폭자 상황을 보도하자, 일본 내의 한국인 피폭자 돕기 민간단체가 결성되었다. 그들은 수용소로 용대를 찾아와 정부 대신 사과하고, 위로해 주었다.

"당신들이 사과할 필요는 없어요. 당신들 잘못이 아니니까요."

용대의 말에, 그들의 대표는 말했다.

"우리는 힘이 없어서 정부를 바꿀 수는 없습니다. 그래도 할 수 있는 것은 해야 양심이 덜 부끄럽습니다."

"고맙소. 지금 내가 하는 일이 무슨 의미인가 싶지만, 내가 아니라, 내 자식을 위해서 하는 일이라 생각하며 견딜 뿐이오."

그 후로도 용대는 형무소와 수용소, 병원을 오가며 재판을 받았다. 재판은 거듭 이어졌고, 그러는 동안 7년이라는 시간이 흘렀다. 하지만 용대의 긴 시간은 헛되지 않았다. 몇 번의 재판을 거듭한 후, 일본 최고재판소의 판결에서 용대는 피폭자로 인정받을 수 있었다.

"그동안 수고 많으셨소. 이것을 받으시오."

용대를 진찰한 의사는 그에게 히바쿠샤 건강 수첩을 건넸다. 그것은 원폭 피해 생존자인 히바쿠샤로 인정받고 무료로 진료를 받을 수 있는 증명서였다. 이제 병을 치료할 수 있는 길이 열린 것이었다.

기자가 병원에서 나오는 용대에게 마이크를 갖다 댔다. 히바쿠샤로 인정받게 된 소회를 말해달라는 것이었다.

"제 몸을 보세요. 인간이 동물이든 한번 파괴된 것은 되돌릴 수 없습니다. 아직 갈 길이 멉니다. 하지만 수십 년, 수백 년이 걸리더라도 지금 할 수 있는 것은 지금 해야지요. 이제라도 조금씩 바꾸려고 해야지요."

4

동네에 경사와 애사가 한꺼번에 닥친 것은 그로부터 20년도 넘은 어느 날이었다.

"이보게, 원자병 진료소가 임시로 생긴다던데 들었나?"

"정말인가?"

일본에는 피폭의 후유증을 전문으로 연구하고 치료하는 병원이 있었지만, 한국에는 없는 실정이었다. 그동안도 원폭 피해자에 대한 치료를 일본에 요구했으나 한국에 있는 피해자들의 치료에 대해서는 도움을 받을 수 없었다. 그런데 그동안의 요구에 대해 응답을 해준 것이었다.

동네는 잔치 분위기였다. 용대의 딸 정혜 역시 기대가 컸다. 이미 중년에 접어들었지만 몸이 약한 데다 태생적으로 무월경의 몸이라 아직도 결혼을 하지 못했다. 정직원으로 들어갔던 회사도 나와 시간제로 겨우 제 앞가림을 하는 것이 다였다. 제대로 된 진료를 해서 일상생활만 가능해진다면 회사에 다시 다닐 수도 있었다.

얼마 전 정호도 가족을 데리고 피폭 보호소가 있는 마을로 이사 왔다. 보호소에 들어가면 생활비를 정부에서 일부 지원받을 수가 있었다. 하지만 모두 수용하지 못해 대기 인원이 많아 아직 입소하지는 못했다. 얼마 전 기자들이 찾아와 이 동네를 취재해 갔다. 피폭자들이 모여 사는 '한국의 히로시마'라고 방송이 나갔다. 하시만 관심은 그때뿐이었다.

정호의 둘째 아들 영현이 보호소 회장직을 맡았다. 영현은 임시 진료소를 만들기 위해 동분서주했다. 그 역시 피폭 2세대로 정혜와 같은 방사능 유전병으로 여러 증상에 시달리던 중이었다. 누구보다 피폭자들의 삶을 잘 대변할 수 있는 사람이었다. 자신의 병에 대해서 조금이라도 명쾌한 답변을 들을 수 있다는 것에 대한 기대가 컸다.

한 달 후, 나가사키에서 의사들이 왔다. 50년 만에 원폭 피해자들을 치료하기 위해 일본에서 온 의사들이었다. 임시 진료소에 줄이 늘어섰다. 동네에 있는 피폭자만 300명이 넘었다. 인근 마을에서도 꾸역꾸역 몰려들었다. 방사능 유전병을 앓고 있는 자녀들까지 합하면 그보다 더 많은 숫자였다.

잔치 분위기였던 진료소는 금세 싸움터로 변했다. 피폭자를 가리는 데 문제가 있었다. 얼마 전에 이사 온 해숙이 딸을 데리고 와서 새벽부터 줄을 서 제일 먼저 진료를 받았다. 해숙이 진료를 받는 데는 아무 문제가 없었다. 하지만 딸에 대해서는 진료를 거부당했다.

"피폭자만 진료가 가능합니다. 피폭자의 자녀나 손자는 원폭의 희생자가 아닙니다."

"나하고 똑같은 증상으로 고생하고 있는데, 피폭의 후유증이 아니라니요."

해숙은 놀라 되물었다.

"피폭자 2세, 3세의 경우에는 방사능 유전의 결과라고 단정할 수 없으니 진료를 할 수 없습니다."

"태어날 때부터 겨우 붙은 목숨으로 나와서 두 번이나 죽을 뻔한 걸 겨우 살려냈습니다. 내가 그 무시무시한 방사능이란 것의 후유증도 모르고 결혼한 게 잘못이지만서도, 그래도 세상에 나왔으면 제대로 살게는 해줘야 할 것 아닙니까. 새벽에 나와 두 시간을 기다렸어요. 제발 한 번만 봐주세요."

"규정상 어쩔 수 없습니다."

하얀 가운을 입은 일본인 의사는 냉정했다.

줄의 중간쯤 정혜와 같이 서 있던 용대는 쉽게 포기했다. 규정을 어기고 해줄 사람들이 아니었다. 기운 없어 쉬고 싶어 하는 정혜를 억지로 끌고 나와 오랫동안 줄 서 있게 한 것이 미안했다. 정혜 역시 중년으로 나이보다 더 늙어 보일 만큼 기력이 쇠했다. 다발성 암이었다.

정호의 아들 영현 역시 백혈병으로, 태어나면서부터 약하게 태어나 지금까지 몸무게 40kg을 넘어본 적이 없는 약골이었다. 태어날 때부터 귀가 어두워 보청기를 하고 있었다. 그 외에도 피폭 2세, 3세들이 겪는 증상은 다양했다. 대부분 백혈병과 암 종류였다. 하지만 그것이 방사능 후유증이라는 것을 증명할 방법이 없었다.

피폭 2, 3세의 병이 방사능으로 인한 유전자 변형의 문제라는 것을 인정하게 되는 순간 지불하게 될 천문학적인 배상 금액이 미국과 일본 모두에게 걸림돌이 될 것이며, 그로 인한 국제적인 파장 또한 감당하지 못할 수준이었기에 그들은 쉽게 인정해 주지 않았다.

다음날 영현이 용대를 찾아왔다. 침통한 얼굴의 영현을 보고 용대를 불길함을 감지했다.

"아저씨. 아버지께서 간밤에…."

아침에 일어나보니 아버지가 피를 토하고 쓰러져 있었다. 동네 사람들이 다 모였다. 어쩌면 이미 예견된 일이기도 했다. 정호는 오랫동안 우울증을 앓았다. 나가사키에서 돌아온 후 멀쩡한 첫째 아들과 달리 유전병으로 고생하는 늦둥이 둘째 아들 영현을 볼 때마다 죄책감이 심했다. 정호의 병원비 역시 점점 늘어난 데다, 생활비를 그나마 성한 첫째 아들에게 타써야 하는 것이 부담이 된 듯했다.

"아버지는 늘 미안하다는 말만 하셨어요."

영현은 울먹였다.

보호소에 입소하면 생활비를 보조받을 수 있다고 해서 이사 왔으나, 언제 입소할 수 있을지 기약이 없었다. 영현마저 몇 년째 백혈병으로 입원과 퇴원을 반복하는 실정이었다. 그 와중에도 정호는 아들을 장가보내려 했다. 자기 같은 고통을 또 줄 수는 없다고 영현은 극구 반대했다. 방사능 후유증은 주로 DNA의 변형으로 나타났고, 한번 유실된 DNA는 회복되지 않았다. 원폭 자녀의 자식 역시 허약했고, 태어나면서부터 이런저런 병들을 달고 태어났다.

영현은 아버지 정호의 죽음에 더 큰 충격을 받았다. 장례를 치르는 동안 보호소의 운영은 용대의 딸, 정혜가 도와주었다. 쓰러진 영현을 세운 사람 역시 정혜였다. 정혜 역시 그런 좌절을 먼저 겪어낸 사람이었다. 말이 좀 어눌했지만, 누구보다 밝았다.

정혜는 졸업하면서부터 그림을 배웠다. 매일 그녀가 보고 자란 마을 어른들의 얼굴을 스케치북에 담았다. 그들은 하나같이 붉은 꽃을 머리에 꽂고 있었다.

"영현씨, 아버지는 이 꽃처럼 아름답게 사셨다고 생각해요. 꽃과 한 몸인 영현씨 아버지를 그리고 싶어요. 지금은 힘들지만, 아버지를 이해하게 될 거예요. 정호 아저씨는 아버지의 친구기도 하지만, 나의 키다리 아저씨기도 해요. 아저씨는 올 때마다 들꽃으로 꽃다발을 만들어 주셨지요. 아저씨의 그림을 그리고 싶어요. 아저씨의 머리 위에는 새를 그릴 거예요. 바다 멀리 훨훨 어디든 날아갈 수 있는 새를요."

영현은 정혜의 말에 간신히 기운을 차리고 고개를 끄덕였다.

얼마 후 영현이 정혜에게 도움을 청했다.

"얼마 후에 일본에서 손님이 와요. 이번에 행사 진행하는데 나를 도와 줄래요?"

켄토 회장과 몇몇의 일본인들이 이곳을 방문할 예정이었다. 피폭 유전으로 인해 고통받는 한국인들에 대한 진료를 해야 한다는 강력한 요구사항을 일본 정부에 전달하기 위한 행사였다. 후쿠시마 원전 사고 10주기를 맞아 탈핵 궐기 대회를 연 후, 한국의 히로시마에 방문하기로 되어 있었다.

"내가 할 수 있는 일이 있을까요?"

정혜가 물었다.

"정혜 씨는 나보다 강해요. 또, 한 사람이 못하는 건 두 사람이 하면 되고, 두 사람으로 할 수 없는 건 세 사람이 하면 할 수 있어요. 우리에게 부족한 건 용기입니다."

영현의 말에 정혜는 고개를 끄덕였다.

"일본은 후쿠시마조차 외면하고 있잖아요. 얼마 전에도 기형으로 태어난 한 아이의 자살 소식을 들었어요. 우리가 뭔가를 해야 해요."

영현이 말했다.

"문이 열릴 때까지 두드릴 수 있는 용기와 끈기. 지금 필요한 것만 생각할게요."

정혜의 말에 영현은 고개를 끄덕였다.

영현은 아침에 일어나자마자 링거액을 맞았다. 공항까지 나가려면 체력을 보충해야 했다. 정혜는 공항의 입국장 앞에서 켄토 탈핵 협회 회장의 이름이 쓰인 피켓을 들었다. 한 무리의 사람들이 나가고서도 한참을 더 기다렸다. 중년의 켄토 회장은 영현을 보자마자 영현의 부러질 듯 가는 손마디와 어깨를 조심스럽게 쓰다듬으며, 영현의 아버지 소식에 안타까워했다.

켄토 회장은 피폭자 보호소에 도착하자마자 마을 사람들에게 인사했다.

"저는 신용대 선생님께서 히바쿠샤 증명서를 받기 위해 벌인 투쟁을 뉴스를 통해서 알게 되었습니다. 그때부터 피켓을 들고 시위에 동참했습니다. 그 후 한국의 원폭 피해자로부터 편지를 받은 것을 계기로 탈핵 운동에 참여하게 되었습니다. 그 편지가 어찌나 절박한지 외면하면 안 될 것 같았습니다. 단지 그 사람들을 만나러 간 것일 뿐이었는데도, 그분들은 자신들의 말을 들어주는 유일한 사람이었는지 저를 하느님이라고 표현을 하더군요. 그분들이 아니었다면 여기까지 오지 못했을 겁니다."

켄토의 목소리는 가늘었지만 힘이 있었다. 영현은 고개를 끄덕이며 말했다.

"10년이 또 지났지만 아직도 변한 것이 미미합니다."

"압니다. 바닷물이 잉크 한 방울로 색깔이 바뀌겠습니까. 자연이든 인간이든 한번 파괴되고 나면 원상복구 되지 않습니다. 다만 되돌리려고 노력하는 시간과 노력에 비례할 뿐이지요. 조금씩 나아가야 합니다."

켄토 회장은 먼저 위령각으로 가달라고 영현에게 말했다. 위령각은 천 명이 넘는 피폭 희생자의 위패를 모시는 곳이었다. 원자폭탄 투하 당시 직접 현장에서 목격했던 원폭 피해자 1세대들은 대부분 사망했거나 건강이 나빠져 참여하지 못했다.

원폭 희생자 합동 위령제를 끝낸 후 '검은 눈물'이라는 원폭 희생자들의 인터뷰를 담은 다큐멘터리를 보았다. 누구도 그 참혹함 앞에서 숨소리도 낼 수 없었다. 조용한 흐느낌이 이어졌다. 휠체어에 앉은 용대는 눈물을 흘렸다. 거동을 못 하게 된 지가 1년이 넘었다.

위령제와 공식적 행사가 모두 끝난 후, 켄토 회장과 영현의 일행들은 피폭 보호소 실내에 둘러앉았다. 피폭 1세대의 아흔 전후의 할머니와 할아버지 몇 분이 그들을 맞았다.

"일본 시민으로서 일본 정부를 바꾸지 못하는 것에 대해 미안한 마음을 전합니다. 저 역시 히로시마에서 아버지를 잃었습니다. 방사능 후유증에 대해 축소시키려는 힘이 아직 존재합니다. 그렇더라도 있는 것이 없는 것이 되지는 않습니다.

후쿠시마 원전 사고 역시 이미 십 년의 시간이 흘렀지만, 피해는 점점 더 커지고 있습니다. 주민들은 고향으로 돌아가지 못하고 있으며, 생선과 젓갈을 먹지 않습니다. 그런데도 정부는 후쿠시마 오염수 해양 방출을 반대하는 단체를 압박하며, '오염수'라는 용어 자체를 사용하지 못하게 하고 있습니다. 이제 핵을 이용한 에너지는 기후 위기에 치명적인 결과를 낳을 것입니다. 여러분의 힘이 필요한 이유입니다."

켄토 회장의 말을 들으며 영현은 며칠 전 뉴스를 떠올렸다. 홋카이도 해변에 밀려든 정어리 떼 집단 폐사 기사를 보며 두려움에 떨었다. 지진이 날 때마다 원전 사고로 이어질까 걱정하는 주민들이 이해되었다.

용대는 휠체어에 의지해 마당의 꽃을 바라보았다. 풍성하고 아름다운 꽃밭이 아닌, 마당의 깨진 시멘트 사이에 핀 노란 민들레였다. 용대는 문득 시선을 사로잡는 그 꽃에 시선을 주었다. 정혜는 아버지 용대의 시선을 따라갔다. 민들레는 햇살에 샛노랗게 제 색을 빛내며 존재감을 드러내고 있었다. 원폭 앞에서도 수그러들지 않는 인간의 위엄의 색깔이 아마도 그런 색일 거라고 생각했다. 위엄에도 색이 있다면…. 정혜는 아버지의 목을 꼭 껴안았다.

소설로 읽는 한국환경생태사: 산업화 이전편』
작품 해설 - 김종성

1

심층생태론자라고도 불리는 근본생태론자들은 근대의 과학적 세계관과 인간중심주의(anthropocentrism)에서 비롯된 인간의 교만과 이에 따른 환경위기에 문제의식을 가지고 있다. 오늘날의 환경위기(environmental crisis)와 현대인의 자아 및 정체성 상실에 주목하고, 이것을 현대 문명의 쇠퇴 증후로 파악해. 근본생태론자들은 인간은 자연의 일부분일 뿐인데도 인간은 자연과 인간이 유리되어 있는 것처럼 행동하고 있다고 비판한다. 근본생태론자들의 맞은편에 서 있는 사회생태론자들은 오늘날의 환경위기는 자연에 대한 인간의 지배와 타인에 대한 인간의 지배의 결과라고 보면서 환경위기의 원인을 일정한 사회구조로서 특권계급이 존재한다는 것을 의미하는 위계구조(hierarchy)에서 찾고 있다. 머레이 북친(Murray Bookchin)은 환경문제는 사회문제에서 나온 것으로 보았다. 그는 그의 주저(主著)인 『자유의 생태학(The Ecology of Freedom: The Emergence and Dissolution of Hierarchy)』에서 위계구조(hierarchy)에 대해 다음과 같이 말했다.

[위계구조(hierarchy)]는 제도화된 관계(institutionalized relationshi -ps)이다. 즉 글자 그대로 인간이 제도화하거나 만든 것이지만, 인간의 본능에 의해 생겨난 것은 아니다. 또한 특이질의 개인 때문에 명확히 하게 된 것도 아니다. 부연하면 위계구조는 의심할 여지 없이 사회구조(social structure) 속에 위압적인 특권계급(privileged ranks)이 존재한다는 것을 의미한다. 일정한 공동체(given community) 안에는 지배자처럼 행동하는 사람들이 있다. 그러나 위계구조는 그러한 개인적 특질(the idiosyncratic individuals)을 말하는 것이 아니다. 위계구조는 개인들 간의 관계 또는 개인의 타고난 행동양식(patterns of behavior)을 넘어선 다른 사회적 논리(social logic)를 포함한다.

[Hierarchy] must be viewed as institutionalized relationships, relationships that living beings literally institute or create but which are neither ruthlessly fixed by instinct on the one hand nor idiosyncratic on the other. By this, I mean that they must comprise a clearly social structure of coercive and privileged ranks that exist apart from the idiosyncratic individuals who seem to be dominant within a given community, a hierarchy that is guided by a social logic that goes beyond individual interactions or inborn patterns of behavior(Murray Bookchin, The Ecology of Freedom, Palo Alto, CA: Cheshire Books, 1982, p.29.25).

위계구조를 제도화된 사회적 관계로 보는 머레이 북친은 "사회적 비판과 사회적 변혁에 확고하게 뿌리를 내린 생태주의만이, 자연과 인류에게 유익한 방식으로 사회를 변혁하는 수단을 제공할 수 있음을 명확하게 보여준다"고 말했다. 또한 그는 인간의 무자비한 자연 지배를 초래한 사회 구조의 요인을 찾아 개혁하는 것이 우선이라는 입장을 견지하며 역사의 진보를 이루어낼 인간의 잠재력을 전폭적으로 지지하는 입장을 갖고 있다. 그는 '자연을 지배해야겠다는 관념은 다름 아닌 인간에 의한 인간의 지배에 그 근원을 두고 있다는 점을 중요시해야 하며, 인간사회의 지배구조는 자연계를 위계적인 연속체로 연결해 주목하게 만들었다고 말했다. 이러한 자연관은 역동적인 진화의 관점, 다시 말해 생명체가 주관성과 유연성이 점점 더 확대되는 방향으로 발전한다는 관점과는 아무런 관계가 없는 정적인 자연관이라고 볼 수 있다.

머레이 북친은 근본생태론자들이 인간중심주의를 비판하는 것에 대해 자연 지배와 약탈에 책임이 있는 사람은 전체 인간이 아니라 가부장제 속의 남성이나 자본주의 체제의 자본가 등 특수한 집단에 속해 있는 사람들이라고 반박했다. 그는 인간의 간섭이 최대한 배제된 자연지대인 원생지대의 지정과 확대를 중요하게 여기는 근본생태론자들에 대해 야생의 자연과 야생 생물만을 신비화하고, 인간을 단순히 하나의 동물종으로 격하시키며, 인간과 자연의 관계만을 중시하고 인간과 사회와의 관계를 경시한다고 비판했다. 그의 눈으로 보면, 여성운동·빈민운동·민중운동 등 사회경제적 정의와 평등을 향한 실천들과 거리를 두고 오직 생태운동에만 관심을 두는 근본생태학(deep ecology)은 '원생지대 숭배교'라고 할 수 있다. 그는 사회적 비판과 사회적 변화에 확고하게 뿌리를 내린 생태주의만이, 자연 그리고 인류에게 유익한 방식으로 사회를 변혁시킬 수 있는 수단을 제공할 수 있다고 주장했다.

아느 네스(Arne Naess)가 주창한 근본생태학은 인간은 자연의 일부분일 뿐인데도 인간은 자연과 인간이 유리되어 있는 것처럼 행동하는 것을 비판하면서 자연에 대한 인간의 특권적 지위를 부정한다. 인간은 그들 자신의 행위가 생태계에 어떠한 결과를 가져올 것인지에 대해서 인간 스스로가 인간 중심적으로 대응한다고 비판하고 있는 것이다. 근본생태학과 더불어 생태담론의 중요한 축의 하나인 사회생태학(social ecology)은 환경위기의 원인을 인간을 포함한 모든 생명 세계를 상품화하려는 시장논리에 기인한다는 데 초점을 맞추어 인간사회의 위계구조에서 찾기 때문에 인간이 지닌 지배 속성에 주목하고 있다.

2000년대에 들어서서 미국 문학계에 근본생태론적 자연관에서 벗어나 자연과 여성, 빈부·인종과 자연환경의 연관성, 세계와 환경, 지구온난화 같은 다양한 사회·문화적 이슈를 반영하는 주제를 다루는 도시자연문학이 등장했다. 로렌스 뷰얼(Lawrence Buell)은 『위기에 처한 세계를 위한 문학(Writing for Endangered Work)』(2001년)에서 생태비평이 근본생태론적 관점에서 사회생태론적 관점으로 이동해야 할 당위성을 강조했다.

그는 사회생태론적인 관점에서 찰스 디킨스(Charles Dickens), 리처드 라이트(Richard Wright), 시어도어 드라이저(Theodore Dreiser)의 작품을 중심으로 19·20세기 영국 및 미국의 도시환경문제를 집중적으로 논의했다. 그리고 그는 『환경비평의 미래(The Future of Environmental Criticism)』(2005년)에서 '생태비평(ecocriticism)'이란 용어를 '환경비평(environmental criticism)'으로 대체하자고 주장했다. 문학 연구에서 환경으로의 관심 이동은 방법론이나 패러다임(paradigm)에 의해서라기보다는 이슈에 의해 주도되었기 때문에 '환경비평'이 '생태비평'보다 적합한 용어라는 것이다.

1990년 이후 전개된 우리나라 소설의 생태비평적 연구가 생태중심적 자연관에 경도되어 있는 근본생태론적 관점 중심으로 소설을 연구한다는 것과 비교가 된다.

2

김찬기의 신작 중편소설 「핏빛 바다」는 신라 시대 해양 오염 사건을 다루고 있다. 이찬 김개원은 각간 김경선과 파진찬 박유청의 무리가 도모하는 모반의 실체를 알지 못하여 고민에 빠진다. 그런 가운데 작년 초가을부터 큰물이 졌고, 흰 기운이 하늘에 뻗쳐 가시질 않았는가 하면 요성(妖星)이 동쪽에 나타나고, 알천의 냇물이 핏빛으로 물들기 시작한다. 이에 군신들이 술렁이기 시작하였고, 한여름에 이르자 김경선을 우두머리로 삼는 불온한 무리는 알천 냇물은 물론이거니와 머지않아 선대 왕이 수호하는 동쪽 바다까지 핏빛으로 물들 것이라는 점을 들어 왕실과 김개원을 압박하기 시작한다. 결국 이 문제를 해결하기 위한 귀족들의 정사당 회의가 열리고 각간 김경선의 무리와 황실을 대변하는 이찬 김개원 간의 쟁투가 시작된다. 이 자리에서 각간의 무리는 알천 냇물의 변고를 하늘의 변고로 규정하며 황실을 몰아쳤고, 이에 이찬 김개원과 이찬을 돕는 대나마 김춘성은 알천 냇물의 변고는 하늘이 조화를 부린 변고가 아닌, 알천 주변으로 몰려들어 살게 된 백성들의 생활 하수가 늘어나 생긴 인재(人災)임을 주장한다. 결국 대나마 김춘성은 알천, 그리고 동쪽 바다의 바닷물까지 핏빛으로 물든 변고를 황토를 뿌려 해결한다.

이진의 신작 단편소설 「매 나간다」는 고려 시대 매사냥을 다루고 있다. 「매 나간다」는 고려 말기 응방도감이 설치되던 시기의 민간 매사냥 이야기이다. 순수한 생업이었던 매사냥이 국가적 통제를 받으면서 어떤 식으로 변모해 가는지, 원나라의 내정간섭이 백성들에겐 어떤 부담으로 작용했는지, 그런 부담들이 고려 후기 민간의 삶을 어떻게 변화시켰는지 보여주고 있다. 매사냥에 관한 몽골의 영향은 관련 용어에서 그 흔적을 찾을 수 있다. 사냥매로서의 성숙도에 따라 송골매니 보라매니 지칭하거나, 매를 길들여 사냥하는 전문 사냥꾼을 가리키는 수할치, 매의 꽁지깃에 다는 표식인 시치미 등의 단어들이 그것이다.

엄광용의 신작 단편소설 「땅의 아픔, 하늘의 슬픔」은 소나무 남벌을 주제로 한 환경파괴를 위주로 다루고 있다. 조선 말기의 고종 재위 시절, 흥선대원군이 왕권 강화를 목적으로 경복궁 중건 사업을 강압으로 밀어붙이던 때를 배경으로 하는 「땅의 아픔, 하늘의 슬픔」은 경복궁 중건과 관련한 금강송 벌채를 두고 왕권을 대표하는 대원군과 신권을 대표하는 김병기의 대립 관계를 다루고 있다. 대원군이 경복궁 중건 사업을 강력하게 밀어붙이면서 전국의 소나무들이 무작스럽게 벌채되었다. 조선 팔도의 산들이 소나무 벌채로 벌거숭이 산이 될 정도였다. 벌채만 하고 조림사업은 등한시하여 벌거숭이 산은 일제강점기에도 그대로 있었고, 백성들이 기아에 허덕이면서 송기떡으로 연명하게 되자 어린 소나무의 수난은 계속되었다. 게다가 일본에서 들어온 소나무재선충으로 그나마 보존되던 금강송마저

이파리가 적갈색으로 변해 고사목이 되었다.

정수남의 신작 단편소설 「산촌별곡」은 조선시대 화전 개간으로 인한 숲의 황폐화 문제를 다루고 있다. 조선 후기로 갈수록 화전개간의 성행으로 산림은 황폐해졌는데 일제가 아름드리나무를 베어 가면서 더욱 산림은 황폐해졌다. 그 개발 속도가 더욱 빠르게 번져 울창한 숲으로 우거졌던 산이 금방 벌거숭이가 되었다. 아침부터 들려오는 톱질과 도끼 소리를 더는 참을 수 없다고 생각한 판돌과 병달, 상출은 자신들이 어떤 특단의 조치를 실행해야겠다고 작심했다. 벌목꾼을 관리하는 일본인 야마모토의 창고를 급습하여 도끼와 톱을 없애겠다는 계획을 실행에 옮기는 세 사람의 행적을 끝으로 소설은 끝난다.

김현주의 신작 단편소설 「어둠의 연대기」는 조선의 개항으로 인해 발생한 전염병의 역사를 다루고 있다. 구한말을 시대적 배경으로 한 「어둠의 연대기」의 주인물은 광화문 시전 유만득으로, 그의 가족은 모두 장티푸스로 죽게 된다. 그러나 젖먹이였던 막내딸 영희는 천안 외가에서 천덕꾸러기로 성장하다가, 외삼촌에 의해 이웃 마을 늙은 진사의 첩이 되었다. 그러던 중 진사 영감이 급사하자 다시 외삼촌의 집으로 쫓겨났다. 24세가 된 영희는 외삼촌의 손에 이끌려 서울 용산의 한 상점에서 잡일을 하면서 자신도 모르는 빚을 지게 된다. 이들의 거짓말과 경제적 착취를 피하려고 달아난 영희는 결국 일본인 유곽의 창녀가 되었고, 매독에 걸려 짧은 일생을 마쳤다. 개항에서 일제강점기로 들어서면서, 조선 백성들은 속수무책 전염병에 시달렸으나 아무런 치료도 받지 못한 채 죽을 수밖에 없었던 것이다.

유시연의 신작 중편소설 「정선 금광」은 일제 강점기의 금광 개발로 인한 환경파괴 문제를 다루고 있다. 정선군 동면(현재 화암면) 화암동굴, 몰운리, 한치, 광대곡에 금광이 있었다. 광산업자는 금을 채굴하여 신작로 길을 통해 운반해 갔다. 일제는 금을 채굴하기 위해 바위산을 허물고 나무를 베어냈다. 다이너마이트로 바위산을 지속적으로 폭파하는 동안 야생 짐승이 멸종되었고, 지하수와 지표면이 오염되어 갔다. 물고기와 온갖 생물이 숨을 쉬던 강물은 뿌옇게 변해버렸고 그 강에 기대어 살던 사람들은 자연에서 먹을거리를 얻던 일을 그만두고 금광 주변에서 어떻게든 살아남고자 사금을 채취하거나 술을 빚어 팔거나 막노동으로 품팔이를 하며 살아갔다.

하아무의 신작 중편소설 「범 나려온다」는 조선 호랑이 절멸사를 다루고 있다. 1917년 일본인 타다사부로가 정호군(征虎軍)을 조직해 조선에서 호랑이 사냥에 나섰다. 이때 사냥한 호랑이를 시식하는 행사를 경성의 조선호텔과 도쿄의 제국 호텔에서 열었다. 이를 본 많은 일본인들이 호랑이 사냥에 나섰고, 사무라이 집안의 후예인 유우타와 쇼타 형제도 추밀원의 후원을 받아 2년 후 멸호군(滅虎軍)을 만들어 조선으로 갔다. 조선총독부와 경찰 등의 도움을 받아 호랑이가 출몰한다는 지리산으로 들어갔다. 혹한과 자신들의 미숙함 때문에 어려움을 겪던 멸호군은 조선 포수들의 도움을 받아 수범 왕대를 쫓았다. 크고 사납지만 젊고 경험이 부족한 왕대는 치명적인 부상을 입고 암범 달무리 품에서 죽음을 맞이했다. 반면 멸호군도 큰 피해를 입었다. 사무라이의 후손으로서 조선 호랑이를 직접 사냥해 일본인의 기개를 세상에 널리 알리겠다는 멸호군의 목표는 실패로 돌아갔다.

김주성의 신작 단편소설 「곽씨분의 추억」은 1920~1930년대 화장품의 납 성분이 화장을 일상으로 하는 업종의 여인들에게 피부 괴사, 정신 이상 등의 부작용을 일으켜 사회문제가 되었던 '박가분 사건'을 소재로 하고 있다. 「곽씨분의 추억」에 등장하는 '곽씨분'은 1920~1930년대 당시 조선의 화장품 계를 풍미하며 여인들에게 큰 인기를 얻었던 '박가분'을 모델로 하였다. '박가분'뿐 아니라 '서가분', '장가분' 등 당시 유통되던 여러 분(粉)들은 모두 납 조각을 식초로 처리해 얻은 '납꽃'이라는 하얀 가루에 조개껍질 가루, 칡가루, 쌀가루, 보릿가루를 섞어 만들었다. 이 납 성분이 화장을 일상으로 하는 업종의 여인들에게 피부 괴사, 정신 이상 등의 부작용을 일으켜 사회문제가 되었다. 이는 판매 급감으로 이어졌는데 특히 인기가 높았던 '박가분'의 타격이 커서 1937년 폐업하기에 이르렀다.

김민주의 신작 단편소설 「나는 히바쿠샤」는 일제 강점기 원자폭탄 한국인 피폭자 이야기를 다루고 있다. '히바쿠샤(被爆者)는 원폭으로 인한 피해자로 인정받은 사람을 가리키며, '히바쿠샤 증명서'가 있어야 국가에서 지정한 병원에서 치료를 받을 수 있었다. 원폭의 상처를 가지고 살아남았다고 해서 모두 히바쿠샤가 되지는 못했다. 방사능 피폭의 후유증은 단시간에 나타나는 것이 아니었고, 수년, 혹은 수십 년, 혹은 수 대에 걸친 유전으로까지 진행되었지만, 그것을 증명하기는 요원했다. 설사 '히바쿠샤 증명서'를 발급받았다고 해서 병이 완치할 수 있는 것도 아니었다. 수십 년 동안 유전자 변형으로 인한 고통 속에 놓여 있고, 긴 시간이 흐른 지금까지 그 고통은 현재진행형으로 자녀와 손자 대로 이어지고 있다. 핵은 유전자 변형은 물론, DNA를 파괴하여, 더 이상 세포 재생을 막아 영원히 치유 불가능 상태로 만든다.

집필 작가 소개(작품 게재순)

김찬기   1991년 세계일보 신춘문예 단편소설 「애기소나무」 당선. 고려대학교 문과대학 국문학과 졸업 및 같은 학교 대학원 국문학과 석사과정과 국문학과 박사과정 졸업(문학박사). 소설집 『달마시안을 한 번 보러와 봐』, 연구서 『한국 근대문학과 전통』·『한국 근대소설의 형성과 전(傳)』, 역서 『고등소학독본』, 공저 『근대 국어 교과서를 읽는다』 등 출간. 전 한경대학교 교무처장. 현 한경대학교 교수. 현대소설학회 회장.

이진   2001년 무등일보 신춘문예 단편소설 「겨울날의 우화」 당선. 2023년 계간 『내일을 여는 작가』에 단편소설 「전업자녀 탈출기」 발표. 전남대학교 자연과학대학 생물학과 졸업 및 광주여자대학교 대학원 문예창작과와 목포대학교 대학원 국문학과 졸업(문학박사). 소설집 『소설의 유령』·『창』·『알레그로 마에스토소』·『꽁지를 위한 방법서설』, 장편소설 『하늘 꽃 한송이, 너는』·『허균, 불의 향기』, 연구서 『'토지'의 가족서사 연구』, 대학 교재 『글과 삶』 출간. 청소년 도서 『주니어 홍길동전 출간』. 전 광주여자대학교 교수.

엄광용   1990년 《한국문학》 신인문학상 중편소설 「벽속의 새」 당선. 1994년 삼성문예상 장편동화 부문 수상. 류주현 문학상 수상. 중앙대학교 예술대학 문예창작과 졸업 및 단국대학교 대학원 석사과정 사학과 졸업. 단국대학교 대학원 박사과정 사학과 수료. 소설집 『전우치는 살아 있다』, 중편소설집 『세종대왕: 훈민정음을 창제하다』, 장편소설 『황제수염』·『사냥꾼들』·『사라진 금오신화』·『천년의 비밀』, 대하소설『광개토태왕 담덕』전 10권 출간. 동화집『초롱이가 꿈꾸는 나라』등 출간. 현 한국문명교류연구소 연구원.

정수남   1984년 서울신문 신춘문예 단편소설「접목」당선. 국학대학교(고려대 전신) 국문학과 졸업. 한국소설문학상 수상. 창작집『분실시대』·『별은 한낮에 빛나지 않는다』·『타성의 새』·『아직도 그대는 내 사랑』·『시계탑이 있는 풍경』·『길에서, 길을 보다』·『앉지 못하는 새』, 장편소설『행복아파트 사람들』, 시집『병상일기』등 출간. 전 도서출판 눈 대표. 현 일산문학학교 대표.

김현주   1998년 계간《문학과 사회》단편소설「미완의 도형」당선. 송순문학상 수상. 광주일보문학상 수상. 광주대학교 인문사회대학 문예창작과 졸업 및 같은 학교 대학원 문예창작과 졸업. 소설집『물속의 정원사』·『메리 골드』, 장편소설『붉은 모란주머니』, 평전『지석영 평전: 빛과 어둠을 살다간 근대 과학자』, 산문집『네번째 찻물』출간. 전 장성도서관 독서토론강사.
현) 광주전남작가회의 소설분과 위원회 위원장. 문예지《작가》편집위원.

유시연   12003년 계간《동서문학》신인문학상 단편소설「당신의 장미」당선. 제7회 현진건문학상 수상. 제1회 정선아리랑문학상 수상. 동국대학교 문화예술대학원 문예창작과 졸업. 소설집『알래스카에는 눈이 내리지 않는다』·『오후 4시의 기억』·『달의 호수』·『쓸쓸하고도 찬란한』, 장편소설『부용꽃 여름』·『바우덕이전』·『공녀, 난아』·『벽시계가 멈추었을 때』·『허준』등 출간. 현 소설로 읽는 한국문화사 편찬위원회 간사.

하아무 2007년 전남일보 신춘문예 단편소설 「마우스브리더」 당선. 2008년
       MBC창작동화공모대상 수상. 남명문학상 수상. 소설집 『마우스브리
       더』·『푸른 눈썹』·『황새』·『하지만 우리는 살아남았다』, 동화집
       『두꺼비 대작전』·『일어선 용, 날아오르다』 등 출간. 현 박경리문학
       관 사무국장.

김주성 1986년 서울신문 신춘문예 단편소설 「해후(邂逅)」 당선. 삼성문학상
       수상. 황순원문학연구상 수상. 중앙대학교 예술대학 문예창작과 졸
       업 및 동 대학원 석사과정 문예창작과 졸업. 경희대학교 대학원 박
       사과정 국문학과 졸업(문학박사). 소설집 『어느 똥개의 여름』·『공명
       조가 사는 나라』(공저), 장편소설 『사랑해 수니야』, 대표작품집 『불
       울음』 출간. 전 경희대 후마니타스 칼리지 강사.

김민주 2009년 매일신문 신춘문예 단편소설 「탱고」 당선. 2010년 문화일
       보 신춘문예 단편소설 「당신의 자장가」 당선. 김만중 문학상(은상)
       수상. 천강문학상 수상. 대구가톨릭대학교 철학과 및 상명대학교 문
       화기술대학원 소설창작학과 졸업. 소설집 『화이트 밸런스』, 공동창
       작집 『쓰다 참, 사랑』, 장편소설 『최무선: 하늘을 나는 불』 출간.